LAURA IMAI MESSINA

EINE REISE IN 72 WÖRTERN

Der japanische Weg zur Harmonie

Aus dem Italienischen
von Stefanie Römer und Judith Schwaab

btb

Verlag und Übersetzerinnen danken Klaus-Dieter Wirth
für seine Übertragung von vier Haiku ins Deutsche.

Die Übersetzung dieses Buchs erfolgte mit finanzieller Unterstützung
des italienischen Ministeriums für Auswärtige Angelegenheiten und
Internationale Zusammenarbeit.

Questo libro è stato tradotto grazie a un contributo per la traduzione
assegnato dal Ministero degli Affari Esteri e della Cooperazione
Internazionale italiano.

Penguin Random House Verlagsgruppe FSC® N001967

Für Yōko und Yōsuke Imai,
meinen persönlichen Leitfaden für wa

Inhalt

7

Sommer
5. Mai bis 6. August

Herbst
7. August bis 6. November

Winter
7. November bis 3. Februar

Vorbemerkung

Für die Transkription japanischer Begriffe wurde das sogenannte Hepburn-System verwendet, laut dem die meisten Vokale wie im Deutschen ausgesprochen werden und die Konsonanten wie im Englischen. Außerdem gilt:

ch wie *tsch* in Peitsche

g wie im Deutschen; auch *ng*

h stimmhaft, wie im Deutschen

j stimmhaft, wie *dsch* in »Dschungel«

s stimmlos, wie in »Masse« oder »Maße«

sh wie ein weiches, deutsches *ch*

u wie ein *u* mit nicht gerundeten Lippen; klingt oft auch wie ein *ü*

w wie das *w* im Englischen, aber ohne Rundung der Lippen

y wie das deutsche *j* in »Jacke«

z stimmhaftes *s* wie in »sagen« oder »Sonne«.

Der Strich über einigen Vokalen, das sogenannte Makron, kennzeichnet einen langen Vokal.

Die fett gedruckten Bezeichnungen im Text verweisen auf eines der 72 Kapitel. Diese sind am Ende des Buches zur Erleichterung alphabetisch und mit Seitenzahlen versehen aufgelistet.

Für Begriffe aus dem Japanischen, die nicht direkt im Text erklärt werden und sich dem deutschen Publikum möglicherweise nicht erschließen, sei auf das Glossar verwiesen.

In Japan wird bei Personenbezeichnungen üblicherweise zuerst der Nachname, dann der Vorname genannt. Die im Text erwähnten Namen japanischer Persönlichkeiten oder Autor*innen folgen jedoch dem im Westen üblichen Schema – also zuerst Vor-, dann Nachname.

Vor allem vier historische Epochen werden im Buch mehrfach erwähnt, die aus pragmatischen Gründen auf unsere Zeitrechnung übertragen und wie folgt benannt werden: die Heian-Zeit (794–1185), die Muromachi-Zeit (1333–1568), die Edo-Zeit (1603–1867) und die Meiji-Zeit (1868–1912).

Wa 和
oder: Japan und
die Harmonie

Das japanische Volk sei der größte Schatz Japans, schrieb der französische Anthropologe Claude Lévi-Strauss, der zeit seines Lebens ein großer Freund Nippons war und mit dieser Behauptung den Kern der Bedeutung von *wa* und des entsprechenden Kanji 和 getroffen hat.

Im Gegensatz zu dem, was Menschen aus anderen Ländern (ebenso wie viele Japaner*innen) glauben, steht *wa* weder für den Kimono noch für Sushi, es repräsentiert weder die traditionelle Bauweise japanischer Häuser noch die bunte Vielfalt japanischer Anime und Manga. *Wa* – das sind weder die Schreine inmitten einer üppigen, als heilig verehrten Natur, noch sind es die acht Millionen Gottheiten oder die sinnlich-anmutigen Bewegungen der Geishas von Kanazawa oder Pontochō. *Wa* steht auch nicht für den Matcha-Tee oder das Schnattern der jungen kostümierten Mädchen, die das Harajuku-Viertel der japanischen Hauptstadt bevölkern. Unter *wa* versteht man weder das Fest zu Ehren der Vorfahren, das im Frühjahr gefeiert wird, noch die geflochtenen Tatami-Matten oder das Ikebana, die Kunst des Blumensteckens, und auch nicht die sprichwörtlich wortkarge und nüchterne Art der Japaner*innen oder das zarte

Bimmeln eines Tempelglöckchens in einer leichten Sommerbrise.

Aber was genau steckt dann dahinter? Was ist denn nun typisch japanisch? Und wie erreicht man jene Harmonie, die in der Kultur dieses Landes eine so vorrangige Rolle spielt und sowohl die Ausdrucksweise als auch das Verhalten seiner Bevölkerung bestimmt? Was macht die japanische Gesellschaft so friedfertig und ordnungsliebend? Und was verbirgt sich hinter dem Ideogramm für *wa* 和?

Was bedeutet *wa?*

Wa ist ein schönes und geheimnisvolles Wort, und wie immer, wenn man sich über ein unbekanntes Wort Klarheit verschaffen will, ohne allzu sehr zu vereinfachen, ist es am besten, ein Wörterbuch der betreffenden Sprache zurate zu ziehen.

In dem einsprachigen Wörterbuch Kōjien stößt man unter dem Eintrag *wa* auf eine ganze Bandbreite von Bedeutungen. So verweist das Wort auf Japan und alles, was mit Japan zu tun hat (日本のこと); auf Dinge, die im japanischen Stil oder in Japan selbst produziert wurden (日本風、日本製などの意味); auf alles, was ruhig, gelassen, sanft, lieblich, herzlich, heiter ist (穏やか、なごやかなこと). *Wa* steht für Einigung und ein Leben in perfekter Harmonie (仲よくすること), für das, was sich gut vermischt und vereint, für den harmonischen Einklang zwischen den Dingen, für Annäherung und Anpassung (合わせること), für die Summe und das Ganze (二つ以上の数字を合わせた値). Das Kanji *wa* 和 steht also im Japanischen sowohl für Harmonie als auch für alles, was eng mit der Kultur Nippons verbunden ist; es evoziert dessen milden, heiteren und gemäßigten Charakter, steht für die Gemessenheit des Tons, für den friedfertigen und ruhigen Einklang der Elemente, für die Gelassenheit und Anmut von Menschen und Dingen. Es ist Bestandteil der Worte für »Frieden« (*heiwa* 平和 und *wahei* 和平) und eines so zentralen Begriffs wie *chōwa* 調和, »Harmonie und Eintracht«, der als Verb (*chowa suru* 調和する) für das Bemühen steht, sich zu vermischen, ohne die jeweiligen Teile zu verfälschen.

Was das gesellschaftliche Miteinander angeht, so wird man in Japan zu einem genau festgelegten Benehmen angehalten und ermuntert: Man soll unerfreulichen Dingen aus dem Wege gehen, es vermeiden, laut zu werden, ruhig bleiben und versuchen, anderen Menschen stets mit gutem Beispiel voranzugehen. Auch soll man nicht der Versuchung nachgeben, seinen Gefühlen freien Lauf zu lassen, nur weil man hofft, sich damit von seiner Wut oder anderen negativen Emotionen zu befreien; vor allem jedoch sollte man nicht um jeden Preis die Konfrontation suchen, denn dieser Preis kann sehr hoch sein. Unter dem Strich, so denkt man in Japan, stelle das Ausleben von Gefühlen keine wirkliche Abhilfe dar; bestenfalls ließen sich die Wunden der Seele auf diese Weise lindern, niemals jedoch heilen.

Das Kanji *wa* 和 ist einer ganzen Reihe von Wörtern vorangestellt und verleiht ihnen die Bedeutung »kulturell japanisch«, »aus japanischer Herstellung«, »nach japanischer Tradition« oder auch »im japanischen Stil«: so etwa in den zusammengesetzten Wörtern *washi* 和紙 für Japanpapier, *washoku* 和食 für die traditionell japanische Küche, *wafuku* 和服 für japanische Kleidung, *washiki* 和式, dem japanischen Stil, oder auch *wayaku* 和訳, womit eine Übersetzung ins Japanische gemeint ist.

Der alte Name für Japan lautet *Yamato* 大和. In seine Ideogramme zerlegt, bedeutet dieser heute »großes *wa*« und somit »große Harmonie«. In früheren Zeiten hingegen bezeichneten Japaner*innen ihr Land, vermutlich wegen der zahlreichen Gebirge, als »Durchgang zwischen den Bergen«. In dieser einmalig schönen Landschaft mit ihren verschneiten Gipfeln, ihrer üppigen Vegetation, den mit blühenden Kirschbäumen bestandenen, sanft geschwungenen Hügeln und diesem ganz besonderen, ins Blaue changierenden Grün haben sich Japaner*innen schon immer wiedererkannt.

In der seit jeher landwirtschaftlich geprägten Kultur Nippons spielte bereits in der Antike die Harmonie der Gruppe, deren Zusammenspiel bei der Durchsetzung gemeinsamer Ziele, eine weitaus wichtigere Rolle als die Verwirklichung persönlicher Interessen.

Entscheidend hierfür ist das besondere Verständnis von *wa* im Sinne eines »Vermischens«. Gemeint ist damit nicht etwa die Auflösung eines Elements in einem oder vielen anderen, sondern vielmehr das friedliche und von Respekt geprägte Zusammenleben der Teile und die harmonisch-ausgewogene Nutzung ein und desselben Raumes. Oder wie es Claude Lévi-Strauss formulierte: »Im Abendland folgen Lebensstile und Produktionsweisen einander. Man könnte meinen, dass sie in Japan koexistieren.« Diese Konzeption hat weitreichende Implikationen. So ist es hierfür zum Beispiel keineswegs erforderlich, dass alle an dieselbe Wahrheit glauben, dass alles harmonisch aufeinander abgestimmt werden muss (oder umgekehrt nichts in auffallender Weise herausragen darf). Vielmehr ist es durchaus möglich, vordergründig Unvereinbares miteinander zu versöhnen. Sehr deutlich zeigt sich das an dem religiösen Synkretismus: Shintoismus und Buddhismus koexistieren nicht nur nebeneinander, son-

dern wirken auf demselben Gebiet oft sogar zusammen *(kami)*.
Darüber hinaus steht *wa* für das unbedingte Vermeiden von Auseinandersetzungen. Daraus ergeben sich diverse Verhaltensmuster, wie etwa die Geduld *(nintai)*, das prophylaktische Um-Verzei-
hung-Bitten, obwohl man sich eigentlich keiner Schuld bewusst
ist *(gomennasai)*, das Ignorieren des Negativen *(mushi suru)*, das
stetige Sich-vor-Augen-Führen der Gefühle des anderen *(omoiyari)* oder auch die Bereitschaft, sich zu opfern *(gaman)*.

Jedes dieser Verhaltensmuster ist in ein Netzwerk aus Gesten
und Worten gebettet, tief verwurzelte Entsprechungen, die das
Gerüst japanischen Denkens bilden. Unmöglich, einen Aspekt
auszuklammern, ohne das gesamte Konstrukt aus dem Gleichgewicht zu bringen.

Das Unvollständige und Unvollkommene zur Geltung kommen lassen

Daisetz T. Suzuki (1870–1966), eine herausragende Autorität
auf dem Gebiet des Zen-Buddhismus, spricht von vier Elementen, die »unabdingbar« für die Kunst und »Grundvoraussetzungen eines brüderlichen und geordneten Zusammenlebens«
seien: erstens die »Harmonie« *(wa)*, zweitens »Verehrung« *(kei)*,
drittens »Reinheit« *(sei)* und schließlich »Stille« *(jaku)*; und er
erinnert an die Bedeutung der Beziehung zwischen Geist und
Form. »Durch das Transzendieren aller Form die höchste Wirklichkeit zu erfassen, darum geht es letztlich im Zen; aber das Zen
erinnert uns auch daran, dass die Welt, in der wir leben, eine
Welt bestimmter Formen ist und die höchste Wirklichkeit nur
durch die Form zum Ausdruck kommen kann.«

In jedem Bereich und auf allen gesellschaftlichen Ebenen ist erkennbar, welch hohen Stellenwert Japaner*innen *wa* seit jeher beimessen, und dass dieser Stellenwert zumindest teilweise auf der Morphologie ihres Heimatlandes beruht. So werden gewisse Eigenheiten und Verhaltensweisen tatsächlich oft mit dem Ausdruck *shimaguni da kara* 島国だから, zu Deutsch: »weil wir auf einer Insel leben« oder »weil wir eine Insel sind«, gerechtfertigt.

Zudem ist dieser Inselstaat wegen seines großen Anteils an Gebirgsland nur in begrenztem Maße bewohnbar. Diese räumliche Einschränkung dürfte das Bemühen um ein friedfertiges Zusammenleben noch verstärkt haben und tut dies selbst heute, in Zeiten, in denen Transport- und Kommunikationsmittel die Entfernungen haben schwinden lassen. In Ermangelung unmittelbarer Ausweichmöglichkeiten und Fluchtwege war es klüger, sich nicht in kriegerische Auseinandersetzungen verwickeln zu lassen, was nur möglich war, wenn man eine gewisse Zurückhaltung übte. Deshalb unterwarf man sich einer inneren Zensur, vermied es, deutlich seine Meinung zu vertreten, hielt die eigenen Gefühle unter Kontrolle und definierte in weiser Voraussicht genaue gesellschaftliche Konventionen, wobei besonderes Augenmerk auf die Trennung zwischen dem »Privaten«, dem »Eigenen« *(uchi)* und dem »Öffentlichen«, dem »anderen« *(soto)* gelegt wurde.

Wer sich wirklich auf Japan einlassen möchte, sollte sich Zeit nehmen, gar nicht erst versuchen, alles sofort zu begreifen, und sich stattdessen darum bemühen, gerade in den Bereichen, in denen keine Eile geboten ist, eine solide und tief reichende Bindung herzustellen. Wichtig ist, nicht alles, was anders ist, sofort deuten oder entschlüsseln zu wollen, sondern sich stattdessen darauf zu beschränken, zunächst einmal die »Maske« zu betrachten und erst dann langsam – und ohne jeglichen Zwang – den Vorhang zurückzuziehen *(honne/tatemae)*.

In jedem Fall liegt der Reiz Japans – und das wird immer so sein – in seiner Zweideutigkeit, in der Fähigkeit, dem, was man nicht sieht, einen gleichen, wenn nicht gar höheren Wert beizumessen als dem, was für alle auf der Hand liegt. »Wenn das griechische Altertum uns denken und das Christentum uns glauben lehrte, so lehrt das Zen uns, die Logik zu überspringen und keinen Augenblick zu zögern, auch nicht vor dem, ›was unsichtbar ist‹«, schreibt Daisetz T. Suzuki in *Zen und die Kultur Japans*.

Es gibt viele Formen des Schönen, und ebenso vielfältig sind im Japanischen die Definitionen von Schönheit *(bi)*. Eine dieser Definitionen unterstreicht die Bedeutung des Unvollkommenen, des Kreises, der offen bleibt, des Zeichens, das Platz frei lässt, um Raum für das Wort oder für ein anderes Zeichen zu schaffen: »Schönheit geht nicht zwingend von einer vollkommenen Form aus.«

Wa bedeutet also, das Unvollständige, das Asymmetrische, das Unvollendete zu akzeptieren, ja ihm sogar den Vorzug zu geben, vor allem jedoch der Leere, die der Ursprung von allem ist.

Aufnehmen, auswählen, verändern

Über das Wesen von *wa* nachzudenken, führt zu tiefschürfenden Überlegungen. Was genau ist *wa*? Und wie ist es entstanden?

Zu den Besonderheiten der japanischen Kultur gehört es, Feste und Feiertage zu übernehmen, die eigentlich weder traditionell noch geografisch in dieser Kultur verankert sind (Valentinstag,

Weihnachten, Halloween usw.), um damit zu zeigen, dass man im Land der aufgehenden Sonne keine Berührungsängste hat. Ausländer sind die strengsten Richter, wenn es darum geht, zu bestimmen, was authentisch japanisch ist, und oft hört man sie klagen, dass so viele fremdsprachige Begriffe Einzug ins *katakana* halten und sich immer mehr amerikanische oder europäische Sitten durchsetzen würden. Doch Japan lehrt uns, dass für alles Platz ist und das Herausragende einer Kultur darin liegt, sich der Schönheit von außen nicht zu verschließen, sondern sich daran zu erfreuen. Es gilt, das Leben zu feiern, es reicher und interessanter zu machen und zum Beispiel kulinarisch zu erweitern, indem man neue Gerichte übernimmt und variiert, sich ohne schlechtes Gewissen dem Genuss ungewohnter Speisen hingibt und sich ein fremdes Fest zu eigen macht, bei dem man mit anderen zusammenkommen oder Geschäfte und Häuser schöner dekorieren kann.

Es ist nicht immer leicht, anderen die gebührende Anerkennung zu zollen, befürchtet man dabei doch oft, selbst herabgesetzt zu werden und auf einmal als jemand dazustehen, dem es an Originalität mangelt – eine Eigenschaft, die im westlichen Denken als vorrangig gilt, im östlichen hingegen für illusorisch gehalten wird. Denn hier gilt einzig und allein die Natur als original, als der Rohstoff, den der Mensch vorfindet und den er notgedrungen zu bearbeiten hat. Das Herausragende an Japan liegt genau hierin – in der Fähigkeit, aufrichtig zuzugeben, dass man in einem anderen seinen Meister gefunden hat (was sich auch darin äußert, dass den meisten Japaner*innen im Alltag ein Lob – **homeru** – leicht über die Lippen geht). Die Überlegenheit anderer anzuerkennen, hat es den Japaner*innen ermöglicht, sich genau diese zu eigen zu machen und vom Besten, was ihnen im Lauf der Jahrhunderte begegnet ist, zu profitieren.

Der zeitgenössische Haiku-Dichter und feinsinnige Kenner der japanischen Kultur Kai Hasegawa betont, dass genau das, was in der Geschichte Japans vermeintlich als Schmach oder Nachteil hätte gelten können, im Grunde dessen Stärke war: Ursprünglich war das Land »leer«, ohne eigenes Schriftsystem und ohne charakteristische Stärken, die es uneinnehmbar und gegen jeglichen Einfluss von außen resistent gemacht hätten.

Der japanische Nationalismus, der dem Bild des Landes so sehr geschadet hat, dieses sinnlose Sichverschanzen hinter all dem, von dem man glaubte, es sei japanisch im ureigensten Sinne und mache das Land zu etwas ganz Besonderem, ist – wie *jeder* Nationalismus, ganz gleich, in welchem Land der Welt er sich manifestiert – nicht so sehr Zeichen von Macht und Übermacht, sondern Symptom einer tief verwurzelten Unsicherheit. Derselben Unsicherheit, die, wenngleich mit der Zeit etwas abgemildert, bis heute für jeden, der das Land der aufgehenden Sonne aus der Nähe kennt, deutlich spürbar bleibt.

Die vermeintliche Überlegenheit, auf der manche beharren, greift auf eine vergiftete Rhetorik der Kriegszeit zurück, als eine rechtsgerichtete Regierung zunächst im Krieg gegen China (in den japanisch-chinesischen Grenzkonflikten) und dann gegen Amerika (Zweiter Weltkrieg) eine Diskussion um den Anspruch auf *Einzigartigkeit* vom Zaun brach.

Und doch muss man nur auf die Geschichte der kulturellen Kontakte Japans mit der restlichen Welt zurückblicken, auf jene fast unterschiedslose Aufnahmebereitschaft, die das Land in den verschiedenen historischen Phasen geprägt hat (und deren Spuren sich etwa in den schmerzlich wehmütigen Worten einer ganzen Generation von Schriftstellern der Meiji-Zeit und der darauffolgenden Epoche wiederfinden), um sich bewusst zu machen, dass es sich dabei weder um kulturelle Überheblichkeit noch um Arroganz handelt, sondern um das genaue Gegenteil.

Jene verzerrte Sicht hat ihren Ursprung in der Unterscheidung zwischen *Yamato-gogoro* 大和心, dem »Herzen von Yamato«, und *Yamato-damashii* 大和魂, dem »Geist von Yamato«. Während sich hinter dem ersten Begriff die authentische Seele Japans verbirgt, die offen und neugierig in die Welt blickt, handelt es sich bei dem zweiten um ein in Kriegszeiten entwickeltes Konzept, in dessen Namen ganze Generationen von Japaner*innen niedergemäht wurden. In dem Versuch, dem Schrecken kriegerischer Konflikte einen Sinn abzuringen, ließen sich jene Menschen den Traum vom Opfertod für das verfälschte Ideal eines Heimatlandes von tiefem Wert und Schönheit vorgaukeln.

Kommen wir wieder auf unsere Frage zurück: Was genau ist dieses *wa*? Wofür steht es, was stellt es dar?

Wa ist ein veränderliches Konzept, ein System der Aneignung, der Harmonisierung, der Auswahl und der Anpassung. Kai Hasegawa spricht in seinem Buch *Wa no shisō* von drei geordnet aufeinanderfolgenden Phasen, welche die beständige Aufnahme des Fremden und anderen regeln: Zuerst kommt *juyō* 受容, die »Annahme, Akzeptanz, Aufnahme«, dann folgt *sentaku* 選択, also die »Wahl oder Auswahl«, und schließlich *henyō* 変容, die »Transformation, Veränderung, Verwandlung, Metamorphose«.

Der Versuch, a priori zu bestimmen, was *wa* genau ist, verflacht nicht nur die japanische Kultur und reduziert sie auf rein äußerliche Manifestationen, sondern schwächt Japan selbst, das Gefahr läuft, sich hinter der Materialität vergänglicher Güter zu verschanzen, seien diese auch noch so reichlich vorhanden, und sich zum Sklaven eines Blickes von außen zu machen, der das Land nach einem ganz anderen Werteschema beurteilt (ohne es eigentlich zu kennen).

Und genau das ist der Grund, warum *wa* keinesfalls mit den materiellen Dingen Japans gleichzusetzen ist: *Wa* ist vielmehr die Fähigkeit, das andere, Verschiedene anzunehmen, es einzubinden und Harmonie zu schaffen. Etwas, das das Spezifische überwindet und damit zu einem Prinzip wird, das überall anwendbar ist, zu jeder Zeit und in jedem Kontext.

Der »Preis« für *wa*

Japans Anziehungskraft besteht in einer gewissen Konzeption von Schlichtheit, in der Höflichkeit und Aufrichtigkeit, die jeden Fremden beeindrucken, der das Land der aufgehenden Sonne bereist oder davon erzählt bekommt; Japan fasziniert durch ein gesellschaftliches Lebensmodell, in dem Millionen von Bewohnern in sauberen und sicheren Städten wohnen können, in dem anscheinend alles funktioniert und der Respekt für die Umwelt und die Achtsamkeit gegenüber dem Nächsten nach wie vor weitverbreitet sind.

Ohne es genauer benennen zu können, spürt die Welt *wa* und nimmt in Japan die Harmonie wahr, von der sie sich – dank allem, was man über das Land liest, dank der Reisen, die unternommen werden, um Land und Leute zu erkunden, dank des

Studiums der Sprache oder der Erfahrungen mit Japans Kunst, seiner Philosophie oder seinen Kampfsportarten – nur allzu gern anstecken lassen würde.

Die Harmonie wird in Japan wie ein Fest gefeiert, das weder einer Dekoration noch besonderer Speisen bedarf: Sie ist wie ein luftiger, lichterfüllter Raum, in dem jeder Mensch willkommen ist und so gut wie möglich behandelt wird, wo alles geregelt und doch wandelbar ist und wo man nicht zuletzt zum Schutz dieses Menschen bereit ist, kleine oder auch größere Opfer zu bringen, die freilich stets gesellschaftlich belohnt werden.

Eine gewisse Rigidität ist folglich unverzichtbar, doch sowohl die individuelle als auch die kollektive Erfahrung lehren uns, dass absolute Freiheit niemals glücklich macht, so, wie die Verweigerung von Normen unweigerlich dazu führt, dass unser Leben ins Chaos stürzt und wir nur mehr nach der eigenen Befriedigung trachten.

Wenn man diese intensiven Anstrengungen, diese Mühen außer Acht lässt, begreift man auch nicht, wie das alles funktionieren kann. Dass die Städte sauber und rein sind, liegt zum Beispiel keineswegs daran, dass es keinen Schmutz gibt, sondern ist der Tatsache geschuldet, dass auf einen, der Dreck macht, neun kommen, die ihn wegputzen (sei es tatsächlich die Straßenreinigung, sei es eine Privatperson, die Verunreinigungen vor ihrem Haus einfach wegräumt, seien es Grüppchen von Freiwilligen, die sich regelmäßig am Sonntagmorgen mit großen Müllsäcken und langen Greifzangen treffen, oder einfach Passanten, die eine Dose oder Flasche vom Boden aufheben und ein paar Meter zum nächsten Mülleimer tragen).

Wie es der Philosoph Tatsuru Uchida in seinem Buch *Nihon henkyōron* treffend erklärt hat, geht der japanische Nationalstolz mit einem intensiven Minderwertigkeitsgefühl einher, und in der japanischen Kultur gibt es Elemente, die einer Art Randständigkeit geschuldet sind, jenem Unterschied, der zwischen Grenzländern und Ländern, die in der Mitte liegen, entstehen kann und durch den Japaner*innen sozusagen den Eindruck haben, ihre eigene Kultur sei immer anderswo. Das ist auch der Grund, warum im Land der aufgehenden Sonne so viele Bücher über die Eigenschaften der Japaner*innen erscheinen, von denen wohlgemerkt ein guter Teil extrem selbstkritisch ist. Man vergisst offenbar sofort, wie viel man eben doch von außen in sich aufgenommen hat, vielleicht weil man sich selbst von vorneherein fremd ist, und genau in diesem Vergessen liegt auch die unerschöpfliche Frage nach der eigenen Kultur begründet, die sich Japaner*innen gerne stellen – eine Frage, auf die es niemals eine endgültige Antwort geben kann.

Die japanische Kultur habe weder einen Ursprung noch irgendwo ein Vorbild, heißt es bei Masao Maruyama (1914–1996), vielmehr existiere sie einzig und allein in der Gestalt der immer wieder aufs Neue gestellten Frage, was die japanische Kultur sei. Als herausragender Politiker, Denker und Autor mehrerer Schlüsseltexte zur Definition des Nationalgedankens beschreibt Maruyama Japan als ein Land, das draußen nach neuen Dingen sucht, sich dabei aber immer wieder umblickt. Dabei verwendet er den Ausdruck *kyoro-kyoro* きょろきょろ, der genau das bedeutet, nämlich »den Blick ständig voller Neugier auf etwas oder jemanden richten«, wobei sich dieses Verhalten sowohl auf den Einzelnen als auch auf die Gruppe beziehen kann. In diesem Zusammenhang greift Maruyama auf einen Begriff aus der Welt der Musik zurück, den italienischen *basso ostinato,* ein immer wiederkehrendes musikalisches Element, das auf Wiederholung und einer Melodie basiert, die niemals im Mittelpunkt, sondern nur begleitend am Rande steht. Genauso verhält es sich mit Japan: Es unterliegt einer durchgängigen Entwicklung, die nicht in der eigenen Veränderung als solcher besteht, sondern in der Tatsache, dass ebendieser Wandel keinerlei Anstalten macht, unterbrochen zu werden. Sodass man sagen könnte, das Unveränderliche bestehe eben genau darin, dass es einer regelmäßigen Veränderung unterworfen sei.

Die 72 Jahreszeiten Japans

Vier Jahreszeiten gibt es auf der Welt. Wie die vier Viertel eines Apfels gliedern sie ein Jahr, und in manchen Gegenden reduzieren sie sich auch auf zwei, eine Regen- und eine Trockenzeit.

Der Frühlingsanfang fällt in Japan auf den 4. Februar, der des Sommers auf den 5. Mai, der Herbst wird am 7. August eingeläutet, und der Winter beginnt am 7. November.

Der alte japanische Kalender (*kyūreki* 旧暦) sagt jedoch etwas anderes, und zwar, dass die vier Jahreszeiten in 24 sogenannte Perioden gegliedert sind, die sich jeweils noch in drei Teile aufteilen, sodass am Ende 72 verschiedene Zeiten entstehen. Was im Grunde bedeutet, dass alle fünf Tage eine neue »Jahreszeit« beginnt.

So lange die Entstehung dieses alten Kalenders auch zurückliegen mag – er erweist sich als genau und richtig. Man muss nur das Haus verlassen und wird feststellen, dass in der »Jahreszeit« vom 10. bis zum 14. Mai, deren Name *mimizu izuru* 蚯蚓出ずる, also »Die Regenwürmer lugen aus der Erde« lautet, tatsächlich jede Menge Regenwürmer zu sehen sind. Alle

Jahreszeiten haben Namen voller Poesie: So kommen zum Beispiel Glühwürmchen darin vor, wie in der Jahreszeit vom 10. bis zum 15. Juni, oder die Wärme des Windes (7. bis 11. Juli), das Zwitschern der gelben Bachstelze (12. bis 16. September), das Zirpen der Zikaden (12. bis 16. August) oder die Pfirsichblüte (10. bis 14. März).

Wenn alle fünf Tage eine neue Jahreszeit beginnt, führt dies zu einer gewaltigen Abfolge von Anfängen.

Der Wecker klingelt, man schlägt die Augen auf und sieht sich einer funkelnagelneuen Jahreszeit gegenüber. Eine Jahreszeit hört auf, eine andere löst sie ab. Das Negative wird fortgespült, und die Hoffnung kommt auf, dass von morgen an alles anders wird.

Erst wenn man die Zeit auf diese uralte Art erlebt, beginnt man, die Schönheit in ihrer Mannigfaltigkeit wahrzunehmen, was besonders wertvoll ist in unserer heutigen Zeit, in der wir dazu neigen, diese Mannigfaltigkeit auf witterungsbedingte oder pragmatische Aspekte zu beschränken. (Was soll ich anziehen? Muss ich einen Schirm mitnehmen? Ist es kalt? Können wir am Wochenende ans Meer fahren?)

Einen Ort auf der Welt zu kennen, der ganz besonders ist, verleiht uns die Kraft, mit dem Banalen umzugehen, mit dem rauen Grundton, der sich an manch trübem oder trägem Tag einschleicht, oder mit der Angst – die in unterschiedlichem Maße in uns allen vorhanden ist –, einen Neuanfang noch nicht klar erkennen zu können. Aber was soll's – es gibt ja 72 Jahreszeiten und deshalb 72 Anfänge. Und jeder dieser Jahreszeiten wohnen die Wunder der Welt inne, in jeder verbirgt sich eine kleine mögliche Freude, kostbar und ganz für dich allein: »Ich stützte mich auf die Schönheit der Welt / Und hielt den Geruch der Jahreszeiten in meinen Händen«, schreibt Annie Ernaux in *Die Jahre.*

Auch wenn nicht jeder die Namen der 72 kurzen Jahresabschnitte im Kopf hat, so sind doch die 24 größeren Abschnitte ebenso in den Sonnenkalendern, die seit 1873 im Gebrauch sind, wie in allen handelsüblichen Taschenkalendern zu finden.

Dies alles lädt dazu ein, das Wetter wertzuschätzen, so gut oder schlecht es auch sein mag, und die Natur in der Umgebung zu erkunden, ob es nun bei einem Spaziergang durch den Stadtpark in der Nähe der eigenen Wohnung ist oder auf einem Feld vor den Toren des Dörfchens, in dem wir unsere Sommerferien verbringen. Wir werden angeregt, den alten Kalender der japanischen Kultur neu zu entdecken und uns auf die Schönheit der Welt einzulassen.

Die Unterteilung dieses Buches in 72 Kapitel – mit den vier »großen« Jahreszeiten, die den 17 »kleinen« jeweils vorangestellt sind – hat genau hier ihren Ursprung.

Sagen können, denken können

Der uruguayische Dichter und Schriftsteller Mario Benedetti schrieb:»Ihnen, den Gefühlen, haben wir es zu verdanken, dass wir lernen, uns von anderen zu unterscheiden und wir selbst zu sein. Die Gefühle geben uns einen Namen, und mit diesem Namen sind wir die, die wir sind.« Sagen können, zum Ausdruck bringen können, überhaupt etwas zu können – das macht uns stärker.

Den eigenen Wortschatz zu erweitern, dient dazu, sich anderen Menschen besser verständlich zu machen und auch uns selbst *einen Namen zu geben.* Wir verstehen uns besser, es gelingt uns, herauszufinden, was wir uns *wirklich* wünschen, und genau darin liegt der Ursprung von Glück: Es gilt, zu begreifen, wonach man sucht, dieses Etwas in Beziehung zum Wohlergehen anderer zu setzen und durch ein System des wechselseitigen Verweisens von sich selbst auf andere und umgekehrt zu einer Art selbstregenerativen Freude zu gelangen: Man setzt sich ein Ziel, auf das man seine Lebenskraft richtet *(ikigai).*

In der japanischen Sprache, so stellt sich heraus, gibt es oft Begriffe, die unübersetzbar sind, vielleicht wegen der Neigung der Japaner*innen zur Stille und der daraus resultierenden Selbstreflexion und wegen der Demut, die nötig ist, um sich andere Sprachen und Kulturen anzueignen, sie sich zu eigen zu machen, was im Grunde ja die Quintessenz von *wa* ist.

Es gibt sehr viele solcher Begriffe, und ein jeder bringt ein Füllhorn von Bedeutungen mit sich. Tatsächlich scheint in Japan bis heute die Lehre des Dichters und Samurai Musashi Miyamoto (1584–1645) zu gelten, dass man nämlich »ausgehend von dem tiefen Wissen um eine einzige Sache zehntausend Dinge wissen kann«. Zusammenfassend sollte es also *wenig und gut* sein statt *viel und schlecht.* Was eigentlich auf der Hand liegt, denn wie es der polnische Schriftsteller Jerzy Lec in *Sämtliche unfrisierte Gedanken* formuliert, ist es »viel leichter, aus drei Worten hundert zu machen als aus zehn fünf«.

In einem anderen Aphorismus sagt Lec, es gebe »Gedanken, die nur einer einzigen Sprache angehören«, woraus sich vielleicht auch der Reiz ergibt, eine fremde Sprache zu erlernen. Wenn ein Wörterbuch statt mit einem äquivalenten Begriff mit einer Erklärung aufwartet, die sich mehrerer Wörter bedient, überschreitet man bereits die Grenze hin zum Unübersetzbaren, einem faszinierenden und unwegsamen Gebiet, das es in jeder Sprache gibt. Wo kulturelle Besonderheit ins Spiel kommt, scheint das Wort so lange und widerstandsfähige Wurzeln zu bilden, dass es unmöglich ist, es an einen anderen Ort zu verpflanzen.

Zum Beispiel ist dies der Fall bei *chotto*, bei *tanoshimi*, bei *sukkiri* und bei *itadakimasu* – allesamt Ausdrücke, für die es im Italienischen oder Deutschen zwar eine Entsprechung gibt, die aber, damit nicht ein Teil ihrer eigentlichen Bedeutung verloren geht, einer genaueren Umschreibung bedürfen. So gibt es unter den hier ausgewählten Stichwörtern solche, die sich leicht in ein Alltagsvokabular übernehmen lassen, während andere Fremdkörper bleiben, weil ihnen der nötige soziokulturelle Zusammenhang fehlt.

Und doch sind es genau diese Zwischenräume, die wie Felsspalten zwischen den Sprachen liegen und oft als unüberwindliche Kluft abgetan werden, in denen sich das Wunderbare offenbart.

Es handelt sich um eine Art *dritte Sprache,* die man sich ganz allmählich aneignet; wie ein Paar Schuhe, das uns auf einem langen Weg begleitet, müssen wir auch unsere Sprache einlaufen, damit sie uns weit bringen kann. Vor allem jedoch muss sie in der Lage sein, uns genau dorthin zu bringen, wo wir eigentlich hinwollten.

Die Blätter des Sagens und die
Sprache nach Maß

In Worte fassen – das ist »ein Blatt sprechen lassen«, einen Baum, der wächst, der Zweige entwickelt, der knospt, der hier eine Blüte, dort eine Frucht oder ein anderes Blatt hervorbringt. Ein Bild, poetisch heraufbeschworen durch die beiden Ideogramme von *kotoba* 言葉, »Wort«, wobei das erste Schriftzeichen »sagen« bedeutet, während das zweite für leise und zarte Dinge steht, für Blütenblätter oder Laub. Das Bild eines Busches, der kraftvoll in die Höhe wächst und ein üppiges, saftiges Blattwerk entwickelt, ist eine wundervolle Metapher für die Sprache, ein Sinnbild dafür, wie viel ein jedes Wort – ob im Singular oder im Plural – darstellen sollte. Denn das Japanische unterscheidet bei Substantiven zwar nicht zwischen Ein- oder Mehrzahl, besitzt aber eine überraschende lexikalische Vielfalt.

Das stellt man insbesondere fest, wenn es um die detaillierte Beschreibung von Natur geht: *sakura-fubuki* 桜吹雪 ist zum Beispiel der »(Schnee-)Sturm der *sakura*« und beschreibt den magischen Moment, in dem die Kirschblüten federleicht, aber dicht wie Schneeflocken zu fallen beginnen, während *sakura-ame* 桜雨 der Regen der Blütenblätter ist, ein Gestöber wie eine Liebkosung. Bleiben wir bei den Niederschlägen und dem Wort *ame* 雨, »Regen«, so steht *harusame* 春雨 für einen leichten Frühlingsregen, während es sich bei *shigure* 時雨 um die heftigen Niederschläge am Ende des Herbstes und zu Winterbeginn handelt; *ryokū* 緑雨 wiederum bezeichnet den Regen zum Sommeranfang, wenn das Grün der Natur besonders saftig ist. Es gibt unzählige andere Wörter, darunter auch solche, die wundervoll malerisch sind, wie zum Beispiel *nekonke-ame* 猫毛雨, das die

Kanji für »Katze«, »Fell« und »Regen« in sich vereint und einen hauchfeinen Regen beschreibt, weich und leicht wie Katzenfell; oder *yarazu-no-ame* 遣らずの雨, ein Ausdruck, der das Ideogramm für »schicken, auf den Weg bringen« in der verneinten Form enthält, womit der Regen gemeint ist, der scheinbar absichtlich fällt, damit ein Gast noch nicht gehen kann.

Der japanische Wortschatz ist reich an Bezeichnungen für den Wind, den Regen, den Schnee, es gibt jede Menge Wörter für Berge, den Mond, die Sterne, ein reicher Fundus an Ausdrücken, der auf poetische Weise vor Augen führt, wie unendlich viele Nuancen und Schattierungen es in dem gibt, was wir so lapidar »Natur« nennen.

Erst recht gilt dies für die japanische Schrift, für die Ideogramme, die das Wunder noch vertiefen, indem sie Geschichten erzählen, Bilder erzeugen. Viele Schriftzeichen sind selbst Haiku, kleine poetische Kompositionen, die auf winzigstem Raum all das heraufbeschwören können, was über das reine Wort hinausgeht.

Die Kanji: Mikrogeschichten aus wenigen Strichen

In Kürze zusammengefasst – und durch eine ausführliche Bibliografie untermauert –, kann man sagen, dass die japanische Sprache im Klang entstanden ist und Bestand hat, in der Mündlichkeit, die bis zum ersten Kontakt mit der chinesischen Schrift reichte, durch die sie dann in der zweiten Hälfte des 4. Jahrhunderts nach Christus materielle Gestalt annahm. Seitdem wurden Strategien zur Transformation der Sprache entwickelt, mit denen sich diese zwar herausragende Elemente der fremden Gesellschaft aneignete, dabei jedoch den Geist der Heimat und der ursprünglichen Kultur beibehielt.

Die japanische Schrift, die einerseits das in *wa* enthaltene Prinzip des Aufnehmens, Auswählens und Anpassens bekräftigt, lehrt uns andererseits, dass eben die schönsten Dinge oft auch die kompliziertesten sind.

Für denjenigen, der die Sprache lernt, sind die Kanji der am wenigsten greifbare Teil, den man sich niemals ganz aneignen kann. Um sie sich einzuprägen, genügt es nicht, sie anzuschauen. Wer sie mit der ganzen gebührenden Sorgfalt erlernen will, muss die Kanji verinnerlichen wie Melodien, die man so oft auf dem Klavier gespielt hat, dass schon die allererste Note – und nicht mehr das gesamte Notenbild – genügt, damit die Finger wie schlafwandlerisch über die Tasten wandern. Das ist vor allem ein Automatismus, es ist Gewohnheit, die die Hand führt. Es sind Klinken, die Türen öffnen: Man muss sie nur berühren.

»Man nennt dich einen Meister der Kunst, wenn Körper und Gliedmaßen die Technik so zum Ausdruck bringen, als geschähe es unabhängig von deinem Bewusstsein«, zitiert Daisetz T. Suzuki frei aus dem Traktat über das Schwert des Samurai Munenori Yagyū (bekannt als Yagyū Tajima no kami Munenori, 1571–1646). Genauso verhält es sich auch mit dem Erlernen von Kanji: Es bedarf jenes gewissen Grades des bewussten Loslassens, einer Haltung, zu der es ebenso gehört, sich zu füllen, wie sich anschließend wieder zu leeren.

Kanji sind Zeichnungen, Collagen von Elementen aus der Welt der Pflanzen, der Mineralien und der Tiere, aus einer Zeit, in der Menschen und Götter entschlossen die Anordnung der Dinge bestimmten, ihre Natur definierten, sie zu Zeichen erhoben und schließlich eine Schrift entwickelten. So kommt es, dass der Schnee *yuki* 雪 eine Hand ist, die den Regen wegwischt, den Regen *ame* 雨, der sich auch in der Wolke *kumo* 雲 wiederfindet, im Dunst *kasumi* 霞, im Nebel *kiri* 霧, im Zittern 震. Der Abend, *yoru* 夜, trägt den Mond unter seinem Dach, und *kita* 北, der (kalte) Norden, hat die Form zweier Männer, die einander den Rücken zukehren.

Die Erklärung ihres Ursprungs ist oft kontrovers und scheint nach wie vor großen Interpretationsspielraum zu lassen, sodass man diese Zeichen immer wieder neu betrachten, neu erfinden kann.

Auch heute noch vermögen die Kanji den Kern der Dinge und die ursprüngliche Bedeutung der Wörter zu erklären. Sie erzählen vom **kokoro**, dem Herz-Geist der Japaner und von ihrer üppigen Kultur. Aus diesem Grunde habe ich mich in den 72 Kapiteln oft zunächst einmal bei den Wörtern selbst aufgehalten, habe zu Lupe und Pinzette gegriffen und begonnen, diese Wunderwerke auseinanderzunehmen, zu betrachten und zu bestaunen. Eine Operation, die – obwohl Kanji ja lebendige Materie sind – sehr leicht durchführbar ist, ohne dass bei dieser Zergliederung das Leben aus ihnen weicht.

In einer Zeit wie der unseren, in der es nicht mehr nötig ist, eine Feder zur Hand zu nehmen, um etwas zu schreiben, muss man zu diesem Zweck genau das tun – die Hand benutzen. Man zeichnet Striche – in einer Anordnung, die streng vorgegeben ist –, betrachtet die Teile und rekonstruiert daraus den Sinn. Wie bei dem Schwein unter einem Dach 家, das im Japanischen bis heute »Haus« bedeutet.

Unabdingbare Voraussetzung für das Verständnis: nicht vergleichen

Bei der Erklärung von Begriffen wird man immer wieder auf Reibungspunkte zwischen der japanischen Denk- und Handlungsweise und ihrem westlichen Pendant stoßen. Obwohl die Gegenüberstellung Japans und des Westens weit verbreitet ist, bleibt diese doch nur ein Instrument, um auf möglichst einfache Weise genau diejenigen Begriffe zu erklären, die, wenn man sie aus ihrem theoretischen Kontext herauslöst, Gefahr laufen, an Konkretheit zu verlieren.

Die allererste Lektion – wenn wir denn von Lektionen sprechen wollen –, die man aus dem japanischen Denken ziehen kann, ist die, dass man nicht versuchen sollte, den anderen zu belehren: Dem Geist Japans, *Yamato-gokoro,* gemäß, besteht die beste Methode, die Welt willkommen zu heißen und sie zu genießen, darin, der Versuchung des Vergleichs zu widerstehen. Eine reine Gegenüberstellung von Begriffen macht den Diskurs eher ärmer, als ihn zu bereichern, denn sie führt unweigerlich dazu, eine der beiden Seiten herabzusetzen. »Ach, wie toll die Japaner das machen! Wir in Europa hingegen …« »Was für eine wundervolle Tradition, die in Japan! Im Westen hingegen, oje …«

Deshalb ist es wichtig, nicht in Wettstreit zu treten und einerseits zu vermeiden, die eigene Kultur der japanischen gegenüberzustellen (welche nach einer allzu geschönten Lesart irrtümlicherweise oft in die Nähe von Perfektion gerückt wird), und andererseits nicht ins Gegenteil zu verfallen, indem man gegen scheinbar irrige und wenig schlüssige Verhaltensweisen wettert, weil man den Fehler begeht, sie in einem Kontext außerhalb Japans zu sehen. Beides sind Fallen, in die man leicht tappen kann.

Es stimmt, dass die Lebensqualität in Japan sehr hoch ist, dass der Gemeinsinn an erster Stelle steht, dass die Sicherheit, Aufrichtigkeit und Harmonie, die man allerorten spürt, einen besonders festen Bund geschlossen haben, doch es stimmt auch, dass man, um einen solchen Zustand der Ruhe zu erreichen, vor allem weniger an sich selbst und mehr an andere denken muss: Es hilft, wenn man zumindest teilweise die individuelle Lebensfreude im Namen eines gemeinschaftlichen Glücks opfert, eines Glücks, an dem nicht nur Freunde und Familie teilhaben, sondern auch vollkommen Fremde, mit denen man weder einen Blick noch Worte gewechselt hat.

Vor allem muss man sich von der eher beschränkten Gegenüberstellung von Öffentlichem und Privatem lösen, die der Philosoph Raymond Geuss in seinem Buch *Privatheit. Eine Genealogie* als ebenso unbegründete wie schädliche »philosophische Erfindung« bezeichnet; nicht in dem Sinn, dass Privateigentum abgeschafft werden solle, sondern dass eine zu klare Grenzziehung zwischen dem Ich und den anderen, zwischen dem, was mir gehört, und dem, was nicht, das Risiko in sich berge, den Grad von Empathie in einer Gesellschaft zu verringern. Außerdem stehe die Überheblichkeit, die aus dem Besitz entstehe (das ist *mein* Haus, hier rede *ich* etc.), nur auf tönernen Füßen. Ebenso gilt im japanischen Denken, beeinflusst vom buddhistischen Konzept des *mujō* 無常, der Unbeständigkeit und Vergänglichkeit, dass man Glück nur erlangen kann, wenn man von der Materialität der Welt Abstand nimmt, von den Leidenschaften, die unser Herz zerrütten und uns flattern lassen wie Wetterfahnen im Wind. Nur wenn wir unsere Aufmerksamkeit auf unseren *tatsächlichen* Einflussbereich richten, wenn wir darauf verzichten, weltliche Güter im Überfluss zu besitzen, sinnlosen Reichtum anzuhäufen oder eine Karriere voranzutreiben, die doch, wie alles, irgendwann enden wird, nähern wir uns unseren wirklichen Bedürfnissen und können unbeschwert und heiter durchs Leben gehen.

Wie man dieses Buch lesen sollte

Ein Teil der Texte in diesem Buch stammt aus meinem viele Jahre lang geführten Blog *Giappone Mon Amour*, der den nach und nach gereiften Erkenntnissen und Erfahrungen gewidmet war, die ich während meiner intensiven und äußerst kostbaren Zeit in Japan gesammelt habe. Das gesamte Material, das aus dem Blog stammt, wurde überarbeitet, zum Teil auch umgeschrieben, auf den neuesten Stand gebracht und dann eingefügt.

Jedes der 72 Stichworte und viele andere, die in die einzelnen Kapitel einbezogen wurden, haben zum Ziel, einen Aspekt japanischen Denkens zu beleuchten, möchten dem Lesepublikum jedoch auch Anstöße geben, wie es das eigene Wohlbefinden steigern kann. Die Auswahl der Begriffe stellt eine Mischung dar; bei manchen geht es um eher populäre Phänomene aus dem zeitgenössischen Japan oder der gesprochenen Sprache, andere sind literaturwissenschaftlich orientiert. Auch die Reihenfolge ist bewusst willkürlich. Innerhalb der vier großen Überkapitel, die den vier eigentlichen Jahreszeiten entsprechen (auch diese werden als vier eigene Kapitel betrachtet, da sie unsere Wahrnehmung der Welt zu schärfen vermögen), finden sich Begriffe sehr unterschiedlicher Art. Eine abstraktere Systematisierung hätte zu einer stärkeren thematischen Einschränkung geführt. Das war jedoch nicht gewollt, sondern es ging mir vielmehr darum, zu inspirieren und zu positiver Nachahmung anzuregen.

Im Verlauf der Lektüre wird man in der Tat bemerken, wie sich die Wörter immer weiter verzweigen und alle Themen in der einen oder anderen Weise miteinander verknüpft sind. Allerdings wurden diese – einer für die japanische Kultur typischen Neigung entsprechend, nach der es kein Zentrum geben soll, um das sich alles dreht, sondern die Dinge permanent in Bewegung sind – eher lose, wie Murmeln in einer Tasche, nebeneinander angeordnet, sodass der Leser je nach Interesse von einem Kapitel zum nächsten springen kann, ohne beim Lesen zu einer bestimmten Reihenfolge gezwungen zu sein. Stattdessen kann er immer wieder das Inhaltsverzeichnis konsultieren und nach Lust und Laune entscheiden, wohin ihn sein Lektüreweg als Nächstes verschlägt, denn manchmal führt uns gerade eine vordergründige Zufälligkeit zu dem, was wir am meisten brauchen.

Wenn es beim Lesen eines Ausgangspunkts bedarf, so liegt auf der Hand, dass es auch Umwege und eine Rückkehr gibt. Und genau diese Rückkehr soll eine Veränderung des Blickwinkels ermöglichen – auf dass man sich nicht so sehr (oder nicht ausschließlich) Japan widme, sondern auch auf seine eigene Welt blicke, auf das, was man immer griffbereit und vor Augen hat und was uns aus diesem Grunde *scheinbar* nichts mehr zu sagen hat.

Frühling

4. Februar bis 4. Mai

Kirschblütenblätter
zwischen den Reissetzlingen
Sterne und Mond

Yosa Buson

Alles beginnt mit einer Zeichnung, dem Piktogramm von *haru* 春, das in seiner ursprünglichen Form eine keimende Pflanze mit Wurzeln zeigt. *Haru,* der Frühling, steht für den Beginn eines neuen Lebens, das sich lange Zeit vor der winterlichen Kälte in die Erde geduckt hat, sich endlich streckt und dem Licht entgegenwindet.

Wir hören das Zwitschern des *uguisu* 鶯, der Japanischen Nachtigall, einem Singvogel mit hellbraunem Gefieder (nicht zu verwechseln mit dem leuchtend grünen *mejiro* 目白, dem Brillenvogel), der mit seinem wohlklingenden und unverkennbaren Gesang als Vorbote des Frühlings gilt; während sein Name in den Haiku gleichbedeutend mit der Sichtbarwerdung des Beginns ist, gilt sein Gesang in Literatur und Film als Signal dafür, dass der Winter endlich hinter uns liegt.

Auch wenn die warme Luft, die die Natur zu neuem Leben erweckt, aus dem Süden kommt, heißt es im Japanischen, der allererste Wind des Frühlings blase aus dem Osten, und so nennt man ihn wörtlich auch *kochi* 東風, »Wind aus Osten«, so wie in der chinesischen Tradition, nach der der Kalender in 72 Abschnitte gegliedert ist.

In Japan ist der Frühling die erste Jahreszeit. Er ist der Beginn von allem. Das spiegelt sich in vielen Bereichen des Alltagslebens. So ist es kein Zufall, dass der Beginn des Schuljahres, der Arbeit und des Steuerjahres allesamt auf den April fallen, wenn überall im Land die Kirschbäume blühen, wenn die Wipfel der Bäume saftig grün sind und zwischen Ende März und Anfang April die »Rasenkirschen« *shibazakura* die Landschaft leuchtend rosa färben und für spektakuläre Ausblicke sorgen, wie etwa in Yamanashi mit dem Fujiyama direkt dahinter oder an den Ufern des Flusses Shibuta in Kanagawa oder auch auf Hokkaidō zwischen den geschwungenen Hügeln des Shibazakura-Parks, der nach ebendieser Blütenpflanze benannt ist.

Die Feierlichkeiten zur Immatrikulation, zu Beginn des neuen akademischen Jahres an der Universität oder zum neuen Eintritt in eine Firma – sie alle werden von einem eher wechselhaften Wetter begleitet, einer unsteten Witterung, die typisch für den Beginn des Frühlings ist und den zaghaft hoffnungsvollen Hintergrund zahlloser Schnappschüsse für das Fotoalbum bildet – Aufnahmen, auf denen junge Männer und Frauen begeistert und mit gespreiztem Zeige- und Mittelfinger, dem Victory-Zeichen, in die Kamera blicken. *Sankanshion* 三寒四温, »drei Tage Kälte, vier Tage Wärme«, wie es im Japanischen so schön heißt. Und genau so nähert er sich auch, der Frühling, er macht Schritte vor und zurück, bringt Regen an Tagen, an denen man fest mit Trockenheit gerechnet hatte, und wärmt plötzlich an anderen, obwohl noch kurz zuvor ein eisiger Winterwind geweht hat.

Und so beschwört auch der Ausdruck *harusame* 春雨 – eine ebenso schlichte wie visuell suggestive Verbindung aus dem Kanji für *haru* 春, Frühling, und dem für Regen, *ame* 雨 – den

Frühlingsregen herauf, den man wie hinter einer Scheibe wahrnimmt, Tropfen, die langsam herabrinnen.

Laut dem alten japanischen Kalender beginnt der Frühling im Februar, genauer gesagt am vierten dieses Monats, und endet am 4. Mai. In Wirklichkeit jedoch ist in dieser Zeit von *haru* oft noch wenig zu erkennen, und wenngleich der Frühling in der Vorstellung vor allem eine Jahreszeit der Wärme ist, so erinnert die japanische Sprache uns daran, wie sehr die Wärme immer noch der Kälte verpflichtet ist und umgekehrt. Als handelte es sich um zwei Gegenpole der Seele, wie bei dem Kanji für Glück *(shiawase* 幸*)*, das sich nur durch den Verlust eines einzigen Striches in sein Gegenteil, das Leid *(tsurai* 辛*)*, verwandelt.

Zur Vesperzeit, wenn man Gäste erwartet oder sich eine kleine Pause gönnt, werden Süßigkeiten wie *sakura-mochi* oder *kusa-mochi* auf Holzbrettchen oder kleinen Keramiktellern, die in Farbe und Motiv zur Jahreszeit passen, zum Tee gereicht. Dann übernimmt die Farbe Rosa die Oberhand auf dem Tisch, im Kleiderschrank oder, allgemeiner gesprochen, auf dem Markt; es gibt Getränke, die nach *sakura* oder Erdbeere schmecken, zartrosa Sakura-Krabben *(sakura-ebi),* rosa Fächer, rosa Hüllen für Schirme und Sonnenschirme, rosa *furoshiki* oder ebensolches Porzellan. An den Kirschblüten kommt in der japanischen Gesellschaft keiner vorbei. Man legt Decken unter die Kirschbäume, reserviert sich bereits eine Nacht zuvor seinen Platz und wartet sehnsüchtig auf den Durchbruch der Knospen; in den Nachrichten wird tagtäglich über die Entwicklung der Blüten berichtet, über dieses wundervolle und zugleich tragische Schauspiel, das symbolisch für das Leben steht, für die unfassbare Schönheit und für die Zerbrechlichkeit menschlichen Daseins. Manchmal genügt nur ein wenig Wärme, um das

Öffnen der Knospen zu beschleunigen, und ein einziges Gewitter lässt die Blütenblätter zu Boden regnen.

Es gibt verschiedene Bezeichnungen für diese Blüten, und sie alle erzählen von ihren vielfältigen Erscheinungsformen. *Yozakura* 夜桜 zum Beispiel verknüpft das Kanji für Nacht 夜 mit dem für Kirschblüten 桜 und verweist auf die nächtliche Kontemplation in den Tempeln, in den Parks oder auf Straßen und Wegen, wo die Bäume anlässlich besonderer Veranstaltungen illuminiert werden.

Auch hierin liegt die besondere Weisheit Japans: dass man nämlich die Freude vergrößern kann, indem man dieselbe Sache wie durch ein Prisma betrachtet, um sie in all ihren Facetten zu sehen, und indem man den Dingen Namen gibt – man tauft den Regen, benennt die vielen Spielarten des Windes oder das sich langsam wandelnde Aussehen einer Blüte.

Im Frühling feiert man in Japan zwei bedeutende Feste: das Mädchenfest *Hina-matsuri* 雛祭り, das auf den 3. März fällt, und die Tagundnachtgleiche *O-higan* お彼岸.

Der Internationale Frauentag am 8. März wird in Japan nicht gefeiert – nicht etwa weil den Frauenrechten, der Gleichberechtigung und dem Kampf gegen die Ungleichheit zwischen den Geschlechtern keine Bedeutung zugemessen würde, sondern weil der Frauentag Teil einer anderen Kultur ist, die in gewisser Hinsicht im Land der aufgehenden Sonne bislang nur zarte Wurzeln geschlagen hat. Stattdessen gibt es am 3. März ein anderes Fest, bei dem seit jeher die Frau bzw. das Mädchen im Mittelpunkt steht. Es ist die Zeit, in der in Japan die Pfirsichbäume blühen, und an *Hina-matsuri* betet man für das Wohlergehen, das Glück und das gesunde Aufwachsen der kleinen Japanerinnen.

Der Ursprung dieses Festes liegt in China. Dort wusch man am 3. März traditionell Hände und Füße, um sich von bösen Geistern reinzuwaschen. Als diese Sitte nach Japan kam, wandelte sie sich: Nun befreite man sich vom Unglück nicht durch eine Waschung, sondern indem man es auf Puppen übergehen ließ, eines der Lieblingsspielzeuge kleiner Mädchen, und die Puppen dann in einen Fluss warf, um jegliches Unglück von ihren kleinen Besitzerinnen fernzuhalten.

Heute wird dieser durch und durch weiblich geprägte Brauch so begangen, dass man, einer genau festgelegten Ordnung folgend, mehrere rituelle Puppen im Haus auf Stufen aufreiht und dazu einige besonders farbenfrohe und symbolträchtige Speisen wie etwa *chirashizushi* ちらし寿司, *hishi-mochi* 菱餅, *hinaarare* 雛あられ und *hinagashi* 雛菓子 zu sich nimmt.

Bei *O-higan* handelt es sich hingegen um die Tag-Nacht-Gleiche des Frühlings. In Japan wird dieses Fest nur von den Anhängern des buddhistischen Glaubens begangen. Es dauert eine Woche und ist dem Gedenken an die Toten und die Ahnen gewidmet. Dazu begibt man sich ans Familiengrab, schmückt es gemeinsam und sorgfältig, bringt Blumen als Geschenk, zündet zwischen den sogenannten *tōba* 塔婆, den Totenbrettchen, Räucherstäbchen an und richtet seine Gedanken und Worte auf die Vorfahren. Manche lassen sogar Mönche kommen, damit diese am Grab Rituale abhalten und besondere Gebete sprechen. Während der Frühjahrs-Tagundnachtgleiche isst man *botan-mochi* 牡丹餅, köstliche, winzige Reiskuchen aus Klebreis *(mochi)*, die in ihrer Farbe an die Pfingstrosen *(botan* 牡丹*)* erinnern, nach denen sie benannt sind.

Das Grab pflegen, Blumen bringen und Gebete sprechen – das alles sind Tätigkeiten, die in Japan im Verlauf eines Jahres

47

oft verrichtet werden und die zeigen, wie viel den Menschen im Land der aufgehenden Sonne das Verhältnis der Lebenden zu den Toten bedeutet, wie sehr sie sich bei diesen in der Schuld sehen. Es ist eine fließende Beziehung zwischen Vergangenheit und Gegenwart und der fruchtbare Boden, auf dem man eine stabile und mit Sinn erfüllte Zukunft aufbauen kann.

1

人 *hito*

oder: Vom gegenseitigen Haltgeben

Hito 人 heißt auf Japanisch Mensch.

Zwei schlichte Striche für eines der wichtigsten Kanji der Sprache: ein Körper, dargestellt durch eine Linie, von rechts oben nach links unten, und eine zweite Linie, die von dem schmalen Körper ausgeht und in die entgegengesetzte Richtung nach unten verläuft, wie um ihn in Bewegung zu setzen. Es ist ein Schriftzeichen, das fest auf das vertraut, was es darstellt – ein dynamisches Kanji, das aussieht, als würde es marschieren.

Allerdings sind es bei der gedruckten Version des Schriftzeichens – das sich von dem mit der Hand geschriebenen stets unterscheidet – zwei Linien, die an der Spitze, wo sie sich berühren, miteinander zu verschmelzen scheinen.

Nach meiner ganz eigenen Interpretation, wie es sie in unendlicher Anzahl gibt, ist das Schriftzeichen *hito* der Tatsache geschuldet, dass Menschen sich gegenseitig stützen müssen, um sich aufrecht zu halten.

Genau so interpretiert es übrigens auch der Protagonist einer der bekanntesten Fernsehserien Japans mit dem Titel »Die 3B von Lehrer Kinpachi« (*San-nen B-gumi Kinpachi-seinsei* 3年B組金八先生). Besagter Lehrer Kinpachi, der dem

49

emotionalen Entwicklungsstand seiner Schüler stets mehr Beachtung schenkt als ihren schulischen Leistungen, eine charismatische Figur, die in der Gedankenwelt der Zuschauer einer ganzen Generation verankert ist, erklärt darin seiner Klasse 3B die Bedeutung gegenseitiger Unterstützung und Solidarität, und wie wichtig es ist, füreinander da zu sein.

Das Haltgeben bildet folglich die Grundlage einer jeden Beziehung und einer Gesellschaft, die sich Stück für Stück um diesen essenziellen Kern des Füreinanderdaseins entwickelt. Dabei versteht es sich von selbst, dass man fest auf die Hilfe seines Nächsten zählen kann und zugleich die Verantwortung dafür hat, diesem umgekehrt ebenfalls beizustehen.

Es ist durchaus üblich, ein Kanji nicht nur zu bestimmten Zwecken auf seine Anwendungen und Konnotationen hin zu untersuchen und Mutmaßungen über seinen Ursprung anzustellen, sondern es in seine Bestandteile aufzuspalten und es dadurch möglichst vielen Menschen zu ermöglichen, sich Gefühle, Situationen oder auch Dinge des alltäglichen Lebens besser zu erklären. Diese Schriftzeichen sind die Samenkörner, die den ursprünglichen Sinn der alten chinesischen und japanischen Kultur beibehalten, dabei allerdings ganz neue Blüten treiben können, je nachdem, in welche Erde man sie sät.

Ein Beispiel hierfür liefert uns das Zeichen *oya* 親 für »Elternteil«, das im Land der aufgehenden Sonne oft und gern von Geburtshelferinnen und Erzieherinnen herangezogen wird.

In dem Kanji für *oya* sieht man oben links das Verb *tatsu*立つ, das »stehen, aufstehen« bedeutet, unten *ki* 木, das Zeichen für »Baum«, und rechts *miru* 見る für »schauen, betrachten«. Folgt man diesen Komponenten dem Sinn nach, so ergibt sich folgender Satz:

Oya no yakuwari wa, ki no ue ni tatte miru koto da 親の
役割は、木の上に立って見ることだ oder: »Die Aufgabe des
oya, des Elternteils, ist es, auf einem Baum zu stehen und aus
der Ferne zu schauen.«

Die Erklärung, was Eltern tun sollten, liegt folglich bereits
im Wort: dass sie nämlich erst dann eingreifen sollen, wenn es
wirklich nötig ist. Um niemals die Stelle des Kindes einzunehmen und den Verlauf der Dinge auf diese Weise zu hemmen,
muss sich *oya* vor allem auf das Beobachten aus der Distanz
beschränken, auf ein diskretes Überwachen. Das bedeutet, dass
man das Weinen eines Kindes hinnimmt, es sogar duldet, wenn
es ihm einmal schlecht geht und, so schwer dies manchmal auch
fallen mag, akzeptiert, dass man nur eine Figur am Rande ist,
die es dem Nachwuchs nicht abnehmen kann, selbst Fehler zu
begehen. Stattdessen soll man sich mit dem Gedanken trösten,
wie gefährlich es wäre, dem Kind Erfahrungen und die Möglichkeit von Fehlern vorzuenthalten. Es würde dadurch nur unsicher werden und durch unser irriges Verhalten sogar in Abhängigkeit geraten.

Das Kanji *oya* zeigt auf, wie wichtig es ist, Kindern beizubringen, etwas allein zu schaffen, und ihnen dabei zu helfen, Schritt
für Schritt ihr Leben selbst in die Hand zu nehmen. Außerdem
unterstreicht es, wie unverzichtbar für Kinder die Gewissheit
ist, dass jener »Blick aus der Ferne« niemals schwinden wird:
Immer dann – und nur dann –, wenn es nötig ist, wenn sie in
Schwierigkeiten sind oder einen Fehler gemacht haben, werden
ihre Väter und Mütter schnell vom Baum steigen und ihnen,
ohne zu zögern, zu Hilfe eilen.

2

個人主義 *kojinshugi*

oder: Vom »Ich«,
das inmitten des »Wir« wächst

Züge sind das zweite Zuhause der Bewohner Tokios.

Bevor man sie am Morgen besteigt, muss man in zwei Reihen vor dem Eingang in der Schlange stehen, die sich zu Stoßzeiten oft genug um ein x-Faches verlängert. Da stehen die Menschen und harren der Dinge, scheinbar unbeteiligt und doch angespannt; in Reih und Glied, jeder für sich, warten sie darauf, dass sich die Türen öffnen und den Weg für die zusteigenden Fahrgäste freigeben. Einzig und allein in diesem Moment, beim Einsteigen, findet die Verwandlung statt, und sie dauert genau die zwei oder drei Sekunden an, die nötig sind, um sich einen Weg durch den Dschungel der Absichten anderer Fahrgäste zu bahnen oder ihnen auszuweichen und dann Platz zu nehmen.

Einen Augenblick zuvor noch wirken sie alle regungslos und ruhig, aufrecht inmitten der Menge, die dort am Bahnsteig steht und auf den Moment wartet, in dem die Türen sich öffnen und man einsteigen kann. Nur ein kurzes Scharmützel um die Plätze, dann schließt sich der Kreis, es herrscht wieder Ruhe, und in die Gesichter der Fahrgäste tritt ein Ausdruck ergebener Gleichgültigkeit, Augen fallen zu, als wollte man schlafen. Aber in ihren Mienen blitzt kurz auch Verlegenheit auf, das unleugbare

Wissen, dass man gerade jemandem den Platz weggenommen hat, einem anderen, der auf denselben Sitz zugestrebt war wie man selbst und der nun besiegt, aber ohne Groll direkt vor einem steht, weil ihm im Grunde bewusst ist, dass die Eroberung des begehrten Platzes nur eine Frage des Zufalls war. Andere hingegen, bei denen das Gefühl der Peinlichkeit überwiegt, geben in dem Moment, in dem sie einen Platz fast ergattert haben, diesen doch ab, wenn sie merken, dass ein anderer ebenfalls darauf zusteuert. Ein kurzer Spurt würde genügen, doch am Ende gewinnt das Unbehagen die Oberhand.

Und hier liegt genau das, was der restlichen Welt weitgehend unbekannt, den Japaner*innen jedoch absolut geläufig ist: dass sich nämlich Individualismus hervorragend mit Gemeinschaftssinn vereinen lässt. Um an sich selbst zu denken, an das eigene, persönliche Wohlergehen, muss man auch vorausschauend sein, und statt sich in einem Haus nur um ein einziges Zimmer zu kümmern, ist es besser, das gesamte Gebäude im Blick zu haben.

Man muss also nur zu Stoßzeiten in Tokio mit Tausenden von Pendlern U-Bahn fahren, um einige der wichtigsten und tiefgründigsten Mechanismen der japanischen Gesellschaft zu begreifen, wie zum Beispiel das Gleichgewicht zwischen Individualismus und Gemeinschaftssinn, oder die Strategien, mit denen Japaner*innen auf eine präventive, fast institutionelle Gleichgültigkeit umschalten, ein unverzichtbares Element des Selbstschutzes in einer Gesellschaft, die aus dem »Denken an den anderen« *(omoiyari)* ein Allgemeingut gemacht hat.

Im Westen wächst man in der Überzeugung auf, dass Freiheit das Grundprinzip des Menschen sei und man durch das Streben nach persönlichem Glück sich selbst verwirklichen würde. Hingegen kann man in Japan die Erfahrung machen, dass dauerhafte Lebensfreude vor allem in der Umgebung zu finden ist, in der ein Mensch lebt, innerhalb einer Gemeinschaft, deren Mitglieder uns zwar unbekannt, aber wohlgesinnt sind.

Es ist die Sauberkeit auf den Straßen, das Lächeln, das einem überall begegnet, es sind die höflichen Umgangsformen, es ist die Schönheit einer Stadt, die bis ins kleinste Detail gepflegt wird, es ist die Reinlichkeit und Pünktlichkeit der öffentlichen Verkehrsmittel, vor allem aber ist es die Tatsache, dass niemand – von Ausnahmefällen abgesehen – bei dem Gedanken nervös wird, das Haus zu verlassen und dabei all den Unbekannten zu begegnen, die unseren Lebensweg kreuzen und uns ihrerseits mit ihrer Individualität bedrängen könnten. Wir sind zu viele Menschen auf dieser Welt, und das Zusammenleben auf so engem Raum bringt uns notgedrungen dazu, den Begriff des »Individualismus um jeden Preis« (der oft genug in eine zügellose und egoistische Freiheit umgemünzt wird) neu zu überdenken.

Besser, man gibt nicht jeder momentanen Befriedigung nach, lässt anderen den Vortritt, vermeidet es, ruppig zu reagieren, wenn man unbeabsichtigt angerempelt wird; besser, man bemüht sich, rechtzeitig bei der Arbeit zu erscheinen, um Kollegen oder Kunden nicht in Unruhe zu versetzen; besser, man feilscht nicht sinnlos um einen Preisnachlass, sondern glaubt einfach daran, dass ein Preis gerechtfertigt ist; besser, man hebt Abfall von der Straße auf, auch wenn man ihn nicht selbst verursacht hat.

Nur so – indem jeder seinen Teil zur Erreichung des Gemeinwohls beiträgt – kann man sich berechtigte Hoffnungen auf ein gutes Leben machen.

Es wird noch dauern, bis der Westen damit aufhört, die Art

und Weise, wie Japaner*innen das »Alle« vor das »Ich« setzen, als »schön, aber wenig nachvollziehbar« zu betrachten, und endlich davon Abstand nimmt, ihre Höflichkeit übertrieben, ja fast naiv zu finden. Das westliche Ego ist gewaltig, und wer nicht zuallererst an sich selbst denkt, wird für arglos, gar für dumm gehalten, für jemand, der selbst schuld daran ist, wenn er am Ende unterliegt. Doch wird er das wirklich? Ist man denn tatsächlich glücklicher, wenn man das »Ich« vor die »anderen« stellt?

Das Verhalten der Japaner lehrt uns vielmehr, dass nicht wir, ja nicht einmal die Personen, die wir lieben, die wichtigsten Menschen der Welt sind und dass vor allem niemand das Recht hat, einem anderen Schaden zuzufügen. Wenn man dies tut, so mag man vielleicht eine momentane Befriedigung erfahren, verdammt sich allerdings selbst dazu, in einer Welt zu leben, in der es einzig um das Fressen und Gefressenwerden geht.

Es gibt zahlreiche Wissenschaftler, die sich mit dem Gruppengeist der Japaner*innen beschäftigt haben, und Takeo Doi (1920–2009), der gefeierte Psychoanalytiker, der den Begriff *amae*, »Abhängigkeit«, in den Mittelpunkt seiner Studien gestellt hat, forderte dazu auf, ebendiesen Begriff zu revidieren und ihn nicht mehr in dem absolutistischen Sinn zu betrachten, wie es – allerdings in einer extremen und einschränkenden Vereinfachung – der Rest der Welt nach wie vor tut.

Zwar gibt man in Japan einem von Konventionen geprägten Verhalten, das Ausnahmen vermeidet, den Vorzug. Andererseits wurden immer auch der Mut und der herausragende Geist des Einzelnen hoch geachtet, etwa die heroische Geste eines einzigen Samurai, der gegen die Regierung aufbegehrt. In Dois Augen beharren zwar etliche Vertreter des amerikanischen

Wertesystems (mit dem er sich im Lauf seiner Karriere immer wieder auseinandergesetzt hat) entschieden auf ihrem starken individuellen Bewusstsein, dieses weist jedoch seines Erachtens zahlreiche Mängel auf, vor allem einen extremen Konformismus und eine befremdliche Toleranz gegenüber der Ausübung von Gewalt. Während für die Amerikaner *tatemae* (also die Form, das Erscheinungsbild) in der Widerspruchslosigkeit zwischen dem System und dem Individuum bestehe – oder besser gesagt in der vermeintlichen Übereinstimmung von *tatemae* und *honne* (dem wahren Ich, dem inneren Fühlen) –, überlebe in der dortigen Wirklichkeit nur eine Art unterschwelliges *honne,* das unsichtbar und in vieler Hinsicht unbewusst bleibe *(taemae/honne).* Das heißt aber für Doi, dass der Individualismus einer bestimmten westlichen Prägung, der die eigene Transparenz propagiert und diese als einen Wert vor sich herträgt wie eine Monstranz, nichts anderes vorzuweisen hat als ein bestenfalls schwaches Bewusstsein seiner selbst, sodass es in jenen Gesellschaften, die auf Schritt und Tritt den Individualismus predigen, »echte Individuen« in Wirklichkeit nur wenige gibt.

Takeo Doi wäre einer Meinung mit Alexis de Tocqueville, der erklärte, um sich herum eine »unübersehbare Masse ähnlicher und gleicher Menschen« wahrzunehmen, »die sich rastlos um sich selbst drehen, um sich kleine und gewöhnliche Freuden zu verschaffen, die ihr Herz ausfüllen. Jeder von ihnen ist, ganz auf sich zurückgezogen, dem Schicksal aller anderen gegenüber wie unbeteiligt: Seine Kinder und seine besonderen Freunde sind für ihn die ganze Menschheit; was seine übrigen Mitbürger angeht, so ist er zwar bei ihnen, aber er sieht sie nicht.«

Wie auch immer, Japan ist zweifellos ein Land, das den Gruppengeist zu einem Wert erhebt und in dem seine Mitglieder weniger die ständige Notwendigkeit empfinden, ihren eigenen Standpunkt zu vertreten und ihn anderen aufzustülpen. Aus der Menge hervorzustechen, bleibt damit etwas, das offenbar ganz von selbst kommen muss, ein Wert, der dem Individuum einfach innewohnt. Und obwohl die Besten die allgemeinen Regeln befolgen und den gemeinsamen Pfad mit den anderen beschreiten, wird es ihnen dennoch gelingen, sich abzuheben.

In Japan herrscht bei zwischenmenschlichen Beziehungen große Behutsamkeit vor. Das zeigt sich in dem als *ringisei* 稟議制 bezeichneten System, das eng mit dem Begriff *nemawashi* 根回し verknüpft ist *(en)*. Nach diesem System wird bei jeder Diskussion, ob öffentlich, innerhalb einer Gemeinschaft, einer Institution oder sonst einer Versammlung von Menschen, schrittweise vorgegangen, um mittels informeller Gespräche und Sondierungen, die alle Ränge, von den weniger einflussreichen Mitgliedern bis zu den höchsten, einbeziehen, so lange Meinungen einzuholen, bis klar und deutlich ein Konsens erreicht und formulierbar wird (dessen Festschreibung wiederum reinstes *tatemae* oder auch »Form, Formsache« ist).

Allerdings betont Doi, die Annahme, Japaner*innen seien einzig und allein dem Gruppengeist ergeben und hätten keinerlei Interesse am Individuum, sei falsch. Wie wichtig die Individualität sei, das zeige sich gerade in der permanenten Präsenz des *honne* hinter dem *tatemae* und in der Tatsache, dass die beiden Begriffe untrennbar miteinander verbunden seien.

Auch wenn das Ichbewusstsein unter dem Einfluss des amerikanischen Denkens der Nachkriegszeit sicher etliche Impulse erhalten hat, so braucht man nur irgendeinen Text der japanischen Literatur aus der Zeit vor der Verwestlichung heranziehen – die mit der Meiji-Restauration von 1868 ihren Lauf nahm –, um bestätigt zu finden, wie ausgeprägt die individuelle Wahrnehmung im Land der aufgehenden Sonne immer schon war.

Der vielseitige Künstler und Intellektuelle Alejandro Jodorowsky, der sich als Schüler des Zen-Meisters Ejo Takata selbst intensiv mit dem Zen-Gedanken auseinandergesetzt hat, schreibt: »Die Welt existiert, wenn das Ich aufhört zu existieren.« Obwohl er stets von seinem künstlerischen Ansatz ausging und die japanische Philosophie mehr als Mittel zum Zweck betrachtete, scheint Jodorowsky hier den Kern der Beziehung zwischen dem Ich und der Welt genau getroffen zu haben.

Dasselbe gilt für Claude Lévi-Strauss, der sich mit dem Unterschied zwischen dem westlichen und dem japanischen Ich beschäftigte: Auch wenn das Subjekt im japanischen Denken nicht vollkommen geleugnet werde, messe es ihm nicht die gleiche Bedeutung bei. Vielmehr tendiere das Subjekt dazu, sich »von außen zu definieren, entsprechend dem Platz, den man in einer bestimmten Familie, einer Berufsgruppe, einem geografischen Milieu und allgemeiner im Land und in der Gesellschaft einnimmt«. Die Negation des Subjekts (die allerdings nicht mit seiner kompletten Leugnung einhergeht) habe einen überraschend positiven Effekt und bringe »ein dynamisches Prinzip sozialer Organisation« mit sich, so Lévi-Strauss, welches das Risiko des Primats des Ichs, an dem der Westen so großen Schaden nehme, mindere.

Gerade der Erklärung von Kunst entspringen oft die gelungensten Einsichten; so ist sich zum Beispiel ein japanischer Künstler, statt sich den Verdienst für seine Schöpfung anzumaßen, immer seiner reinen Rolle als Neubearbeiter der Materie bewusst: Da liegt er, sein Rohstoff, die Natur, die Welt. Dieses Etwas, bei dem das japanische Ich definitiv nicht die treibende Kraft ist, sondern nur Anteil nimmt – das Universum, das allerdings, gerade weil es als hautnah empfunden wird, der Bedeutung jedes Einzelnen und seiner Rolle keinerlei Abbruch tut.

Die japanische Gesellschaft in ihrem Zusammenspiel legt nahe, dass es der Kompromiss zwischen dem »Ich« und den »anderen«, zwischen dem »Wir« und dem »Ihr« ist, der hier wirkt und eine Umgebung schafft, in der Lebensfreude und Glück tatsächlich gedeihen können. Wenn es sich um minderwertige Erde handelt – die aus Schmutz, aus Unhöflichkeit, aus Egoismus und aus schlechten Manieren gemacht ist –, kann man zwar versuchen, dort ein wenig Heiterkeit zu pflanzen, doch sie wird sehr wahrscheinlich keine Wurzeln schlagen, weil das Unglück anderer, all der Neid und die Missgunst, die aus Unzufriedenheit entstehen, sie am Wachsen hindern werden.

Natürlich gibt es immer Menschen, die sich besonders schlau fühlen, wenn sie sich in einer Schlange vordrängeln, die aus lauter Faulheit einen Tisch voller Abfälle zurücklassen oder in einem Zugabteil laut telefonieren und die anderen Fahrgäste dazu zwingen, ihrem Gespräch zu lauschen, ob sie es nun wollen oder nicht. Aber was soll das? Beim nächsten Mal wird es ein anderer sein, der es an ihrer Stelle tut und ihnen die Laune verdirbt.

Nur indem man sich ein »Ich, das inmitten des *Wir* wächst« erschafft und es nährt, kann man Lebensfreude und allgemeine Harmonie erlangen und ebenjenen Boden bereiten, auf dem der Rest wachsen kann.

Der japanische Individualismus besteht folglich darin, nach

dem eigenen Glück zu streben, sich dabei aber zu vergegenwärtigen, wie zerbrechlich dies ist, wenn es kein geteiltes Glück ist.
Dieses Glück sollte ein Pflänzchen unter vielen sein, denn nur
so wird es üppig sprießen, wird wachsen und gedeihen.

3

ちょっと *chotto*

oder: Von der Klarheit
des Nichtgesagten

Es gibt rätselhafte Wörter, die zuerst die eine Bedeutung zu haben scheinen und dann eine andere.

Eine fremde Sprache zu lernen und vor allem sie später im wahren Leben anzuwenden, ist gleichbedeutend mit einer permanenten Wahrnehmung nicht nur ihres »Zentrums« – ihrer breiten Alleen, ihrer Plätze mit berühmten und wohlklingenden Namen –, sondern auch sozusagen ihrer »Peripherie«, ihrer Gassen und Gässchen, der kleinen, namenlosen Plätze, an denen ein Fremder oft gar nicht vorbeikommt, die der Einheimische jedoch kennt wie seine Westentasche. Ja, es sind gerade diese Randbezirke mit ihrem schnellen, lässigen Zungenschlag, die uns manchmal eine Kultur viel näherbringen können.

Das begreift man schnell: Je öfter ein Wort benutzt wird, desto mehr wandelt es sich. Es wandert von Mund zu Mund, überschreitet Grenzen und Lebensalter, es liebt die Verwandlung.

Unter den vielen japanischen Ausdrücken, bei denen man immer wieder neue Wendungen entdecken kann – genau wie bei den unbekannten Gässchen, die sich auf keinem Stadtplan für Touristen finden –, gibt es einen, der *chotto* ちょっと heißt (und tschotto ausgesprochen wird).

Heutzutage schreibt man *chotto* in *hiragana*, doch früher gab es dafür auch ein Kanji, genauer gesagt zwei:

1. 一寸, wobei 寸 eine alte Maßeinheit ist und 一 auf Japanisch »eins« bedeutet.
2. 鳥渡, die visuelle Darstellung eines Vogels, genauer gesagt eines »geflügelten Wesens, das vorbeizieht«. Woran? Am Himmel?

»Willst du Kuchen?«

»*Chotto dake.*« (Nur ein bisschen.)

»*Chotto matte ne!*« (Warte einen Augenblick.)

Chotto bedeutet »ein bisschen«, aber dieses Wort birgt wesentlich mehr als nur »ein bisschen« Zeit und Materie in sich. *Chotto* ist nicht nur ein Adverb, mit dem man um ein wenig Aufschub bittet oder eine begrenzte Menge bezeichnet; es ist auch an sich schon eine Antwort und erklärt viel über das Volk, das dieses Wort benutzt.

»Entschuldigung, könnten Sie mir sagen, wann dieses Buch erscheint?«

»*Chotto* …« (Das weiß ich nicht.)

»Wann, glauben Sie, wird ein Tisch frei?«

»*Chotto* …« (Das weiß ich nicht.)

Chotto lässt etwas in der Schwebe, man bleibt vage, ohne das Gegenüber vor den Kopf zu stoßen. Und genau das ist der Punkt: dass es mit diesem *chotto* nicht nötig ist, ein klares Ja oder Nein zu sagen, ja man muss überhaupt gar keine Antwort geben. *Chotto* unterbricht, legt eine Pause ein. So wird es zu einem »Das weiß ich nicht« oder auch nur zu einem »Äh …«, einer unterschwelligen Verneinung.

»Aber in welchem Verhältnis steht ihr zueinander?«

»*Chotto* …«

»Warum willst du nicht mit ihr reden?«

»*Chotto* …«

Chotto schafft Distanz zu den Dingen, zu einem Urteil, zu einem Menschen, zur ganzen Welt. Wie eine Blase, die alles umgibt und neugierige Hände, zudringliche Fragen, jegliche indiskrete Einmischung ins Private abhält. Weil es gar nicht nötig ist, mehr zu sagen; das ist es im Japanischen nie. Je länger man sich mit Japan beschäftigt, desto deutlicher wird, dass man zwar oft schneller ans Ziel kommt, wenn man die Dinge beim Namen nennt, wie es die Deutschen, Italiener oder auch die Amerikaner tun, dass man sein Ziel aber ebenso erreicht, wenn man, wie die Menschen in Japan, erst einmal abwartet. Zweifelsohne braucht man mehr Zeit dazu, aber zumindest verletzt man niemanden.

Es gibt kein Richtig oder Falsch, und es gibt auch nicht den illusorischen Mittelweg, sondern lediglich eine Situation mit verschiedenen Lösungsmöglichkeiten; manchmal kann man sich auch aus zwei, drei oder mehr Kulturen bedienen, um sich für eine Kommunikationsstrategie zu entscheiden. Dazu muss man seine eigene Kultur nicht ablegen, ob es nun die deutsche, die italienische oder die amerikanische ist, aber es ist auch nicht zuträglich und schränkt uns ein, wenn wir unsere eigene Kultur zur einzig wahren erklären.

Dieses »Das weiß ich nicht«, dieses *chotto,* das die Dinge in der Schwebe lässt, ist im Grunde etwas, das Fremde zunächst verwirrt und verärgert (»Wie nervig, die halten einen ja nur hin!« »Jetzt komm schon, antworte oder sag wenigstens etwas halbwegs Vernünftiges!«), aber langfristig schenkt es auch Sicherheit (»Wenn er das so gesagt hat, dann wird es auch so sein, man kann sich darauf verlassen!«). Solange es heißt: »Das weiß ich nicht, ich kann es nicht sagen«, wird immerhin nicht gelogen.

Darüber hinaus dient *chotto* dazu, sich bemerkbar zu machen oder gar zu protestieren. »Ach, entschuldigen Sie ...« Vielleicht sagt man es zu jemandem, der uns die Sicht verstellt, auf die wir ein Recht zu haben glauben, oder zu jemandem, der uns den Weg versperrt. In diesem Fall wird es zu einem »Bitte entschuldigen Sie, darf ich?«.

Chotto deutet lediglich an, ohne alles zu erklären, ohne Widerworte zu geben. Gegenüber dem westlichen Auftreten, das, deutlich überschätzt, keineswegs immer Klarheit schafft, kommt hier das so vielsagende japanische *Nichtgesagte* zur Wirkung, zum Beweis dafür, wie sehr das maßvoll Unvollkommene in der Lage ist, fast alles auszudrücken, was es auszudrücken gibt.

4

外・内 *soto/uchi*

oder: Vom Außen und vom Innen

Uchi 内 und *soto* 外 bilden einen begrifflichen Gegensatz mit der Bedeutung »innen« bzw. »außen« oder auch »Inneres« und »Äußeres«. Sie liefern die allgemeine Definition der überall im japanischen Denken spürbaren Notwendigkeit, das Private der Privatsphäre zu überantworten und es vom Öffentlichen zu trennen, dem nur das Öffentliche vorbehalten ist. Dieses Begriffspaar ist der Nährboden zahlreicher anderer Begriffe, und anhand der klaren Unterscheidung zwischen *uchi* und *soto* lässt sich erahnen, wie wichtig es ist, sich in diesem *Innen* bzw. *Außen* zu bewegen, zu lernen, beide Bereiche für sich zu nutzen, ohne sie unbedingt zu vermischen.

Vielleicht besteht die allergrößte Klippe für Ausländer, die sich Japan annähern, in der Unterscheidung eines anderen Begriffspaars, nämlich einerseits **honne** 本音, dem wahren Ich, dem inneren Fühlen, und andererseits **tatemae** 建前, dem äußeren Schein, der Fassade, die mit *uchi/soto* eng verknüpft sind. Die Kluft zwischen *honne* und *tatemae* hängt in der Tat sehr vom Verhältnis zwischen *uchi* und *soto* ab, denn was ein Japaner wirklich denkt – frei von Formalitäten und Diplomatie –, wird er nur einem Menschen gegenüber ausdrücken, der in seinen

Augen ein Mitglied seiner Gruppe, seines *uchi,* ist beziehungsweise im Begriff ist, es zu werden. Während für Japaner*innen die Unterscheidung zwischen *honne* und *tatemae* klar und praktisch unmittelbar erfolgt, stiftet sie bei Ausländern eher Verwirrung und führt zu allerlei Missverständnissen. So mancher hält japanische Menschen deshalb sogar für oberflächlich und substanzlos. Dabei könnte man mit etwas Geduld, begleitet von einem guten Maß an Vertrauen *(shin)* und Demut *(kenkyo),* zu einem wesentlich größeren Verständnis der Kultur Nippons gelangen und den Grundstein für solide freundschaftliche Beziehungen legen.

Gerade weil durch den Gegensatz *uchi/soto* die Welt des Seins und die des Scheins durcheinandergeraten, gerade weil die Grenze stets im Bereich des Vagen und Mehrdeutigen liegt – etwas, das in Japan schon immer positiv, im Westen hingegen negativ bewertet wurde –, irritiert diese Unterscheidung jeden, der sich um Integration bemüht und dabei scheitert. So bringt zum Beispiel das Wort *gaikokujin* 外国人 (ein Kompositum aus den Kanji für *draußen* 外, für *Land* 国 und für *Mensch, Person* 人, oft mit *gaijin* 外人 abgekürzt, was wörtlich »Mensch, der von außen kommt« bedeutet) viele Ausländer auf die Palme, weil sie sich dadurch ausgegrenzt fühlen. Manche gehen sogar so weit, das Wort *gaikokujin* als rassistisch zu bewerten, obwohl es doch durchaus den Kern trifft, denn tatsächlich kommt ein Ausländer ja von außerhalb Japans, von jenseits der Grenzen. Abgesehen davon, dass auch das italienische *straniero,* das französische *étranger,* das spanische *extrangero,* die sich allesamt vom lateinischen *extraneum* ableiten, nichts anderes bedeuten als »von außen«. Auch das deutsche Wort »Ausländer« gehört in diese Reihe, ebenso wie das englische *foreigner,* das vom Spätfranzösischen herrührt, somit ebenfalls lateinischen Ursprungs ist und sich von *foras, foris*, also »draußen«, oder auch *fores,* »Tür«, ableitet.

In der japanischen Kultur existieren verschiedene Ebenen von *uchi* und *soto*, je nach dem Verhältnis von Zugehörigkeit oder Ausschluss, das zwischen den Beteiligten im Spiel ist. Man kann sich »innerhalb« eines Familienkreises oder einer Firma befinden, in einer Gruppe von Freunden, ebenso wie in einer Gemeinschaft von Nachbarn, von Mietern, von Bewohnern eines Viertels etc.

Zwischen dem *Innen* und dem *Außen* verschiedener Beziehungen hin und her zu lavieren, sorgt für eine bemerkenswerte Stabilität derselben und lässt uns mehr Facetten unseres Gegenübers erkennen. So haben zum Beispiel im Berufsleben jene halb informellen Treffen nach Feierabend in Restaurants, in *izakaya* oder auch *kurabu*, die Funktion, den anderen in zweifacher Weise, nämlich öffentlich *und* privat kennenzulernen, was für den Aufbau eines Vertrauensverhältnisses *(shin)* ebenso wichtig ist wie dafür, wie weit wir den anderen in das eigene *uchi* aufnehmen.

Innerhalb einer Gesellschaft zu existieren, bedeutet, sich des überaus dichten Netzes aus Blicken bewusst zu sein, denen man ausgesetzt ist. Die Aufmerksamkeit richtet sich vor allem auf das eigene, von sich selbst vermittelte Bild, auf das, was mit dem japanischen Begriff *memboku* 面目 (oder dem aus dem Chinesischen stammenden *mentsu* 面子) bezeichnet wird und sowohl »Gesicht« als auch »Ehre« oder »Ruf« bedeutet. *Memboku* wird aus den Kanji für »Gesicht« und für »Auge« gebildet, die zusammengenommen für das Ansehen und die Wertschätzung eines Menschen stehen, sodass der Verlust von *memboku* gleichbedeutend mit Gesichtsverlust ist, wohingegen *memboku wo tamotsu* die Bedeutung »den Ruf schützen« hat. Kein *memboku* zu haben, steht für »Scham empfinden«, und wem auf sein *memboku* getreten wird *(memboku ga tsubusareru),* der wird demjenigen, der diesen Affront begangen hat, nicht verzeihen, denn die Scham brennt. Wer allerdings, wie Yoji Yamakuse schreibt, die Bedeutung von *wa* (Harmonie), von *ba* (Ort oder Umstand) und von **ma** (Raum) kennt, der wird einen solchen Fauxpas nicht begehen. Viel komplexer wird es, wenn man diesen Begriff in einen internationalen Kontext stellt. Nehmen wir zum Beispiel einen Menschen, der vor versammelter Mannschaft erklärt, er sei gegen ein bestimmtes Vorhaben: In Japan würde das als ungehörig gelten, während im Westen das gleiche Verhalten als Gelegenheit für eine gewinnbringende Diskussion interpretiert wird. Um die allgemeine Harmonie aufrechtzuerhalten, ist es folglich fundamental, nicht nur das eigene *memboku* zu wahren, sondern auch das der anderen.

Dem japanischen Denken gemäß lässt sich alles erreichen, wenn man sich um die Harmonisierung mit anderen Menschen bemüht. Das ist *chōwa* 調和, eine Zusammensetzung aus dem Kanji für »einordnen, richten, aufnehmen« und dem für *wa*, Harmonie. Der Begriff bedeutet also so viel wie »sich aufeinander einstimmen«, gleich den Stimmen eines Chores, und unterscheidet sich wiederum klar von dem Begriff *chūwa* 中和, bei dem das Kanji für »inmitten«, im Sinne von »zentral«, »drinnen«, dem für *wa* vorausgestellt ist. Während *chūwa* dazu auffordert, sich zu lösen, die eigene ursprüngliche Form zurückzulassen, sich mit dem Rest zu vermischen, und folglich mit »neutralisieren« oder »eine neutrale Lösung herbeiführen« gleichzusetzen ist, wird dieses Opfer bei *chōwa* nicht verlangt, was die so entstehende Harmonie sogar noch festigt.

5

楽しみ *tanoshimi*

oder: Vom Warten auf die Freude

Wir sollten der Freude nachspüren, uns fragen, wo sie entsteht, kaum wahrnehmbar und doch intensiv, als Einzige dazu in der Lage, die Ordnung eines Daseins zu verändern. Wir sollten nach ihr streben, weil auf der Hand liegt, dass sie uns Kraft und Mut schenkt, während Traurigkeit einen Menschen nur kleinmacht.

Von Louis Stevenson stammt der Satz: »Keine Pflicht wird so sehr unterschätzt wie die, glücklich zu sein.« Diese Pflicht sind wir uns schuldig und den anderen ebenso.

Doch was unterscheidet Freude im Deutschen oder Italienischen von der Freude, wie sie im Japanischen verstanden wird? Was bedeutet es für japanische oder deutsche Kinder oder für Kinder mit einem japanischen Vater und einer deutschen Mutter (oder umgekehrt), glücklich zu sein? Was bringt es mit sich, wenn man in Tokio glücklich ist, es in Rom wird, in Paris oder Berlin versucht, es zu sein, wenn man es in einer Sprache erklärt und in einer anderen verspürt? Im Vergleich zum Westen ist das Streben nach Glück in Japan vielleicht ein bisschen weniger verbreitet, doch paradoxerweise scheint die Fähigkeit, glücklich zu sein, zu schwinden, je mehr man danach strebt. Vermutlich ist das der Schnelligkeit und Schnelllebigkeit der Beziehungen geschuldet, die sich unter Japaner*innen hingegen in winzig kleinen Schritten vertiefen, wobei sie einem Rhythmus folgen, der für einen Menschen aus dem Westen auf entnervende Weise langsam und gestelzt wirkt. Doch auf lange Sicht zahlt sich das aus, denn wenn wir Jahre brauchen, um mit jemandem vertraut zu werden, so ist es umgekehrt schwierig, dieses Vertrauensverhältnis auf einen Schlag, vielleicht durch einen banalen Streit, aufzulösen. In Japan geht man behutsam mit dem Vertrauen um und schützt sich damit besser vor Enttäuschung. Zur allgemeinen Lebensfreude und zum Glück trägt im Land der aufgehenden Sonne darüber hinaus bei, dass man sich auch im Erwachsenenalter ein Stückchen Kindheit bewahrt, etwas, das man im Westen sogleich von sich weist, indem man in abwertender Weise von »kindisch« spricht: Diese kindliche Welt ist *kawaii* かわいい (wörtlich »niedlich«), das sind Zeichnungen, eine gerundete, kindliche Schrift, zarte Illustrationen oder auch die anthropomorphe Gestaltung von Speisen. Hinzu kommt, dass Japaner*innen im mündlichen Miteinander dazu neigen, Klatsch, Bosheiten oder auch Lästereien von vorneherein zu vermeiden, denn das gilt als unschicklich und führt zu Peinlichkeiten. Lieber stellt man das Positive in den Vordergrund, erzählt von den schönen Dingen, die einem widerfahren sind, und teilt lieber Glück als Missvergnügen oder Kummer.

Wenn man sich nur Mühe gibt, bekommt man auch gleich bessere Laune.

Außerdem ist der japanische Alltag durch zahllose feststehende Termine strukturiert. Nach dem alten japanischen Kalender gibt es 72 Jahreszeiten, folglich beginnt alle fünf Tage eine neue, es gilt, Rituale zu befolgen, entsprechende Speisen zu genießen, immer wieder andere Farben zu tragen, den Blumen in der städtischen oder auch ländlichen Umgebung Aufmerksamkeit zu zollen. All das gibt Anlass zu kleinen Freuden, es sind die zarten Höhepunkte eines Tages, Termine, die man nur allzu gern einhält. Eine ausgepresste Yuzu-Frucht für das Bad in der japanischen Holzwanne *o-furo* im Dezember, *sakura-mochi* als Imbiss im März, das Bimmeln eines Glöckchens im glutheißen Sommerwind. So, wie es seit jeher in der Philosophie heißt – Glück ist vor allem ein Vorhaben, eine Hypothese, eine Erwartung.

Interessanterweise gibt es im Japanischen einen Ausdruck, der die Gespräche im Land der aufgehenden Sonne buchstäblich durchwirkt wie ein Faden und der, wenn man ihn ins Deutsche übersetzt, fast ein wenig überschwänglich und übertrieben klingt: *tanoshimi!* 楽しみ！Oder: »Ich kann es kaum erwarten!«

»Sonntag sehen wir uns, *tanoshimi*!« – »Später trinke ich ein schönes Tässchen Tee, *tanoshimi*!« Ob man sich nun auf etwas freut, das in einer Stunde stattfindet oder in einem Jahr, ist egal: *Tanoshimi!* So wie in jeder Kultur ist die Vorfreude die schönste Freude.

Freude hat im Japanischen auch mit *zeitaku* 贅沢 zu tun, was wörtlich »Luxus, Opulenz« bedeutet, ein Wort, das oft mit dem Adjektiv *chiisana* 小さな, »klein«, oder auch *puchi* プチ (lautmalerisch vom französischen *petit*) gepaart ist, um den Alltagsluxus zu beschreiben, die kleinen Dinge, mit denen man sich selbst verwöhnt, ob es nun ums Essen geht oder um eine etwas großzügigere Zeitgestaltung, all die kleinen Freuden und Laster, die man sich gestattet und die trotz ihrer geringen Bedeutung ein Gefühl tiefen Wohlgefühls hervorrufen. Ein ähnlicher Begriff ist *gohōbi* ご褒美, »Belohnung, Prämie«, ein kleines Geschenk, das man einem anderen oder sich selbst macht.

Zeitaku kann ein süßes Teilchen aus einer namhaften Konditorei sein, das man sich gönnt, oder die Taxifahrt vom Bahnhof statt einer Fahrt mit dem Bus; es kann die Zeit sein, die man sich in der Mittagspause nimmt, um einen erholsamen Spaziergang zu machen, oder ein Federhalter von ausgezeichneter Qualität in einem Etui, das nur mit billigen Schreibwaren aus dem »100-Yen-Shop« gefüllt war. Oder auch ein Tag am Meer, ganz genüsslich, nach einer Woche harter Arbeit im Büro, eine Fußmassage, eine einzige Tasse Tee von einer besonders guten Marke, die man spätabends am schlichten Küchentisch schlürft, wenn der Rest des Hauses schon zu Bett gegangen ist. *Zeitaku ni tsukau* 贅沢に使う, wörtlich »reichlich benutzen«, bedeutet hingegen, dass man etwas großzügig bemisst und sich dabei keine Gedanken darum macht, ein Produkt zu verschwenden oder in übertriebenem Maße zu genießen, ob es nun eine Seife, eine besonders teure Creme oder eine so kostspielige Zutat wie Safran ist.

Natürlich kann *zeitaku* auch negativ behaftet sein, wenn man beim Shoppen oder einem anderen Laster deutlich über die Stränge schlägt und damit in den Verdacht sinnloser Verschwendung gerät.

Allerdings ist der Begriff *zeitaku* von Person zu Person anders besetzt, so, wie alle Dinge, die mit Genuss zu tun haben, von jedem anders dekliniert, sprich anders empfunden, werden.

Iwau 祝う bedeutet »ein Fest begehen«, »feiern«, und gerade indem man den Alltag feiert, lernt man überhaupt erst, ihn zu schätzen. So ist zum Beispiel die Teezeremonie für manche gewissermaßen der Inbegriff des menschlichen Daseins, insofern als sie einerseits dessen Regeln und Notwendigkeiten in sich vereint, die Bedeutung dieser Regeln andererseits jedoch erweitert. In dem eng umgrenzten Raum, in dem die Teezeremonie *chanoyu* 茶の湯 stattfindet, steht jede Geste, die mit größtem Bedacht vollzogen wird, auch für etwas *Darüberhinausweisendes,* für das, was sich jenseits des *ba* 場, des Ortes also, an dem die Zeremonie abgehalten wird, erstreckt.

Der traditionelle Kalender ist voller solcher Feste und Rituale, die rasche Aufeinanderfolge der 72 Jahreszeiten stimuliert die Sinne, sie öffnet die Augen, genau wie es in *Gullivers Reisen* von Jonathan Swift die Klatschen taten, mit denen die Diener Körperteile der Herrscher von Laputa berührten, um sie aufzuwecken; dank dieses Kontakts konnten sich deren Münder und Ohren endlich öffnen, um zu sprechen und zu hören. So geschieht es auch durch die 72 Jahreszeiten und das, was sie feiern: Die Wirklichkeit wird reicher, und die Langeweile des Alltags schwindet. Außerdem gibt es noch die kleinen täglichen Feiern, die den meisten unbekannt sind und jedem Tag etwas zuordnen, ein Ereignis, ein Objekt oder ein Gefühl, basierend auf einem Jahrestag, der mehr oder weniger weit zurückliegt. Es finden sich Wortspiele, die mit den Zahlen des jeweiligen Datums zu tun haben und im Japanischen verschiedene Deutungen zulassen. Davon gibt es mittlerweile mehr als tausend, die im Fernsehen, in den Zeitungen, in Handelsunternehmen, Supermärkten und bei der Bewerbung von Markenprodukten aufgegriffen werden. All diese Dinge erobern sich einen Platz auf dem Markt, einen eigenen winzigen Freiraum, der die Aufmerksamkeit auf etwas lenkt, das sonst unbemerkt bliebe. So ist zum Beispiel der 2. Februar der Tag des Kopfwehs, des Großvaters und der Eheleute; am 16. Juli feiert man den Regenbogen und am 29. September das Glück, das die »Winkekatze« *maneki-neko* bringt.

Der 7. August ist der Tag der roten Clownsnase, während man den 25. desselben Monats »Sommerweihnacht« nennt. So, wie der 29. April der Tag der Tatami ist, so ist der 5. Februar den Zwillingen gewidmet; am 6. Februar stehen unter anderem der Matcha-Tee, Blogs und die *Nori*-Algen im Fokus, während sich am 17. Oktober die Gelegenheit ergibt, über Karaoke und On-line-Spiele nachzudenken. Der 5. Oktober steht ganz im Zeichen der Zitrone, denn an ebenjenem Tag im Jahr 1938 starb die Malerin Chieko Takamura, die Frau des Dichters Kotaro Takamura; nur wenige Stunden vor ihrem Tod biss Chieko in eine Zitrone, woraufhin ihr Ehemann ihr ein berühmtes und anrührendes Gedicht mit dem Titel *Remon aika* レモン哀歌, »Elegie auf die Zitrone« widmete. Dieser Tag erinnert also ebenso an eine große Liebe wie an einen großen Schmerz und an eine Zitrone, die zu einem Teil dieses Abschieds wurde.

Der 13. Juni ist in Japan der »Tag der kleinen Freundlichkeiten«. Er geht auf das Jahr 1963 zurück, als während der Abschlussfeier an der Universität von Tokio der Rektor während seiner Rede an die Frischdiplomierten sagte: »Ich wünsche euch, dass ihr in eurem Leben immer den Mut findet, euren Mitmenschen mit kleinen Freundlichkeiten zu begegnen.« Ein wundervoller Tag ganz im Zeichen des freundlichen Umgangs, der die Laune eines ganzen Tages verbessern kann, überhaupt all der kleinen Gesten, die den Unterschied machen. Am 8. August feiert man *debu* (japanisch für »dick« oder »Dickerchen«) oder eben alles, ob Mensch oder Tier, was dick oder pummelig ist. Dieses Datum wurde 1978 von dem Verein dicker Menschen in Japan festgelegt, weil die 8 eine Zahl ist, die auch in ihrer Form eine gewisse Üppigkeit besitzt, und weil, wie der Vorsitzende dieses Vereins betont, ein hochsommerlicher Badeanzug besonders gut an Menschen aussieht, die etwas auf den Rippen haben.

Bei einigen dieser Tage handelt es sich um Gedenktage, die an historische Ereignisse in Japan und auf der ganzen Welt erinnern, andere hingegen sind mit Fernseh- oder Rundfunkinitiativen aus jüngerer Zeit verknüpft; wieder andere sollen die Öffentlichkeit auf wichtige Themen wie die Gesundheit eines Körperteils, den Umweltschutz, auf das verlässliche Miteinander oder den Stellenwert zwischenmenschlicher Kontakte verweisen; manche Tage lenken die Aufmerksamkeit auf Zutaten von Gerichten, auf spezielle Gemüse oder Blumen oder auf Objekte in verschiedenen Kontexten.

Im Grunde kann alles als Stichwort dafür dienen, die eigene Aufmerksamkeit zu schärfen.

6

忙しい *isogashii*

oder: Vom Tod des Herzens

忙 besteht aus sechs Strichen, zwei Paare von jeweils drei Strichen. Und wenn man sie aufspaltet und getrennt voneinander betrachtet, zeigt sich die ursprüngliche Bedeutung in ihrer ganzen Fülle. Tatsächlich halten sich innerhalb dieses Schriftzeichens zwei Begriffe buchstäblich an der Hand: Da ist **kokoro** 心, das Herz, auf der Linken, auf das direkt rechts daneben sein Verschwinden, sein Tod 亡 oder auch *nakusu* 亡くす folgt.

So findet sich jene wunderbarere Entsprechung zwischen *kokoro wo nakusu,* 心を亡くす wörtlich: »das Herz sterben lassen«, und *isogashii* 忙しい, wörtlich: »beschäftigt sein«.

Eben durch die Auflösung, die Erklärung dieses poetischen Kanji, ergibt sich der Ratschlag, auszuruhen, denn es birgt buchstäblich eine Warnung: Wenn man allzu beschäftigt ist – so scheint man in Japan zu sagen – und die Kapazitäten des eigenen Herzens zu sehr ausschöpft, dann verliert man es, und die Seele leiert aus, bis sie nur noch hauchdünn und derart abgenutzt ist, dass sie fast verschwindet. Wer zu viel arbeitet, lernt und studiert, wer mit allem Möglichen beschäftigt ist und nicht mehr auf sich selbst achtet, wer seine Tage allzu sehr vollstopft mit Dingen, die zu erledigen sind, bei dem ist das Risiko gegeben, dass er sich selbst verliert. Doch man sollte niemals vergessen, was wirklich zählt – die Essenz der *einzelnen* Dinge, die man im Strudel des *Ganzen* gern aus den Augen verliert.

Die japanische Kultur birgt also, wie wir sehen, ebenso das Gift in sich wie das Gegengift: Einerseits gibt es *karōshi* 過労死, »den Tod durch Überarbeitung«, jenen konstanten Drang, immer besser zu werden, alle Aufgaben zu erfüllen und alle Termine einzuhalten; andererseits ist da die Weisheit der Sprache, die uns mit *isogashii* daran erinnert, dass es am Ende zum »Tod des Herzens« kommen wird, wenn wir uns keine Zeit zur Erholung gönnen und immer an die Grenzen unserer Leistungsfähigkeit gehen.

Das Gleichgewicht zu finden zwischen dem Tun und dem Nichtstun, zwischen den alltäglichen Aufgaben und der Notwendigkeit, sich auch einmal eine Auszeit zu nehmen – das scheint der Schlüssel für den Umgang mit der heutigen Zeit zu sein, die doch so oft auf beängstigende Weise zwischen den beiden Extremen schwankt.

Es kommt vor, dass sich Menschen dieses Wort auf ihre Handfläche malen, wenn sie während einer privaten Unterhaltung mit einem Freund, der von seiner Arbeit spricht, in dessen Gesicht nur noch Müdigkeit wahrnehmen oder wenn sie in den Worten einer Tochter, die all die Uniprüfungen, die ihr bevorstehen, auflistet, das Adrenalin spüren, das einem Zusammenbruch vorausgehen kann.

Dieses Phänomen findet sich oft genug in Tokio, wo die Menschen durch die Straßen hetzen und von einem Ende zum nächsten jagen. Tokio ist ein gutes Beispiel für *isogashii:* Die Stadt ist hyperaktiv und will stets zeigen, dass sie auf der Höhe der Träume ihrer Bewohner ist, all derer, die viel zu viel arbeiten und doch unerschütterlich immer weitermachen, ohne sich auszuruhen, stets mit der Erfüllung ihrer privaten und beruflichen Pläne beschäftigt. Ob es nun im Studium, im Job oder in der Familie ist – immer muss alles perfekt sein.

Wie auch immer das Leben aussieht, das wir uns ausgesucht haben, oder wo auch immer wir leben – wir haben es selbst in der Hand, was wir daraus machen. Doch wir müssen darauf achten, was für ein Leben wir führen; wir sollten es mit dem Engagement nicht übertreiben, sollten uns von der Arbeit nicht auffressen lassen, denn sonst könnten wir es eines Tages wirklich verlieren – unser Herz.

神 *kami*

---

oder: Vom Heiligen, das überall ist

Kami 神 – das sind die Götter, genauer gesagt die acht Millionen Gottheiten des japanischen Pantheons.

Auf der rechten Seite des Kanji *kami* steht 申, ursprünglich das Zeichen für »Blitz«, der einst als Manifestation des Göttlichen galt. 申 hat allerdings mit der Zeit auch noch andere Bedeutungen angenommen, so wie in *mōsu* 申す, »sagen«. In Kombination mit dem Schriftzeichen 示, das der Form eines Altars nachempfunden ist, auf dem früher bestimmte Rituale abgehalten wurden, bildet es das Wort *kami* 神, das bis heute in Gebrauch ist.

Kami verweist sofort auf den shintoistischen Glauben, der bereits seit der Antike in der Kultur Nippons verwurzelt ist und wortwörtlich mit »der Weg der Götter« übersetzt wird. Tatsächlich wird *shinto* 神道 aus dem Zeichen *kami* 神 »Götter« und *michi* 道 »Weg, Straße« gebildet. Da der Shintoismus über keine Götterbilder verfügt (es sei denn als Lichtbrechung in einem Spiegel), durchdringt er die Natur und spürt in ihr die Präsenz des Göttlichen auf. Berge, Bäume, Wasserläufe dienen als Spiegelungsflächen des Immateriellen, also der Götter, der *kami*. Wie Yoji Yamakuse in *Nihonjin no kokoro* bemerkt, wenden sich

Japaner*innen nicht an Gott, damit er sie von ihren Sünden erlöst, wie es in der christlichen Religion der Fall ist, sondern indem sie der Natur Respekt erweisen, sich mit ihrer Reinheit vereinen und sich auf diese Weise selbst reinigen. In diesem Sinne sind auch die als *misogi* 禊 (wörtlich »Reinigung«) bezeichneten Rituale zu deuten, bei denen man sich unter einen eiskalten Wasserfall stellt, um seinen Geist zu stärken, oder sich am Eingang zu einem Schrein Wasser über die Hände gießt und den Mund ausspült. Ein ähnlicher Brauch, nämlich das abendliche Eintauchen in die heiße Badewanne, das sogenannte *o-furo* お風呂, nachdem man sich eingeseift, abgerubbelt und abgespült hat, zeugt von der tiefen Verbindung zwischen körperlicher und spiritueller Reinigung und dem Gedanken, dass Schönheit und Reinheit untrennbar miteinander verbunden sind.

Vielleicht rührt daher auch die Aufmerksamkeit, die Japaner*innen der Pflege ihrer häuslichen Umgebung ebenso wie der Natur entgegenbringen, die extreme Sauberkeit ihrer Städte, sowohl der privaten als auch der gemeinschaftlich genutzten Bereiche, das deutlich wahrzunehmende Bedürfnis, sich zu reinigen und eins mit der Natur zu sein, die Achtsamkeit, die man dem Essen entgegenbringt, und das Gefühl, das Leben bestehe aus einem kontinuierlichen Empfangen von der Natur (was zum Beispiel auch die Formel *itadakimasu*, also »Danke für das gute Essen«, belegt, die man vor einer Mahlzeit spricht).

Das Heilige lebt im Wasser und in allen Elementen. Diese Vorstellung hat die Tänzerin Akiko Motofuji (1928–2003) zu folgendem Vergleich veranlasst: Während man beim westlichen Ballett und dem modernen Tanz den Körper anhebe, ihn gen Himmel strecke, weil dort oben Gott sei, habe sich der Butō-Tanz aus einem gemächlichen, buchstäblich bodenständigen Stil entwickelt, fast wie eine Rückkehr zur Erde, in der die Gottheiten und die Ahnen hausen.

»Da wir unsere Vorfahren in der Erde bestatten, betreten wir Japaner den Erdboden nur mit größter Behutsamkeit, und vielleicht ist es diese respektvolle Haltung der Erde gegenüber, die den ganz besonderen Sinn für Ästhetik der Japaner schafft. Deshalb wird den Zuschauern des Būto immer besonders die Langsamkeit und Zartheit auffallen, mit der sich die Beine des Tänzers bewegen. Das geschieht deshalb, weil für uns Gott unter unseren Füßen ist«, so Motofuji.

Ein gutes Beispiel für die große kulturelle Weisheit Japans ist sein Synkretismus, das friedliche Miteinander von Shintoismus und Buddhismus, in deren Geschichte es weder blutige Auseinandersetzungen noch Religionskriege gegeben hat. Sowohl eine angemessene Aufteilung der Territorien als auch die Entwicklung einer Reihe von speziellen, das Alltagsleben der Menschen betreffenden Bräuchen haben dazu geführt, dass in der buddhistischen Praxis shintoistische Reinigungsrituale auftauchen, dass ein buddhistischer Tempel direkt neben einem shintoistischen stehen kann und dabei zwischen ihnen vollkommene Harmonie herrscht. Wie es so schön heißt: Japaner*innen werden als Shintoisten geboren und sterben als Buddhisten (und heiraten tun sie manchmal auf christliche Art).

»Wir im Westen«, schrieb Giorgio Manganelli in *Cina e altri Orienti*, »sind daran gewöhnt, dass unsere Religionen aus einem Stück sind, dass sie dich packen, kaum dass du dem Mutterleib entschlüpft bist, dass sie dir einen Stempel aufdrücken, und wenn du heiratest, noch einen, und schließlich, wenn du stirbst, drücken sie dir das letzte Siegel auf; Religionen mit Registern und Archiven, entweder bist du dabei, oder du bist nicht dabei, mit Texten und anerkannten Doktrinen; entweder du gehörst dazu, oder du bist außen vor, der Spielraum ist begrenzt, vielleicht wirst du dich für einen Heiligen begeistern, aber weiter gehst du nicht, und auch das nur mit Bedacht. […] Wenn man dann in Kontakt mit einer religiösen Konstellation kommt, die so komplex und zugleich großzügig ist, ist das erschütternd, und, ich glaube, geradezu unbegreiflich.«

Die Verehrung der *kami* in Japan verdeutlicht, dass es eine Form der Heiligkeit geben kann, die den Menschen nicht bedrängt und ihn lehrt, den Geist zu erspüren, der jedem Ding innewohnt. Auf einmal sieht man die Welt mit anderen Augen: Wie wohltuend ist doch der Gedanke, dass das Göttliche überall zu Hause ist, selbst in dem mickrigen Bäumchen vor unserer Tür, in dem flachen Kieselstein, den wir über einen Teich hüpfen lassen. In allen Dingen ist etwas Unberührbares und Unverletzliches, etwas Heiliges.

In ihrem Essay *Die Person und das Heilige* schreibt Simone Weil: »Derjenige, in dessen Augen nur die Entfaltung der Person zählt, hat selbst den Sinn für das Heilige völlig verloren«, wobei sie gleichzeitig betont, dass die Person unter allen Umständen respektiert werden müsse. Ob sie sich nun angenehm oder wenig angenehm darstelle, ob sie über einen klaren oder doch eher trüben Verstand verfüge – sie gelte als unantastbar.

Verknüpft man das japanische Denken mit den philosophischen Überlegungen eines der brillantesten Köpfe der europäischen Kultur des 20. Jahrhunderts, so wird erkennbar, inwiefern die Achtung vor dem Nächsten und vor der sinnlich wahrnehmbaren Welt von der Tatsache herrührt, dass beiden etwas innewohnt, das wir als »heilig« definieren können, etwas, das sie in unseren Horizont stellt und sie a priori zum Gegenstand unserer Wertschätzung macht.

In der Praxis manifestiert sich dieses Bewusstsein in der Achtsamkeit gegenüber der Umgebung, in der wir leben, gegenüber unserem Zuhause, unseren Gefühlen, der eigenen Familie, dem Arbeitsumfeld, den Unbekannten, die uns über den Weg laufen, den Dingen, die wir benutzen, den Orten, die wir bereisen.

Und da ist er wieder, einer der Schlüsselgedanken der japanischen Kultur: dass Glück nämlich nur praktizierbar ist, wenn wir es teilen, und es einzig und allein im Kontakt zu anderen lebendig bleibt. Tatsächlich verbraucht sich durch Egoismus ein potenziell regenerationsfähiges Gefühl wie das Glück. Es ist wie ein Samenkorn, das zwar einen Topf hat, aber keine Erde, während ein anderes zwar Erde hat, aber kein Wasser, um diese zu befeuchten, und wieder ein anderes reichlichen Niederschlag, aber dafür weder Sonne noch Schatten: Das zeigt, wie alles am besten wachsen und gedeihen kann, wenn man sich dazu mit anderen zusammenschließt, wenn man sich die Aufgaben teilt und alle gemeinsam daran arbeiten wie ein mehrstimmiger Chor. Im Grunde ist es undenkbar, dass eine so zerbrechliche und doch machtvolle Sache wie das Glück überhaupt existieren können soll, wenn es nur einen Einzigen begünstigt und alle anderen ignoriert.

In Japan bemerkt man oft, wie Menschen sich vor einem Heiligtum verneigen, vom Bürgersteig aus, der zum Eingangstor, dem *torii*, führt, das eine Kultstätte kennzeichnet. Dort ist die Gottheit ansässig, und dorthin richtet man auch seine Gebete, den kurzen Gruß, vielleicht sogar nur im Vorübergehen, um im nächsten Moment weiterzueilen.

Die Religiosität ist Teil des Alltags, kein Glaubenskodex, der alles durchdringt, sondern etwas, das den Geist der Menschen aufrechterhält. Die Verpflichtungen und Regeln, die man beachten muss, um diesem Glauben anzuhängen, sind eine besonders leichte Bürde, und so kann man sich dem eigenen Seelenheil widmen und auf die wohlwollende Unterstützung des Göttlichen hoffen, ohne sich in der Pflicht zu fühlen, dafür ausführlich zu danken oder besondere Riten zu befolgen.

»Ein Tempel ist kein ›exklusiver‹ Ort des Heiligen«, schreibt Alejandro Jodorowsky in seinem Buch *Der Finger und der Mond,* in dem er die Lehren des Zen-Meisters Ejo Takata zu Papier brachte. »Man geht in den Tempel, um den Sinn des Heiligen zu lernen. Hat man die Lehre begriffen, so wird die ganze Erde zum Tempel; jeder Mensch wird zum Priester und jede Nahrung zur Hostie.«

Die Ungezwungenheit der Japaner*innen im Umgang mit religiösen Praktiken trägt dazu bei, dass sie ihr Alltagsleben mit allerlei Handlungen und kleinen Gebeten bereichern und sich in allen Ecken des Hauses oder auch in Taschen und Geldbeuteln bunte Amulette und kleine Glücksbringer finden. Je nach Umgebung dienen diese kleinen göttlichen Alltagsbegleiter – die sich als eine Art Bindeglied zwischen dem monotheistischen Gott und einem ebenso reichhaltigen wie vielfältigen Pantheon an Schutzgöttern unserer Städte begreifen lassen – ganz unterschiedlichen Zwecken, wie etwa dem gütigen Wachen über eine ganze Schar von Kindern.

Dass es so unzählig viele *kami* gibt, rückt die Gottheiten in größere Nähe zur alltäglichen Wahrnehmung. Man wendet sich an sie, um für die eigene Familie Gesundheit und Frieden zu erflehen oder um gute Prüfungsergebnisse zu erbitten, wenn man die Aufnahme an einer angeseheneren Hochschule anstrebt und sich so die Voraussetzung für eine rosigere Zukunft schaffen will. Manch anderer bittet darum, endlich seiner großen Liebe zu begegnen, einen Heiratsantrag zu bekommen, schwanger zu werden oder ohne Komplikationen ein gesundes Kind zur Welt zu bringen. Und für (fast) alle Situationen des Lebens existieren die passenden Amulette.

Dieses Verständnis des Göttlichen, das ein wenig kindlich wirkt, führt zu einer Annäherung desselben an die Menschen, als würde man die großen Weiten des Heiligen in viele kleine Parzellen zerteilen und es damit zugänglicher machen, es auf das menschliche Maß zurechtstutzen; so gelingt es, die Bedürfnisse einer rasant schnellen und immer im Krisenmodus befindlichen Gesellschaft einzufangen, in der sich das Heilige ansonsten dem Zugriff ganzer Generationen von hektischen und abgelenkten Menschen entziehen würde, Menschen, die immer dem Neuen hinterherlaufen, die aber gleichzeitig den Wunsch verspüren, sich dem spirituellen Teil der Existenz zu widmen. Die Gegenwärtigkeit der *kami* entspannt, und die Gewissheit, dass irgendwo dort unten an der Straßenecke oder an gewissen Stellen im Haus ein wohlwollender und gütiger Schutzgeist lebt, hat etwas Erheiterndes und Beruhigendes. Etwas, das auch jenseits eines Glaubensbekenntnisses gilt und eher auf das Vertrauen darin baut, dass es ein allumfassendes Ganzes gibt, dem auch wir angehören.

Im Unterschied zu den monotheistischen Religionen versteht der japanische Buddhismus die Schöpfung als aus sich selbst heraus erschaffen und erkennt in der Natur die Existenz des Heiligen, ohne Fragen nach dem Wann, Wer und Wie zu stellen.

Wenn man das Kanji-Kompositum, mit dem Japan – mittels der chinesischen Sprache – den westlichen Begriff von »Natur« (*shizen* 自然) eingeführt hat, in seine Bestandteile zerlegt, bemerkt man, dass damit vor allem der Gedanke an etwas transportiert wird, das seine Quelle in sich selbst hat. Wie Marcello Ghilardi in *Arte e pensiero in Giappone* so treffend aufzeigt, waren es im Japanischen ursprünglich deutlich mehr Wörter, die die Natur umschrieben: Da gab es *tenchi*, »Himmel und Erde«, *banyū*, »die zehntausend Wesen«, *bambutsu*, »die zehntausend Dinge«, *shinrabashō*, »die zehntausend Erscheinungsformen üppiger Wälder«, und *zōka*, wörtlich »Wachstum«, aber auch »Schöpfung«, wobei Letztere, anders als im abendländischen Denken, nicht auf die Passivität der sinnlich wahrnehmbaren Welt abhebt und diese folglich nicht als etwas von oben – sprich von Gott – Errichtetes, sondern vielmehr als eine Manifestation eben des Göttlichen zu verstehen ist. *Zōka* verweist eher auf die Transformation der Welt, ihre Flüchtigkeit und einen ständigen Erneuerungsprozess, der nach einem Zyklus des Anfangs, der Entwicklung, des Niedergangs und des Endes jedes Mal von Neuem beginnt.

»Innerhalb des von den *torii* umgrenzten Raumes findet sich kein *shinden*, also kein Schrein, denn der Berg selbst ist *shintai* 神体, der Leib Gottes. Deshalb gehört auf der Insel Miyajima zum heiligen Raum auch das Meer, das innerhalb der gedachten Grenzen dieses Raumes liegt: Das *torii*, das sich inmitten der Wellen erhebt, verweist darauf, dass das Wasser selbst der wahre Schrein ist«, schreibt Massimo Raveri in *Itinerari nel sacro. L'esperienza religiosa giapponese.*

Für Japaner*innen ist das Göttliche daher überall im Gewebe der Welt gegenwärtig. Es lebt in den Bergen, die man aus genau diesem Grund früher nicht bestieg, weil man glaubte, dort wohnten die *kami*. Es lebt in der Natur, in jeder ihrer Manifestationen, und alle Kreaturen, alle Dinge können daran teilhaben.

8

懐かしい *natsukashii*

oder: Von der Sehnsucht nach dem niemals Erlebten

Natsukashii 懐かしい ist ein Adjektiv, ein Ausruf, der einem Seufzer gleichkommt, begleitet von einem wehmütigen Lächeln; ein Ausdruck der Sehnsucht nach etwas Schönem und weit Entferntem. Allerdings handelt es sich um etwas, das mehr beinhaltet als unsere »Sehnsucht«, weil wir damit auch der Erinnerung anderer verpflichtet sind, denn wir können durchaus auch gemeinsam *natsukashii* seufzen und dabei etwas im Sinn haben, das wir selbst gar nicht erlebt haben. Manchmal haben wir dieses Gefühl, wenn wir uns einer Freude erinnern, die uns mittlerweile versagt bleibt, oder an etwas denken, das überhaupt nie angenehm war. Allein die Tatsache, dass wir diese Erfahrung durchlebt haben, entringt uns dieses geseufzte *natsukashii*, ebendeshalb, weil uns alle Erinnerungen, auch wenn es sich um leidvolle Erfahrungen handelt, im Grunde lieb und teuer sind.

Die Häufigkeit, mit der bestimmte Wörter wiederkehren, erzählt uns von ihrem Wert, von ihrer tragenden Rolle für das kulturelle Fühlen eines Landes. In Japan kann man diese ganz besondere Sehnsucht für etwas empfinden, das man eigentlich nie erlebt hat, etwas, das längst vergangenen Epochen und Generationen angehört. So kann *natsukashii* zum Beispiel die Atmosphäre in einem Haus im viktorianischen Stil meinen, das mit dunklen, schweren Möbeln eingerichtet ist, wie etwa das Haus des Schriftstellers Yukio Mishima (1925–1970); es kann der Geschmack einfacher, aber guter Butterkekse wie der *hato-sabure* aus Kamakura sein oder ein Gewirr aus Gässchen wie in dem Kneipenviertel Harmonica Yokochō im Stadtteil Kichijoji in Tokio, mit seinen vielen kleinen Restaurants, in denen Ramen-Suppe oder *yakitori* serviert werden und verblichene rote Lampions über dem Eingang hängen. Das Kanji zu *natsukashii* 懐 liest sich in der chinesischen *on*-Lesart *kai*. Shizuka Shirakawa (1910–2006), der berühmteste Literaturwissenschaftler Japans, der sich sein ganzes Leben lang dem Studium von Ideogrammen widmete, zerlegte das Kanji in seine Bestandteile, um die ursprüngliche Anordnung zu betrachten, und fand so heraus, dass die rechte Komponente für »Tränen« steht und die linke für »Herz«. Es sind die Tränen, die für die Ahnen vergossen werden und das Revers des Kimonos benetzen, wodurch genau dieses ganz besondere Gefühl von Sehnsucht entsteht.

Jedenfalls ist *natsukashii* ein Adjektiv, das im Japanischen breiteste Verwendung findet. Man bedenke nur die verschiedenen Kontexte seiner Anwendung, seinen Ursprung, der sich in den geheimen Winkeln seines Kanji verbirgt: Wie so oft muss man im Japanischen ein Wort einfach aus der Nähe betrachten, um es zu erhellen. Auf der Bühne der Welt, mitten auf diesen sprichwörtlichen Brettern, erzählt dieses Kanji von dem, was unbewusst und doch stets gegenwärtig ist in unserem Fühlen, von den Empfindungen und Emotionen, die wir mit jenem dunklen Menschenmeer teilen, das uns manchmal zu verschlucken scheint, von der emotionalen Nähe zu den Leuten, mit denen wir Morgen für Morgen in die U-Bahn steigen.

Es gibt uns ein sicheres Gefühl, ja besänftigt uns vielleicht sogar, zu wissen, dass derjenige, über den wir uns insgeheim ärgern, weil er einen Moment vor uns an der Konzertkasse ist und uns die letzte Eintrittskarte wegschnappt – oder vielleicht auch umgekehrt derjenige, der uns schief anschaut, weil wir es sind, die diese letzte Karte ergattert haben –, ganz gewiss einmal *natsukashii* empfunden hat, dieses bittersüße Gefühl, das an den Verlust und die Zerbrechlichkeit menschlicher Erfahrungen gemahnt. In gewisser Weise sind wir alle geeint in der Erinnerung an die Kindheit, an die Schule, an den ersten Arbeitsplatz, an Gespräche und Begegnungen mit jemandem, den wir sehr geliebt haben und der nicht mehr bei uns ist.

Dann ist *natsukashii* also sozusagen der Nachgeschmack des Lebens, das Gefühl, dass immer etwas bleibt, das uns die Schönheit des Gewesenen zurückbringt. Vielleicht ist es sogar das intuitive Erspüren von etwas, das schon verloren war, *bevor* wir überhaupt damit in Kontakt kamen, etwas, das anderen gehört hat. *Natsukashii* ist eine Art Wehmut und, wie es scheint, das emotionale Erbe einer vergangenen Zeit. Es bedeutet, etwas lieben zu können, auch wenn es einem rechtmäßig gar nicht gehört und wahrscheinlich auch nie gehören wird, und die flüchtige Natur der Welt zu akzeptieren, ja sie womöglich sogar zu genießen; es ist der Gedanke, dass auch das, was wir heute tun, ohne dass es uns besonders berühren würde, eines fernen Tages in den Gesteinsschichten der Erinnerung wieder zart in uns anklingen wird.

Man sollte nur nicht vergessen, wie wichtig es ist, auch die Gegenwart mit jener wehmutsvollen Sehnsucht auszukosten.

9

こころ *kokoro*

oder: Vom Herz-Geist

Kokoro ist der Originaltitel des bekanntesten Romans von Sōseki Natsume (1867–1916), einem der bedeutendsten Autoren des modernen Japans der Jahrhundertwende, also jener für die Geschichte des Landes so besonderen Epoche, in der es zu einer allmählichen Öffnung gegenüber dem Westen kam. Der auch in der deutschen Übersetzung übernommene Romantitel lautet im Italienischen dagegen bezeichnenderweise *Il cuore delle cose,* »Das Herz der Dinge«. Der Schriftsteller Lafcadio Hearn definierte in seinem 1895 erschienen, ebenfalls *Kokoro* betitelten Werk diesen Begriff gleichermaßen als »Herz« und als »Geist«, wobei Letzterer im emotionalen Sinne als Beseeltheit, Mut, Entschlossenheit, Gefühl, Zuneigung, tiefere Bedeutung – eben als das, was man »das Herz der Dinge« nennt – zu verstehen ist.

Das Radikal für *kokoro* findet sich in einer ganzen Bandbreite von Wörtern, die mit Gefühl, Emotion und der Vorstellung von Psyche zu tun haben, so wie *haji* 恥, »Scham«, *ikari* 怒り, »Wut«, *toku* 徳, »Tugend«, *chū* 忠, »Treue, Loyalität«, in Verben wie *wasureru* 忘れる, »vergessen«, *omou* 思う・想う, »denken, sich vorstellen«, *kanashimu* 悲しむ, »traurig sein«, oder auch in grundlegenden Begriffen der spezifisch japanischen Gefühlswelt wie *on* 恩, »das Gefühl sozialer Verantwortung«, *nasake* 情 け, »Mitgefühl«, oder *ninjō* 人情, »die eigenen Gefühle«. Das Wort für Psychologie, *shinrigaku* 心理学, weist an erster Stelle das Zeichen für *kokoro* auf und kann mit »Wissenschaft von den Prinzipien des Herzens« übersetzt werden (was sehr gut die doppelte, weil sowohl emotionale als auch geistige Seite dieses Begriffs erklärt). *Shinzo* 心臓 ist hingegen der anatomische Ausdruck, unter dem man das Herz als im Brustkorb eingeschlossenes Organ versteht, was sich auch bildlich in der Anordnung der beiden Kanji zeigt, als handelte es sich um einen Speicher (*kura* 蔵), den »Getreidespeicher des Herzens«.

Kokoro sei, so der Psychologe Takeo Doi, der Geist, das Herz, die Subjektivität, die Vorsätzlichkeit, etwas, das sich zwar durch Wort und Tat äußere, aber im Verborgenen bleibe. Eines der grundlegenden Merkmale von *kokoro* sei, so Doi, eben genau dieses Verborgenbleiben, etwas, das auf die etymologische Herkunft des Wortes *himitsu* 秘密, »Geheimnis«, und damit direkt auf die Glaubenswelt des Buddhismus verweise. Ursprünglich war unter diesem Wort nämlich die Tiefgründigkeit der Glaubenslehre zu verstehen, so tiefgründig, dass sie sich den Lebenden nur schwer enthüllte; ebenso wie *shimpi* 神秘, »Geheimnis, Mysterium«, sich aus dem Kanji für »Geheimnis« und dem für Götter (*kami* 神) zusammensetzt und somit als »das Geheimnis der Götter« zu deuten ist, also als etwas, das den Menschen und seinen Intellekt übersteigt.

In Anlehnung an Ludwig Feuerbachs *Das Wesen des Christentums* zeigt Doi auf, inwiefern das moderne Zeitalter und der Geist, auf den es sich gründet, alles ablehnen, was nicht klar, stringent und transparent ist, und das Geheimnisvolle und das, was den Intellekt übersteigt, verabscheuen: In Dois Augen ist diese Denkweise so fest im Rationalismus verankert, dass für eine Wertschätzung der verborgenen und verschwiegenen Kammern des Herzens kein Raum mehr bleibt. Dabei ist das Geheimnisvolle doch ein fundamentaler Faktor für das psychische Wohlbefinden eines Menschen, in demselben Maße, wie es das Gleichgewicht zwischen äußerem Schein und innerem Fühlen *(tatemae/honne)* ist.

Der unangefochtene Meister des Nō-Theaters Zeami Motokiyo (1363–1443), im Abendland auch als Meister Seami bekannt, erkannte in dem »Geheimnis der Blüte« den Kern der Kunst und hielt deren Verborgenbleiben für eine *conditio sine qua non*. In seinen Aufzeichnungen *Die geheime Überlieferung des Nō* schreibt er, dass es »in allen Wissenschaften und Künsten bei den Schulen als geheim bezeichnete Dinge [gibt], da nämlich durch das Geheimhalten bedeutsame Wirkungen entstehen. Deckt man das Geheimnis auf, tritt meist nichts Überragendes zutage. Doch wer nun glaubt, aus diesem Grunde erübrigten sich die Geheimnisse, beweist nur, dass er die mächtige Wirkung geheimer Lehren nicht erkennt.« Folglich sei nicht das, was im Verborgenen bleibe, an sich wichtig, so Seami, sondern vielmehr die Tatsache, dass ihm durch sein Verborgenhalten ein großer Wert beigemessen werde.

Im Lichte dieser Überlegungen ist es also in jedem Fall zu kurz gedacht, wenn man dem Geheimnis einzig und allein eine negative Bedeutung zumisst und in ihm nur etwas Verdorbenes, Sündhaftes sieht.

Auf eine Erinnerung aus seiner Kindheit Bezug nehmend, nämlich wie ein Geschenk zuerst in Papier und dann in ein Stück Stoff, das *furoshiki*, gewickelt wurde, untersucht Doi die Worte, die diese Geste des Schenkens begleiten, und die Etikette, die es dabei zu beachten gilt. So sagt derjenige, der das Geschenk überbringt: *kore wa hontōni oshirushi desu* これは本当に おしるしです:»Das ist nur ein Zeichen [meiner Wertschätzung, meiner Zuneigung etc.], ein Symbol«, oder *tsumaranai mono desuga* つまらないものですが:»Es ist nur eine Kleinigkeit … [doch bitte nehmen Sie sie entgegen]«. Darauf antwortet der Beschenkte, indem er das Präsent mit beiden Händen entgegennimmt – ohne es zu öffnen, bevor der Schenkende das Haus verlassen hat –: *Sonna ni o-kokoro-dukai shite itadaite* そんなにお 心遣いして頂いて:»[Danke für] diese Zuvorkommenheit, diese Ehrerbietung.« Bemerkenswerterweise wird in dieser Formulierung dem Verb für »benutzen, anwenden, handhaben« ebenjenes Kanji für *kokoro,* also für das Herz, an die Seite gestellt.

Die Sitte, ein Geschenk in ein *furoshiki* einzuwickeln (*tsutsumu* 包む) und dieses erst zu öffnen, wenn der Gast nach Hause gegangen ist, mit all den dazugehörigen kleinen Gesten, ist Zeichen für die Sorgfalt und die Symbolhaftigkeit, die den gegenseitigen Umgang bereichern. Was man dem anderen hier anbietet, das ist eben genau *kokoro,* das Herz, das in der Hülle des Körpers ruht, so wie das Geschenk im Papier und im *furoshiki.* Aus diesem Grund, so Doi, würde das sofortige Öffnen des Geschenks bedeuten, dass man dem spirituellen Aspekt des Empfangenen wenig Beachtung schenkt, als wäre einem nur das Materielle daran wichtig.

Es kommt auch vor, dass ein Geschenk erst kurz vor dem Abschied überreicht wird: Damit kommt eine besonders feinfühlige Rücksichtnahme zum Ausdruck, denn man möchte den anderen nicht zu besonderen Aufmerksamkeiten während der Begegnung nötigen, nur weil dieser sich – wie es Marcel Mauss in seinem Buch *Die Gabe* so scharfsinnig formuliert – wegen eines Geschenks im Hintertreffen fühlt. Dieser schöne Brauch offenbart einerseits die tiefere Bedeutung, die der japanischen Etikette zugrunde liegt *(sahō)*, und andererseits den Stellenwert des Verbergens, die große Reichweite unseres Herzens, die mehr Intimität und mehr Zurückhaltung erfordert.

Wenn man die Menschen ihrer Geheimnisse beraubt, fühlen sie sich vorgeführt, schutzlos, ja »entblößt« (insofern sie ihren legitimen Schutz, ihre »Deckung« verlieren). Laut Doi ist der beste psychische Zustand der, in dem man um die Geheimnisse des *kokoro* weiß, der Zustand, in dem man sich mit ihnen wohlfühlt. Alle haben eine Vorder- und eine Rückseite *(omote/ora)*, mit der sie sich dem Leben präsentieren, ein bewusstes und ausgeglichenes Zusammenspiel von äußerem Schein und innerem Empfinden *(tatemae/honne)*. Eine Redewendung, die viel über die Bedeutung von *kokoro* und den Wert von Vertrautem und von Gefühlen, die nur uns selbst zugänglich sind, aussagt, ist *yutori ga aru* ゆとりがある, wobei *yutori* für den Raum, die Zeit, die Freiheit und für das Wohlbefinden im Umgang mit diesen steht, und *ga aru* »haben, teilhaben, besitzen« bedeutet. *Yutori ga aru* erklärt vortrefflich das Gefühl der Ruhe und Gelassenheit, welches sich daraus ergibt, dass man weder durch Raum noch durch Zeit eingeengt ist und selbst darüber entscheidet, wie man mit den Dingen umgeht. Ein Gedanke, der viel mit der Notwendigkeit zu tun hat, Wissen zu bewahren, in das andere nicht eingeweiht sind.

Yutori ga aru bedeutet folglich, seinen Gefühlen Raum zu geben, sich immer wieder kleine Auszeiten zu nehmen, Freiräume, die man dann betreten kann, wenn das Leben sich abnutzt. Zum Beispiel kann es bedeuten, das letzte Stückchen Kuchen, in Frischhaltefolie eingewickelt, für später in den Kühlschrank zu stellen, eine DVD mit der Folge einer Fernsehserie aufzubewahren, die uns an einem Freitagabend neue Kraft tanken lässt, sich am Morgen ein Stündchen im Bett zu gönnen – vielleicht während das Neugeborene neben einem schläft –, um ein Kapitel aus einem geliebten Buch zu lesen, oder sich eine ganze Stunde in einem Café bei einer Tasse Tee zu entspannen.

Laut Takeo Doi gibt es im Japanischen, in Anlehnung an die bekannte Konzeption von Meister Seami, für den »die Blüte nicht bestehen [kann], wenn sie nicht geheim gehalten wird«, eine Redewendung, nämlich *kokoro ni tanomu tokoro* 内に恃む ところ, die sehr genau die Bedeutung von *yutori* trifft. Es handelt sich um einen Ausdruck, der auf der klanglichen Nähe von *kokoro*, »Herz«, und *tokoro,* »Ort, Platz«, beruht und bedeutet: »ein Ort, dem man sein Herz anvertrauen kann«.

Wenn wir zur Bedeutung von *kokoro* und seinem fundamentalen Ideogramm zurückkehren, das für Gefühl, aber auch für den inneren, zentralen Teil von etwas steht, so hat es den Anschein, als hätte es ursprünglich nichts anderes als ebenjenes aus Muskeln bestehende Organ verbildlicht.

Die Pflege des Herzens ist etwas, das alle Zeitformen, sei es Vergangenheit, Gegenwart oder Zukunft, betrifft; sie spielt bei der Sehnsucht *(natsukashii)* und der Liebe *(ai)* eine Rolle, ebenso wie in dem Gedanken an sich selbst und an die anderen *(omoiyari)*, bei der Freundlichkeit *(yasashisa)* sowie vielen anderen Begriffen.

Darüber hinaus findet sich das Wort *kokoro* auch in etlichen idiomatischen Ausdrücken. Man braucht nur wahllos ein Wörterbuch aufzuschlagen und entdeckt Ausdrücke wie *kokoro ni egaku* 心に描く, wörtlich »auf dem Herzen zeichnen«, das heißt »sich etwas vorstellen«. *Kokoro wo ubawareru* 心を奪われる sagt man, wenn einem das Herz entwendet wird, wenn man, mit anderen Worten, verzückt oder fasziniert von etwas ist; *kokoro wo kudaku* 心を砕く, wörtlich »das Herz zertrümmern«, bedeutet, dass man sich mit aller Kraft einer Sache widmet, sich bemüht; *kokoro wo kubaru* 心を配る, wörtlich: »das Herz verteilen«, bedeutet »gegenüber einem anderen aufmerksam und zuvorkommend sein, ihm mit Respekt und Achtung begegnen, über etwas wachen«.

In Zusammenhang mit der Teezeremonie *(chanoyu)* steht *kokoro* für die »reine Bedeutung« und den »authentischen Sinn«: *chanoyu no kokoro ga wakaru* 茶の湯の心がわかる heißt »das Herz der Teezeremonie begreifen«.

Eine besonders suggestive Redewendungen ist jedoch die folgende: *kokoro no jumbi wo suru* 心の準備をする, was wörtlich »die Vorbereitung des Herzens« bedeutet; damit ist eine Art psychologische Unterweisung gemeint, als würde das Herz dafür gerüstet, einen besonders gefürchteten oder eben auch lang ersehnten Gast zu empfangen.

10

色 *iro*

oder: Von der Farbe und der Vielfalt der Welt

Im Japanischen gibt es Hunderte von Farbbezeichnungen, die überlieferte Wörter enthalten: ein uraltes Erbe, das die starke Verknüpfung zwischen dem Alltagsleben jenes Landes und dem Wechsel der Jahreszeiten unterstreicht. Ebendiese Jahreszeiten sind es, die in ihrem konstanten Wandel, ihrem ewigen Reigen, dem Menschen die Wörter schenken.

Zum Beispiel gibt es beim Tragen eines Kimonos überaus strenge Regeln für die Anordnung der Muster und Farben; tatsächlich existiert in Japan sogar ein dreistufiges Zertifikat namens *shikisei-kentei* 色彩検定 (vergeben von dem Verband AFT – Advance Forward True Colors), eine Prüfung, die jedes Jahr von Tausenden Menschen, vor allem von Schülern der Handwerksschulen, von Universitätsangehörigen, Einrichtungs- oder Bekleidungsfachleuten, Werbeleuten, aber auch von Menschen aus den Bereichen Architektur, Kosmetik, Design, Floristik etc. abgelegt wird. Und es ist kein Zufall, dass es im derzeitigen Kalender unter all den vielen kleinen Anlässen zum Feiern *(tanoshimi)* auch den sogenannten *iro no hi* 色の日, den »Tag der Farbe« gibt, der auf den 6. Januar fällt und sowohl in der Mode- als auch in der Designbranche gefeiert wird.

Es gibt suggestive Farbbezeichnungen, die auf Elemente aus der Natur wie Pflanzen und Blumen Bezug nehmen, weil sie Ähnlichkeit in der Färbung aufweisen oder die Farbpigmente aus ihnen gewonnen werden. Da ist zum Beispiel *oitakeiro* 老竹色, ein Grünton, typisch für den Herbst, der auf die Farbe von altem Bambus zurückgeht und sich aus den Kanji für »altern« 老 und für »Bambus« 竹 zusammensetzt. Der Bambus ist auch in einer weiteren Farbe enthalten, nämlich *aotakeiro* 青竹色, eine Bezeichnung, die auf die Edo-Zeit zurückgeht, wobei der Bambus hier für die saftige Lebenskraft der Sprossen, die Kraft und Energie jenes intensiven und leicht bläulichen Grüntons *ao* 青 steht, mit dem der Sommer eingeläutet wird; oder *yanagisusutake* 柳煤竹, eine dem Grau nahe Farbschattierung, die sich gegen Ende der Edo-Zeit jedoch zum Grün hin entwickelte.

Da gibt es *urahairo* 裏葉色, wörtlich die Farbe der Rückseite (*ura*) der Blätter (*ha*), was sich ursprünglich auf einen Busch namens *kudzu* bezog, durch dessen Blätter das Sommerlicht schimmert. Gemeint ist das sich abschwächende leuchtende Grün der Oberseite hin zu dem blassweißlichen Grün der Unterseite. Oder man denke an die wunderschöne Schattierung zwischen Violett und Lila, die *kodai murasaki* 古代紫 genannt wird (*kodai*: »aus alter Zeit« und *murasaki*: »Veilchen«) und daran erinnert, dass dieses Pigment wegen seines immens hohen Preises in der Heian-Zeit dem Hochadel vorbehalten war. Als vom Kaiser seinerzeit die Order ausgegeben wurde, dass die Uniformen aller hochrangigen Personen schwarz sein sollten, verschwand diese Farbe, um erst während der Edo-Zeit in einer kräftigeren Variante zu neuen Würden zu kommen.

Es gibt Tausende von Farbabstufungen, und das zeigt, wie wichtig es ist, den Dingen einen möglichst spezifischen Namen zu geben. Tatsächlich verfügt eine jede Farbe innerhalb ihres Spektrums über eine riesige Bandbreite von Schattierungen, wodurch der übergreifende Farbenname fast ein wenig verwässert wird, so, wie man mit dem Wort »Licht« für *alles*, was beleuchtet ist, dessen vielfältige Abstufungen verflacht. Unter die Farbbezeichnung »Rot« werden alle Rottöne subsumiert, die wir kennen, und mit »Grün« können wir so unterschiedliche Farbtöne wie das Laub an Bäumen, das Gefieder von Vögeln oder den Panzer von bestimmten Schildkröten bezeichnen. Alles wird in ein einheitliches Schema gepresst, das doch in Wirklichkeit gar nicht existiert.

Die Welt zu benennen, heißt, sie zu lieben, und je genauer man sie benennt, desto reicher und vielfältiger wird unsere Wirklichkeit. Das soll nicht heißen, dass man alle japanischen Farbwörter auswendig lernen muss, aber man tut sicher gut daran, sich von ihnen inspirieren zu lassen, um den Blick für die Vielfalt zu schulen, die sich in einem Wort wie *Blau, Gelb* oder *Braun* verbirgt. Eine Übung, die der Horizonterweiterung dient, ebenso wie die gelegentliche Frage, was denn nun genau gemeint ist, wenn man *Regen* oder *heiß* sagt oder ein so inflationäres Wort wie *schön* benutzt. Was für eine Art Regen ist es denn? Wie fällt er? Und was genau ist da schön?

Iro 色 bedeutet »Farbe«, enthält im Land der aufgehenden Sonne jedoch auch Anklänge an Sinnlichkeit. So benutzt man das Wort *iro* zum Beispiel auch, um die Erotik einer Geste oder eines Menschen zu beschreiben. Wenn man von jemandem sagt, er sei *iroppoi* 色っぽい, also »voller Farbe« oder »farbig«, so bedeutet das, dass er oder sie verführerisch und aufregend ist.

Frei von den Beschränkungen durch eine bigotte und puritanische Moral und ohne die restriktiven oder tabuisierenden Dogmen von Religionen wie dem Christentum oder dem Islam, hatte Japan von jeher ein offenes Verhältnis zur Sexualität, was dazu führt, dass man dort erotischen Themen mit wesentlich größerer Nonchalance begegnet und diese zum Beispiel ungeniert in ein Manga oder eine Unterhaltungsshow einbaut. Man braucht sich nur in Viertel wie das Tokioter Akihabara zu begeben, wo es riesige Pornoläden gibt, die ganz selbstverständlich von Jugendlichen wie auch Erwachsenen besucht werden, oder, im Zug sitzend, den Blick zu heben und die zahlreichen, in Japan als *salarymen* bezeichneten Büroangestellten zu beobachten, die in die Lektüre von Zeitschriften eher anspruchsvollen Inhalts vertieft sind, deren Cover jedoch die Körper halb nackter Frauen in mehr oder weniger aufreizenden Posen zeigen. Die größte Freiheit und zugleich das größte Interesse an Skandalen amouröser Natur hatte man in Japan während der Edo-Zeit, als solche Dinge in Werken des Kabuki-Theaters oder Aufführungen des *bunraku,* des Marionettentheaters, zum Thema wurden. Das belegt etwa die Entwicklung von Wörtern wie ***iki*** 粋, in der Bedeutung von »Chic mit gewissen erotischen Konnotationen«, oder *tsuya* 艶, also »Glanz« oder »Pracht«. Die Produktion von *shunga*, Holzschnitten im *Ukiyo-e*-Stil mit erotischem Thema, erlebte in jener Zeit einen Moment großen Aufschwungs.

Der berühmte Schriftsteller Jun'ichirō Tanizaki (1886–1965) beschreibt in *Liebe und Sinnlichkeit* das Wort *iroke* 色気 als in einer westlichen Sprache nicht wiedergebbar. Es kombiniert das Kanji für Farbe 色 mit *ki* 気, »Atmosphäre, Luft, Energie«, und steht für eine verborgene und doch überaus prickelnde Sinnlichkeit. Tanizaki siedelt dieses Gefühl in einer Vergangenheit an, in der noch weniger Freiheit im Ausdruck von Gefühlen herrschte, zum Beispiel in der liebevollen Geste, mit der sich die Braut heimlich ihrem Bräutigam zuwendet, um von den Schwiegereltern nicht bemerkt zu werden. »Mehr als offene, direkt ausgedrückte Leidenschaftlichkeit war es eine im Inneren bewahrte Zuneigung – Gefühle, die trotz aller Zurückhaltung nicht ganz verborgen bleiben konnten, sondern hie und da unbewusst in Worten und Gesten sich andeuteten –, was das Herz der Männer umso mehr bezauberte. Diese Art Nuancierung des Erotischen ist es, was in dem Wort *iroke* enthalten ist. Je mehr der Gefühlsausdruck den Grad des Verhaltenen, nur Angedeuteten überstieg und sich direkt, in aller Offenheit kundtat, desto stärker wurde ein ›Mangel an *iroke*‹ beklagt.« Vor allem sei es keine Frage der Schönheit, denn auch wenig ansehnliche Menschen könnten diese Ausstrahlung haben, während andere, vom Äußerlichen her makellose sie eben *nicht* besäßen. Vielmehr handele es sich, so Tanizaki, um eine Eigenschaft, die entweder angeboren sei oder im Geheimen und mit Zurückhaltung kultiviert werde. Und wieder einmal hing (und hängt) das japanische Empfinden eher von etwas Angedeutetem ab als von etwas, über das offen gesprochen wird.

Durch Farbe kann man auch ein Gefühl für Variation entdecken, für die Vielfalt, die uns allen innewohnt, jene individuelle Freiheit, die viel damit zu tun hat, sich um sich selbst zu kümmern und die anderen in Frieden zu lassen. Tatsächlich kommt diese Vielfalt in der Redensart *Jūnin toiro* 十人十色, »Zehn Personen, zehn Farben«, sehr treffend zum Ausdruck, wobei man als westlich geprägter Mensch heutzutage sofort an die Bezeichnung »Regenbogenfamilie« denkt: Man muss einfach nur das einschränkende Gegensatzpaar der Geschlechter, sprich Rosa versus Blau, überwinden, und schon eröffnen sich zahllose neue Formen der Liebe. *Jūnin toiro* betont, dass alle Menschen verschieden sind, doch im Japanischen bedeutet *iro* nicht nur »Farbe«, sondern nach dem chinesischen Ursprung des Wortes auch »Gefühl, Meinung«. Kurz gesagt: Für jeden Menschen gibt es eine Farbe und für jeden Kopf eine Meinung.

Das Wort *iro,* verdoppelt zu *iro-iro* いろいろ・色々, ist außerdem nah verwandt mit *sama-zama* さまざま und bringt die Pluralität, die Vielfalt der Dinge und Situationen zum Ausdruck. So bedeutet etwa *iro-iro kangaeta kedo* 色々考えたけど: »Ich habe an Verschiedenes gedacht …«, »Ich habe viel darüber nachgedacht …«; oder *iro-iro tabemashita* 色々食べました: »Ich habe Verschiedenes gegessen.«

Für die Japaner*innen ist es wichtig, etwas in seiner Vielfalt zu genießen, ganz gleich in welchem Kontext. So hat man vor sich auf dem Tisch statt nur einem Gericht viel lieber mehrere zum Probieren. Das gilt nicht nur für den Besuch im Restaurant, wo die Speisen auf vielen kleinen Tellern angerichtet werden, sondern auch für die häusliche Küche. Eine Mahlzeit zusammen mit der Familie zu genießen, ist für jeden Japaner der Inbegriff gesellschaftlichen Miteinanders: Man bedient sich mit seinen Stäbchen oder auch – je nach Geschmack – mittels langer Zangen oder Löffel aus bereitstehenden großen Schüsseln oder von Tellern – ein ausgewogenes Zusammenspiel, bei dem jeder auf seine Kosten kommt, ohne dem anderen etwas wegzunehmen.

Immer eine Auswahl zu haben, ist für Japaner*innen die Möglichkeit, das Besondere in seiner Pluralität zu genießen; ihre Neigung, sich auf Details zu konzentrieren, macht ihre Welt größer, als würden sie diese durch eine Lupe betrachten.

Darüber hinaus ist die bunte Vielfalt das Gegengewicht zum

Minimalismus, Aspekte, die sich ergänzen und die Seele des heutigen Japans ausmachen. Noch mehr als *iro-iro* steht dafür der Begriff *gucha-gucha* ぐちゃぐちゃ, ein lautmalerischer Ausdruck, der »Durcheinander« oder auch »dichtes Gedränge« bedeutet, was manchmal negativ, manchmal aber auch spielerisch und humorvoll gemeint ist. Man denke nur an die Fotos von Tokioter Inneneinrichtungen in dem Fotoband *Tokyo. A certain Style* von Kyōichi Tsuzuki, um sich das Zusammenspiel von Formen und Farben vor Augen zu führen, das die Privaträume der Japaner*innen prägt: Es ist die Schönheit des Chaos.

11

限定 *gentei*

oder: Von der Begrenzung, die die Welt größer macht

Gentei 限定 bedeutet »Grenze, Begrenzung, Einschränkung, Reserve, Festlegung, Bestimmung«. Stellt man diesem Wort die beiden Kanji für »Jahreszeit« voran, so entsteht *kisetsu gentei* 季節限定, die »Aufschrift«, also das, was auf der Verpackung eines Produkts oder neben dem Namen eines Gerichts auf der Speisekarte steht und womit der auf eine bestimmte Zeit oder die laufende Jahreszeit begrenzte Verkauf bezeichnet wird.

Im Konsumland Japan, vor allem in der Hauptstadt des Landes, ist alles einem schwindelerregenden Wandel unterzogen, jeder Laune und jeder Mode wird nachgegangen, um sich aus einem Meer an Angeboten und Produkten hervorzuheben. So erfreut sich der Zeitschriftenmarkt im Land der aufgehenden Sonne einer soliden Gesundheit, eben weil diese Blätter und Blättchen auf das Bedürfnis reagieren, immer über eine Welt auf dem Laufenden zu sein, die zumindest an der Oberfläche in ständigem Wandel begriffen ist; Gazetten jeder Art lenken die Aufmerksamkeit auf neue Geschäfte, die anstelle von möglicherweise erst wenige Monate zuvor eröffneten Läden entstehen, und beschreiben in allen Einzelheiten ein umwerfendes Parfait, das europäische Patisseriekunst mit der japanischen verbindet, schwärmen von einem Eis, das nach einem italienischen Originalrezept hergestellt wird, oder preisen hawaiianische Pfannkuchen, die die Leute angeblich in Verzückung versetzen.

Gentei 限定 ist somit ein Begriff, der auf den Wandel abhebt, auf den zeitlich begrenzten Genuss, auf etwas, das man nur jetzt, in diesem Augenblick, auskosten kann.

Alles, was begrenzt ist, weckt Begehrlichkeiten. Japaner*innen bringen das mit dem Ausdruck *kisetsu gentei* 季節限定 auf den Punkt, sofern es sich um eine jahreszeitlich bedingte Begrenzung handelt; der Ausdruck *kikan gentei* 期間限定 (*kikan* bedeutet »Zeit, Ablauf«) zielt dagegen rein auf die zeitliche Dauer, während sich *chiiki gentei* 地域限定 auf eine Region bezieht (*chiiki* heißt »Zone, Region, Gegend«). Begrenzung macht das Leben lebenswerter, sie führt uns die Notwendigkeit vor Augen, etwas in genau diesem präzisen Moment zu genießen, und bewegt selbst Gewohnheitstiere dazu, sich auf neue Erfahrungen einzulassen.

Der Begriff *gentei* birgt die Vorstellung von der Zeit, die verrinnt und niemals wiederkehrt, die Rechtfertigung dafür, den Moment zu genießen, ihn auszukosten – *tempus fugit*, sagten die alten Römer, und deshalb *carpe diem*, genieße den Tag.

Die Gegenwart, die in diesem ständig im Fluss befindlichen Jahrhundert wie ein permanentes Hier und Jetzt erscheint und zumindest in den großen Städten an jedem Tag des Jahres alles anbietet, was das Herz begehrt – Erdbeeren und Himbeeren zu jeder Jahreszeit, Produkte aus Ländern, die wir manchmal nur schwerlich auf einer Landkarte markieren könnten, Fische und Krustentiere aus weit entfernten Meeren –, wird nur vordergründig durch diese Annehmlichkeiten bereichert, in Wirklichkeit jedoch wird sie dadurch ärmer, denn Bequemlichkeit schadet den Erinnerungen und damit auch dem Leben.

Immer genau das zu bekommen, was man will, als hätten Wünsche prinzipiell das Recht darauf, erfüllt zu werden, macht uns wirr, manchmal auch klein und nimmt uns den Willen, etwas Neues zu probieren: Die Dinge sind ja da, werden immer da sein, wieso also die Eile, sie auszuprobieren?

Die mit dem Begriff *gentei* intendierte Begrenzung oder Beschränkung kann folglich zu einer wichtigen Veränderung inspirieren; sie kann uns aus unserer Trägheit reißen, uns zeigen, dass es schlecht ist, immer alles für offensichtlich und selbstverständlich zu halten. So kann sich unser Bewusstsein schärfen – für die Zeit, die vergeht, für den Wechsel der Jahreszeiten, für den präzisen und nicht austauschbaren Ort, an dem wir leben oder den wir gerade besuchen. Wenn wir reisen, sind wir eher bereit, das Außergewöhnliche in uns aufzunehmen, den Moment zu genießen, doch genau das sollten wir auch in unserem Alltag tun. Ob es nun das Aroma eines Getränks mit Kirschblütengeschmack ist oder der Duft von Oktopus-Sushi, von frittiertem *nanohana* oder von Teeblättern, ist nicht wichtig – Hauptsache, man schärft damit seine Wahrnehmung für das Außergewöhnliche im Leben.

Gentei hilft uns dabei, über die Bedeutung eines Lebens im Hier und Jetzt nachzudenken, und macht uns bewusst, dass gerade die Begrenzung von Genuss, das Wissen um seine Endlichkeit, dazu dienen kann, ihn zu verstärken.

12

生き甲斐 *ikigai*

---

oder: Von der Antriebskraft des Lebens

Eine bekannte und sehr beliebte Sendung des NHK, des staatlichen Fernsehens in Japan, mit dem Titel *100ppun de meicho* １００分で名著, »Meisterwerke in 100 Minuten«, wählte im Juni 2018 *Ikigai ni tsuite* (»Über Ikigai«) von Mieko Kamiya zum Buch des Monats, nachdem dieser Begriff internationales Interesse geweckt und zu zahlreichen Publikationen inspiriert hatte, die sich mehr oder weniger eng an das japanische Denken anlehnen. Vorgestellt wurde das Buch von Eisuke Wakamatsu, einem Kritiker und aufmerksamen Leser, dessen persönliche Interpretationen immer schon von großer Klarheit getragen waren und eine Fülle von Anregungen bieten.

Mieko Kamiya (1914–1979) war Psychiaterin und auch dafür bekannt, dass sie der Gemahlin des damaligen Kaisers Akihito psychologisch Beistand leistete. 1966 veröffentlichte sie *Ikigai ni tsuite*, das Buch, das den Weg für eine weite Verbreitung des Begriffs *ikigai* ebnete; darin stellte sie *ikigai* in den Mittelpunkt der japanischen Gesellschaft. Es wurde sofort zum Bestseller und hat erst kürzlich erneut die Liste erklommen.

Kamiya schrieb sieben Jahre an dem Buch und verarbeitete darin ihre langen und intensiven Erfahrungen bei der Arbeit mit

Leprakranken am nationalen Sanatorium Aisei-en auf der Insel Nagashima in der Präfektur Okayama.

Nichts, was uns im alltäglichen Leben als selbstverständlich erscheint, kann in dem von extremem, nicht nur körperlichem, sondern auch seelischem Leid geprägten Dasein von Leprakranken als selbstverständlich gelten. Nachdem diese von der Gesellschaft ausgegrenzt, von ihren eigenen Familien verstoßen und an Orte verbannt worden waren, die sie aus eigenem Willen nicht mehr verlassen konnten, sahen sich die Erkrankten mit dem konfrontiert, was Kamiya in der Einleitung zu ihrem Buch als *muimikan* 無意味感 bezeichnete – also mit dem alles überblendenden Gefühl der Bedeutungslosigkeit und Sinnlosigkeit, dem Gedanken, dass ein Leben zu nichts führen wird und keinen Inhalt hat. Genau dieses beständige Kreisen um die Frage des Warum einer Existenz regte Kamiya zu der Beschäftigung mit dem Thema *ikigai* an, von dem sie bald begriff, dass es sich weniger um eine Frage der Quantität als um eine der Qualität handelt. Es geht eben nicht darum, die bei der Arbeit verbrachten Stunden und das damit verdiente Geld oder die Zeit, die man damit verbringt, auf ein bestimmtes Ziel hinzuarbeiten, aufzurechnen, sondern darum, die Qualität des Stückchens Lebens, das man zur Verfügung hat, so kurz es auch sein mag, zu schätzen und zu vertiefen. Das japanische Denken steht ja gerade für jene Sichtweise, die dem ständigen Streben nach mehr und noch mehr ein maßvolles Leben entgegensetzt, die das Kleine dem Großen und den Genuss des Moments einem auf das ganze Leben projizierten Glück vorzieht.

Ein Wörterbuch definiert *ikigai* wie folgt: *Ikiru hariai. Ikite yokatta to omoeru yōna koto* 生きるはりあい。生きてよかったと思えるようなこと.

Im ersten Teilsatz *(ikiru hariai)* verweist *ikiru* – ohne im Deutschen eine direkte Entsprechung zu haben – auf eine Art Kampf, den »Kampf des Lebens«; das ebenso schwer übersetzbare Wort *hariai* 張り合い bedeutet so viel wie »Widerstreit«, »Rivalität« und beschreibt eine Situation, in der man versucht, sich nicht unterkriegen zu lassen. *Hariai* erklärt daher die Schwierigkeit des *ikigai*.

Im zweiten Satzsegment *(ikite yokatta to omoeru yōna koto)* wird *ikigai* hingegen definiert als »jenes Etwas, das uns auf den Gedanken bringt, es lohne sich zu leben«. Zerlegt man das Schriftzeichen für *ikigai* 生き甲斐 in seine Bestandteile, so tritt Folgendes zutage: *iki* 生き steht für »Leben, Dasein«, während *kai* 甲斐 in verschiedenen Redensarten wie *doryoku no kai mo naku* 努力の甲斐もなく, »Alle Anstrengungen waren vergebens«, oder auch in anderen Kontexten auftaucht, in denen es die Bedeutung von »es lohnt sich, dieses oder jenes zu tun« annimmt.

Allerdings zeigt Mieko Kamiya zwei unterschiedliche Deutungsmöglichkeiten von *ikigai* auf. Einerseits geht es um den Ursprung, um das, worin diese Antriebskraft besteht (»Dieser Mensch ist mein *ikigai*«, »Diese Arbeit ist mein *ikigai*«), während die andere Lesart, die im Buch als *ikigai-kan* 生き甲斐感 definiert wird, also »*ikigai* fühlen«, sich auf einen bestimmten seelischen Zustand bezieht.

An sich ist der Begriff *ikigai* nicht allzu weit vom französischen *raison de vivre, raison d'existence,* also »Sinn des Lebens, Lebensinhalt« entfernt, was auf Japanisch wiederum *sonzai riyū* 存在理由 heißen würde. Doch liegt es gerade an der Unbestimmtheit der japanischen Sprache, an den zahlreichen Interpretationsmöglichkeiten, die sie mit sich bringt, dass *ikigai* so viel über die Quintessenz des menschlichen Lebens erzählen kann. Sowenig man auch sagt, muss es doch etwas evozieren, das über das Gesagte hinausreicht, das Ausgesprochene muss das Unausgesprochene umfassen. Das wahre *ikigai* ist folglich etwas, das spontan entsteht, ohne dass man ihm einen genauen Sinn zuordnet, vergleichbar der Reinheit eines Kindes, das sich über den beginnenden Tag freut oder über ein noch so banales Spiel, mit dem es gerade befasst ist. Eben wegen dieser Reinheit und Arglosigkeit könnte es etwas sein, das der Erwachsene nicht so leicht zu erkennen vermag.

Ikigai hat eine innere Beschaffenheit, die über das Rationale hinausgeht. Kamiya lokalisiert es in *motto sobokuna, junsui, chiisana tokoro* もっと素朴な 純粋 小さなところ, »einem Ort, so einfach, so rein und so klein wie möglich«, und zeigt auf, wie wichtig es ist, den eigenen Blick zu erweitern und in Konsequenz daraus die eigenen Wünsche und Sehnsüchte auszuloten: Was suchen wir? Was wollen wir *wirklich*? Was macht uns glücklich und dankbar dafür, auf der Welt zu sein? Die Nähe zum Gedankengut des Zen wird sofort spürbar, und die Größe der Dinge ist nur mehr Schein. Was für das tiefste Innere eines Menschen zählt, entzieht sich allgemeinen Kategorien wie Gewicht, Wert oder Nützlichkeit.

Die beste Form von *ikigai* entsteht jedoch dann, wenn das, was man tun *will,* mit dem zusammenfällt, was richtig ist oder was man tun *muss.* Das lässt sich nicht allgemein definieren, sondern findet für jeden Menschen und jedes Leben seine ganz eigene Anwendung. Und so scheint das Glück in der Definition von *ikigai* ein Stoff zu sein, den man teilen und verteilen kann, etwas, das man umso mehr zu schätzen weiß, wenn man daraus kleinste Portionen macht, und dessen Dimension und

Reichweite umso größer werden, je mehr man andere daran teilhaben lässt.

Gerade weil Kamiya selbst schwere Schicksalsschläge und Verluste erleiden musste (als junge Frau verlor sie ihren Liebsten durch Tuberkulose und erkrankte selbst im Erwachsenenalter an Krebs), reiften in ihr tiefschürfende Erkenntnisse über die Rolle, die das Leiden bei der Bildung von *ikigai* spielt. Durch ihr *shimei* 使命 (zusammengesetzt aus den Ideogrammen für »benutzen, verwenden« 使 und »Leben« 命), also ihre »Mission«, den Leprakranken beizustehen, bekam sie Gelegenheit, sich selbst wiederzufinden, und dank dieser aufopferungsvollen Tätigkeit entdeckte sie den wahren und eigentlichen Sinn von *ikigai*.

Kamiya begriff, wie sehr ebendieser Sinn von einem selbst abhängt und nicht von den Dingen, die man zu tun hat, von der Situation, in der man lebt, oder dem Ort, an dem man sich befindet. Als sie eines Tages im Tagebuch eines Patienten las, bei dem es sich möglicherweise um das des Dichters Shiki Itsuma (1917–1959) handelte und in dem von dem tiefen Wunsch, zu leben, die Rede war, kam Kamiya endgültig zu der Überzeugung, dass das Vorhandensein oder Nichtvorhandensein von *ikigai* rein gar nichts Objektives sei. Die Patienten des Sanatoriums lehrten sie, dass *ikigai* nicht notwendigerweise optimalen Lebensbedingungen entspringt, sondern eher im Gegenteil, und dass es sich oft wie ein Lichtstrahl mitten im Dunkeln manifestiert. Außerdem fiel ihr auf, dass es unter den gleichen Bedingungen, sprich der Krankheit und der Gefangenschaft im Sanatorium, Menschen gab, die durchaus Freude am Leben hatten, und andere eben nicht. Das war für sie der Beweis, dass *ikigai* die üblichen

Kategorisierungen von Glück überschreitet. Trotz des schrecklichen körperlichen Leids und der grausamen Diskriminierung, der diese Menschen ausgesetzt waren, schafften es immerhin einige von ihnen, mit einem Lächeln durchs Leben zu gehen.

Es war die Lösung eines großen Rätsels: Dazu musste man sich, wie Kamiya anmerkt, gar nicht allzu lange mit der Sache beschäftigen, denn das Komplexeste lag offen zutage. *Ikigai* ist kein Thema für Spezialisten, sondern etwas, über das jeder reden kann, weil jeder Mensch es auf seine ganz eigene Weise besitzt; es findet sich letztlich in jedem von uns, ohne Ausnahme, es keimt irgendwann in der Kindheit und wächst als kleines Pflänzchen in uns heran, um immer Teil unserer Persönlichkeit zu bleiben, auch wenn wir selbst nicht mehr dazu in der Lage sind, es wahrzunehmen.

Die Kraft dieses wunderschönen Gedankens liegt genau hier: in der Tatsache, dass *ikigai* durchaus verloren gehen kann (*ushinau mono* 失うもの), es aber nie ganz verschwindet (*naku naru mono* なくなるもの). Die Unmöglichkeit, es jemals ganz zu zerstören, macht die Bedeutung des Wartens konkreter. Mit anderen Worten: *ikigai* kann sich im Grunde jederzeit zeigen, man muss nur bereit sein abzuwarten.

»Vollkommen losgelöst von der Konstellation und Situation zu einer gegebenen Zeit, ja fast schon erbarmungslos unabhängig, pflegt einen das Glück plötzlich und unerwartet zu besuchen. Egal, in welcher Lage man sich befindet und wer gerade bei einem ist. […] Genau wie die Launen des Wetters oder der Brandung ist es für niemanden berechenbar. Wir warten alle ständig auf ein Wunder, und dabei sind wir alle gleichberechtigt«, heißt es in Banana Yoshimotos Erzählung *Erinnerungen aus der Sackgasse.*

Kamiya führt in diesem Zusammenhang als Beispiel auch die amerikanische Schriftstellerin und Literaturnobelpreisträgerin von 1938, Pearl S. Buck an, deren Leben von der Krankheit ihrer einzigen Tochter schwer gezeichnet war. Kamiya sieht den Ursprung des Leids in der zwanghaften Verengung des eigenen Blickfeldes. Wir schaffen es nicht, einen großen Schmerz zu überwinden, weil uns alles immer nur daran erinnert und wir stets alles damit verknüpfen. In so einer Situation hilft es, das eigene Ich zu vergessen, Abstand vom Ego zu nehmen, vom Mittelpunkt seiner Seele abzurücken und an ihrem Rand zu warten. So, wie es Pearl S. Buck gelang, sich aus ihren Ängsten herauszuwinden, indem sie ihre Aufmerksamkeit von sich selbst auf das Mädchen richtete, auf das Vorhaben, aus ihrer Tochter ein aktives Mitglied der Gemeinschaft zu machen, liegt für Kamiya die Lösung des Problems in der Erweiterung der eigenen Sichtweise. Nur so, indem wir nämlich den Blick auch auf Dinge richten, die dem Anschein nach nur am Rande liegen (uns aber dennoch zu stützen vermögen), können wir *ikigai* wieder spüren.

Matsu 待つ, also »warten«, ist folglich fundamental *(nintai)*. Eben wegen seiner tiefen Verbindung zu *ikigai* ist *matsu* dazu bestimmt, das Leben eines jeden von uns in seiner ganzen Bandbreite zu begleiten. Innezuhalten und dem Anschein nach regungslos und inaktiv in der Gesellschaft zu verweilen, ist ganz und gar nicht gleichbedeutend mit Müßiggang, mit Stillstand. Vielmehr dient dieses Warten dazu, *ikigai* endlich sichtbar werden, es erneut aus dem Samenkorn sprießen zu lassen, das wir verloren geglaubt hatten. Ja, allein die Tatsache, dass wir am Leben sind, muss als eine Art Beweis für die Allgegenwärtigkeit von *ikigai* betrachtet werden, denn selbst in einem Zustand großen Schmerzes und obwohl es für uns nicht mehr sichtbar ist, bleibt es noch wirksam und schenkt uns die innere Kraft, jeden Tag in unserem Körper zu wohnen und zu handeln, und sei es auch nur, um zu schlafen oder zu atmen.

Leiden wird als Möglichkeit begriffen, *ikigai* wiederzuentdecken. Es ist ein Vermächtnis, ein Koffer voller Erfahrungen, der uns dabei hilft, die Erfahrungen anderer Menschen zu begreifen und die Welt empathischer zu machen. Folglich dient *ikigai* auch dazu, anderen Menschen zu helfen, in der Nähe zu unseren Mitmenschen einen Auftrag zu erkennen, ihr Leiden zu erspüren und etwas dagegen zu unternehmen.

»Wie aussichtslos die Lage auch erscheinen mag, irgendwo werden wir zweifellos einen Anfang finden. Wenn das Licht ausgegangen ist, muss man ja auch erst eine Weile ins Dunkel schauen, bis die Augen sich daran gewöhnt haben«, schreibt Haruki Murakami in *Naokos Lächeln*.

In *Ikigai ni tsuite* führt Mieko Kamiya das Beispiel eines anderen jungen Patienten an, der an einer nicht näher bestimmten Krankheit litt und es sich, weil er nichts anderes zu tun wusste, zur Gewohnheit gemacht hatte, in der Nähe des am Meer gelegenen Sanatoriums, in dem er behandelt wurde, an dem sanft von Wasser umspülten Strand spazieren zu gehen. Als er sich eines Tages auf dem Strand ausstreckte, um den Himmel zu betrachten, spürte er plötzlich ganz deutlich, dass die Erde ihn trug und die Sonne ihn wärmte. In diesem Moment erkannte er sein *ikigai*, das der Wertschätzung von Erde und Sonne entsprungen war, und in ihm reifte die Entscheidung, Naturwissenschaften zu studieren.

Der Kontakt mit der Natur, vor allem aber die Beschäftigung mit ihr sind für Kamiya fundamentale Gefühle, die unser *ikigai* herausbilden und stärken können.

Betagte Japaner*innen wirken meist alles andere als alt. Sie sind bis ans Ende ihrer Tage beschäftigt, treiben Sport, sind leidenschaftliche Besucher von Bibliotheken, sie reisen, begeistern sich für Kunst, lernen Fremdsprachen, schreiben sich für Seniorenkurse an der Universität ein und lernen bis zu ihrem letzten Atemzug dazu. Anscheinend ist in ihnen ein starker Lebenstrieb vorhanden, begleitet von einigen Besonderheiten des japanischen Charakters wie der ständigen Betriebsamkeit, dem Bestreben, sein Bestes zu geben *(gambaru)*, dem Anspruch, immer alles zu Ende zu bringen, was man begonnen hat *(yūshū no bi)*, der großen Achtsamkeit sich selbst und der Umgebung gegenüber *(omoiyari)*, zu denen noch eine ausgeprägte Freude am gesellschaftlichen Miteinander, an der Begegnung mit anderen, am Plaudern und am Austausch von Erfahrungen hinzukommen. Diese Senioren zeigen, dass *ikigai* über unendlich viele Spielarten verfügt und rein gar nichts mit dem Alter zu tun hat.

Seit einigen Jahren gibt es eine solche Schwemme von Veröffentlichungen über *ikigai*, dass sich Japan wieder einmal – wie schon so oft – in den Augen der Welt gespiegelt sieht. Allerdings wäre es schön, wenn der ursprüngliche Sinn dieses Begriffs, den Mieko Kamiya im Laufe ihres Lebens immer weiter vertieft hat, in seiner Gänze und Reinheit, so, wie sie ihn ihren Lesern präsentierte, wiedergegeben würde. Für Kamiya war damit immer ein zutiefst altruistischer Gedanke verknüpft, und ihr langes Forschen hatte es sich zum Ziel gesetzt, jenen Menschen zu helfen, die jeden Morgen mit einem Seufzer erwachen und niedergeschlagen dem neuen Tag entgegensehen.

Die utilitaristischen Auslegungen, die *ikigai* gern mit Erfolg bei der Arbeit zusammenfallen lassen wollen, mit befriedigenden freundschaftlichen und erotischen Beziehungen, mit der

Realisierung konkreter Ziele (welche als solche notwendigerweise zeitlich vergänglich sind), verkennen seinen eigentlichen Sinn. Mieko Kamiya selbst, die den Begriff als Erste in die gedankliche Alltagswelt Japans eingeführt hatte, wehrte sich vehement gegen die Verfälschung desselben, als sie sah, wie man ihn in einer ganz und gar auf wirtschaftliches Wachstum ausgerichteten Gesellschaft für das Streben nach Produktivität missbrauchte. Dabei hat *ikigai* nichts Einfaches oder Pragmatisches; vielmehr zeigt sich, dass es in der Lage ist, das Leben von Menschen grundlegend zu beeinflussen und die Ängste und Nöte menschlichen Daseins zu lindern. »Damit Menschen ihr Leben wirklich leben können«, schreibt Kamiya, »gibt es nichts Bedeutenderes als *ikigai*.«

Doch auch dieser Begriff ist im Wandel, und als solcher muss er mit großer Sorgfalt bedacht werden. Er steht bereit, wartet auf uns. Nur wir allein können ihm Gestalt verleihen.

13

間 *ma*

Von dem Dazwischen oder dem Nichts, das notwendig ist für das Ganze

Ma 間 – das ist die Pause, das Dazwischen, sowohl im räumlichen wie im zeitlichen Sinn. Es basiert auf jener ganz besonderen Wahrnehmung, die dieses Wort zu etwas ausschließlich Japanischem und zum Träger eines tiefen Verständnisses von Wirklichkeit macht.

Es handelt sich um einen essenziellen Begriff, der uns lehrt, das Vieldeutige zu akzeptieren, der Versuchung zu widerstehen, auf alle Fragen prompt mit einer Antwort aufzuwarten und im Verhältnis zwischen Frage und Antwort Letztere stets stärker zu gewichten.

Ma – das ist Zurückhaltung, das ist ein Luftzug, der Rohzustand von Materie und Zeit, all das, was über die Struktur einer Sache entscheidet. *Ma* – das ist das »Zwischen«, das »Mittendrin«, das Intermezzo, das Fließende von etwas, das den Rhythmus vorgibt, dies jedoch vage und nur in Andeutungen tut. Auf Japanisch heißt dieses *ma* auch »während« im Sinne von Gleichzeitigkeit, ein Wort, das mehr als alle anderen die chaotische, aber exakte Beschaffenheit des Lebens beschreibt. In der Tat liest sich dasselbe Kanji auch als *aida* (»zwischen«, »während«, »unter«), wenn es benutzt wird, um zu beschreiben, wie sich zwei Elemente oder Handlungen auf derselben zeitlichen oder räumlichen Achse überschneiden.

Ma ist ein Begriff, der viele Bereiche des Körpers und des Denkens umfasst und sowohl im Alltagsleben als auch in der Kunst, wo der Rhythmus eine entscheidende Rolle spielt, sinnvoll zur Anwendung kommt. Dann wird *ma* zu etwas, das verfestigt, zum Beispiel das Empfinden des Schauspielers, der auch während einer kurzen Unterbrechung oder Pause in tiefer Konzentration verharrt. Im Tanz und im Theater sorgt ein Innehalten für gespannte Aufmerksamkeit, und so wird *ma* zu etwas, aus dem das Wahre, das Authentische erwächst.

In der Architektur ist *ma* das, wo sich die Linearität bestimmter Räume auflöst, so, wie manche Zimmer das Kontinuum eines Hauses durchbrechen. Das kann ein Spalt sein, ein Freiraum, das Nichts aus Luft und Licht, das zwischen Laub entsteht.

Ma bezieht sich auch auf ein bestimmtes poetisches Ideal, das einen Prozess meint, der nicht zu Ende gebracht wird, als wollte man den Sinn von »Ich weiß nicht« unversehrt lassen, jenen *drei Wörtchen,* die die polnische Dichterin Wisława Szymborska bei ihrer Dankesrede anlässlich der Verleihung des Literaturnobelpreises im Jahre 1996 als »zwar klein, aber mit starken Flügeln« bezeichnet hat.

Ma, das ist das Innehalten, nur einen Moment, bevor man eine neue Keramik fertig formt, das ist ein mit Tinte gezogener Kreis auf einem Blatt Papier, der wegen der Körnigkeit des Papiers an einer Stelle durchbrochen ist, sodass die ganze Welt Einlass findet.

Der japanische Psychologe Hideo Jingū spricht von *ma* als einem zeitlichen Begriff und nimmt dabei Bezug auf den japanischen Film von Kihachi Okamoto *Nihon no ichiban nagai hi* (»Japans längster Tag«) aus dem Jahr 1967, um zu erklären, wie »in einem Abschnitt von relativ kurzer Dauer ebendiese Dauer umso länger empfunden wird, je reicher der Inhalt ist«. Intensität löst die Zeit auf und erfasst sie besser als eine Zahl oder der Zeiger einer Uhr.

Ma ist folglich auch die Zeit, die einem Gespräch innewohnt, das, was wir von Kindesbeinen an lernen und nachahmen und worin wir in der Unterhaltung unter Erwachsenen irgendwann Meister werden. *Ma ga nukeru* 間が抜ける – wörtlich »das *ma,* das weggeht, verschwindet«, »das *ma,* das wegfällt oder an dem es hapert« – findet seine Entsprechung in »fehl am Platze, unangemessen, wenig angebracht«, ja sogar »dumm«, wenn es sich auf die mangelnde Fähigkeit eines Menschen bezieht, Zeit zu begreifen, wozu auch das gehört, was man neudeutsch als Timing bezeichnet, das Gefühl für Rhythmus, die richtige Abfolge von Dingen oder auch die Rechtzeitigkeit. Das heißt also, wenn *ma* schlecht ist (*ma ga warui* 間が悪い), dann »läuft etwas nicht rund, ist nicht flüssig, funktioniert nicht«, es wurde ein Fehler begangen. Auch das Wort für »Fehler« beinhaltet übrigens *ma.* Man sagt *machigai* 間違い, was so viel heißt wie: das *ma* 間, das *chigai* 違い, also »anders« ist.

Sehr viele Wörter des alltäglichen Gebrauchs enthalten das Zeichen für *ma,* und je häufiger ein Ausdruck oder Begriff Verwendung findet, desto mehr wird er diesem Gebrauch angepasst, wird er ausgelotet, verändert, neu erfunden.

Ma ist auch die Pause, die Notwendigkeit, im Leben eine Auszeit zu nehmen. Das kann man in Tokios Cafés beobachten oder auf den winzigen Grünflächen, die sich überall in der Stadt finden und allen Menschen offenstehen. *Ma* ist der Protagonist eines jeden ausgeglichenen Gesprächs und, allgemeiner gesagt, jeglicher Beziehungen, ob sie nun amouröser Art sind, sich zwischen Arbeitskollegen oder unter Unbekannten abspielen.

Ma ist die Zeit zum Nachdenken, zum Innehalten, zur Muße. Es ist auch ein Bereich in einem japanischen Zuhause, das *tokonoma* 床の間, eine in die Wand eingelassene Nische, die den ästhetischen Kern eines Raumes beherbergt – eine Schriftrolle, die an der Wand hängt, eine Vase mit frischen Blumen – und vom Rest nur durch eine winzige Stufe getrennt ist, die daraus einen hervorgehobenen Platz macht. Niemand würde diesen Ort entweihen, niemand setzt sich dorthin. Er selbst ist Trennung, Unterbrechung, ein sichtbarer und dennoch unzugänglicher physischer Ort; trotz seiner geringen Ausmaße (er nimmt höchstens die Fläche einer Tatami ein) vereint er die verschiedenen Bereiche eines Hauses und trennt sie zugleich voneinander ab.

Ma verleiht dem japanischen Denken einen Rahmen wechselseitiger Entsprechungen. Es ist ein Begriff, der sich, auch ohne es zu benennen, in allen anderen Begriffen andeutet. Es ist die Pause, die Auszeit in den Künsten ebenso wie im alltäglichen Miteinander, es ist der Rhythmus des Gesprochenen, das »richtige« Maß zwischen Klang und Stille, die Abfolge von Schritten beim Laufen, es sind die Rhythmen des Liebesspiels. Es ist jenes Unsagbare, das etwas aufbricht und zeigt, wie sehr man sich konzentriert hat.

Es ist dieses Nichts, das notwendig ist für das Ganze.

14

いただきます *itadakimasu*

oder: Von der Dankbarkeit

Itadakimasu ist die höfliche Form des Verbs *itadaku* 頂く, das neben manch anderen Bedeutungen, die es transportiert, auch für »empfangen« steht. Man benutzt das Wort zum Beispiel, wenn man ein Geschenk überreicht bekommt oder mit einem kleinen Kompliment bedacht wird. Indem man *itadakimasu* sagt, bringt man in gewisser Weise die Verhandlungen zum Abschluss: Man nimmt das Geschenk entgegen, hält es in der Hand, deutet eine Verbeugung an und zeigt mit dieser Formulierung seine Dankbarkeit.

Oft wird *itadakimasu* im Deutschen auch mit »Guten Appetit« übersetzt, doch das trifft es nicht ganz. Dazu müsste man erklären, dass es eine ganz genaue Entsprechung nicht gibt, und vor allem müsste man auf die feinen, aber substanziellen Unterschiede hinweisen, die den japanischen Ausdruck zu etwas machen, das viel mehr mit dem Akt des Entgegennehmens als mit der Aufforderung zu tun hat, sich voller Genuss und in angenehmer Gesellschaft satt zu essen.

Tatsächlich ist *itadakimasu* いただきます die Formel, die man benutzt, bevor man zu essen beginnt, doch zugleich impliziert ist der Dank für all das, was getan wurde, um dieses Ergebnis, das da vor uns auf dem Teller oder in einer *bentō*-Box liegt, überhaupt möglich zu machen, ob es sich nun um eine kostspielige und raffiniert hergestellte Speise oder um ein einfaches, günstiges Gericht handelt.

Itadakimasu erinnert uns daran, dass dem Akt des Essens eine lange Reihe von Tätigkeiten vorausgeht, die von einer beträchtlichen Zahl an Menschen zustande gebracht werden. Damit deutet es im Grunde eine große Wahrheit an, nämlich die, dass wir unser Essen stets mit Demut und Dankbarkeit entgegennehmen und niemals für selbstverständlich halten sollten.

Man kann in Japan Menschen sehen, die vor den herrlichsten Speisen die Hände zusammenlegen und den Kopf neigen, aber diese Dankesgeste kann ebenso gut auch einem Tablett mit Fast Food oder einem Stück Torte in einem Café gelten.

Vor allem kann man es bei Kindern beobachten, die sich unter dem wohlwollenden Blick einer Mutter oder Lehrerin anschicken, zu essen, oder bei jungen Leuten, die auf dem Campus einer Universität den Deckel ihrer *bentō*-Box abnehmen und die Stäbchen aus der Hülle ziehen. Man sieht Männer wie Frauen, junge ebenso wie alte Menschen, die in einem winzigen Imbiss für *ramen* oder *ochazuke*, vor einem schlichten *onigiri* leise *itadakimasu* sagen.

Wegen der fein nuancierten Bedeutung von *itadakimasu* wird dieses Wort im Japanischen tatsächlich nur dann benutzt, wenn man sich anschickt, etwas zu essen, wobei man sich nicht etwa an Dritte wendet, sondern nur an sich selbst. Es geht vor allem um den Dank gegenüber Menschen, die anwesend sind und denen man sich verpflichtet fühlt (dem Gastgeber oder einem Verwandten), aber auch gegenüber Unbekannten, von denen man nicht einmal den Namen weiß. Lediglich wenn man es in

Anwesenheit von Menschen sagt, die nichts mit der Zubereitung der Speise, ihrem Anrichten und Servieren zu tun haben, übernimmt *itadakimasu* die Funktion, die Erlaubnis zu erhalten, mit dem Essen zu beginnen.

Allerdings sei betont, dass das Erhalten mit dem Danken zusammenfällt und dass niemand anwesend sein muss, um es aussprechen zu können. Im Grunde geht es bei diesem Wort mehr um das Spüren als um das Sagen.

Itadakimasu ist folglich einer jener Ausdrücke, die unser Leben bereichern und die man nur allzu gern in alle anderen Sprachen übernehmen würde.

Außerdem fühlt man sich weniger allein, wenn man dieses Wort ausspricht. Man fühlt sich vielmehr als Teil einer Welt, in der sich zwar nicht alle Menschen kennen müssen, um zusammenzuwirken, in der man sich jedoch bewusst ist, dass jede Sache das Ergebnis von Arbeit ist und somit eine eigene, persönliche Geschichte hat. Außerdem wird auf diese Weise das Bewusstsein gestärkt, dass der Akt des Essens keineswegs etwas Selbstverständliches ist.

Man muss nur einmal probieren, dieses Wort leise vor sich hin zu sagen, daraus eine Gewohnheit und eine Tugend zu machen. Es genügt, vor dem Essen die Hände zusammenzulegen, leicht den Kopf zu neigen und *itadakimasu* zu sagen.

Vielleicht muss man auch nichts von alldem tun, sondern einfach nur einen Moment lang darüber nachdenken, was es *wirklich* bedeutet, etwas entgegenzunehmen und zu essen.

Itadakimasu.

15

愛 *ai*

oder: Von der Liebe, die flüstert

Ai 愛 bedeutet im Japanischen »Liebe«.

Professor Shirakawa, der Gelehrte, der sein ganzes Leben der Erforschung chinesischer Schriftzeichen widmete, deutete das Kanji für »Liebe« als etwas, das ein Mensch tut, der sich entfernt, während sein Herz von unsichtbarer Hand festgehalten wird. Es ist, als würde man ein Gefühl zurücklassen oder, besser, das eigene Herz *(kokoro* 心*)*, das nicht durch Zufall im Zentrum von *ai* steht. Es ist das Herz, das nur wenige Schritte hinter uns bleibt und den, der sich entfernt, dazu veranlasst, seinen Schritt zu verlangsamen, zu zögern.

Früher las man das Kanji 愛 als *kanashi*, »traurig«, »schwermütig«: eine Assonanz, die ganz dem entspricht, was sich in diesem Ideogramm verbirgt, denn sein Herz zurückzulassen, ist das, was jedem widerfährt, der es mit der Liebe zu tun bekommt; man ist bei sich und fühlt sich dennoch unvollständig, als würde man von etwas, das kaum greifbar ist, nach hinten gezogen, ein Gefühl, das uns bindet und uns nicht die Freiheit lässt, uns von dem Ort zu entfernen, an dem sich der geliebte Mensch aufhält.

In Japan ist die Sprache der Liebe wesentlich zurückhaltender und diskreter als im Abendland. Tatsächlich glaubt man im Land der aufgehenden Sonne, Liebe sei ein Gefühl, das sich nicht in Worte fassen lasse – oder zumindest nicht nur –, sondern sich primär in dem ausdrücke, was man *tut*. Zärtlichkeit, Aufmerksamkeit und Respekt haben es nicht zwingend nötig, formuliert zu werden; stattdessen ist es die Beziehung selbst, sind es die angehäuften Jahre, vor allem die gemeinsam verbrachte Zeit – mehr als der Ort, an dem alles stattfand –, das Nichtgesagte mehr als das Gesagte, was einer Beziehung Festigkeit verleiht und ihre Qualität beeinflusst.

Offenbar wird in Japan eine Art instinktives Misstrauen gegenüber allem gehegt, was man offen zeigt. Die Essenz, so scheinen sie zu sagen, gehe über das hinaus, was der andere verspricht.

Wenn man sagen will: »Ich liebe dich«, verwendet man eher einen Ausdruck wie »Ich mag dich«: *suki* 好き, wobei das U stumm ist, das Wort folglich wie »ski« ausgesprochen wird; hinzu kommen, je nachdem, wie förmlich das Ganze ist, eine Reihe von Varianten. *Ai shiteru* 愛してる, was wörtlich »Ich liebe dich« heißt, wird eher selten benutzt, vor allem im Film, wo das Privatleben enthüllt wird und die Tendenz besteht, Gefühle verstärkt, bisweilen sogar übertrieben darzustellen. Es gibt erwachsene Paare, die diesen Ausdruck noch nie zueinander gesagt haben und auch nach der Hochzeit keinen Ehering tragen, weil dieser Brauch der japanischen Kultur im Grunde fremd ist. Jüngere Leute benutzen den Ausdruck hingegen mit größerer Leichtigkeit, und in den Manga ist diese Art der Liebeserklärung buchstäblich in aller Munde.

Das Öffentliche und das Private sind in Japan zwei Sphären,

die recht weit voneinander entfernt sind *(soto/uchi)*. In der Öffentlichkeit wird man nur selten Paare sehen, die sich küssen, der größte Teil der Bevölkerung neigt eher zu einem spröden Händchenhalten. Etwas zu zeigen oder preiszugeben, gilt als vulgär und kommt einer Zurschaustellung gleich. Im Übrigen gibt es Dinge, die, auch wenn man nicht persönlich daran beteiligt ist, als unangenehm oder peinlich empfunden werden, Dinge, die die Aufmerksamkeit auf sich ziehen, wie ein Streit auf der Straße oder jemand, der viel zu laut in sein Handy spricht. Und so fühlt man sich eben, wenn man ein Pärchen sieht, das sich auf der Straße leidenschaftlich küsst, wie beteiligt, man kann den Blick kaum abwenden, obwohl man doch spontan das Gefühl hat, in einen privaten Bereich eingedrungen zu sein. Statt zärtlich berührt zu sein, empfindet man das Ganze als unangemessen, und wenn man dem Blick der Liebenden begegnet, dann bleibt als Gefühl nur Verlegenheit, ein vages Unbehagen.

In Japan gibt man einer erotischen Spannung, die lediglich auf leichten Berührungen beruht, den Vorzug. Auch für ausländische Paare, die im Land der aufgehenden Sonne unterwegs sind, kann es reizvoll sein, statt in der Öffentlichkeit leidenschaftliche Küsse auszutauschen – und damit ihrer fremden Umgebung das westliche Modell aufzuzwingen –, einmal zu versuchen, sich nur mit Blicken zu verzehren, einer Erotik zu frönen, die die Spannung ins Unermessliche steigert, und sich erst später in der Privatsphäre des Hotels und ohne fremde Beobachter zu lieben.

Das *Unausgesprochene* bleibt auch in diesem Bereich das bevorzugte Mittel, denn man vermag damit wesentlich mehr mitzuteilen, als schnöde Worte es könnten *(iwanu ga hana)*. So brachte es auch La Bruyère in seinem Buch *Die Charaktere oder die Sitten des Jahrhunderts* auf den Punkt: »Mit geliebten Menschen zusammen sein: mehr braucht es nicht; träumen, mit ihnen sprechen, nicht sprechen, an sie denken, an die gleichgültigsten Dinge denken, aber in ihrer Nähe: alles gilt gleich.«

Laut einer alten Legende ist es das Schicksal, das bestimmt, ob zwei Menschen zusammenkommen.

In der japanischen Tradition nennt man das *akai ito* 赤い糸, den »roten Faden« des Schicksals, der schon bei der Geburt zwei Menschen unlösbar verbindet und sie früher oder später einander begegnen lässt. Laut dieser Legende werden wir mit einem roten Faden geboren, der an unseren kleinen Finger gebunden ist, während sein anderes Ende mit dem unserer Zwillingsseele verknüpft ist. So viele Haken wir in unserem Leben auch schlagen, früher oder später wird dieser Mensch zu uns kommen, oder wir zu ihm. Es ist der rote Faden des Schicksals, der auch in einem der Teile des hinreißenden Episodenfilms *Dolls* von Takeshi Kitano (2002) eine wichtige Rolle spielt.

Yobikata 呼び方 hingegen bedeutet »die Art und Weise, wie man (jemanden) nennt« und setzt sich aus dem Verb *yobu* 呼ぶ, »nennen«, und *kata* 方, »der Modus, das Wie«, zusammen. Darin zeigt sich, auf welch schöne Weise Japaner*innen die Kosenamen zu schätzen wissen, die sie in einer Beziehung von ihren Liebsten bekommen. In einem stark gesellschaftlich beeinflussten Kontext – der aus einem Jahr Altersunterschied ein wichtiges Faktum macht, das die Sprache beeinflusst – sind diese Spitz- und Kosenamen, die von einer Liebe erzählen (welche in Japan ja *wirklich* nur für die Liebenden selbst sichtbar ist), überaus wichtig.

Yobikata ist somit etwas, das weit über ein nur amouröses

Detail hinausgeht; zum Beispiel wird bei bekannten Schauspielern, wenn sie auf Pressekonferenzen verkünden, dass sie vorhaben zu heiraten oder bereits vor den Traualtar getreten sind, immer verraten, welche Namen sie einander im Privatleben geben. Die typische Frage, mit der ein Journalist sich dann an sie wendet, lautet: *otagaini nanto yobiaimasuka?* お互いに何と呼び合いますか, also: »Wie nennt ihr euch, wenn ihr unter euch seid?« Eine solche Frage würde in Europa niemandem in den Sinn kommen.

Führt man den Gedanken noch etwas weiter, lässt sich dieses besondere Augenmerk für den Namen auch als etwas deuten, das mit der symbolischen Intimität der Laute, die uns in der Welt anhaften, einhergeht. In Japan deutet ein Name nicht nur auf die Beziehung und den Grad an Intimität zwischen zwei Menschen hin, sondern wird auch von den Familien mit großer Aufmerksamkeit gewählt, wobei eine ganze Reihe sprachlicher und kultureller Faktoren einfließen, die von der Bedeutung der Kanji, der Zahl der Striche oder der Übernahme von Zeichen, die innerhalb der Familie tradiert sind, bis zu der Entscheidung reichen können, den Namen in *hiragana* zu schreiben, um die Betonung auf den Klang zu legen. Traditionellerweise findet in der siebten Nacht nach der Geburt eine Zusammenkunft der Familie statt, bei der nach allgemeiner Beratschlagung der Name des Neugeborenen auf eine Schriftrolle aus *washi*-Papier geschrieben wird.

Es ist interessant, zu sehen, wie viele Varianten das Wort »Liebe« im Japanischen hat. Historisch macht man zum Beispiel einen Unterschied zwischen *koi* und *ren'ai,* die beide mit »Liebe« übersetzt werden können. *Koi* 恋 (dessen Ideogramm, ursprünglich recht komplex, laut der Interpretation von Professor Shirakawa den passiven Akt des Herzens beschreibt, das angezogen wird, also der körperlichen Anziehungskraft von etwas oder jemandem unterliegt) hatte in der Literatur der Edo-Zeit eine sexuelle Konnotation, während *ren'ai* 恋愛 (das sich bezeichnenderweise aus den Kanji für *ai* und *koi* zusammensetzt) in der Meiji-Zeit aufkam, vor allem in den Kirchen der neuen christlichen Religion verwendet wurde und sich ebenso auf eine idealisierte Liebe wie auf eine Begegnung sexueller Natur beziehen konnte. Zunächst hatte durch die Verbindung mit dem japanischen Christentum und der romantischen Literatur von Schriftstellern wie Stendhal die flüchtigere und sublimierte Bedeutung des Begriffs den Vorrang, erhielt dann aber eine neue Konnotation, nach der *ren'ai* zusammen mit dem Wort »Hochzeit« benutzt wurde (*ren'ai kekkon* 恋愛結婚), was – im Gegensatz zu einer arrangierten Ehe (*miai kekkon* 見合い結婚) – für eine freiwillige und von aufrichtiger Liebe getragene Vereinigung steht.

Wie schön es ist, über die Liebe nachzudenken, jene Liebe, die nur flüstert und von einem leisen Murmeln getragen ist, über die leidenschaftliche Liebe, die allerdings vor den Augen der anderen verborgen wird, oder über die Namen der Liebe – den, den ein Kind als Geschenk der Familie bekommt, und den Kosenamen, den wir erhalten, wenn wir ein Paar sind.

Die japanischen Sitten und Bräuche zeigen uns, dass es viele Spielarten gibt, wie man liebt und geliebt wird, dass sich im Namen das Geheimnis unseres Innersten verbergen kann, während die Legende vom roten Faden, *akai ito,* zu bedeuten scheint, dass wir uns nicht damit abfinden sollten, wenn wir die große Liebe noch nicht gefunden haben. Das, was zu uns gehört, wird sich früher oder später schon zeigen, und wenn wir verlassen werden oder selbst jemanden verlassen, dann war es einfach nicht unser Schicksal, zu bleiben, und am anderen Ende des roten Fadens wartet ein anderer oder eine andere.

16

すっきり *sukkiri*

oder: Von der Befreiung vom Überflüssigen

Ein Schnitt ist – auch im übertragenen Sinn – immer schmerzhaft. Doch wenn die Zeit reif ist, genügt der leichte Druck einer Fingerkuppe, um ein Blatt vom Zweig zu lösen. Nur wenn man etwas abtrennt, das noch fest mit etwas anderem verbunden ist, führt das zu Schmerzen, während das Abschneiden oder Abtrennen von etwas, das im Grunde bereits abgetrennt *ist,* eigentlich keinen Schmerz verursacht.

Es gibt freundschaftliche Beziehungen, die sich mit den Jahren abnutzen, und es ist seltsam zu beobachten, wie Gefühle und Empfindungen auf einmal austrocknen, an Farbe und Substanz verlieren. Man hasst sich nicht, man empfindet nicht einmal Groll. Ein- oder zweimal, wenn das Vertrauen auf Veränderung noch vorhanden ist, versucht man, etwas zu klären, spricht sich aus, doch am Ende, wenn all jene unmerklichen Phasen der Entfremdung hinter einem liegen, befreit man sich von seinem Groll und auch von der Traurigkeit.

Das Leben verändert sich, und auch unter Freunden kann es vorkommen, dass man mit einer Beziehung nicht mehr zufrieden ist.

Es ist durchaus auch möglich, dass sich die Beziehung wieder vertieft – und dadurch an Intensität und Stabilität gewinnt –, doch oft bleibt man auf diesem mehr oder weniger oberflächlichen Niveau, das zwar für eine gewisse Leichtigkeit sorgt, aber keine Perspektiven und folglich auch keine Kontinuität bietet.

Hat man allerdings einmal den ersten Weg eingeschlagen, ist es, sofern etwas Substanzielles nicht funktioniert, unmöglich, erneut eine Kehrtwende zu machen und die Beziehung auf die zweite Bahn zu lenken: Was einmal tief war, lässt keine Oberflächlichkeit zu.

Man kann Jahre warten, bevor man eine Beziehung beendet, man mag auch viel Zeit damit verbringen, sich zu vergewissern, dass die Qualität einer Beziehung Schaden gelitten hat und die negativen Aspekte nicht vorübergehend, sondern von Dauer sind. Doch dann, mit einer Entschiedenheit, die fast erstaunt, wird einem auf einmal bewusst, wie viel Zeit vergangen ist, man begreift, wie lang die Liste der Dinge ist, die einen verletzt oder enttäuscht haben, und zieht daraus einen Schluss, der so deutlich ist, dass man nicht länger zögern kann.

In diesem Moment gibt es kein Grübeln oder Bedauern mehr, und es bleibt nichts anderes als ein klarer Schnitt und ein damit einhergehendes Gefühl der Erleichterung: Das ist *sukkiri* すっきり. Denn *sukkiri* erhöht das Wohlbefinden, es nimmt uns den Ballast, den wir mit uns herumschleppen, und es schafft Raum für andere Beziehungen. Es ist das Gefühl, sich vom Blendwerk zu befreien, vom Nutzlosen, das nur beschwert.

Sukkiri ist das Gefühl, das sich in diesen Fällen einschaltet und uns sagt, dass wir das Richtige getan haben. Dass für Bedauern oder Groll kein Platz mehr ist. Dass es nichts bringt, zu zögern oder Schuldgefühle zu haben. Das ist – SUKKIRI!

Der Ausdruck *sukkuri* ist *wago* 和語, also »typisch japanisch«, er birgt sprachliche Nuancen und verweist auf die winzigen Spalten, die sich zwischen seinen Wortfundamenten auftun. Man braucht nur im *Nihongo Gokan no jiten* 日本語 語感 の辞典 zu blättern, einem japanischen Wörterbuch des Fühlens, der Wahrnehmung und des Sprachempfindens, einem Wörterbuch, das sich ganz und gar auf Nuancen und Schattierungen konzentriert. Dort heißt es:

»*Sukkiri* ist ein Ausdruck japanischen Ursprungs *(wago)*, der in informellen Sätzen und in Gesprächen verwendet wird und bedeutet, dass jemand froh ist und sich wie neu geboren fühlt, nachdem etwas, das ihm auf der Seele gelegen hatte, verschwunden ist […] gemeint ist ein Zustand, in dem man sich von überflüssigem Beiwerk befreit hat.«

Es gibt unzählige Zusammenhänge, in denen man *sukkiri* verwenden kann: Man lässt sich die Haare oder die gesplissten Spitzen abschneiden … スッキリ SUKKIRI! Man räumt sein Zimmer auf und – SUKKIRI! Man kann sich endlich erleichtern, nachdem man dringend auf Toilette musste – SUKKIRI! Man legt sich nach einem anstrengenden Abend ins Bett und schläft herrlich durch – SUKKIRI! Man trifft eine wichtige Entscheidung und befreit sich damit von seiner quälenden Unentschlossenheit – SUKKIRI! Man schafft es endlich, auszusprechen, was man immer schon sagen wollte, und genau auf die Weise, *wie* man es sagen wollte … SUKKIRI!

Wörtern wohnt eine brodelnde Kraft inne, sie wühlen auf, schaffen Konfrontation, fliegen uns um die Ohren. Doch wenn alles zu Ende ist, dann ist es nur SUKKIRI!

Und tatsächlich gibt es nichts mehr zu sagen, zumindest nicht gegenüber dem anderen. Wenn einem selbst hingegen voller Freude bewusst wird, dass man sich vom Überflüssigen befreit hat, vor allem, ohne dem anderen Dinge vorzuwerfen, die er sich niemals bewusst gemacht hat, oder Schwächen, die er doch nicht beheben konnte, so ist es herrlich, sich einfach nur im Stillen zu sagen: SUKKIRI SHITA! すっきりした! »Ich habe *sukkiri* gemacht!«

17

様子を見ましょう *yōsu wo mimashō*

oder: Vom Schauen-wir-mal-was-Passiert

Yōsu wo miru 様子を見る, *yōsu wo mimashō* 様子を見ましょう
sind Ausdrücke, die in etwa unserem »Warten wir's ab« oder
»Mal sehen, wie sich die Situation entwickelt« oder »Schauen
wir mal« entsprechen.

Man verwendet diese Redeweisen so häufig und in so vielen
Kontexten, dass sich daraus eine Möglichkeit ergibt, jene *teil-
nahmsvolle Schicksalsergebenheit* zu entschlüsseln, die maßgeblich die typisch japanische Haltung des Wartens und Abwartens
prägt. Man sagt es zum Beispiel beim Arzt angesichts einer Dia-
gnose, die nichts anderes sein kann als ungenau (weil entscheidende Daten fehlen, weil jeder Körper anders ist), oder wenn
sich ein Problem ergibt, das uns quält, und der andere versucht,
für den Moment eine Lösung vorzuschlagen. In all diesen Situationen, in denen man nicht vorhersehen kann, wie sie sich entwickeln, oder in denen uns einfach nichts anderes übrigbleibt,
als abzuwarten, sagt man im Flüsterton *yōsu wo mimashō*.

Im Übrigen neigen Japaner*innen sowieso nicht zu Gewiss-
heiten. Sie ziehen es vor, wie Seiltänzer zu balancieren, vielleicht
gar mit dir an der Hand, jedoch stets, ohne aus dem Gleichgewicht zu geraten. So wird es nur selten vorkommen, dass ein

Japaner angesichts einer komplizierten Bitte (vor allem wenn man dafür beträchtliche Zeit oder Geld aufwenden muss, die Sache mit großen Erwartungen eines anderen verbunden ist oder ein noch so geringes Risiko besteht, das Problem nicht zufriedenstellend lösen zu können und den anderen zu enttäuschen) sofort antwortet, es stünde in seiner Macht, diesen Wunsch zu erfüllen. Ein solch teils extrem ausgeprägtes Problembewusstsein kann jedoch durchaus entspannend sein *(setsudo)*.

Man hat das Gefühl, niemals falsche Versprechen zu bekommen, niemand wird einem leichtfertig eine Zusage machen, die er dann doch nicht einhalten kann oder, schlimmer noch, unter dem Vorwand unvorhergesehener Ereignisse zurücknehmen muss.

Viel häufiger wird uns »Nein« gesagt, woraufhin wir uns entweder an jemand anderen wenden oder eben geduldig »abwarten, was passiert«. Denn oft stellt sich nach einem »Nein« binnen kürzester Zeit doch noch ein wundersames Ja ein: *Yōsu wo mite, kimemashō* 様子を見て決めましょう, »Schauen wir mal, und dann entscheiden wir«.

Besser, erst einmal abwarten und nichts versprechen, von dem man nicht weiß, ob man es halten kann. Besser, geduldig beobachten und der Dinge harren, bis sich die Wogen des Lebens ein wenig geglättet haben.

Trotz der gewaltigen Größe der Stadt und der vielen Einwohner hört man in Tokio nur selten Autos hupen. Bei einem Konflikt beschimpfen sich Autofahrer nicht sinnlos, sondern versuchen, das Problem in größtmöglicher Harmonie zu lösen. Unerfahrenheit im Straßenverkehr oder kleine Fahrfehler geben selten Anlass zu Streit; niemand scheint das Bedürfnis zu verspüren, seinen Unmut zu äußern, und wer recht hat, braucht dies nicht zu zeigen. Nach dem Motto: Der Klügere gibt nach.

Wenn solche Dinge vorfallen, dann tritt *ochitsuku* 落ち着く auf den Plan, »sich beruhigen«, das heißt, nicht wütend zu werden und nicht alles im Leben als einen Wettbewerb zu begreifen. Für Japaner*innen ist es immer wichtig, zum Normalzustand zurückzukehren und *wa*, die Harmonie, wiederherzustellen.

In dem Animationsfilm *Ponyo – das große Abenteuer am Meer* (Studio Ghibli 2008) von Hayao Miyazaki gibt es einen wundervollen Dialog, bei dem die Mutter angesichts der Monsterwelle, die das Dörfchen überspült hat, zu ihrem kleinen Sohn sagt, ja, es seien sehr seltsame Dinge geschehen (ein Schwarm von Fischen weidet auf den Wiesen, als wären es Kühe, junge Wale spazieren durch den Wald, und ein kleines Mädchen, das vorher ein Fischlein war, springt aufgeregt neben ihm durchs Wohnzimmer), doch obwohl etwas Wundersames die Welt überrollt habe, müsse man doch zur Normalität zurück, zu Abend essen und dann ins Bett gehen. Und genau das sollten wir tun, wenn wir nicht wissen, was wir tun sollen: innehalten, uns auf das besinnen, was wir wissen, und schauen, was passiert.

Sommer

5. Mai bis 6. August

Hoch wie die Kinder
die darin herumtollen,
das Korn auf dem Feld.

Mukai Kyorai

Der Sommer, *natsu* 夏, beginnt laut dem alten Kalender am 5. Mai mit dem Tag des Kindes, einem Fest, das wiederum den Abschluss der sogenannten Goldenen Woche, einer Reihe von Feiertagen zwischen Ende April und Anfang Mai, bildet. In dieser Woche häufen sich besonders die glückbringenden Feierlichkeiten, die es den Japaner*innen ermöglichen, nach den Anstrengungen des Jahresbeginns neue Kraft zu schöpfen.

Zur Goldenen Woche gehören der Shōwa-Tag am 29. April, der Verfassungsgedenktag am 3. Mai, der Tag des Grüns (4. Mai), und am Tag darauf folgt das Fest, das den Kindern gewidmet ist und mit dem der Beginn des Sommers endgültig eingeläutet wird.

Große bunte Fahnen in Karpfenform werden an den Balkonen der Häuser, in denen es Nachwuchs gibt, aufgehängt. Ursprünglich wehten diese Fahnen auf dem Schlachtfeld, um die verschiedenen Clans, denen die Krieger angehörten, zu kennzeichnen, doch seit der Edo-Zeit werden sie auch von normalen Bürgern benutzt. Dass sie die Form von Fischen haben, geht auf eine alte chinesische Legende zurück, nach der ein Karpfen auf dem Weg zum Paradies gegen die Strömung schwimmt, um sich dann in einen Drachen zu verwandeln. Daher kommt der

Name der Fahnen, *koinobori* こいのぼり, wörtlich »Karpfen« (*koi* 鯉), die »steigen« (*nobori* leitet sich von dem Verb *noboru* のぼる ab). Auf diese Weise wünschen Eltern ihren Kindern, groß und stark zu werden, was sich früher vor allem auf die Jungen bezog. Mit der Zeit wandelte sich das, bis schließlich 1948 der 5. Mai (der ursprünglich tatsächlich *tango no sekku* 端午の節句, also »Knabentag«, hieß) zum nationalen Feiertag erklärt und in Kindertag umbenannt wurde. Seither wird er gleichermaßen für Mädchen wie Jungen gefeiert.

Dennoch bleiben die zu diesem Anlass im Haus aufgehängten Symbole rein männlich konnotiert (so, wie diese im März, beim Mädchentag, rein weiblich sind): kleine Helme, Kriegerfiguren, Opfergaben auf einer Art häuslichen Tribüne.

Zu essen gibt es traditionell die leuchtend grünen *kashiwamochi* 柏餅, Süßigkeiten aus Reispaste, die mit Bohnenmarmelade gefüllt und in Eichenblätter gewickelt werden, sowie *chimaki* 粽, Küchlein aus Klebreis, in Bambusblätter gewickelt und mit einem Binsenfaden verschnürt.

Im Mai beginnt man mit der Ernte des Tees, der in verschiedenen Sorten angepflanzt und je nach Jahreszeit zu den Mahlzeiten beziehungsweise in den Pausen getrunken wird. Im Monat Mai ist die Sorte dran, die sich *cha no shinme* 茶の新芽 nennt, wörtlich »frische Blätter«, aus denen Grüntee gemacht wird.

Mit dem deutlichen Anstieg der Temperaturen steht in dieser Zeit auch der Wechsel der Garderobe an, offizielle Uniformen mit langen Ärmeln werden durch kurzärmelige aus leichteren Stoffen ersetzt, und auch in der Einrichtung traditioneller japanischer Häuser verändert sich einiges. All das sind Strategien im Kampf gegen die Hitze, die von den Japaner*innen immer schon wesentlich mehr gefürchtet wurde als die Kälte.

Nach einem alten Volksglauben verleiht der Verzehr von Aal, besonders in der Zeit des Jahres, die sich *doyō* 土用 nennt (und den achtzehn Tagen entspricht, die jeweils vor dem Beginn einer neuen Jahreszeit liegen), die nötige Kraft, um der Sommerhitze zu widerstehen. Man genießt ihn in Restaurants oder zu Hause am Tag des Ochsen (*ushi no hi* 丑の日), der auf den heißesten Tag des Sommers fällt.

Es blühen die Glyzinien, die Pfingstrosen, die japanische Iris (*hanashōbu* 花菖蒲), die Temperaturen steigen, von manchen Rückschlägen unterbrochen, bis schließlich die schwülheiße Regenzeit beginnt. Diese fängt im Juni an und wird im Japanischen *tsuyu* 梅雨 genannt, ein Ausdruck, der einfach das Schriftzeichen für Pflaume 梅 *(ume)* mit dem für Regen 雨 *(ame)* koppelt, denn in dieser feuchten Zeit reifen die Pflaumen. Von dem tropfnassen Wetter profitieren auch die herrlichen Hortensien, die wahre Farborgien feiern und gleich nach den Azaleen blühen. Mit ihren üppigen Blüten in Fuchsia, Pink, Violett und Weiß können diese noch lange bewundert werden.

Im Park von Nishiyama zeigen fünfzigtausend Sträucher ihre ganze Pracht, und Tausende von Besuchern strömen anlässlich des stimmungsvollen Festes der Azaleen (*Tsutsuji matsuri* つつじ祭り) in die Präfektur Fukui. Das japanische Wort für Hortensie, *ajisai* 紫陽花, besteht aus den drei Ideogrammen für Purpur, Licht und Blume. Im Park von Shimoda in der Präfektur Shizuoka kann man im Juni 153 000 dieser Pflanzen blühen sehen, inmitten einer atemberaubenden Landschaft und mit dem Meer im Hintergrund. Man muss allerdings gar nicht so weit fahren, um Hortensien zu bewundern. Japaner*innen, die sich den jahreszeitlichen Elementen seit jeher eng verbunden fühlen, begeben sich dazu auch gerne in nahe Tempelanlagen oder in die

Gärten hinter ihren Häusern, ob sie nun klein oder groß sind, um die Natur in ihren mannigfachen Manifestationen zu bestaunen.

In den japanischen Sommer, genauer gesagt auf den 7. Juli, fällt auch das Fest der Sterne Tanabata 七夕, wörtlich »die siebte Nacht«, während der sich laut einer chinesischen Legende Wünsche, die man auf Papierstreifen schreibt und an Bambuszweige hängt, erfüllen *(masuyōni)*.

Ein besonderes Verdienst Japans ist es, all diese wundervollen Feiertage zu bewahren. Das Land hat im Lauf der Geschichte zahlreiche Bräuche aus anderen Kulturen übernommen, sie verändert und bis in die heutige Zeit fortgeführt. Dass dies so ohne Weiteres möglich ist, verdankt sich einerseits dem ungezwungenen Umgang mit religiösen Belangen, der sich in allen Lebensbereichen zeigt – ob in den Tempelanlagen auf dem Land oder in der Stadt, in den eigenen Wohnungen, den Schulen, Krankenhäusern oder Büros –, und andererseits effizienten Werbekampagnen, die diese Feste, verknüpft mit entsprechendem Marketing, zu einem Alltagsgut machen.

Gegen Ende Juli, wenn die Schulferien beginnen, füllen sich die Städte und das Land mit Kindern. Der Sommer ist auch die Jahreszeit der *matsuri* 祭, jener Feste, die überall in Japan gefeiert werden. Eines der größten ist Gion Matsuri im Yasaka-Schrein von Kyōto, das sich fast über den gesamten Monat Juli erstreckt. Auch während der kleineren Stadtteilfeste hängt man Girlanden mit bunten Laternen auf, und sowohl an der Straße zum Altar als auch in der Nähe des eigentlichen Schreins werden Tische aufgebaut, an denen, oft auf kleinen Kochplatten zubereitet, Schnellgerichte wie *yakisoba* (gebratene Nudeln) oder *takoyaki* (mit Oktopus gefüllte und frittierte Reisbällchen), kandierte Äpfel oder eingelegte Gurken angeboten werden. Für die Allerkleinsten organisiert man gemeinsame Spiele, etwa das *kingyo-sukui*, eine Art Angelspiel, bei dem mit einem Käscher Goldfische aus einem Becken geangelt werden, wobei die Fische heutzutage meist durch bunte Bällchen ersetzt werden.

Die wechselnden Jahreszeiten bieten den Japaner*innen Gelegenheit, Ordnung zu schaffen und Bilanz zu ziehen, doch sie dienen auch dazu, Gefühle der Verpflichtung und Wertschätzung neu zu überdenken und Freundschaftsbande zu vertiefen. In diesem Sinne sind auch gewisse Bräuche zu verstehen, etwa das Überreichen eines Geschenks im Sommer, das sogenannte *o-chūgen* お中元, oder das Versenden von Postkarten, die je nach Jahreszeit verschiedene Namen tragen *(en)*.

Zu jeder Jahreszeit und Unterjahreszeit Japans gehört auch der Verzehr von bestimmten Produkten, von gewissen Früchten oder Gemüse und die Zubereitung bestimmter Gerichte.

Sommer – das sind vor allem Nudeln wie *soba* oder *udon* sowie anlässlich des Sternenfestes Tanabata die sogenannten *sōmen,* schmale Fadennudeln aus Weizenmehl, die es in verschiedenen Farben wie Rosa, Grün oder Gelb gibt und die, auf dem Teller angerichtet, an die Milchstraße erinnern, wobei die darübergestreuten *okura* (Abelmoschussamen) so angeordnet sind, dass sie aussehen wie Sterne. Es gibt frische Gerichte wie das auf lustige Weise zu essende *nagashi-sōmen* (Nudeln, die in einem Bambusrohr in fließendem Wasser schwimmen und die man mit den Stäbchen aufschnappt, in verschiedene Saucen tunkt und dann zum Mund führt) oder Getränkebecher, randvoll mit Eiswürfeln. Es gibt die sogenannten *ai-sukurimu* (lautmalerisch nach dem englischen Wort *icecream*, also Hörnchen, großzügig mit Eiscreme gefüllt, die man allerdings das ganze Jahr über genießt) oder *kakigori*, eine Art Schabeeis, das in einer Schale aufgetürmt und mit süßem buntem Sirup übergossen wird. Es gibt quietschgrüne Edamame-Bohnen, zu denen man ein Glas eisgekühltes Bier trinkt, junge Kartoffeln oder die Pflaumen, die der Regenzeit ihren Namen geben. Man genießt den ersten Thunfisch des Jahres, den Weißling, die Kreiselschnecken.

Das Kanji für den Sommer ist ein Zeichen in Bewegung, das Bild eines Menschen, der zu einem jahreszeitlichen *matsuri* tanzt. Man hört förmlich die rhythmischen Schläge der Trommeln, sieht die stilisierten Tanzschritte, die bis heute Generationen von Japaner*innen bezaubern, Menschen, die ihrer eigenen Kultur zutiefst verbunden sind und ihre festlichen Rituale liebend gerne befolgen. In uralter Zeit gab es in China ein Land, das den Namen »Ka« trug, und dieser Name entspricht der *on*-Lesart des Ideogramms von Sommer (夏). Offenbar handelte es sich dabei um ein Land mit beeindruckend großer Bevölkerung, was, laut Literaturprofessor Shirakawa, ebenso die Proportionen des Zeichens als auch die semantische Ableitung des Kanji erklären würde, denn es bedeutet tatsächlich nicht nur »Sommer«, sondern auch »groß«.

1

ごめんなさい *gomennasai*

oder: Von der Bitte
um Verzeihung

»Worte sind wie Wunden auf der Haut«, schrieb Pier Paolo Pasolini, doch Worte können auch wie Liebkosungen sein.

Japaner*innen entschuldigen sich häufig, im gleichen Maße, wie sie sich zu bedanken wissen. Um Verzeihung zu bitten, hat in ihrer Kultur allerdings eine komplexere Bedeutung, als man meinen könnte. Man entschuldigt sich für jedes Missgeschick, und man tut es prompt. Kommt ein Zug auch nur eine Minute zu spät, ertönt sofort die Stimme des Zugführers aus dem Lautsprecher, der die Gründe für die Verspätung erklärt und sich wortreich entschuldigt.

»Muss man sich denn ständig entschuldigen?«, fragen sich staunende Ausländer.

Doch es beruht auf einem Missverständnis, wenn sie denken, eine Person, die sich entschuldigt, würde damit ihre Schuld oder auch ihre Schwäche einem anderen gegenüber eingestehen. Sie wissen nicht, dass *sumimasen* すみません, »Bitte entschuldigen Sie«, *gomennasai* ごめんなさい, »Verzeihen Sie«, und *mōshiwakearimasen* 申し訳ありません, »Es tut mir sehr leid«, auch noch anderes kommunizieren und eine jeweils sehr eigene Klangfarbe in sich bergen.

147

In Wirklichkeit entschuldigt man sich in Japan vor allem, um Misstöne im Keim zu ersticken. Wenn jemand auf aggressive Weise den Verkäufer in einem Laden, einen Bahn- oder Büroangestellten angeht, wird sich dieser zuallererst für die Störung oder das Missverständnis entschuldigen, um sein Gegenüber zu besänftigen und den Ton des Gesprächs zu dämpfen. Ist das geschehen, wendet man sich dem Problem selbst zu und sucht nach einer Lösung. Erst wenn keine Aggression mehr da ist, kann der Dialog konstruktiv werden.

Streit gehen Japaner*innen offensichtlich aus dem Wege, denn im Gegensatz zu den Menschen im Westen hat Streit nicht die Funktion der Läuterung oder Klärung. Der Ausdruck »Dampf ablassen« findet in dieser Sprache keine direkte Entsprechung und lässt sich auch kaum umschreiben. Es ist einer jener Ausdrücke, die beim Übersetzen von einer Sprache in die andere gern verloren gehen.

Außerdem zeigen uns Japaner*innen, dass man manchmal Spannung schneller abbauen kann, wenn jemand, der augenscheinlich gar nicht an dem Zwist beteiligt ist, betont, selbst eine Mitverantwortung daran zu tragen. Wenn zum Beispiel im Sport eine Mannschaft verliert und zwei Spieler aufeinander losgehen, könnte es ein dritter Spieler ebenso wie der Manager oder der Trainer sein, die sich einmischen und erklären, selbst nicht genug getan zu haben, um ein gutes Ergebnis nach Hause zu bringen.

Entschuldigt man sich hingegen bei jemandem, um ihn wirklich um Verzeihung zu bitten, so schreibt der japanische Verhaltenskodex vor, dass man es auf deutliche Weise tut. Dazu muss derjenige, der Schuld hat, auf *iiwake* 言い訳 verzichten, also darauf, unangebrachte Ausflüchte oder mildernde Umstände anzuführen, die sein Schuldeingeständnis und die darauf folgende Bitte um Verzeihung abschwächen könnten; wenn man im Unrecht ist, sollte man sich darauf beschränken, den Kopf tief zu senken, um damit auf gute japanische Weise eine Verbindung zum anderen herzustellen und die Konsequenzen aus dem Fehler zu akzeptieren.

Das Wort *Wahrheit* ist im Westen in aller Munde, das Wort *Form* **(kata)** ist es in Japan.

Man muss sich nur ein wenig in der Welt umsehen, um zu bemerken, dass die Vertreter des Abendlandes immer nach der »Wahrheit« in ihrem Gegenüber suchen, nach Authentizität in dem, was sie umgibt, während man in Japan stets auf der Suche nach der »Form« ist, nach dem friedlichen Miteinander und dem passenden Verhaltenskodex, der vor allem eines bewahren soll – *wa*, die Harmonie.

2

言わぬが花 iwanu ga hana

»Nichts zu sagen,
ist eine Blume«

In der japanischen Kultur ist das Wort die Grenze der Dinge;
es zeigt auf und umschreibt zugleich. Stattdessen verbirgt sich
oft in der Stille und dem, was *nicht* gesagt wird, eine tiefere Bedeutung. Der andere folgt seiner Vorstellungskraft, er ergänzt
in Gedanken das, was fehlt, und vertraut weniger auf die Nach-
frage oder Formulierung, sondern eher auf das, was sich aus
dem Kontext ergibt, den der Japaner, seiner Kultur gemäß, aufmerksam studiert, bevor er handelt.

Iwanu ga hana 言わぬが花 bedeutet wörtlich »Nichts zu
sagen, ist eine Blume«. Die japanische Kultur hütet dieses kostbare Sprichwort wie einen Schatz, und in den zwischenmenschlichen Beziehungen hat das, was man nicht sagt, die gleiche
Wichtigkeit – wenn nicht sogar eine größere – wie das, was man
preisgibt. Wörter sind wie Knospen, Schweigen hingegen ist wie
die Blüte, in der sich die Tiefe einer Erfahrung manifestiert, als
wollte man sagen, das Leben müsse gar nicht immer mit Unter-
titeln versehen sein, weil es von selbst und für sich selbst spricht.

Japaner*innen verspüren ihn nicht, den *horror vacui*, die
Angst vor dem Schweigen, vor jener Stille, die den Menschen
aus dem Westen Unbehagen bereitet. Den Japaner*innen genügt

150

offenbar der gemeinsame Anblick einer Landschaft, die dabei verstrichene Zeit, die Erinnerung an eine durchlebte Erfahrung oder die Erwartung von etwas, das gerade erst beginnt. Eher als den *horror vacui* scheint es in Japan einen *horror pleni* zu geben.

Im Westen hat man unzählige Seiten mit Gedanken über die Stille gefüllt, ohne dass es gelang, diese im Alltagsleben umzusetzen. Touristen sind verblüfft, wenn sie erleben, wie geräuschlos es in einem vollbesetzten Zug sein kann. Stille herrscht in einer Vielzahl von Räumen, und in der japanischen Gesellschaft muss sie im Kontext interpretiert werden, sonst droht ein grundlegendes Unverständnis.

In der Tat lehrt die östliche Philosophie, dass die Leere (*kū* 空) das Gegenstück zur Fülle ist und erst durch sie das Leben ein Kreislauf wird, sich Körper bewegen und Lebewesen in Zeit und Raum agieren können. Dazu muss man sich vom westlichen Dualismus befreien, sich statt auf die Fülle *oder* die Leere auf die Beziehung zwischen beiden konzentrieren und den dialektischen Charakter des Verhältnisses von Realität und Sein betonen.

Giangiorgio Pasqualotto nimmt in seinem nicht in deutscher Übersetzung vorliegenden Buch *Estetica del vuoto* (»Ästhetik der Leere«) verschiedene traditionelle Kunstdisziplinen Japans unter die Lupe – so die Teezeremonie *(chanoyu)*, die Tuschezeichnung *(sumie)*, die Haiku-Dichtung, die Kunst des Blumenarrangierens *(ikebana)*, die sogenannten Trockengärten *(karesansui)* oder das Nō-Theater – und entwickelt daraus einen faszinierenden Diskurs über die Ästhetik der Leere, wobei er, ausgehend von Erwägungen, die dem klassischen Taoismus und dem Chan- beziehungsweise dem Zen-Buddhismus entspringen, eine präzise Analyse ebendieses Begriffs liefert. So erfährt man, wie die »Herausbildung von Leere im Denken« zu einem »notwendigen Requisit der Erfahrung« wird, indem man, so der Autor, erst durch sie jegliche Art von Erfahrung »hereinlassen« könne, ob es sich nun um die dialektische Beziehung zwischen Weiß und den Abstufungen von Schwarz und Grau in den *sumie* handele oder um das Zusammenspiel von Stille und Klang in den Haiku von Bashō oder den von Konzentration und Bewegung getragenen Gesten des Nō-Theaters. »Indem jedes Haiku die es selbst allererst ermöglichende Leere sichtbar werden lässt, verweist es gleichzeitig unmittelbar auf jene Leere, die *jegliches* Wort, jeglichen Klang und, noch allgemeiner, jegliches Ding und jegliches Ereignis allererst möglich macht«, heißt es an einer Stelle. Allerdings sei die Leere niemals eine absolute Leere, ebenso wenig, wie nichts zu sagen, bedeute, dass man nicht kommuniziere. Genau mit dem, was durch die Leere suggeriert werde, so Pasqualotto, werde sie greifbar, als »Voraussetzung für die unendlichen Möglichkeiten zu weiteren Worten«.

Daher sollte man sich von den Vorbehalten lösen, die der Westen gegenüber der Stille und, allgemeiner gesprochen, auch der Leere hegt, und versuchen, diese zu genießen. Es gilt, die eigenen Worte genau abzuwägen, das Wunder, die potenzielle Kraft in diesem nur vordergründigen Nichts zu erspüren und aus *chinmoku* 沈黙 (»dem Schweigen«) eine Blume im eigenen Garten, ein Wort wachsen zu lassen, das man in die Erde eines jeden Tages pflanzen kann, um es mit Gedanken zu gießen und ihm zur Blüte zu verhelfen.

In einem der Einträge des *Kopfkissenbuchs* bekräftigt Sei Shōnagon (ca. 966–1025), dass die beste Form, seine Gedanken auszudrücken, die sei, gar nicht zu sprechen, und verweist auf ein altes Gedicht: »Gleich einem Wasserlauf, / der tief im Herzensgrunde / zum Quell stets wiederkehrt, / mich stumm nach dir zu sehnen / ist besser, als laut zu klagen.« Dabei gehe es nicht nur um den Ausdruck von Liebe und anderen Freuden – man solle auch vermeiden, dem eigenen Ärger Ausdruck zu verleihen. Ansehen basiere mehr auf dem Handeln als auf dem Wort: besser auf Enthaltsamkeit des Sprechens zu setzen und dafür der Genauigkeit des Handelns den Vorzug geben. Sei Shōnagon schreibt: »Wenn Ungebildete sprechen, machen sie garantiert zu viele Worte«, und sie stellt als allgemeine Regel auf, die allerbeste Gabe sei, sich knapp zu halten.

Mit Worten zu sparen und das Wenige wertzuschätzen, das einem zur Verfügung steht, sind Wesensmerkmale der Zen-Disziplinen, bei denen es um die Kontemplation der Stille, um das Streben nach der Aufhebung des Ichs und das Einswerden mit dem Universum geht.

Laut Konfuzius ist das wahre Herz *(kokoro)* verloren, wenn es sich nur hervortun und Schmeicheleien ernten will. Ja, man könne sogar sagen, Worte seien dazu in der Lage, den Geist zu verbergen, auch wenn sie danach strebten, ihm Ausdruck zu verleihen, und dass dieser Prozess zu einem guten Teil ungewollt geschehe.

Der Psychoanalytiker Takeo Doi bekräftigte, dass wir jedes Mal, wenn wir sprechen, am Ende unwillkürlich auch etwas verbergen; von dem Moment an, in dem wir eine Auswahl treffen, bleibe alles andere, das außerhalb des Gesagten sei, im Verborgenen. Abgesehen davon, dass nicht alles so leicht mit Worten auszudrücken sei, verbleibe vieles im Dunkeln; hier zitiert Doi eine japanische Redewendung, die besagt, dass es jedes Mal wie eine Lüge erscheine, wenn man versuche, etwas Tiefschürfendes zu sagen: *dōmo kotoba ni suru to uso ni naru* どうも言葉にすると嘘になる, als würden die Wörter eines nach dem anderen an die Oberfläche dringen und aus der Stille heraustreten, die alles enthält. Während der Westen auf der zentralen Stellung des Wortes beharrt, hütet man sich in Japan davor, der Sprache volles Vertrauen entgegenzubringen, und weitet die Sphäre des Sinns scheinbar auf alles aus, was durch Sprache nicht unbedingt optimal ausdrückbar ist. Aus ebendiesem Grund hat das Wort im Japanischen andererseits viel mehr Gewicht, man gibt der Zurückhaltung im Reden den Vorzug und findet eine allzu blumige Ausdrucksweise verdächtig: *iwanu ga hana* 言わぬが花, »Nichts zu sagen, ist eine Blume«.

In den Augen von Japaner*innen ist ein Mensch am faszinierendsten, wenn er ein reiches Innenleben besitzt und Geheimnisse birgt. Letztere geraten seinen Mitmenschen nicht notwendigerweise zum Schaden; vielmehr werden sie als eine Art persönliches Vermächtnis betrachtet, das aus Momenten der Stille und aus Gedanken besteht, die nicht geäußert werden.

Neben den Aphorismen, die der Mönch und Dichter Ryōkan (1758–1831) unter dem Titel *Kaigo* (戒語) zusammenstellte, finden sich auch eine Reihe von Verboten im Zusammenhang mit dem Wort, das Ryōkans Ansicht nach unfähig sei, den Inhalt von *kokoro*, also dem Herzen, auszudrücken. So ist es untersagt, übertrieben viele Worte zu machen; Ratschläge zu erteilen, die keiner hören will; mit dem Sprechen zu beginnen, bevor der andere geendet hat; etwas zu erklären, bevor man es selbst begriffen hat; über etwas Unabgeschlossenes zu sprechen; sich in ein Gespräch anderer einzumischen; sich auf anmaßende oder unanständige Weise zu äußern; eine unpassende Bemerkung fallen zu lassen; oder Geschichten zu erzählen, die keiner hören will.

Chinmoku 沈黙, »die Stille«, kommt richtig zum Einsatz, indem man es zum Beispiel vermeidet, sich in den Vordergrund zu spielen, seinen Standpunkt mit einer Überfülle an Argumenten zu vertreten oder keinen Bezug auf den Diskussionspartner zu nehmen. Wer zu viel spricht, gerät in Japan zuallererst in den Verdacht, sein Gegenüber übergehen zu wollen; die eigenen Bedürfnisse über die eines anderen zu stellen, bedeutet, die Harmonie und somit die Unversehrtheit von *wa* aufs Spiel zu setzen, das bei jeder Auseinandersetzung und unabhängig davon, wer recht hat, unangetastet bleiben muss. Man schaut mit Weitblick auf die Dinge, auf die Konsequenzen, die eine Diskussion haben könnte, hält es für sinnlos, Worte an etwas zu verschwenden, wenn die Standpunkte diametral entgegengesetzt sind oder Gefühle ins Spiel kommen (was uns oft auf dramatische Weise von der Vernunft entfernt).

Aus diesem Grund tendiert man in Japan dazu, demjenigen mehr Glauben zu schenken, der sich in Zurückhaltung übt *(gaman)*. Wenn ein Japaner in einer Diskussion nichts sagt, bedeutet das nicht, dass ihm die Argumente fehlen. Möglicherweise nimmt er sich vielmehr die nötige Zeit, um einen schlüssigen und klaren Gedanken zu formulieren, der für alle Zuhörer nachvollziehbar sein soll, damit es nicht zu Missverständnissen kommt und der Gedankenaustausch friedlich und effizient ist.

Zur Weisheit der Stille gehört auch, dass man vermeidet, etwas Negatives zu sagen *(pojitibu)*: indem man zum Beispiel Abstand davon nimmt, auf unerquickliche Geschehnisse hinzuweisen, an denen der andere nichts mehr ändern kann; indem man es sich verkneift, ihm von dem Gerede zu erzählen, das über ihn im Umlauf ist, oder ihm keine traurigen Dinge berichtet, auf die er keinen Einfluss hat. Das kleinliche Vergnügen, das man daraus ziehen kann, der Überbringer einer schlechten Nachricht zu sein und dabei die verletzte oder auch wütende Reaktion desjenigen, der sie erhält, aus erster Hand zu beobachten, ist unbedingt zu vermeiden. Auch in diesem Fall erweist sich das Schweigen als der bessere Weg.

3

~ますように ~masuyōni

oder: Von der Praxis
des Wünschens

Masuyōni ~ますように ist die Formel, die man im Japanischen
benutzt, um einen Wunsch auszudrücken. Man konjugiert jedes
Verb auf diese Weise; es genügt, *masuyōni* anzuhängen, um das
Verb in Richtung Wunsch zu beugen, ob es sich dabei nun um
etwas handelt, das man nicht hat, aber gerne hätte, oder um
etwas, das man unversehrt behalten möchte.

Ein Wunsch bringe immer weitere Wünsche hervor, schrieb
der Philosoph Kitarō Nishida. Man könne auch sagen, das Ich
schwinge wie ein Pendel zwischen dem Wunsch und seiner Erfüllung hin und her.

In Japan gibt es viele Gelegenheiten, zu beten oder schöne
Feste voller Klänge und Farben zu feiern, wie zum Beispiel Tanabata 七夕, wörtlich: »die siebte Nacht«, die, je nachdem, welchen
Kalender man befolgt und in welcher Gegend von Japan das Fest
gefeiert wird, auf die Nacht des 7. Juli oder des 7. August fällt.
Der Legende nach können Wünsche in Erfüllung gehen, wenn
sich am Himmel die Sterne Wega und Altair begegnen, deren
Bahnen sich immer nur für ein paar Stunden kreuzen. Kaum
steht Tanabata vor der Tür, sind plötzlich überall Bambuszweige
zu sehen – in den Städten und Dörfern, in Häusern und Schu-

len, in den Büros, ebenso wie in Krankenhäusern oder Kindergärten, in manchen Heiligtümern ebenso wie in Supermärkten. Mit buntem Origami geschmückt, werden leichte Papierstreifen (*tanzaku* 短冊) an die zarten Bambuszweige gehängt, auf die jeder schreiben kann, was er sich wünscht. Damit dieser Wunsch in Erfüllung geht, so glaubt man, genüge es, ihn zu notieren und an das Ende eines Zweiges zu hängen.

Was den Menschen aus dem Westen, der daran gewöhnt ist, die Vertraulichkeit eines Traumes wie ein zartes Wesen zu verbergen, erstaunt, ist die Tatsache, dass man diesen in Japan offen und sichtbar für alle darbietet. Jeder kann die *tanzaku* der anderen lesen, kann darüber lächeln und hoffen, dass sie in Erfüllung gehen. Es ist ein bisschen so, als würde man sich für die Wünsche der anderen einsetzen, für sie Partei ergreifen. Das fällt in Japan sofort ins Auge – die Offenheit, mit der man bestimmte Geheimnisse enthüllt, auf jegliche Versiegelung verzichtet. Das gilt auch für die *ema* 絵馬, jene Holztäfelchen, die man in einem Schrein kauft, um sie dann mit einer Fürbitte zu beschriften; dann hängt man sie auf, dicht an dicht neben den Täfelchen anderer, Unbekannter, und dort bleiben sie lange hängen, vor den Augen all der Wünschenden und inmitten der seelischen Betriebsamkeit, derer ein Wunsch stets bedarf.

Wenn man die japanische Kultur betrachtet, bietet sich oft die Gelegenheit, sich vom Andersartigen inspirieren zu lassen und diese Tradition zu nutzen, um über das nachzudenken, was wir Vertreter des Abendlands für selbstverständlich halten.

Warum sollten wir uns zum Beispiel nicht der Vorstellung widersetzen, dass Wünsche unbedingt verborgen werden müssen? Warum nicht zu der Überzeugung gelangen, dass gewisse Wünsche und Erwartungen besser ausgesprochen, dargelegt und erläutert werden? Warum sollten wir nicht glauben, dass ein Mensch, der seine Träume formuliert, sich damit selbst und allen anderen zeigt, welche Mühen er auf sich nehmen will, um sie zu verwirklichen, und dass er das Vertrauen besitzt, das diese Träume nährt? Es geht nicht darum, sie zu zeigen, um damit zu prahlen, sondern weil man einfach stark genug an sie glaubt, um sie aus der Schublade hervorzuholen, wo sie sonst nur vergammeln könnten. Manchmal stellt man fest, dass man sich eine Sache erst dann wirklich wünscht und bereit ist, ernsthaft dafür zu kämpfen, wenn man sie laut ausspricht: Ja, ich würde gerne Künstler werden. Ja, ich möchte abnehmen. Ja, ich würde gerne diese oder jene Prüfung ablegen. Ja, ich möchte in einem anderen Land leben, eine Fremdsprache lernen, von einer Krankheit genesen, jemanden verlassen, den ich nicht mehr liebe, oder ich möchte eine neue Liebe finden und ein anderes Leben beginnen.

Hinter jedem Wunsch steckt etwas Irrationales, das nicht von uns abhängt, aber da ist auch ein Teil, den man durchaus verwirklichen kann, wenn man sich bemüht. Und so groß die Angst auch sein mag, sich eine Blöße zu geben, ist es doch auch gut, die eigenen Wünsche auf die Probe zu stellen und zu erkennen, dass die Dinge, die wir schon viel zu lange in einer Schublade liegen haben, am Ende tatsächlich dort liegen bleiben und in Vergessenheit geraten könnten.

Stattdessen sollte man seine Wünsche an die frische Luft bringen, Träume sollte man abhärten, und unsere heimlichen Ziele gehören in die Welt hinaus, in der wir sie so gerne verwirklicht sehen wollen. Deshalb ist es so schön, seine Wünsche auf ein *tanzaku* zu schreiben, dieses an ein Bambuszweiglein oder an eine Zimmerpflanze zu hängen und es zuzulassen, dass andere lesen, was man geschrieben hat:

赤ちゃんが出来ますように〜

Möge ich bald ein Kind bekommen.

仕事が見つかりますように〜

Möge ich endlich Arbeit finden.

妹と仲直りできますように〜

Möge ich endlich Frieden mit meiner Schwester schließen.

Im Grunde geht es darum, einfach genug an diese Wünsche zu glauben, um sie anderen erklären zu können, denn indem man sie anderen erklärt, geht man gegenüber sich selbst eine Verpflichtung ein, sagt sie sich jeden Tag vor wie eine kleine, freudige Obsession und sorgt dafür, dass auch die anderen uns daran erinnern, vielleicht in dem Moment, wenn wir selbst sie gerade wieder vergessen haben oder den Mut verlieren, sie zu verfolgen.

Für gewisse Träume braucht man andere Menschen, die einen anfeuern. Freunde, Unbekannte, alle möglichen Menschen. Man muss nur eine Umgebung schaffen, in der sie wachsen und gedeihen können, muss sie gießen wie Pflänzchen. Und auf die gleiche Weise sollte man auch den Träumen anderer mit Wohlwollen begegnen. Sich wünschen, dass sie alle in Erfüllung gehen. Das ist etwas, das allen guttut: demjenigen, der einen solchen Traum in Worte fasst, dem, der ihn liest, und dem, der daran glaubt und darauf hofft.

Glück ist nämlich wie eine wunderschöne Krankheit: Es kann ansteckend sein.

4

有難迷惑 *arigatameiwaku*

oder: Von der Nächstenliebe, die Egoismus ist

Arigatameiwaku 有難迷惑 verknüpft zwei Gefühle miteinander, die sich nur vordergründig widersprechen: Dankbarkeit und Verdruss. Es steckt darin *arigatō* ありがとう, *arigatai* 有難い, der Dank, die Verneigung des Herzens, das Wissen, wie strahlend hell die Absichten des anderen sind. Und doch wird es gekoppelt mit *meiwaku* 迷惑, mit dem Verdruss, der Verärgerung, als einer Folge von Überschwang und mangelnder Übereinstimmung zwischen den Wünschen desjenigen, der empfängt, und desjenigen, der gibt. Geht man dieser Sache auf den Grund, dann lernt man, die Absicht vom Ergebnis zu unterscheiden und auseinanderzuhalten, was man für den anderen tut und was für sich selbst.

Das kann das Angebot sein, bei etwas zu helfen, das der andere lieber allein tun würde. Das kann eine ausführliche Erklärung für etwas sein, das uns eigentlich gar nicht interessiert. Das kann eine Mitfahrgelegenheit sein, die man nutzt, obwohl man lieber zu Fuß gehen würde. Das kann ein tröstendes Telefonat sein, obwohl man das Gefühl hat, Schweigen und Stille könnten wirkungsvoller sein als viele Worte. *Arigatameiwaku* bedeutet, »Danke« zu sagen, obwohl man lieber abwinken würde. Es verweist auf die Beschränktheit jener Form der Nächstenliebe, die sich mehr auf die Geste zu konzentrieren scheint als darauf, wie diese Geste angenommen wird.

Oft brüstet man sich, freundlich und großzügig zu sein, doch es ist durchaus angebracht, sich zu fragen, ob man dem anderen wirklich das gibt, was er sich wünscht. Und wenn genau das nicht der Fall ist, dann verwandelt sich Großzügigkeit in Anmaßung, und Nächstenliebe wird zu Egoismus.

Man tut gut daran, sich klarzumachen, dass hinter dem Geben immer der unbewusste und manchmal geradezu zwanghafte Wunsch steckt, etwas dafür zurückzubekommen, nicht nur materielle Dinge, sondern auch Anerkennung, Nähe, Worte. Dahinter verbirgt sich der Wunsch nach Geltung, das Verlangen, in den Augen des anderen wichtig zu erscheinen. Wie der Dalai-Lama schrieb: »Die Einheit von Weisheit und Mitgefühl ist besonders wichtig. Nächstenliebe allein ist nicht besonders wirkungsvoll.«

Die japanische Etikette *(sahō)* verlangt zum Beispiel, dass man ein Geschenk bei einem Treffen außer Haus erst am Ende einer Begegnung überreicht. Auf diese Weise braucht sich der Beschenkte während der gemeinsam verbrachten Zeit nicht damit zu belasten und hat obendrein nicht das Gefühl, in der Schuld des Schenkenden zu stehen. Um die Geste zu erwidern, könnte er sich zum Beispiel verpflichtet fühlen, den anderen zum Essen einzuladen, oder planen, zum Ausgleich ebenfalls ein Geschenk zu kaufen.

Genau darin besteht der Wortwitz von *arigatameiwaku*, ein Ausdruck, der uns fast zum Schmunzeln bringen könnte (»Danke, aber auch wieder nicht danke«), zugleich jedoch einen wesentlich tieferen Sinn hat, weil er verdeutlicht, dass es die reine und absolute Freundlichkeit gar nicht gibt und dass jedem Menschen eine persönliche Behandlung zuteilwerden sollte.

Vor allem lässt uns dieser Ausdruck über die Nächstenliebe nachdenken, über die eigentliche Bedeutung eines Geschenks, das eben nicht nur in dem überreichten Gegenstand besteht oder in dem, was man für einen anderen tut, sondern auch darin, wie man das eine auswählt und eben das andere nicht, und in der Art und Weise, wie man dem anderen, zusammen mit der Geste selbst, auch sein eigenes Herz *(kokoro)* überreicht.

5

建前・ 本音 *tatemae/honne*

oder: Vom äußeren Schein, der die Substanz beschützt

Neben seinem überaus erfolgreichen Buch *Amae. Freiheit in Geborgenheit* hat Takeo Doi zahlreiche weitere Bücher geschrieben, darunter das nicht auf Deutsch erschienene *Omote to Ura* (»Vorderseite und Rückseite«) von 1985, das in verschiedene Teile untergliedert ist, in denen Begriffspaare wie ***soto/uchi*** (Äußeres/Inneres, Draußen/Drinnen), *omote/ura* (Vorderseite/ Rückseite) oder *tatemae/honne* (äußerer Schein/Wirklichkeit) analysiert werden.

»Wer nur der Vernunft folgt, eckt an. Wer in den Strom der Gefühle hinausrudert, wird von ihm erfasst. Wer seinen Willen durchsetzt, dem wird es bald zu eng. Es ist auf jeden Fall schwer, in der Menschenwelt zu leben. Wenn die Schwierigkeiten sich häufen, möchten wir in eine ruhigere Wirklichkeit hinüberwechseln. Irgendwann jedoch wird uns klar, dass das Leben überall schwer ist. Dann entsteht Poesie, wird Malerei geboren.« Genau auf diesen Anfang von Sōseki Natsumes Roman *Das Graskissenbuch* nimmt Doi in einem der Kapitel aus *Omote to Ura* Bezug. Er beschäftigt sich dort mit der Analyse des Begriffspaares *tatemae/honne* und nimmt die Schwierigkeit unter die Lupe, in der Welt der Menschen zu leben und sich im Räderwerk des gesellschaftlichen Miteinanders zurechtzufinden.

Übrigens erzeugt die Beschäftigung mit diesen beiden Begriffen bei Vertretern des Abendlandes meist ein Gefühl tiefer Befremdung, was auch erklärt, warum sie so große Schwierigkeiten haben, sich in die japanische Kultur zu integrieren; oft stellen sie dieses binäre Paar infrage, ziehen seine Bedeutung und all die damit verbundenen Implikationen in Zweifel, machen dabei aber vor allem den Fehler, die Begriffe zu bewerten und einem von ihnen (häufiger *tatemae*) oder auch beiden positive oder negative Eigenschaften zuzuschreiben.

Takeo Doi beschäftigt sich eingehend mit der engen Interaktion zwischen *tatemae/honne* und zeigt auf, wie sich die beiden Bereiche gegenseitig bedingen und welche Gefahren für Menschen lauern, wenn sie in die Situation geraten, sich für eine der beiden zuungunsten des anderen entscheiden zu müssen. Um das zu veranschaulichen, bedient sich Doi der Literatur, entdeckt zum Beispiel im Protagonisten von Sōsekis *Der Tor aus Tokio* einen Menschen, der ganz und gar *honne* ist, in der Erzählung *Das Geschlecht der Abe* von Ōgai Mori wiederum das genaue Gegenteil, nämlich einen Menschen, der sich ganz und gar auf *tatemae* verlässt; Doi zeigt auf, wie das Ungleichgewicht zwischen den beiden Bereichen zu gesellschaftlichem Scheitern und psychischer Labilität führt.

Honne 本音 verweist auf »die Wahrheit«, auf die wahre (本) Stimme (音) oder auch auf die Aufrichtigkeit und Authentizität der eigenen Gefühle. *Tatemae* 建前 hingegen besteht, wenn man es zerlegt, aus *tateru* 建てる, »konstruieren, erbauen«, und *mae* 前, »davor«. Es ist das formelle Gebäude, in dem man lebt, das, was man nach außen zeigt, um sein Inneres zu verteidigen.

Tatemae verbirgt *honne* hinter den dicken Mauern, die es zu seinem Schutz errichtet hat.

Es ist recht kompliziert, sich zwischen den beiden Begriffen zurechtzufinden und zu erspüren, wo *honne* beginnt und *tatemae* endet. So glaubt man zum Beispiel oft genug, *honne* sei am Zuge und derjenige, mit dem man spricht, sage endlich das, was er wirklich denkt, während man sich in Wirklichkeit immer noch auf dem weiten Feld von *tatemae* und somit der Konvention bewegt. Dass Menschen aus dem Westen bisweilen ein so hartes Urteil über *tatemae* fällen, liegt daran, dass es inhaltlich mit Begriffen wie Falschheit und Doppelzüngigkeit in Verbindung gebracht wird. Man vermutet hinter *tatemae* die Absicht, zu täuschen, und erkennt darin Ablehnung. Dabei steckt kein böser Wille dahinter, vielmehr geht es um die Einhaltung eines Weges, der die Menschen langsam vom Draußen *(soto)* ins Drinnen *(uchi)* bringt und für den es Zeit braucht, um Vertrauen wachsen und gedeihen zu lassen *(shin)*, ein Weg, der in der Wahrung von Konventionen seine besondere Fähigkeit zur Einbeziehung und Beachtung des Kontextes beweist. Sich im Einklang mit verschiedenen Variablen der Umgebung zu benehmen zu wissen *(sahō)*, ist eine Fähigkeit, die in Japan hoch geschätzt wird.

Es liegt auf der Hand, dass dieses Gefüge aus Gesten und Worten Teil des Fundaments kollektiver Harmonie ist. Sich zum Beispiel auf ein Postamt zu begeben, wo man sich sicher sein kann, auf wohlgeordnete und zügig voranrückende Warteschlangen und freundliches Personal zu treffen, in einen Bus oder Zug zu steigen, der mit größtmöglicher Pünktlichkeit unterwegs ist, oder auch, sich in einer Stadt zu bewegen, deren öffentliche Flächen gepflegt sind und eine physische wie auch emotionale Distanz zwischen den Menschen und damit die Wahrung einer Intimsphäre garantieren – dies alles sind Vorteile, die allerdings mit Einschränkungen für die eigene Individualität verbunden sind. Hegt man nämlich zum Beispiel die Hoffnung, in genau jener Warteschlange Bekanntschaften zu machen, so wird die Distanz zwischen den Wartenden zum Hindernis, und sollte man während des Wartens, bis man an der Reihe ist, etwas essen wollen, so wird man es sich verkneifen, weil entsprechende Hinweisschilder an der Wand die Kunden darum bitten, den Verzehr von Speisen und Getränken zu unterlassen. Hierzu gäbe es noch unzählige Beispiele, die allesamt aufzeigen, wie komplex das Thema ist.

»Das ewige Lächeln der Japaner ist geheuchelt. Ihre Höflichkeit ist nicht ehrlich«, schnauben manchmal ausländische Besucher, die der ausgeprägten Liebenswürdigkeit der Japaner mit Skepsis begegnen. Schon im Lächeln, das doch nicht mehr verspricht, als es gibt, suchen Außenstehende etwas anderes. So gehen viele Europäer bei zwischenmenschlichen Kontakten oft sehr schnell in die Tiefe und sprechen selbst mit fast Unbekannten offen über Dinge, die ein Japaner nur einer eng begrenzten Gruppe vorbehalten würde. Jede Freundlichkeit erscheint ihnen wie ein Versprechen, man wartet darauf, dass es weitergeht, doch da es sich für einen Japaner um nichts anderes handelt als *tatemae*, ein den Umständen geschuldetes Verhalten, das vom Kontext abhängt, in dem es angewandt wird, projiziert der Ausländer in jenes Lächeln viel mehr und wird folglich enttäuscht. Und genau daher rührt der Vorwurf der Heuchelei und der Oberflächlichkeit.

In aller Deutlichkeit unterstreicht dies Hisayasu Nakagawa (1931–2017) in seiner (nicht auf Deutsch erschienenen) Einführung in die japanische Kultur, einem ebenso kurzen wie treffenden Essay über reziproke [französisch-japanische] Anthropologie. Es handelt sich hierbei um eine Sammlung von mehreren kurzen Artikeln, die zwischen 1990 und 1994 in der Zeitschrift *L'Âne* erschienen, ergänzt um die Mitschrift einer Konferenz, die in der Maison franco-japonaise abgehalten wurde – Texte, die sich mit großer wissenschaftlicher Klarheit den verschiedensten Themen widmen. So findet sich etwa ein scharfsinniger Vergleich zwischen dem europäischen Individualismus und dem Konformismus Japans, die beide ihre ganz eigenen gesellschaftlichen Vorteile wie auch Nachteile mit sich bringen. An anderer Stelle geht es um übersetzungsbedingte Missverständnisse, die oft, mehr als in der Sprache, in der ursprünglichen Kultur und der Herangehensweise an einen Text begründet zu sein scheinen. In einem weiteren Aufsatz widmet sich Nakagawa der Definition des Japanischen als »locozentrischer«, also dem Ort verhafteter Sprache (womit er auf folgenden Unterschied abhebt: Während für einen Menschen aus dem Westen jegliche Ereignisse als Ergebnis menschlichen Handelns zu verstehen und deshalb mit einem Verdienst und/oder einer Schuld zu verknüpfen sind – beziehungsweise, allgemeiner gesprochen, der Verantwortung eines einzelnen Subjekts unterliegen –, sind es für einen Japaner hingegen die Situation und die Umstände inmitten eines ganzen Netzes von umgebungsbedingten Konditionierungen, die ein solches Ereignis bestimmen). Wieder an anderer Stelle erklärt Nakagawa das außergewöhnliche Religionsverständnis in Japan, einem Land, das den buddhistischen Glauben dem shintoistischen nicht etwa entgegensetzt, sondern die beiden miteinander verbindet *(kami)*. Besonders ausführlich geht Nakagawa auf das ein, was Ausländer irrtümlich für das »falsche« Lächeln der Japaner*innen halten, jenes typische

Nichtsagen, das Fremde aus dem Konzept bringt. Dabei sollten wir, so Nakagawa, dieses Lächeln eher als eine Haltung des Vertrauens darauf betrachten, dass die Wahrheit so stark sein wird, dass sie sich immer und überall auf »spontane und natürliche« Weise, sozusagen ohne Untertitel, manifestieren kann. Aufrichtigkeit ist in der Tat eine Gabe, doch nötigen wir damit dem anderen auch unsere Meinungen und Gefühle auf, überreichen sie ihm – wie ein nicht eingewickeltes Geschenk – mit bloßen Händen; in gewisser Weise liefert die Aufrichtigkeit auch die Rechtfertigung für dieses Aufnötigen und das eigene, aufrichtige Sichmitteilen. Als wollte man sagen: »Ich bin spontan, deshalb steht es mir auch zu, mich so zu verhalten, wie ich denke, und dir auch grausame Dinge zu sagen.«

Das Geschenk, die Gabe als solche ist, wie Marcel Mauss es formulierte, nicht frei von hässlichen Implikationen, ja ist sogar per se der Auftakt zu einer langen Kette der Verschuldung: Wer gibt, der will auch etwas dafür haben, und oft wird es sich um etwas handeln, dessen Wert noch höher liegt als der des ursprünglich Erhaltenen. Aber wo verhält man sich nun richtig – in Japan oder im Westen?

Die *goldene Mitte* ist ein viel zu dehnbarer Begriff, um hier angebracht zu sein: Oft hat mal die eine Seite recht und mal die andere unrecht, und es gibt keine einfachen Demarkationslinien, um die perfekte Mitte auszuloten. Vor allem jedoch sind, wenn man von Kultur spricht, Begriffe wie »richtig« oder »falsch« nicht anwendbar. Die *goldene Mitte* ist wie eine Definition, die »sowohl die Kraft als auch die Schwäche hat, niemals im Unrecht zu sein und nichts zu erklären«, wie es bei Marc Augé heißt. Sie ist prinzipiell richtig, besagt aber nichts und macht uns lediglich zu Gratwanderern.

Hier handelt es sich in gewisser Weise um den Kolonialismus der heutigen Zeit; auch wenn man so schöne Worte wie Diversität, Gleichheit oder multikulturelle Gesellschaft in den Mund nimmt – in der Praxis hält man doch immer noch nur das für richtig, was man gänzlich begreift und mit anderen teilt. Wir kultivieren eine Haltung der Ungeduld in der Kommunikation, wollen demonstrativ nicht zugeben, dass Japaner*innen sich untereinander perfekt verstehen – dass sie sogar ohne Worte wissen, was der andere denkt *(kuki wo yomu)* –, als ginge es einzig und allein darum, dass sie es endlich schaffen, auch mit uns Fremden besser zu kommunizieren, und zwar auf *unsere* westliche Art und Weise, die ja »so ehrlich und so offen« ist. Doch sollte man sich einmal fragen, ob das alles wirklich richtig ist und ob die Authentizität, die von uns so viel beschworene Wahrheit, tatsächlich das einzig Erstrebenswerte auf der Welt ist. Können wir von einem Verkäufer, den wir nicht kennen und von dem wir gezwungenermaßen rein gar nichts wissen, dem wir weder Zuneigung entgegenbringen noch jemals entgegenbringen werden, können wir von diesem Menschen wirklich ein *ehrliches* Lächeln verlangen? (Zumal dieses Lächeln verständlicherweise nur dann breiter würde, wenn sein Tag gut verlaufen und sein privates Liebesleben intakt wäre und wenn es auch finanziell gut um ihn stünde.) Sollten wir uns nicht vielmehr mit der höflichen und formellen Ausübung seiner Funktion begnügen, die er in ebendem Laden bekleidet, den wir rein zufällig betreten haben, um etwas zu kaufen? Warum maßen wir uns eigentlich an, dass dieser Verkäufer urplötzlich Sympathie für uns empfindet? Und warum halten wir seine Höflichkeit in dem Moment, in dem er sich uns mit einem Lächeln zuwendet, sich leicht verbeugt und uns mit Dankesformeln wieder hinausbegleitet, obwohl wir gar nichts gekauft haben, für falsch und unehrlich?

Im Westen wird man oft genug *aufrichtig* schlecht behandelt, wird einem die Ware ohne große Sorgfalt und Höflichkeit vorgesetzt und an der Kasse das Restgeld wortlos hingeschoben, weil der Verkäufer gerade *aufrichtig* damit beschäftigt ist, am Handy zu plaudern. Gewiss trifft man auch auf wunderbare Vertreter ihrer Zunft, die ihre Arbeit mit Leidenschaft verrichten und voller Einfühlungsvermögen auf die Ansprüche und Wünsche ihrer Kunden eingehen, doch das ist nicht unbedingt die Regel, und man besitzt bei einer geschäftlichen Transaktion, ganz gleich, in welcher Branche, keinerlei Garantie, überall mit der gleichen Höflichkeit behandelt zu werden. Die Freundlichkeit, mit der man uns begegnet, die Lösung eines Problems in einem Büro oder einer amtlichen Behörde werden dadurch immer auf den Einzelnen abgewälzt, auf den wir treffen, auf den Angestellten, mit dem wir reden, das Individuum, das zufällig da ist, um uns zuzuhören.

Diese Zufälligkeit und Unvorhersehbarkeit im Leben hat ihren eigenen Charme, weil jede auf diese Weise zu Ende gebrachte und erfolgreiche Aktion durch Freude potenziert wird: Wir fühlen uns vom Glück gesegnet, wenn uns eine Fahrkarte aufgrund großer Verspätung des Zuges gänzlich zurückerstattet wird, sind voller Dankbarkeit einem Verkäufer gegenüber, der uns einen Pullover umtauscht, obwohl wir den Kassenzettel verschlampt haben, sind froh und glücklich, wenn eine Ausnahme für uns gemacht wird und ein Problem, bei dem wir keinen guten Ausgang für uns erwartet hätten, mit unerwarteter Schnelligkeit gelöst wird. Andererseits kann es aber auch zu großem Stress führen, wenn man das eigene Leben nicht klar planen kann.

Tatemae und *honne* strikt zu trennen, hat vor allem noch einen weiteren Vorteil. Es schützt auch denjenigen, der arbeitet, denn es macht ihn resistent gegen die Dreistigkeit eines Kunden. Letzterer wird dadurch zu einer Person, an die man im Grunde keine besondere Energie verschwendet hat, weil man sich diese für die eigenen Gefühle und für alles, was zum engeren Kreis persönlicher Beziehungen *(uchi)* gehört, aufsparen kann. Dieses maßvolle Investieren von Gefühlen, begleitet von einer tadellosen und zuvorkommenden Professionalität, schützt das Gemüt.

Man könnte sogar so weit gehen, zu behaupten, dass dank dieser Unterscheidung die empfundene Distanz zwischen zwei Unbekannten in Japan eher noch größer ist als in einem westlichen Land. Von dem Moment an, in dem sich zwei Menschen für *aka no tanin* 赤の他人, also für »vollkommen unbekannt«, halten, geht das Interesse für den jeweils anderen gen Null. Dann fungiert die Distanz quasi als Angriffsstrategie und zeigt den dunklen Aspekt des Gegensatzpaares *uchi/soto,* »drinnen/ draußen«, sowie der Fähigkeit, zu ignorieren *(mushi suru).*

Wir wünschen uns mehr Ordnung und Disziplin in unseren Städten, pochen aber gleichzeitig darauf, unsere Gefühle und Regungen frei zu äußern, ganz gleich, wo wir sind, quasi als hätten diese Gefühlsregungen das Recht, unser Leben und das der Menschen um uns herum zu diktieren. Auch wenn man sich im Westen nach mehr Ordnung sehnt, ist das Wort »Regel« in der Praxis mit Ängsten verbunden: So sucht man oft einen Weg, Regeln zu umgehen, lernt nur schwerlich, sich daran zu gewöhnen, und empfindet Normen als eine von vielen Einschränkungen, denen die eigene Freiheit unterworfen ist.

Dabei sind Regeln absolut notwendig in einer zivilisierten Gesellschaft, in der die Beziehungen zwischen den Menschen aufeinander abgestimmt werden müssen *(chōwa)*, damit jedem ein halbwegs gleiches Quäntchen Glück zuteilwird.

Wenn man seinen Standpunkt überdenkt und jenes von Vertretern des Abendlandes verachtete, in Japan hingegen im Kontext von *tatemae* angewandte »falsche Lächeln« neu zu schätzen weiß, besonders an den Tagen, an denen einem selbst eine Laus über die Leber gelaufen ist, dann kann man darin sogar einen gesunden Ausweg für die Arbeitswelt finden. Jeder von uns hat das schon einmal erlebt: Man spürt, wie beruhigend es sein kann, seine Aufgaben mit Sorgfalt zu erledigen, wie es einem den Tag versüßt und schlechte Laune – wenn auch vielleicht nur für den Moment – verfliegen lässt. Denn wenn die Kollegen, die Schüler oder die Kunden rein gar nichts mit dem zu tun haben, was uns traurig stimmt, dann könnte es uns doch, eben dank dieses Kontextes, gelingen, uns vom Negativen zu distanzieren: Wir stürzen uns mit Scheuklappen in unsere Rolle und verlieren bei Weitem nicht mehr so leicht die Nerven.

Auch in den dunkelsten Momenten unseres Lebens kann ein erzwungenes Lächeln helfen, uns in Geduld zu üben. Selbst wenn einen der Kummer wieder einholt, sobald die Rollläden des Geschäfts heruntergelassen, die Schüler einer Klasse verabschiedet sind, das obligatorische *otsukaresama deshita* an die Kollegen im Büro gesprochen wurde und man sich vor den Wärtern am Schultor oder Hauseingang verneigt hat, so wird man diesem Kummer doch wenigstens mit frischem Mut entgegentreten.

6

褒める homeru

oder: Vom Loben

Homeru 褒める bedeutet auf Japanisch »loben« und äußert sich in kleinen, bewundernden Komplimenten wie *sugoi* すごい, »fantastisch, irre, wundervoll«, oder, wenn es um die Würdigung von herausragendem Verhalten geht, durch anerkennende Worte wie *erai* 偉い, »toll, großartig«, und *subarashi* 素晴らしい, »umwerfend, prächtig, unglaublich, unfassbar«.

In Japan ist es üblich, andere ausgiebig und mit Nachdruck zu loben, egal ob es sich um die eigenen Landsleute oder um Fremde handelt. Es genügt eine hübsche Kette oder eine schöne Handtasche, schon erntet man ein begeistertes *kawaii* かわいい, »Ist die hübsch!«, und man muss als Ausländer auch nur ein paar Worte Japanisch äußern, um dafür aufrichtig empfundene Komplimente zu ernten. Wer solche Begeisterung aus seinem Herkunftsland nicht gewöhnt ist, dem kommt dieses Lob oft hohl vor: Da einem bewusst ist, wie viel man eben *nicht* weiß, ist ein solch überschwängliches Lob für ein paar dahingeworfene Worte eher irritierend. Vielleicht hegt man gar den Verdacht, auf den Arm genommen oder, noch schlimmer – und im völligen Gegensatz zu dem, was der Lobende bezwecken wollte –, herablassend behandelt zu werden.

Wer so denkt, hat lediglich in einem Punkt recht, nämlich der Tatsache, dass ein solches Lob immer leichtfüßig daherkommt und nicht einer tatsächlichen Kenntnis der Person entspringt. Lob hat zum einen mit dem Begriff *yaruki (gambaru)* zu tun, also damit, dass man, um bei unserem Beispiel zu bleiben, begeistert ist von dem Bemühen des Ausländers, eine so schwierige Sprache wie die eigene zu erlernen (wobei Japaner*innen nur zu gut wissen, wie komplex ihre Sprache ist). Andererseits spielt auch der Wunsch, einem Gespräch im Allgemeinen einen angenehmen Touch zu geben, eine Rolle. Schließlich hat in Japan nicht alles, was mit »Form« oder mit der »Oberfläche« *(tatemae/honne)* zu tun hat, die negative Bedeutung, die es im Westen hat.

Nicht zuletzt erschließt sich die Bedeutung des Verbs *homeru*, also »loben«, bei näherer Betrachtung auch aus dem ursprünglichen Kanji. Laut Professor Shirakawa lässt sich darin die Hand eines Erwachsenen erkennen, die sich auf den Kopf eines Kindes legt, eine komplexe Darstellung, die uns zeigt, wie wichtig das Lob in der Beziehung zwischen Erwachsenen und Kindern ist.

In Japan gibt es die Redewendung *Homete nobasu* 褒めて伸ばす, also »durch Lob wachsen lassen«, was durchaus wörtlich zu verstehen ist, denn die Verbindung von *wachsen* mit einem Verb der Zwischenmenschlichkeit wie *loben* verdeutlicht, dass sich der Intellekt und das Verhalten eines Menschen nicht durch Ausschimpfen oder Bestrafen entwickeln, sondern dadurch, dass man seine Verdienste und Fähigkeiten hervorhebt.

Jemandem etwas beizubringen, ist eine heikle Sache. Das hat mit dem ungleichen Machtverhältnis zu tun, das mit dem Lehren einhergeht, selbst wenn dies gar nicht gewollt ist. Ob es sich um Eltern oder Kinder handelt, um Ehemänner oder Ehefrauen, ob um Lehrer oder Freunde – jede Rolle, die man spielt, bringt eine gewisse Form von Einfluss mit sich. Auch ohne es zu wollen, bleibt man jemandem, dem man etwas beigebracht hat, in Erinnerung und hinterlässt in seiner Vorstellungswelt einen tiefen Eindruck. Wir bringen uns tagtäglich gegenseitig etwas bei. Vor allem aber lehren wir uns selbst, wer wir sind, wie es für uns ist, auf der Welt zu sein, was wir denken und wissen, was wir von anderen gelernt haben und was wir ihnen in etwas anderer Form wieder zurückgeben: Alles, was wir einem Mitmenschen vermitteln, prägt ihn, hinterlässt buchstäblich einen Abdruck von uns selbst. Um einander mit Liebe und Nächstenliebe zu begegnen, genügt es oft, sich vorzustellen, man sei miteinander verwandt, doch es kann auch nützlich sein, sich ein wenig jener nötigen Distanz zu bedienen, die sich ganz spontan ergibt, wenn man nur miteinander bekannt ist.

Und genau so – mit dieser Liebe und Wertschätzung für sein Gegenüber, ob nun virtuell oder in Fleisch und Blut, mit diesem Respekt, der wie ein Geschenk gereicht, aber niemals aufgedrängt wird – sollte man anderen das eigene Wissen anbieten.

Homete nobasu, »durch Lob wachsen lassen«: Wie viel Gutes hinter diesem Ausdruck steckt, wurde bereits weitreichend belegt, denn nur aus einem positiven Gefühl entsteht die Motivation, etwas besser zu machen. Zwar kann auch Kritik ein Ansporn sein, sich zu verbessern und ein ungerechtes Urteil Lügen zu strafen. Doch es ist die Freude, die uns Kraft gibt und uns am Morgen mit dem Wunsch erwachen lässt, es noch einmal zu versuchen.

»Spinoza zeigt uns etwas sehr Einfaches: Traurigkeit macht niemals klug. ›Traurig sein‹ bedeutet ›verdammt sein‹. Deshalb brauchen die Mächtigen die Traurigkeit ihrer Untergebenen. Die Angst war noch nie ein guter Ratgeber, wenn es um Kultur und Klugheit ging. Solange ihr traurige Gefühle hegt, lasst ihr das, was andere mit eurem Körper und eurer Seele tun, über euch ergehen«, sagte der französische Philosoph Gilles Deleuze in einer seiner Vorlesungen, und er hatte »verdammt« recht, denn nur auf Lebensfreude, auf dem gewaltigen Potenzial des Glücks, Energien zu bündeln, basiert die Möglichkeit, sich zu verbessern.

Besser, einen Raum zu beleuchten, als ihn in Dunkel zu tauchen, besser, den Blick auf den Keim zu richten, der in einem Blumenbeet sprießt, als auf die Zigarettenkippe, die jemand dorthin geworfen hat. Genauso hilfreich ist es, sich einen negativen Kommentar zu verkneifen, die Demütigung zu vermeiden, die auf eine Zurechtweisung folgt, und stattdessen bei einer Sache zu verweilen, die gut gemacht wurde, bei dem Positiven, das in jeder Sache steckt, mag sie an sich noch so schlecht sein.

»Niedertracht wird aus Gefühlen wie Einsamkeit, Kummer oder Angst geboren. Sie entsteht aus einem Hohlraum oder einer Leere in uns, die wie mit einem Messer aus unserem Körper herausgeschnitten wird, wenn uns etwas Wichtiges genommen wird«, schreibt Ryū Murakami in seinem Roman *In der Misosuppe*. Die derzeitige Tendenz in der japanischen Erziehung – all die Empfehlungen, um die Seele von Kindern wachsen und gedeihen zu lassen – bestätigt den Ansatz von *homete nobasu*. Das sagen alle, ob Lehrerinnen, Ausbilder, Dozenten oder Fachleute im Fernsehen; es gibt keine Sendung, die sich mit dem Thema Kindheit beschäftigt und nicht darauf hinweist, wie wichtig es ist, ein Kind zu loben, um es mit *ikiru chikara* 生きる力 auszustatten, also mit jener »Lebenskraft«, die sich bereits in sehr frühen Jahren entwickelt und über die Qualität einer Existenz und die selbstheilenden Kräfte des Glücks entscheidet.

Und wenngleich in letzter Zeit auch auf die Risiken übertriebenen Lobes hingewiesen wurde – die Tatsache also, dass ein Kind, um dem stets positiven Urteil eines Erwachsenen gerecht zu werden, in manchen Fällen einen zu großen Druck auf sich selbst ausüben könnte –, bleibt doch die Tatsache, dass es meist klug und von Erfolg gekrönt ist, wenn man die Freude der Traurigkeit und das Lob dem Tadel vorzieht.

Dazu braucht man nur zu bedenken, wie man sich fühlt, wenn in den Nachrichten hauptsächlich Horrormeldungen zu sehen sind, die allein zum Ziel haben, das sensationsgierige Publikum bei der Stange zu halten. Tatsächlich erhöht sich schon seit Urzeiten die Konzentration beim Menschen, wenn er Gefahr wittert; übertreibt man es jedoch damit, wird es ihn irgendwann deprimieren und schwächen, und er könnte am Ende sogar krank werden.

Besser also, man nutzt die Freude als positive Waffe gegen das Negative und achtet bei der Erziehung darauf, den Kindern immer das Positive in ihnen selbst und in den Menschen ihrer Umgebung aufzuzeigen, damit sie das Schöne der Welt erkennen lernen und sich daraus einen soliden Schutzpanzer bauen. Eine Erziehung, die wie ein schützender Filter wirkt oder wie ein Schirm, unter den man sich flüchten kann, um in aller Ruhe dem Regen zuzuschauen.

Irgendwann im Leben erkennt man, dass die Liebe zur Welt gleichbedeutend ist mit dem Wunsch, sie zu beschützen. Nicht nur die Welt in der eigenen Umgebung, sondern auch die in der Ferne. Eine Hymne an die Lebensfreude – genau das täte not.

»Glaubt nicht dem, der alles schwarz und blutrot malt. Das tut er nur, weil es leicht ist, es zu tun«, schrieb die Dichterin Mariangela Gualtieri.

Lassen wir uns also niemals dazu hinreißen, alles nur schwarzzusehen und den schlechtzumachen, der anders ist als wir. Wir sollten lieber versuchen, überall das Beste zu sehen. Vor allem aber sollten wir der Versuchung widerstehen, den zu hassen, der besser ist als wir selbst oder sich vielleicht bloß besser verkauft.

Im Grunde ist es allein die Lebensfreude, die uns schützt und verteidigt. Eine Freude, die wir mit Lektüre stärken und klüger machen sollten. Ja, das ist es, was wir brauchen: kluge Freude.

7

金継ぎ kintsugi

oder: Von der Kunst, Verletzungen mit Gold zu füllen

In seinem Werk *Das Buch der Unruhe* stellt sich Fernando Pessoa die Frage (und gibt sich auch gleich darauf die Antwort): »[…] warum schreibe ich dieses Buch? Weil ich seine Unvollkommenheit erkenne. Geträumt wäre es vollkommen; geschrieben tritt seine Unvollkommenheit zutage; deshalb schreibe ich es.«

Das Unvollkommene zutage treten lassen: Es gibt keine treffendere Formulierung als diese.

Angesichts von Perfektionswahn und Korrektheit um jeden Preis scheint es überaus schwierig zu sein, das zu akzeptieren, was eben *nicht* perfekt ist. Es herrscht die Haltung vor, etwas gleich wegzuwerfen, kaum stellt sich heraus, dass es nicht genau so ist, wie wir es wollten. Stattdessen die Narben schätzen zu lernen, die wir im Leben davongetragen haben und die uns *nolens volens* daran erinnern, wer wir sind, klingt dagegen wie ein außergewöhnlicher Akt.

Der Grund dafür ist, dass man um das *Danach* bangt, sich für einen Mangel oder Fehler schämt, diese lebendige Wunde, von der man fürchtet, sie ziehe alle Blicke auf sich, und man werde verlacht, verachtet oder bemitleidet. Dabei ist der einzige Blick, der uns auf diese Weise aus der Fassung bringen könnte, mit dieser Strenge, die keine Unvollkommenheit verzeiht, der Blick aus dem Spiegel – der unserer eigenen Augen.

Und was soll man nun gegen die Scham tun? Wie soll man mit dem Scheitern und mit Rückschlägen im Leben umgehen?

Die Antwort findet sich in einem Gegenstand – einer Schale, die im Haus eines Freundes im Eingangsbereich steht, dem Ort also, an dem man in Japan willkommen geheißen wird.

Ein ungeschriebenes Gesetz besagt, dass man das liebt, »was einmal war«. Doch nur selten verliebt man sich in etwas, das falsch geraten war.

Oder doch?

In Japan gibt es eine Kunst, die aus dem Fehler oder Makel eine Chance macht und aus dem Ende einen Anfang, die aus dem Irreparablen Schönheit schafft. Das ist *kintsugi* 金継ぎ, also Gold, *kin* 金, das man in *tsugime* 継ぎ目 füllt, nämlich in die Risse eines Keramikgegenstands, der zu Schaden gekommen ist.

Es ist eine Schale, die herunterfällt, entzweigeht und auf diese Weise zeigt, wie zerbrechlich und bruchstückhaft die Natur der Dinge ist, die erklärt, dass in Wirklichkeit die ganze Welt aus kleinen oder großen Stücken besteht und dass es an uns ist, diese auf möglichst schmerzlose Weise wieder zusammenzufügen. Es ist zerbrochenes oder angeschlagenes Geschirr, das mit Lack geklebt wurde, um die Risse und Spalten anschließend mit Gold oder Silber zu verzieren.

Kintsugi ist eine Technik, die ihren Ursprung in Japan hat, und steht im Japanischen für die freudig bange Erwartung, was bei der Reparatur herauskommen wird. Freude, die sich im Makel manifestiert.

Der Überlieferung nach schickte der Shogun Yoshimasa

Ashikaga in der Muromachi-Zeit eine zersprungene Schale nach China, mit der Bitte, sie zu ersetzen.

Die Schale kam zurück, und man antwortete ihm, Keramik dieser Machart und Güte werde nicht mehr produziert. Stattdessen hatte man die Schale mit Metallklammern, 鉄の鎹 »versehen«, die jedoch den Schaden eher noch auf brutale Weise hervorhoben, als ihn zu verdecken. Der Shogun, der damit nicht zufrieden war, sagte, dass ihn das Aussehen dieser Klammern an den »Sprung einer Heuschrecke, die auf dem Rücken eines Pferdes sitzt« erinnere, und nannte sie folglich *bakōhan* 馬蝗絆, ein Ausdruck, in dem die Kanji für Pferd (馬), Heuschrecke (蝗) und Verbindung (絆) enthalten sind.

Zur gleichen Zeit entwickelten die japanischen Handwerker die Technik des *kintsugi,* die darauf basiert, die neue Gestalt des wiederhergestellten Gegenstands zu akzeptieren; man will ihm zu neuem Leben verhelfen und zugleich seine Schönheit erhalten. Das nennt man *keshiki* 景色, was eigentlich »Landschaft« bedeutet, denn wenn man einen solchen Gegenstand betrachtet, erkennt man auch, wie er sich – gleich einer Landschaft im jahreszeitlichen Wandel – verändert hat.

Seppo 雪峯 zum Beispiel ist der Name einer solchen Arbeit aus der Edo-Zeit, und in ihm sind die Worte für Schnee (雪) und für Bergkamm (峯) vereint. Diese Schale, die einst beschädigt war, ist heute sehr wertvoll; die beiden sie bezeichnenden Ideogramme schildern auf wundersame Weise, wie der Schnee schmilzt und zu einem Fluss wird, der wiederum den Berg aushöhlt. So wurde dieser Gegenstand, den man einst fast weggeworfen hätte, dank *kintsugi* zu etwas, das noch viel kostbarer ist als das, was es vor der Beschädigung war.

Die Verletzungen mit Gold ausfüllen und sie zu etwas Einzigartigem machen; sich mit dem schmücken, was uns unterscheidet; und schließlich auch die Falten in einem Gesicht akzeptieren, die Risse, die sich naturgemäß durch ein Leben ziehen. »Durch die Risse, die sich im Leben öffnen, können wir Dinge sehen, die vorher verborgen waren«, formulierte es die Schriftstellerin und Nonne Kazuko Watanabe (1927–2016).

Zu stürzen, ist Teil der Reise, es gehört zum Gehen dazu. Dass man vergisst, wie man einst seine ersten Schritte gemacht hat, wie man gelernt hat, zu lesen, Stäbchen zu benutzen, einen Menschen zu lieben, heißt nicht, dass das alles nicht wirklich stattgefunden hat und alles, was wir im Leben erreicht haben, nicht viel Zeit und viele Anläufe und Mühen gekostet hat, bevor es gelang.

Man braucht nur an einen kleinen Jungen zu denken, der weint, weil er sich geschnitten hat, an das Bärchen-Pflaster, das er sich mit großem Ernst aussucht, während er sich schon ausmalt, was für eine Geschichte er am nächsten Tag im Kindergarten oder am Abend dem Vater erzählen wird: Schon dieser kleine Junge weiß, dass die Erinnerungen das einzig Kostbare in diesem Leben sind, auch wenn sie nicht immer auf Freudiges zurückgehen.

Man braucht nur die Geschichte eines Erwachsenen zu hören, der eine wilde Jugend überstanden, große Verluste in der Familie erlitten oder kollektive Tragödien miterlebt und es trotzdem geschafft hat, die Verletzungen seines Lebens mit Gold zu füllen, sodass sie schimmern und funkeln und mit den Jahren sogar zum Besten werden, was diesen Menschen ausmacht.

Die kostbarsten Zeichen sind in der Tat jene, durch die ein Gleichgewicht zwischen den Teilen zum Ausdruck kommt – zwischen eigentlich voneinander getrennten Teilen, die wieder zusammengefügt werden, weil jemand eine wundervolle Entscheidung getroffen hat, nämlich: etwas nicht wegzuwerfen, sondern sich in aller Ruhe hinzusetzen und ebenjene Teile wieder zusammenzufügen.

Kintsugi ist ein Begriff, der zutiefst im japanischen Denken verankert ist und dessen zahllose Nuancen eine grobe und pauschale Definition verbieten. Es ist ***wabi-sabi***, 侘び寂び, die Wertschätzung der Unvollkommenheit, die einen Keramikgegenstand zu etwas Einzigartigem in der Welt macht, und es ist die Akzeptanz des geheimnisvollen und beständigen Wandels der Dinge.

Kakuzō Okakura (1862–1913), der sich mit dem Begriff der Vollkommenheit im Taoismus und der Zen-Philosophie beschäftigte, unterstreicht dessen dynamischen Aspekt, den Gedanken, dass Vollkommenheit kein Ergebnis ist, sondern ein Prozess, und dass die wahre Schönheit »nur von dem wahrgenommen werden kann, der mit seinem eigenen Geist das Unvollkommene vollkommen macht«. Wirklich wichtig ist also der Akt des Vollendens und nicht der vollendete Akt.

Die Philosophie, die hinter *kintsugi* steckt, lehrt uns, dass es das Irreparable nicht gibt und auch das, wovon wir glauben, es sei unrettbar verloren, zu retten ist. Dieser Denkansatz sollte uns dazu inspirieren, entspannter und mit erhobenem Kopf durchs Leben zu gehen, mit sicherem Schritt, von heute an und auf jedem Weg, selbst wenn wir damit rechnen müssen, zu straucheln oder gar zu scheitern.

8

頑張る *gambaru*

oder: Wenn man alles gibt

Gambaru 頑張る bedeutet im Japanischen »sich bemühen«, »sein Bestes geben«, »sich anstrengen«. Man kann es in den Imperativ setzen, um jemandem Mut zuzusprechen *(gambatte, gambare)*, oder zu einem Plural formen, der alle miteinbezieht *(gambarō)*. Wenn es um ein Vorhaben geht, bei dem man Hindernisse umschiffen muss, ließe es sich mit »Nur Mut, auf geht's!« übersetzen, oder in Situationen, bei denen allein durch guten Willen nicht alles zu erreichen ist und der Zufall eine Rolle spielt, mit »Viel Glück!« oder »Toi, toi, toi!«. Würde man *Gambatte!* lediglich mit »Streng dich an!« wiedergeben, könnte das jedoch zu Missverständnissen führen, denn es klingt, als würde es dem, der es sagt, an Mitgefühl mangeln.

Wenn es jemandem schlecht geht, lernen wir im Deutschen als erste Reaktion ein empathisches »Das tut mir leid!«, »Ach herrje!«, »Wie schade!« oder auch »Du Ärmster!«, wodurch der Betroffene vor allem emotional angesprochen wird, sich beachtet und in seinem Dilemma verstanden fühlt und sogleich neuen Mut schöpft, gegen seine missliche Lage anzukämpfen. Allerdings kann Empathie, statt anzuspornen, durchaus auch kontraproduktiv sein, wenn einem die mitleidige Reaktion des anderen die Kraft raubt, sich wieder auf die Hinterbeine zu stellen und zu reagieren.

Für Japaner*innen sind es genau solche Umstände, in denen sich herauskristallisiert, ob ein Mensch in der Lage ist, den Widrigkeiten des Lebens zu trotzen: Angesichts einer solchen Bewährungsprobe steht das Verb *gambaru* für einen Ausgleich zwischen Eifer und Abwarten und bringt zugleich ein Gefühl der Schicksalsergebenheit zum Ausdruck, die jedoch nicht lähmend wirkt. Das Bemühen bleibt immer im Vordergrund.

Ob groß oder klein – jeder kann hierzu seinen Beitrag leisten. Im Zen, so schreibt Kakuzō Okakura, war man »der Ansicht, dass in der großen Gemeinschaft der Dinge kein Unterschied von Klein und Groß sei und dass ein Atom dieselben Möglichkeiten besitze wie das All«.

Yaruki やる気 bedeutet auf Japanisch »der Wunsch, etwas zu tun«, »der gute Wille«, und genau das ist die Eigenschaft, die im Land der aufgehenden Sonne so geschätzt wird. Ganz gleich, in welchem Zusammenhang, ob im Studium oder am Arbeitsplatz – und unabhängig vom erzielten Ergebnis –, kommt es vor allem auf *yaruki* an, also darauf, sich bemüht zu haben; umgekehrt wird einem weder besondere Bewunderung noch Anerkennung zuteil, wenn man ein Ziel erreicht, ohne dabei *yaruki* zu zeigen. Das Bemühen, der Wille, etwas zu tun, stehen über allem. Das ist etwas ganz anderes, als damit zu prahlen oder gar ein vergebliches Bemühen zu bereuen. Japaner*innen sind der Ansicht, dass jeder seinen maximalen Beitrag zur Gruppe leisten kann, wenn er ihr sein *yaruki* zur Verfügung stellt, und sie sind davon überzeugt, dass das Ergebnis, das dabei erzielt wird, so gut oder schlecht es auch sein mag, in jedem Fall das beste ist.

Aus diesem Grund wird man auch im Falle eines Scheiterns nicht verurteilt, sondern getröstet: *yoku gambatta ne!* よく頑張ったね！»Du hast dich sehr bemüht!«, sagt man zu demjenigen, der sich verausgabt hat und – weil er sein Ziel dennoch nicht erreicht hat – vielleicht vor Enttäuschung weint.

Ein japanisches Sprichwort chinesischen Ursprungs lautet: *Jinji wo tukushite tenmē wo matsu* 人事を尽くして天命を待つ, »Tu alles, was in deiner Macht steht, und warte auf die Entscheidung des Himmels!«

Wird alles gut gehen? Werde ich es schaffen? Was wird passieren?

Eine Fragestellung mit Varianten, bei der es jedoch immer um das Gleiche geht – um einen Zweifel, der uns quält, der uns umtreibt und sich immer wieder von Neuem einstellt: Und wenn ich es nicht schaffe? Wenn es sich als sinnlos herausstellt, dass ich jeden Morgen wieder von vorne anfange?

Doch eigentlich sind diese Fragen ebenso nichtig, wie es unabdingbar ist, alles in seiner Macht Stehende zu tun, um ein Ziel zu verwirklichen (es buchstäblich Wirklichkeit werden zu lassen). »Tu alles, was in deiner Macht steht«, bedeutet auch, so weit zu agieren, wie man eine Situation unter Kontrolle hat, und darauf zu warten, dass sich der Rest von allein ergibt. Eine Redensart, die die Grenze aufzeigt und zugleich die eigene Reichweite vergrößert: Sie spornt dazu an, sich anzustrengen und »alles, was möglich ist«, zu tun, so begrenzt es auch sein mag. Es bedeutet, einem Kranken bis zu seinem traurigen Ende beizustehen oder eine Beziehung zu kitten, die in Schwierigkeiten steckt. Es bedeutet, seinem Kind die Hand zu halten, wenn es Angst vor seinem ersten Schultag hat, diese dann aber vor dem Schultor loszulassen; ihm zuzuflüstern, dass alles gut wird, und es dann der kleinen Welt anzuvertrauen, die das Kind in sich aufnehmen wird. Allerdings ist es auch wichtig, seinem Engagement die richtige Richtung zu geben. Sosehr man sich auch anstrengt, gerät der Geist manchmal ins Straucheln, gibt Dummheiten von sich, dreht sich im Kreis, findet einfach keine Lösung.

Was tun in solchen Momenten? Wie der negativen Entwicklung entgegentreten?

Wenn nichts funktioniert, wenn jeder Versuch, voranzukommen, scheitert, dann sollte man zu einer probaten Waffe greifen: den eigenen Händen.

Etwas tun: Das kann ein Boden sein, der gewischt, oder ein Fenster, das geputzt werden muss. Das kann auch die Zwiebel sein, die unter Tränen gewürfelt wird. Pflanzen müssen gegossen oder eine Schublade aufgeräumt werden.

Man kann Kanji schreiben, eins nach dem anderen, oder die Wörter eines Glossars kopieren, die man schon längst einmal lernen wollte. Man kann die Nudeln besonders sorgfältig abgießen und den Reis umrühren, damit er nicht anbrennt. Man kann seine Stromrechnung im Voraus bezahlen oder auf die Post gehen, um ein Paket aufzugeben, das schon ein paar Tage darauf wartet, verschickt zu werden.

Auf einmal wird man es gutheißen, dieses Jahrhundert der Gegenstände in unseren Händen, die tagtäglich mehr werden. Dinge zum Kaufen, Dinge zum Benutzen, Dinge zum Reparieren, Dinge, derer man sich annehmen muss.

Vielleicht ist man sogar dankbar für den Trauerrand in der Badewanne, die man gerade auf Hochglanz bringt, denn solange unsere Hände in Bewegung sind, sind wir auch abgelenkt und beschäftigen uns nicht mit dem Problem, das wir lösen wollen, das sich aber durch Grübeln gar nicht lösen lässt.

Wenn unser Verstand benebelt ist – weil Verzweiflung und Unruhe ein vernünftiges Denken nicht mehr zulassen –, dann sind es unsere Hände, die die Knoten lösen und Faden für Faden entwirren.

Es gibt so viel zu tun, und indem wir unsere Hände benutzen, gönnen wir unserem Geist eine Pause.

Wenn dieser dann wieder in Schwung kommt, war das keine verschwendete, sondern sinnvoll genutzte Zeit, denn der Gedanke, dass wir Dinge erledigt haben, die wir auf die lange Bank geschoben hatten, verschafft uns zusätzliche Befriedigung.

Auch darin liegt der Sinn von *gambaru*: dass man sich im Alltagskampf eine Auszeit gönnt, sich für eine Weile anderen Zielen zuwendet und erst später wieder mit den Rechnungen beschäftigt, die zuvor nicht aufzugehen schienen.

Gambaru ist immer von Wert, ebenso wie die Hingabe, mit der sich Japaner*innen ihrer Arbeit widmen, die sie mit Engagement und Genauigkeit erledigen. Es versteht sich von selbst, dass es nützlich ist, wenn an der Spitze einer Gesellschaft, ebenso wie einer Firma, Menschen sitzen, die diese schöne Eigenschaft zu schätzen wissen, wobei diejenigen, die sich durch diese Eigenschaft auszeichnen, besonders verletzlich sind. Wenn in Beziehungen, die gegenseitiges Vertrauen voraussetzen *(shin)*, der eine Beteiligte den anderen ausnutzt, schwächen sich positive Effekte ab, und der Missbrauch lässt sich nur noch mit Mühe eindämmen.

Auch *karōshi* 過労死, der Tod (死) durch Überarbeitung (過労), hat hier seinen Ursprung – in einem verzerrten Verständnis des

Begriffs *gambaru* und in der Tatsache, dass man es in so mancher Führungsetage für selbstverständlich hält, wenn sich japanische Angestellte – charakterlich oder kulturell bedingt – dazu verpflichtet fühlen, zahllose Überstunden zu leisten, wobei sie oft ein Engagement zeigen, das womöglich nicht einmal entsprechend entlohnt wird, oder gar Schuldgefühle entwickeln, wenn sie Feierabend machen, während ein Kollege oder Vorgesetzter noch bleibt.

Deshalb ist es so wichtig, dass in den Führungsetagen Personen sitzen, die diese Charaktereigenschaften nicht für ihre persönlichen Zwecke ausnutzen, sondern die kostbaren menschlichen Ressourcen ihres Unternehmens hüten wie einen Schatz. Das zeigt wieder einmal, dass jede Absicht und jede Einstellung von allen geteilt werden müssen, wenn sie funktionieren sollen, und dass Freundlichkeit und Engagement allein nicht reichen, um für Harmonie zu sorgen. Sie müssen notwendigerweise das Kollektiv als Ganzes einbeziehen, sonst besteht die Gefahr, dass ein Ungleichgewicht geschaffen wird, bei dem ausgerechnet die besten und sensibelsten Kräfte am Ende die Dummen sind und auf der Strecke bleiben.

9

楽しかったね ~ *tanoshikattane*

oder: Inwiefern das Glück
eine Frage ist

Sind die Kinder in Japan glücklich? Wann bekommt das innere Gleichgewicht eines Menschen eigentlich die ersten Sprünge? Ab wann geht die Kurve nach unten und »Normalität« stellt sich ein? Und was ist das eigentlich, »Normalität«, wenn man von Lebensfreude spricht?

In japanischer Lesart und eher unter wirtschaftlichen sowie psychologischen Aspekten betrachtet, ist Glück auch ein wichtiger sozialer und kultureller Faktor. Wohlstand und messbares Glück kurbeln die Wirtschaft an, sie beeinflussen den Handel, das, was man kauft. Die Werbung verheißt es uns, indem sie uns ein intensives Wohlgefühl in Aussicht stellt, das manchmal nur ein paar Sekunden dauert, in denen man zum Beispiel ein Stückchen Schokolade auf der Zunge zergehen lässt und spürt, wie sich der köstliche Geschmack im ganzen Mund ausbreitet. Ein kurzer, intensiver Moment des Genusses.

Eine Studie des Anthropologen Eyal Ben-Ari, der sich lange mit den Gepflogenheiten in japanischen Vorschulen beschäftigt hat, zeigt auf, wie gern die Kinder dorthin gehen und wie viel Freude sie an den Spielen in der Gruppe haben; Ben-Ari untersucht die verschiedenen Formen der Interaktion und geht der

Frage nach, was typisch japanisch ist an der Lebensfreude dieser Kinder.

Tanoshikattane?! »Das hat Spaß gemacht, oder?«, ist eine Frage, die man in der Schule oder dem Kindergarten oft hört, und sie zeigt, wie fundamental es ist, dass man sich ein Gefühl *bewusst* macht. In der Wiederholung der Frage *tanoshiine?!* 楽しいね～?, »Das macht Spaß, oder?«, leitet man das Kind und zeigt ihm, was es da gerade empfindet und was genau das ist – Freude und Spaß.

Eigentlich müsste es selbstverständlich sein, dass ein Erwachsener etwas vom Glück versteht, es vielleicht nicht unbedingt erklären, aber doch zumindest empfinden kann, doch angesichts der eingefahrenen Regeln unseres Alltags und der permanent wachsenden Menge an Bedürfnissen und Aktivitäten scheint es eher eine Kompetenz zu sein, die man sich aneignen muss, ähnlich der Fähigkeit, einen Kartoffelsalat zuzubereiten oder auf einem Skateboard das Gleichgewicht zu halten.

Tanoshikatta ne?!, 楽しかったね～? »Das hat Spaß gemacht, oder?!« Glück ist also nichts wert, solange man es nicht empfindet. Es verschwindet, wenn man es nicht zum Ausdruck bringt, man muss es festhalten, so, wie man einen Gesichtsausdruck auf einem Foto oder die Erinnerung an ein lustiges Geschehnis in einem Tagebucheintrag festhält. Wenn man dann einmal traurig ist, genügt es, sich daran zu erinnern und sich zu sagen, dass im Leben alles vorübergeht und sich das Glück schon bald wieder einstellen wird.

So kann Glück also auch die Antwort auf eine Frage sein, die man sich mit der Zeit kaum noch stellt, obwohl es so wichtig ist, dass wir sie uns stellen: »Das macht Spaß, findest du nicht? Wie schön, ich habe einen Mordsspaß! Ich amüsiere mich köstlich mit diesen Menschen! So ein Glück! Findest du nicht auch?«

Spüren bedeutet im Übrigen auch, in einer Art »transparenten Sprache« miteinander zu sprechen, und die Tatsache, dass man etwas nicht sieht oder hört, bedeutet noch lange nicht, dass es nicht existiert.

Zum Teil muss man dafür zu dem empfundenen Gefühl zurückkehren, muss es noch ein zweites Mal empfinden, in Form einer Erinnerung an jenen Tag – den man vermutlich auf eine für unsere heutige Zeit typische, rein mechanische und unbewusste Weise durchlebt hat –, so, wie man einen Straßenbelag durch eine zweite Schicht Teer haltbarer oder einen Baum durch Veredelung kräftiger macht.

Tanoshikatta ne?! 楽しかったね～？ »Das war schön, oder?« Im Leben von japanischen Vorschulkindern kommen oft die Worte *minna* みんな oder *mina-san* 皆さん, sprich »alle«, vor, etwa wenn die Lehrerin die Kinder zusammenruft und daraufhin alle herbeilaufen, gespannt auf das nächste Spiel oder die nächste zu lösende Aufgabe. Im japanischen Schulleben gibt es übrigens einen ganz bestimmten Zeitpunkt – je nach Schulform und Klassenstufe am Ende eines jeden Tages oder auch jedes Schuljahres –, an dem man sich Zeit zum Nachdenken nimmt. Es ist die Zeit des öffentlichen oder auch privaten »Sichsammelns«, die man *hanseikai* 反省会 nennt und die in vielerlei Hinsicht mit dem Wort *furikaeri* 振り返り, »sich ins Gedächtnis rufen« oder »zurückblicken«, verknüpft ist. Es geht darum, Revue passieren zu lassen und so dem, was geschehen ist, Farbe und Substanz zu verleihen.

Wird es täglich praktiziert, kann *hanseikai* bis zu zehn Minuten dauern – ein Moment des gemeinsamen Innehaltens, bei dem man über die verbrachte Zeit spricht. Es ist, als würde man das Leben noch einmal an sich vorbeiziehen lassen, um etwas daraus zu lernen, sich am Guten zu erfreuen und aus dem Schlechten seine Lehren zu ziehen.

Tanoshikatta ne?! 楽しかったね～？ »Das hat Spaß gemacht, oder?«

Diese Lektion lehrt einen, dass man das Glück, wenn möglich, zur Sprache bringen, es verkünden soll. Man holt es sich aus der Vergangenheit – nicht nur aus der fernen Vergangenheit, sondern aus der, die man gerade erst erlebt hat, vor ein paar Stunden, heute Morgen, vorgestern.

Sich das Glück zur Gewohnheit zu machen, das bedeutet auch, dass man sich immer wieder diese eine Frage stellt: *Tanoshikatta?* 楽しかった～？ »War das schön?«, »Hat es dir Spaß gemacht?«

10

粋 *iki*

oder: Von der Beredsamkeit des Kleinen

Am 1. November 1985 hielt der berühmte Literaturkritiker Kōjin Karatani an der Universität von Waseda eine Vorlesung mit dem Titel »Edo-Exegese und Gegenwart«, wobei er in der Einführung ausführlich auf den fundamentalen Essay *Die Struktur von »Iki«* von Shūzō Kuki (1888–1941) einging; der gefeierte japanische Philosoph hatte den Begriff *iki* im Sinne von »Verabsolutierung der Möglichkeit als solcher« in den Mittelpunkt seiner Forschung gestellt oder, anders formuliert, jenen Moment des Stillstands, kurz bevor etwas eintrifft oder überwunden wird, als würde man mit etwas in Berührung kommen, ohne es tatsächlich zu berühren, etwas heraufbeschwören, ohne es auszusprechen. Kuki hatte in Europa bei Henri Bergson und Martin Heidegger studiert und sich nach seiner Rückkehr nach Japan auf den Begriff *iki* in der Kultur der Edo-Zeit sowie auf den Gedanken des Zufälligen konzentriert, der im Menschen oft mit dem Gefühl der Verwunderung einhergeht. Insbesondere sah er in *iki* die Möglichkeit, die ästhetische Vision jener historischen Periode in ihrer Essenz abzubilden; Japan war damals noch weitgehend von der Außenwelt abgeschottet und erreichte in seinem kulturellen Mikrokosmos, den es im Laufe von Jahrhunderten des Friedens erschaffen hatte und der noch nicht durch Kontakt mit der Außenwelt beeinflusst worden war, einen Höhepunkt an Raffinesse.

Iki beschreibt eine besondere Art erotischer Spannung zwischen Mann und Frau, die nie ganz offensichtlich wird und deren Konkretisierung immer wieder aufgeschoben wird. Sie basiert auf dem permanenten Hinauszögern von Befriedigung, was der Liebe als »schlichtem Bedürfnis« und dem rein körperlichen und emotionalen Austausch gegenübergestellt ist. Gerade durch den Verzicht, durch ein Innehalten kurz vor der körperlichen Erfüllung wird jene sinnliche Energie freigesetzt, die sich *iki* nennt.

Durch ebendiese Energie ließ sich der weibliche Körper heraufbeschwören, ohne ihn ganz zu zeigen, durch sie die besondere Anziehungskraft einer Frau spürbar machen, ohne sie ihrer Nacktheit preiszugeben, die man als ungehörig und vulgär empfand. Vielmehr ging es um die sinnliche Vergegenwärtigung bestimmter Details wie etwa der Art und Weise, zu sprechen oder sich zu bewegen. Kuki glaubte, *iki* habe jeden Aspekt der Edo-Kultur durchdrungen, und führt als Beispiele sogar die im Design jener Epoche häufig zu findenden parallelen Linien an, welche seiner Meinung nach die Spannung zwischen Ideal und Wirklichkeit repräsentierten, ebenso wie das in seinen Augen für die damalige Architektur galt, die von der Dichotomie zwischen Holz und Bambus geprägt war.

In seiner faszinierenden Untersuchung nimmt Karatani auch Bezug auf den Dichter und Essayisten Tōkoku Kitamura (1864–1894), der den Begriff *iki* in Zusammenhang mit der modernen Literatur als Erster unter die Lupe nahm. Allerdings gab Kitamura *iki* einen anderen Namen, da er nämlich eine andere

Lesart des Kanji 粋 benutzte und es *sui* nannte. Zwischen *sui* und *iki* besteht nicht nur ein geografischer, sondern auch ein historischer und kultureller Unterschied: Während sich *iki* direkt auf den urbanen und allem Neuen aufgeschlossenen Lebensstil der Bewohner bestimmter Viertel der Stadt Edo (des späteren Tokio) bezog, entsprach *sui* hingegen der Lebenswelt der Kaufleute in der Region Kansai und stand für die traditionsbewusste Raffinesse und die ethischen Implikationen jener ganz eigenen sozialen Schicht. *Iki* verband man vor allem mit dem Vergnügungsviertel Yoshiwara (wo ein gewisser Bunzaemon Kinokuniya, ein Mandarinenhändler – von dem es hieß, er habe seinen gesamten Verdienst dafür geopfert, das Viertel für eine Nacht zu mieten, um sich dort mit Kurtisanen zu vergnügen –, als der männliche Inbegriff für *iki* galt). Insbesondere zitiert Karatani zwei Aufsätze von Kitamura, in denen der Autor die Sinnlichkeit von *iki* der Idee einer romantischen und leidenschaftlichen Liebe gegenüberstellt, wobei Letztere erst mit der Meiji-Zeit *(ai)* nach Japan kam.

Da *iki* in der Edo-Zeit deutlich vom eigentlichen Liebesvollzug abgegrenzt wurde und man den Verzicht, das Innehalten kurz vor der Erfüllung, zum höchsten Gefühlsmoment erhob, konnte dieser Begriff seinerzeit ebenso für eine von Milde und Großzügigkeit getragene Geisteshaltung stehen. *Iki* bedeutet auch, über der Masse zu stehen, sich durch Nachsicht, Mildtätigkeit und ein ganz besonderes Flair auszuzeichnen, das im Alltagsleben nur selten zutage tritt; es steht für Außergewöhnlichkeit, wobei derjenige, der sich auf diese Weise auszeichnet, keinerlei Veranlassung sieht, dies auch nach außen zu zeigen.

Die Dimension der Geste kann dabei absolut vernachlässigt werden. Vielmehr handelt es sich oft um etwas sehr Kleines, das dennoch große Wirkung hat, etwas, das zu Ehrerbietung und Wertschätzung führt und das Ansehen eines Menschen erhöht.

Man könnte von einem Einrichtungsgegenstand sagen, er sei *iki*, oder von einem einzigen Accessoire, das ein ansonsten eher nüchternes Kleidungsstück auflockert, von einer Spange im Haar, einer besonders geistreichen Bemerkung in einem dahinplätschernden Gespräch oder einer einzigen Lilie in einem Blumenarrangement. *Iki* kann auch eine Geste sein, die zwar dezent, aber mit großer Wirkung die Aufmerksamkeit aller auf einen Sachverhalt lenkt, der ansonsten kaum sichtbar wäre. Es kann ein einziger Blumenstängel in einer Vase sein, ein rotbraunes Tässchen inmitten einer Anrichte voller weißer Keramik oder ein schöner Lippenstift auf einem ungeschminkten Gesicht. Ein Lichtpunkt in einem ansonsten stockfinsteren Zimmer.

Iki – das sind die vielen Spielarten spiritueller Raffinesse. Es ist ein Begriff an der Schnittstelle zweier weiterer fundamentaler Begriffe, nämlich **iro** 色, also der Sinnlichkeit in ihrer buntesten und auffallendsten Form, und *tsuya* 艶, was für Glanz und Pracht steht. Ein Begriff, der uns, wie so viele andere, von der »Schönheit« *(bi)* erzählt.

Wenn es darum geht, zu entdecken, was dem Herzen guttut, seinen Geschmack zu verfeinern und sich diese elegante und feinsinnige Art von Schönheit anzueignen, kommt es immer aufs Detail an. *Kopfkissenbuch* von Sei Shōnagon, einer der Eckpfeiler der japanischen Literatur, ist ein Reigen aus minutiös geschilderten Momenten des Lebens am Hofe, ähnlich einem pointillistischen Gemälde, bei dem Pinseltupfer für Pinseltupfer ein Bild von seltener Lebendigkeit auf die Leinwand gebracht wird.

In dem Abschnitt mit der Nummer 144 unter dem Titel »Liebreizendes« zitiert Sei Shōnagon neben vielen anderen Einzelheiten »Spätzlein, die herbeigehüpft kommen, wenn man sie durch leises Pfeifen anlockt […] Die ganz winzigen Teichrosenblätter, die sich gerade erst aus dem Teich erhoben haben. Klitzekleine Malvenblüten. Was es auch sei, alles, was sehr klein ist, finde ich liebreizend […] Ganz entzückend ist es auch, wenn sieben- bis neunjährige Knaben mit ihrer Kinderstimme laut vorlesen.«

In Abschnitt 84, »Elegantes«, beschäftigt Sei Shōnagon sich mit Stoffen, Gewändern, der adretten Haltung von Hofleuten, Männern wie Frauen, und mit Tieren: »Es wirkt auch sehr schön und elegant, wenn auf der Balustrade außerhalb der Rolljalousie mit nagelneuem Deckbezug eine ganz liebreizende Katze mit rotem Halsband und weißem Namensschild entlangläuft, eine lange, geflochtene Leine hinter sich herschleifend.«

Dann steckt *iki* also auch hier, in den kleinen Dingen des Lebens, denn vielleicht, so schrieb Shūzō Kuki, sei es ja ein Universalwort, das in allen Sprachen seine Spuren hinterlassen habe. Wer weiß, wie es wohl auf Italienisch oder Deutsch heißen mag …

11

仕様がない *shiyōganai*

oder: Von dem Moment, in dem man loslassen sollte

Immer bringen wir alles zu Ende, verausgaben uns, bis wir an unsere Grenzen stoßen. Weiter, immer weiter. *Mō sukoshi* もう少し, wörtlich: »Noch ein bisschen.« Wenn wir dann jedoch scheitern, scheint uns, alles würde von der einen Sache abhängen, die wir nicht geschafft, von diesem einen Fehler, den wir übersehen haben. Wir halten aus Prinzip durch, als wäre es unsere Pflicht, immer Erfolg zu haben.

Dennoch ist es unrealistisch, so zu denken, denn irgendwann kommt immer der Moment des Bruchs, die Zeit, in der es gut ist, einfach loszulassen.

Das kann ein Zug sein, den wir verpassen, weil wir verschlafen haben, oder eine Prüfung, die wir wegen eines dummen Fehlers in den Sand setzen, es kann eine Nacht sein, in der wir kein Auge zutun, weil ein Baby ohne Unterlass brüllt, oder ein Fehler bei der Arbeit, der uns peinlich ist und uns viele Entschuldigungen kostet, oder auch eine Verabredung, die wir absagen müssen, obwohl wir wissen, wie enttäuscht der andere darüber sein wird.

Unter all den Männern und Frauen, die irgendwo in Japan ihr Leben führen, und in allem, was sie tun, nach außen hin perfekt und effizient wirken, gibt es niemanden, der nicht schon Dutzende oder gar Hunderte von Malen diesen einen Satz gesagt hat, und auch niemanden, der sie nicht gehört hat, diese Litanei des Bedauerns angesichts von Dingen, die nicht geklappt haben: *Shiyōganai!*

Shiyōganai 仕様がない ist ein Ausdruck, der sich aus mehreren Teilen zusammensetzt: 仕様 bedeutet »die Art und Weise«, und がない steht für das Verb »da sein« in seiner negativen Form, also für etwas, das eben *nicht* da ist. Zusammengenommen heißt das, dass es keine Art und Weise gibt, etwas Bestimmtes zu lösen, oder anders formuliert: »Da ist nichts zu machen«, »Keine Chance«.

Damit erklärt man die Unabwendbarkeit gewisser Dinge, die Ausnahme von der Regel, die Aufforderung, keine Energie an etwas zu verschwenden, das sich unserem Einfluss entzieht, sosehr wir es uns auch anders wünschen würden und es bedauern. »Vielleicht neigen wir Menschen aus dem Morgenland«, so schreibt Juni'chiro Tanizaki in seinem Buch *Lob des Schattens,* »dazu, Grenzen zu akzeptieren, die Umstände, das Leben. Wir finden uns mit dem Schatten ab, mit dem, was eben ist, ohne dagegen aufzubegehren.«

Eng verknüpft mit diesem Ausdruck, ist *shikatanai* 仕方ない, wobei *shikata* 仕方 eine Variation von *shiyō* 仕様 ist.

Beide Ausdrücke verwendet man als Ausrufe, oder man schreibt sie einem Menschen zu, von dem man nicht das allerbeste Bild hat, ohne ihn jedoch streng zu verurteilen; so bezeichnet *shiyōganai hito* 仕様がない人 zum Beispiel ein Individuum, bei dem Hopfen und Malz verloren ist, einen Tunichtgut oder auch Schlingel, wenn es sich auf einen Jungen bezieht.

Wenn wir jemandem einen Fehler eingestehen, kommt es oft vor, dass unser Gegenüber mit einer Mischung aus Mitgefühl und Freundlichkeit sagt: »*Shiyōganaine* しょうがないね~«, »Jetzt ist es schon passiert, was willst du machen?« Wobei es sich nur um eine rhetorische Frage handelt, eine Formel, die die Antwort gleich mitliefert. Nun gilt es, loszulassen und nicht alles noch schwerer zu machen, als es sowieso schon ist.

»Ich hab's nicht geschafft und meine Chance verpasst.«

Mō shiyōganaine: »Vergiss es. Passiert ist passiert.«

Es ist schön, das zu hören, denn es schenkt uns Sicherheit. Alles löst sich in Wohlgefallen auf: der Gedanke, es immer noch weiter versuchen und sich ständig selbst anspornen zu müssen, der Erfolgsdruck, der Verweis auf Verantwortlichkeiten, um sich selbst oder anderen einen Vorwurf zu machen. Dann ist *shiyōganai* wie eine zärtliche Liebkosung, wie die Hand eines Erwachsenen, die sich tröstend auf den Kopf eines Kindes legt, weil es in einem Wettrennen nicht den ersten Platz gemacht hat. Es ist uns erlaubt, Fehler zu machen. Niemand will mehr von uns als das, was wir selbst geben können.

Deshalb ist *shiyōganai* im tiefsten Sinne des Wortes ein Geschenk, das man dem anderen machen kann.

Anderen und sich selbst verzeihen: Darin liegt die Weisheit, nicht zu den Trümmern eines unbrauchbaren Konstrukts zurückzukehren.

Sollten die Dinge nicht so laufen wie gewünscht, kann dieser Ausdruck eine Antwort liefern: Wenn man sich genügend Mühe gegeben hat, wenn das Ergebnis nicht von uns abhängt oder selbst wenn wir dafür verantwortlich sind, aber nichts mehr daran ändern können, dann sollten wir nicht zögern, *shiyōganai* zu sagen.

Nicht jammern, sondern es dem anderen – und sich selbst – leichter machen.

Ein weiterer Ausdruck, der darauf abhebt, dass man die Dinge so nehmen muss, wie sie sind, lautet: *muri wo suru,* 無理をする, »das Unmögliche tun«, »Opfer bringen«, aber auch »sich über Gebühr anstrengen«, »etwas auf Biegen und Brechen durchziehen«, »es übertreiben«. Hier geht es darum, dass sich jemand mit seinen Aufgaben übernimmt und etwas erzwingen will; zu einem verneinten Imperativ umformuliert ist *muri (wo) shinaide* 無理をしないで folglich die Aufforderung, nicht über das Mögliche und Natürliche hinauszugehen und sich nicht allzu sehr zu verausgaben.

Diese Redewendung bekommt man zum Beispiel zur Antwort, wenn man einen Kollegen darauf hinweist, dass man eine Arbeit, auf die man sich geeinigt hatte, vermutlich nicht rechtzeitig fertig bekommt, oder wenn man einem Freund mitteilt, dass die Verabredung mit ihm wegen höherer Gewalt ins Wasser fällt. Japaner*innen messen einem Versprechen große Bedeutung zu, folglich würden sie alles tun, um ein gegebenes Wort nicht zu brechen, und aus dem gleichen Grund zögern sie oft, etwas zu versprechen, wenn sie nicht sicher sind, ob sie dieses Versprechen auch tatsächlich halten können *(setsudo)*.

In einer Gesellschaft, die darauf geeicht ist, immer alles zu geben, und in der Engagement einen wichtigen Wert darstellt *(gambaru)*, tendieren manche dazu, es zu übertreiben. Dennoch sagt man es oft, dieses *muri (wo) shinaide,* zumindest ebenso oft, wie man jemanden mit einem Mut machenden *gambatté* dazu auffordert, sich anzustrengen, oder ihn bittet, auf dem Weg zur Umsetzung eines Projekts Vorsicht walten zu lassen, weil es ge-

fährlich wäre, sich allzu sehr zu verausgaben: *ki wo tsukete!* 気を
付けて！, »Vorsicht!«, *yukkuri irahite kudasai* ゆっくりいらして
ください, »Nur keine Hektik!«, »Immer mit der Ruhe!«.

Muri suru hat auch mit der Form der Dinge zu tun, denn
etwas zu erzwingen, heißt, über das Ziel hinauszuschießen und
die Dinge zu verzerren, ihre Natur nicht zu respektieren, nur
um ein bestimmtes Resultat zu erreichen.

Merkwürdigerweise gibt es in Japan für alles eine Öffnung, eine
Stelle, an der sich das Plastik oder Papier, in das eine Ware gewickelt ist, aufreißen lässt, eine kleine Lasche oder Falte, an der
man ziehen muss, um ein *onigiri* leichter aus seiner Verpackung
zu befreien, oder eine Vertiefung, die dem Verbraucher den genauen Punkt zeigt, auf den man seine Kraft konzentrieren soll –
oft durch einen roten Pfeil oder eine Beschriftung wie »Öffnung«, »hier öffnen« oder »langsam drehen« gekennzeichnet.
Man denke nur an die *kombini* mit all ihren Waren, die mit kleinen Laschen versehen sind, an denen man zieht, um die Verpackung zu öffnen, ohne sie mit Gewalt aufreißen zu müssen, was
den Inhalt beschädigen könnte.

Alles funktioniert mit ein paar gezielten Bewegungen, mit
wenig Aufwand und ohne Gewalt.

Man muss nur innehalten, aufmerksam hinschauen und
sehen, wie es geht, dann klappt es auch.

Japaner*innen sind Meister der Präzision, aber auch unemp-
findlich Dingen gegenüber, die besonders lästig sind. Hartnäckig gehen sie *mendōkusai* 面倒くさい aus dem Weg, also allem,
was Unannehmlichkeiten oder Hindernisse mit sich bringt,
Dingen, die unnötig und energieraubend sind. Auch deshalb
ist Japan ein Serviceparadies, ein Markt, auf dem immer neue

Produkte und Dienstleistungen erscheinen, die selbst die kleinsten Bedürfnisse befriedigen.

Im Grunde geht es darum, all das in Umlauf zu bringen, was das Leben leichter und ein wenig freundlicher macht, und darum, die Natur der Dinge nicht zu verzerren.

12

幸せ *shiawase*

oder: Wie man Glück auf Japanisch dekliniert

So mancher erkennt mit den Jahren, dass Glück nicht etwas ist, das man findet, und auch nicht etwas, das geschuldet wird, sondern dass man es schaffen und gestalten muss, wie die Zeit, wie eine Familie. Es ist ein Projekt, das man plant und mit vielen Post-its kennzeichnet, es sind Vorhaben, die man mit anderen und mit sich selbst hat, einschließlich mancher Rückschläge und kurzer Unterbrechungen. Manchmal ist es nützlich, wenn man sich sagt: »Mach die Augen zu und vertrau auf das, was dir widerfährt!«, manchmal hingegen auch: »Halt die Augen offen und schau dir an, was um dich herum geschieht!« Man trifft wichtige Entscheidungen, beschließt, wer weiterhin zu unserem Leben gehören wird und bei wem man hingegen besser die Tür öffnet, damit er gehen kann.

Glück muss man können, man kann daran feilen, und das Leben ist die Werkbank, an der wir es schmieden. Eine ständige Übung, das ist es. Ja, Glück hat mit Kapazität zu tun.

»Kapazität« nicht nur im Sinne von Fassungsvermögen – denn es steht außer Zweifel, dass man dafür eine Art inneren Raum, einen Ort braucht, an dem man diesen neuen Keim zum Sprießen bringen kann –, sondern »Kapazität« im Sinne von Fähigkeit, womit auch die Fähigkeit gemeint ist, damit umzugehen, es zu gestalten, es zu hegen und zu pflegen.

Ja, das Glück ist wie ein Garten, den man gießen und um den man sich kümmern muss.

In Japan hat das Glück eine lange Entwicklungsgeschichte hinter sich, weil es nicht nur dem Empfinden eines jeden einzelnen Menschen unterworfen ist, sondern auch mit jener allerersten und substanziellen Umwälzung zu tun hat, die die Übernahme der chinesischen Schrift mit sich brachte. Plötzlich war man gezwungen, sich von bestimmten Dingen zu verabschieden, musste sich auf die gedanklichen Nuancen anderer einlassen, auf jenen Prozess der Reibung, der zwischen zwei tradierten Denksystemen entsteht, wenn sie aufeinandertreffen. Die ursprüngliche Bezeichnung lautete *saiwai* 幸い, also »glückliche Fügung, Glück«, abgeleitet von dem Verb *sakaeru* 栄える, was »gedeihen, blühen, in Blüte stehen« bedeutet, jedoch nicht nur mit dem Gedeihen von etwas zu tun hat, das sprießt und wächst, sondern eben auch mit dem Gedanken einer schicksalhaften Fügung, die man in den antiken Gesellschaften durch allerlei glückbringende Rituale auf sich zu lenken versuchte.

Mit der Einführung des chinesischen Wortes *kōfuku* 幸福 verbinden sich die Begriffe »Glück« (幸) und »göttliche Gnade« (福) zu einem Kanji-Paar. Nun ist es dem Wohlwollen eines höheren Wesens zu verdanken, wenn das Leben nicht brüsk unterbrochen wird, man nicht früh sterben muss, bei guter Gesundheit bleibt und nicht von Armut heimgesucht wird.

Dann kamen die Umwälzungen der Meiji-Zeit und damit der Einfluss der westlichen Aufklärung mit ihren komplexen Begrifflichkeiten und der damit einhergehenden Idee von einem

Anspruch auf Glück, ein Glück, das eng verknüpft ist mit einem politischen Diskurs über das Wohlergehen des Individuums und über die Pflicht eines Staates, dieses auf demokratischem Weg zu gewährleisten.

Wieder einmal muss Japan nach Worten suchen, um Begriffe aus Europa und Amerika auf das eigene Land zu übertragen, oft muss es das Chinesische und seine Ideogramme als Vermittler nutzen, um durch sie jenes Etwas auszudrücken, das man in der eigenen Kultur anders versteht und anders ausdrückt. Die Bedeutung der Wörter gerät ins Rutschen, und am Ende verwendet man zwar den gleichen Ausdruck, versteht darunter jedoch etwas anderes.

Der Bedeutungswandel des Glücksbegriffs zeigt sich schließlich in der Verfassung von 1946, die nach der schweren Niederlage Japans im Zweiten Weltkrieg unter strenger Federführung der Amerikaner entstand und 1947 in Kraft trat.

Tatsächlich schreibt Artikel 13 der Verfassung, neben der Achtung des Einzelnen und seinem Recht auf Leben und Freiheit, auch das Streben nach Glück in nicht näher definierter Gestalt fest, denn *Glück* ist eine rein persönliche Angelegenheit, die jeder für sich selbst finden muss:

»Jeder Staatsbürger wird als Persönlichkeit respektiert. Sein Recht auf Leben, Freiheit und Streben nach Glück soll, soweit es das allgemeine Wohl nicht gefährdet, oberster Gesichtspunkt in der Gesetzgebung und in allen übrigen Staatsangelegenheiten sein.«

Diese Formulierung zeigt uns, dass Glück ein Begriff ist, der nicht nur seinen Namen, sondern auch seine Gestalt ändern kann, der sich von Kultur zu Kultur wandelt und in jedem Stadium seiner Entwicklung etwas verliert und anderes hinzugewinnt. Es liegt allein an uns, welche seiner Erscheinungsformen wir bevorzugen und wie diese an unsere Welt, unsere Sprache und Kultur adaptiert werden soll.

13

気分転換 *kibun tenkan*

oder: Von der Veränderung des Gefühls

In Yukio Mishimas Roman *Bekenntnisse einer Maske* heißt es an einer Stelle, dass Gefühle es nicht mögen würden, »in eine feste Ordnung gebracht zu werden«, wobei *kibun tenkan* 気分転換, wie es Japaner*innen nennen, ein bewusster Wechsel, eine bewusste Änderung der eigenen Stimmung ist.

Kibun 気分 bedeutet »Gefühl, Empfindung, Emotion« und *tenkan* 転換 »Veränderung« oder auch »Umkehr«. In dem zweiten Kanji-Paar verbirgt sich das Ideogramm für »rollen« (*korogaru* 転がる, *korogasu* 転がす), quasi als müsste man ein Gefühl, wenn man es wirklich verändern oder verwandeln will, wegrollen lassen, so, wie man einen Ball aus den Händen rollen lässt.

Man fühlt sich an eine dieser Glaskugeln mit einem kleinen Petersdom oder dem Itsukushima-Schrein erinnert, die man schüttelt, um es darin schneien zu lassen. So ist es im Japanischen auch mit den Gefühlen: Um sie effektiver zu machen, wirbelt man sie herum, und schon rückt die Müdigkeit nach einem langen Arbeitstag, das Negative der Dinge, an denen man nichts ändern kann, ein Stück weit von uns ab.

Kibun tenkan bedeutet umgangssprachlich »sich ablenken, sich entspannen, sich lösen«. *Kibun tenkan shiyō* 気分転換し

よう ～ ist folglich die Aufforderung: »Machen wir doch *kibun tenkan,* kehren wir unsere Gefühle um, tun wir etwas, das uns entspannt.«

Oft heißt es in Bezug auf Kinder, dass es nichts bringt, sich ihnen zu widersetzen, wenn sie quengelnd auf etwas beharren (»Ich will dieses Spielzeug!«, »Ich will nichts mehr essen!«, »Nimm mich sofort in den Arm!«), sondern dass man sie besser ablenkt, sie vom Objekt ihrer Begierde löst (»Warum schauen wir denn nicht mal nach, was deine Mama da in der Tasche hat?«, »Sieh doch nur, wie deiner Puppe ihr Abendessen schmeckt!«, »Na los, wer ist zuerst am Ende der Straße?«).

Auch Erwachsene, die tief in einer Situation stecken und in der Arbeit, im Studium oder durch familiäre Verpflichtungen überlastet sind, benötigen manchmal dringend eine Pause, eine Unterbrechung *(ma).* Dann machen sie vielleicht eine Stippvisite bei einem Freund, laden die Schwester zum Abendessen ein, gehen am Meer spazieren oder nehmen ihr Fahrrad, um einkaufen zu gehen. Nur eine kleine Auszeit, die es ihnen dennoch ermöglicht, sich von der Tretmühle, in der sie stecken, ein wenig zu erholen und sich wieder viel frischer zu fühlen. Sie machen *kibun tenkan,* geben ihren Gefühlen eine neue Richtung, und wenn sie zurückkehren, werden sie entdecken, dass ihnen die Arbeit wieder leichter von der Hand geht, dass es mit dem Studieren flutscht und sie mehr Energie für die Familie übrig haben.

Diese Fähigkeit zur Unterbrechung und zum Richtungswechsel ist alles andere als eine Flucht. Man entfernt sich nur, um wieder zurückzukehren, und sieht die Dinge gleich mit anderen Augen.

Kibun tenkan bedeutet, sich auf die Zwischenräume der

Dinge einzulassen, zu versuchen, die Kompaktheit der Gefühle zu durchbrechen, und sich die Möglichkeit zu gestatten, etwas anders zu sehen oder zumindest anders zu empfinden. Es geht darum, eine der wichtigsten Lektionen des Lebens zu lernen: dass es niemals von Vorteil ist, wenn man eine Sache verbissen verfolgt. Stattdessen erzielt man im Leben die besten Ergebnisse, wenn man einem gewissen Rhythmus folgt. Indem man weitermacht, sich dann wieder ein Stück löst, einen Haken schlägt und zurückkehrt.

Und indem man jedes Mal neu beginnt, mit frischem Antrieb. Denn genau hier, so schrieb Hannah Arendt, liegt der Sinn des Lebens – im steten Neubeginn.

14

こだわり *kodawari*

oder: Von dem Detail, das von uns erzählt

Kodawari こだわり, das sind die Details, die kleinen Dinge, die auf eine ganz bestimmte Weise getan werden müssen, unseren ganz persönlichen Vorstellungen entsprechend. Sie bilden die Vorgaben, nach denen etwas so und nicht anders zu erledigen ist. Man könnte sie auch als eine Art persönliche *conditio sine qua non* definieren.

Kodawari basiert auf der grundlegenden Einsicht, dass Unterschiede nur im Kleinen möglich sind und der Genuss im Detail liegt. Damit rechtfertigen Japaner*innen ihre Mühen bei der Suche nach dem Herausragenden, dem Element, das den Unterschied macht und dank dessen wir uns von der Masse abheben. Im Handwerk und, allgemeiner gesprochen, im Handel ist *kodawari* ein fundamentales Wort, ebenso wie in einem persönlichen Kontext, in dem man dem anderen von sich selbst erzählt und all die kleinen Dinge enthüllt, denen jeder von uns große Bedeutung beimisst und die folglich das aus uns machen, was wir sind.

Kodawari leitet sich von dem Verb *kodawaru* 拘る ab, das so viel wie »anspruchsvoll sein«, »pingelig sein«, »auf etwas bestehen« oder auch »beharren« bedeutet, aber auch im Sinne von »an etwas hängen«, »auf etwas fixiert sein«, »etwas große Bedeu-

213

tung beimessen« verwendet wird. Das japanische Wörterbuch listet vier Bedeutungen von *kodawaru* auf: Die erste Bedeutung hebt auf den Zwang ab, dem ein Herz unterliegt, weil es gefangen ist von etwas und sich nicht mehr frei bewegen, ja nicht mehr denken kann; die zweite nimmt Bezug auf etwas, das bei dem einen Menschen keinerlei Gefühle weckt, auf den anderen hingegen große Faszination und Anziehungskraft ausübt; die dritte, die erst am Ende der Edo-Zeit entstand, beinhaltet eine unterbrochene Bewegung, etwas, das aufgrund einer Störung von außen stehen bleibt; und die vierte, die etwa in der Mitte der Edo-Zeit ihren Ursprung hat, steht für »verweigern, zurückweisen«.

Kodawari ließe sich auch als fixe Ideen abtun, als Marotte, die von Dritten nur schwer zu verstehen ist und nur selten die Empathie anderer weckt. *Kodawari* kann zum Beispiel unseren Umgang in Bezug auf Frauen oder Männer betreffen oder auch den Genuss, den wir empfinden, wenn wir Geschmacksrichtungen eigenwillig miteinander kombinieren – zum Beispiel wenn wir Chili an den Salat machen oder für einen Kuchen einen besonderen Rohrzucker aus Okinawa bestellen –, oder aber unsere Vorliebe für den Reis der Sorte *koshi-hikari* aus Niigata, den besonderen Schnitt einer Bekleidungsmarke oder einer Schneiderei, die nur wir kennen.

Es ist all das, was für den einen zählt, den Geschmack eines anderen jedoch überhaupt nicht trifft, etwas, das man so sehr liebt, dass man sich emotional kleiner fühlt, wenn man es nicht haben kann. Etwas, das für den einen fundamental ist und für andere dagegen lächerlich. Das, was einen Menschen zu dem macht, der er ist, und nur zu ihm allein.

Das Kleine und das Große – sie sind im Übrigen gleichermaßen entlarvend, wie sich Kakuzō Okakura in *Das Buch vom Tee,* seinem berühmten Loblied auf die japanische Tradition, erinnert: »Die winzigen Geschehnisse des Alltags geben ebenso sehr Zeugnis von den Idealen eines Volkes wie der höchste Flug von Philosophie und Dichtkunst.«

Häufig fällt das Wort *kodawari* in Bewertungen von Restaurants und Cafés; oder wenn ein Handwerker minutiös Materialien und Verarbeitungstechniken auflistet; oder wenn der Inhaber eines Geschäfts stolz berichtet, was in seinem Laden alles zu haben ist, und auf die erlesene Qualität seiner Produkte und die Sorgfalt, mit der sie hergestellt wurden, verweist. Und genau das vermittelt der Begriff *kodawari* – Sorgfalt.

Die Verwendung dieses Wortes – das zwar auch für eine fixe Idee stehen kann – ist somit eindeutig positiv: Es erklärt das Vorgehen, das zu einem bestimmten Ergebnis führen kann, die Mühe, die es kostet, wenn man etwas ordentlich und gut machen will und sich in einer eher schlampigen Welt mit Qualität auf einem Markt behauptet, der viel zu oft auf Quantität setzt. Aus diesem Grunde – weil es eben nicht den Regeln des Profits folgt – kann aus *kodawari* auch etwas werden, mit dem man sich gegen den Niedergang und die allgemeine Auflösung bestimmter Werte wendet.

Das bestätigt sich, wenn man sich die Menschenmengen Tokios anschaut – an der Kreuzung Shibuya sind tagtäglich Millionen von Menschen unterwegs, und doch ist jeder anders und verdient die Aufmerksamkeit, die man ihm schenken sollte. Muscheln, die jemand gesammelt und auf eine Aktenmappe geklebt hat, die Größe und der Schwung eines Haarknotens, eine Schuhmarke, bestimmte idealtypische Eigenschaften eines Mannes oder einer Frau: Es sind allein die kleinen Dinge, die uns voneinander unterscheiden.

Auf diese Weise erschafft sich jeder seinen eigenen Stil und widmet sich mit Sorgfalt seiner eigenen Person, ob es sich nun um die jungen Leute aus den Szenevierteln Harajuku und Shibuya handelt oder um die alten Damen aus Sugamo. Wir alle wollen uns im Kleinen hervorheben und sind auf die Fragmente der Schönheit erpicht, die uns durch den Alltag begleiten sollen.

Dennoch sollte man darauf achten, dass auch *kodawari* Ausgewogenheit braucht; mit den Jahren häuft man mehr und mehr *kodawari* an, und manches davon verbessert das Leben, anderes hingegen macht es schlechter, weil es unsere Möglichkeiten einschränkt, die Welt zu nutzen und vor allem sie zu genießen. Ein Gleichgewicht zu finden zwischen den *kodawari*, die uns bereichern, und denen, die uns eher einschränken – auch das ist vielleicht ein Geheimrezept für Glück.

Wie Alejandro Jodorowsky schrieb: »Nur die kleinen Ecken der Vollendung, diese winzigen Lichtlein des Bewusstseins ermöglichen uns, das Unvollendete wahrzunehmen. Sie gilt es zu entwickeln. Auch sie sind ein Teil der Welt.«

15

道草 *michikusa*

oder: Wie man sich findet, indem man sich verläuft

Michikusa 道草 bedeutet Umherstreifen, Spazierengehen ohne ein bestimmtes Ziel. Um genauer zu sein: Man macht das Ziel zu etwas, das sekundär ist.

Dieses Wort setzt sich zusammen aus dem Zeichen für Weg (*michi* 道) und dem für Gras (*kusa* 草), womit der Wildwuchs am Straßenrand gemeint ist. Eine alte Redensart, in deren Mittelpunkt dieser Ausdruck steht, lautet *michikusa wo kū* 道草を食う (wörtlich: »das Gras am Straßenrand fressen«) und hat mit den erzwungenen Fresspausen eines Pferdes zu tun, das sich mit Grünzeug am Straßenrand labt und dadurch so manche Verspätung bewirkt. Durch diese unvorhergesehenen Stopps und das Innehalten an nicht befestigten Stellen kommt es zwar vor, dass der Reiter sich verspätet und Zeit verliert, aber er macht eben auch unerwartete Erfahrungen.

In einer weniger ländlichen Version kann *michikusa* auch mit *tochūgesha* 途中下車 gekoppelt werden, einem Wort, das durch den Titel einer erfolgreichen und langlebigen Sendung im japanischen Fernsehen bekannt wurde. Bei dieser Show suchen sich verschiedene Personen des öffentlichen Lebens (Sänger, *rakugo*-Darsteller, ehemalige Sumoringer, Baseballspieler, frühere Ge-

217

winner von Castingshows) eine der zahllosen U-Bahn-Linien Tokios aus und legen auf ihrer Fahrt – neugierig geworden zum Beispiel durch die besondere Speisekarte eines Restaurants, das bizarre Aussehen eines Passanten, ein auffallendes Schild oder ein ungewöhnliches Gebäude – Zwischenstopps ein, um Erkundigungen einzuziehen, zu essen, mit Leuten zu plaudern und auf diese Weise dem Zuschauer all die kleinen Wunder an Orten zu präsentieren, die abseits der touristischen Trampelpfade liegen und oft sogar Anwohnern verborgen bleiben, oder auch um die erstaunlichen Dinge zu zeigen, mit denen die Menschen sich dort beschäftigen.

Dazu steigt man auf halbem Wege aus (*tochū* bedeutet »mittendrin«, *gesha* »aussteigen«), an irgendeinem Bahnhof, den man nur dem Namen nach kennt, und begibt sich in eine scheinbar nichtssagende Gegend, um bewusst den Alltagstrott und seine Routine zu durchbrechen. Man schafft die Möglichkeit, Gegenden zu erkunden, in die man ansonsten niemals gekommen wäre, und vor allem neue Erfahrungen zu sammeln – die vielleicht der einzige Schatz sind, den wir uns mehr oder weniger intakt bis ins hohe Alter erhalten können. Um diese Erinnerungen im Gedächtnis zu verankern, hilft auch das Staunen: Eine Erfahrung, die wir unvorhergesehen machen, bleibt besonders gut haften.

Es ist seltsam, ja sogar tröstlich, sich vor Augen zu führen, dass uns im Leben vor allem das Negative im Gedächtnis bleibt (der Zug, den wir verpassen, ein Unfall, die misslichen Umstände, wenn wir uns, vielleicht sogar ohne ein Handy dabeizuhaben, verlaufen und nun gezwungen sind, in einer uns unbekannten Gegend herumzuirren). Zur Erinnerung wird oft nur das, worüber wir uns geärgert haben, das, was nicht so gelaufen ist, wie wir wollten, insgesamt alles, was uns überrumpelt und uns aus der Gewohnheit reißt, die uns zwar Sicherheit gibt, aber auch alles selbstverständlich werden lässt, so sehr, dass wir das, was glattläuft, einfach vergessen.

Dabei ist es so schön, sich treiben zu lassen, umherzustreifen, Orte zu erkunden, an denen man noch nie zuvor war, sich auf Unvorhersehbares einzulassen, den Mut und die Unbeschwertheit aufzubringen, die nötig sind, um Unbekannte nach dem Weg zu fragen, und die zugleich die Grundvoraussetzungen für eine jede Entdeckungsreise sind. Sich verirren, nicht mehr weiterwissen. Und sich – gerade dadurch, dass man sich verirrt hat – selbst wiederzufinden.

Wo auch immer man ist, ob in seiner Heimatstadt oder in der Fremde, kann es guttun, wenn man einfach seinem Drang nachgibt, zu gehen. Das allein reicht schon, um sich in Bewegung zu setzen; man flüstert sich zu: »Lass dir Zeit, heute hast du keine Eile!«, sagt es sich immer wieder vor, um diesen Gedanken nicht verloren gehen zu lassen. Nein, heute hast du absolut keine Eile!

Das Ziel wird oft überbewertet, ja es kann sogar quälend sein. Es ist der Abschluss eines Abenteuers, das Ende eines Gefühls, das aus einem Bogen, einem Pfeil und einer Zielscheibe gemacht ist: Nach dem Abschießen und der Landung im Ziel gibt es nichts weiter zu erzählen.

Statt das Handy herauszuholen, weil man meint, ein Foto schießen zu müssen, wäre es doch viel besser, innezuhalten und sich – wie im Zen – in das sehende Auge zu verwandeln, in die Dinge, an denen wir teilhaben, die Welt, die um uns herum pulsiert. Machen wir Schluss mit der Gier, mit dem ewigen Streben nach der künstlichen Erinnerung eines Schnappschusses, einer Gier, durch die manchmal sogar die Fähigkeit verloren geht, im

Hier und Jetzt zu leben. Dabei ist doch das Zeigen weniger wert als das Sehen.

Und hier liegt die größte Herausforderung, die vielleicht sogar größer ist als die des Erinnerns – die des Sehens.

Schau genau hin, halte die Augen offen. Lass dich treiben, und geh, geh immer weiter.

Da bist du, in irgendeiner Stadt auf diesem Planeten, es ist Morgen, du sitzt in einem Zug. Nimm die Herausforderung an und steig aus, an einer Station, die du nur dem Namen nach kennst. Ob es in Rom, Tokio oder Berlin ist, spielt keine Rolle. Steig aus und beginn zu gehen, dem Wunder des Unerwarteten entgegen.

So ist eine gelungene Reise – gelungen in dem Sinne, dass sie uns eine Last nimmt, uns dafür aber eine andere auferlegt, dass sie uns Antworten auf manche Frage gibt, aber auch andere Fragen aufwirft –, doch von Beginn an einem unaufhaltsamen Wandel unterzogen, nicht nur bezüglich unserer Sicht auf die Welt, sondern auch in Bezug auf den Ort, dem wir entgegengehen.

Heute hast du keine Eile! Immer nur ein Ziel erreichen zu wollen, wird deutlich überschätzt.

Michikusa – das ist die Nebensächlichkeit, die in den Mittelpunkt gerückt wird, das ist die Konzentration auf das, was da am Straßenrand sprießt, eine Idee, die uns auch überdenken lässt, ob es wirklich immer sinnvoll ist, erfolgreich sein zu wollen, zumal gleich beim allerersten Versuch. Im Grunde ist sie doch überzeugend, die alte Weisheit vom Weg, der das Ziel ist, die Kunde, dass man auch die Reise selbst genießen und nicht nur auf das Ziel achten soll – eine Weisheit, die in allen Kulturen präsent und damit universell ist.

Im Grunde ist es gar nicht nötig, immer alles vorauszusehen und zu planen. Entziehen wir uns weder den Unbequemlichkeiten des Lernens noch der Freude, einmal zu scheitern und dafür eine andere Freude zu entdecken, die vielleicht schon bald um die Ecke kommt. Nicht einmal das anfängliche Bedauern, wenn man einmal tatsächlich den Weg nicht mehr weiß, sollten wir uns versagen, denn dafür werden wir mit neuen Erfahrungen belohnt, die uns später lieb und teuer sein werden.

Michikusa ist der Titel eines kleinen Büchleins aus der Feder von Professor Mizuki Shōdō, das sich mit der Thematik des Heranwachsens und der kognitiven Entwicklung von Kindern beschäftigt. Es geht um die Frage, wie man Kindern ein Maximum an Sicherheit gibt und zugleich verhindert, sie dadurch in ihrer emotionalen und sensorischen Entwicklung zu hemmen. Und tatsächlich geht etwas verloren, wenn man sich in der Erziehung einzig und allein auf ihre Unversehrtheit konzentriert und Vorsicht zur größten Maxime macht.

Shōdō merkt an, dass das Wort *michikusa* in Japan vor allem für ein Verhalten benutzt werde, das es in den Augen der Gesellschaft zu vermeiden gelte, weil es mit einem Zeitverlust einhergehe. Insbesondere bezieht er sich dabei auf den Schulweg, wo zum Beispiel ein Schulbus zwar für Sicherheit sorge, zugleich aber auch in übertriebenem Maße die Umgebung eingrenze und jene überaus wichtige Zeit dazwischen, jenes ***ma***, die Zeit zwischen Schule und Zuhause, drastisch verkürze, obwohl es doch, wenn der Weg zu Fuß zurückgelegt werde, die Beobachtungsgabe von Kindern immens verbessern könne. Denn gerade dank all der unerwarteten Gelegenheiten zur Begegnung, die ein solcher selbst zurückgelegter Schulweg biete, und dank der sich von Tag zu Tag leicht verändernden Umgebung würden bei den Kindern Neugier und Verstand geschärft.

Es sei wichtig, so Shōdō, für Kinder ein wachsendes Umfeld zu schaffen, indem man Passanten grüße *(aisatsu)*, auf Positives in der Umgebung hinweise, und es sei hilfreich, das Kind dabei zu lenken und ihm zum Beispiel die Grasbüschel zu zeigen, die sich ihren Weg durch den Asphalt suchen, oder das unablässige emsige Werken der Ameisen und Raupen in einem Blumenbeet oder die Obstkisten in der Auslage eines Krämerladens. Wichtig sei es auch, dem Kind beizubringen, »Guten Tag!« und »Guten Abend!« zu sagen, vielleicht ein kleines Gespräch anzufangen und das Kind damit zur Nachahmung anzuregen, denn irgendwann, in einer nicht näher bezeichneten Zukunft, werde es schließlich selbst gesellschaftlichen Umgang pflegen; man könne die entsprechenden Grußformeln mit ihm üben und dadurch eine Kommunikationsfähigkeit fördern, die über den schulischen oder familiären Rahmen hinausgeht.

Sicherheit bedeutet folglich langfristig nicht, zu vermeiden, dass Kinder in Kontakt mit einer potenziell gefährlichen Umgebung kommen, sondern ihnen die Schlüssel für deren Interpretation in die Hand zu geben, indem man ihnen ermöglicht, ihr Umfeld unter Aufsicht zu erkunden und kleinere Probleme zu lösen, ob es sich nun um eine Straßenüberquerung oder die Deutung des Verhaltens eines Unbekannten handelt, um die Suche nach dem besten Schulweg oder darum, zu wissen, bei welchen Menschen und an welchen Orten sie sich Hilfe holen können, wenn sie in Schwierigkeiten sind. In Japan sieht man oft Kinder, die zu Fuß von der Schule nach Hause gehen, kleine Zweckgemeinschaften von Gleichaltrigen, die schwatzend, lachend oder auch trödelnd mit ihren großen Schulranzen auf dem Rücken durchs Viertel ziehen, unterschiedlich große Grüppchen, manchmal auch nur zu zweit oder sogar allein und nach Kinderart mit sich selbst im Gespräch, den Abenteuern des Schulweges tapfer ins Auge blickend.

Die öffentlichen Verkehrsmittel in Japan sind überaus effizient, und ein hoher Prozentsatz der Kinder wird von Mutter oder Vater auf dem Fahrrad in den Kindergarten oder die Schule gebracht, dennoch sollte man sich – aufbauend auf den wertvollen Überlegungen von Mizuki Shōdō – mehr darum bemühen, Kindern ihre Umgebung näherzubringen. Und auch Erwachsene könnten davon profitieren und neue Perspektiven entwickeln, wenn sie sich hin und wieder zwischen den Gräsern am Straßenrand verirrten.

Vielleicht sollte man in diesem Zusammenhang auch noch positiv anmerken, dass es auf den meisten kleineren Straßen in japanischen Städten keine Bürgersteige gibt, sondern bestenfalls auf kurzen Abschnitten, die als gefährlich gelten, eine Art Absperrung in Form eines Geländers. So, wie das Fehlen von Abfalleimern auf der Straße das Müllaufkommen in der Öffentlichkeit eher reduziert als erhöht und überhaupt für das Problem der Abfallerzeugung sensibilisiert, zeigt sich, dass Autofahrer eine Straße, die keine Bürgersteige hat, deutlich vorsichtiger befahren und damit sicherer machen.

Auf diese Weise wird eine Stadt mehr ein Ort, an dem man geht, und weniger einer, durch den man fährt, und das anfänglich beschriebene Gefühl, sich verirrt zu haben, verschwindet zugunsten einer größeren Bewegungsfreiheit.

Michikusa ist im Übrigen auch der Titel des letzten langen autobiografischen Romans von Sōseki Natsume, fertiggestellt im

Jahr 1915 und in mehreren Folgen in den Zeitungen *Tōkyō Asahi Shimbun* und *Osaka Asahi Shimbun* veröffentlicht, ein Werk, das von tiefer Melancholie und einem nüchternen Blick auf das menschliche Miteinander durchdrungen ist. Fundamental für ein tieferes Verständnis des Begriffs *michikusa* und seine zahlreichen Implikationen in der Gegenwart ist allerdings die Einsicht, dass »Zeit verlieren« in vielen Fällen mit einem Gewinn an Erkenntnis einhergeht, einer Erkenntnis, die Zeit und Raum in ihrer Unbestimmtheit zu schätzen lernt, in ihrer bemerkenswerten Vielfalt, mit all ihren Zwischenräumen, den Rissen und Spalten, in denen sich Menschenkenntnis und die Kenntnis unserer selbst erst entwickeln können.

All das wird auch durch einen anderen Begriff sehr treffend auf den Punkt gebracht: *jikūkan* 時空間, das »Raum-Zeit-Kontinuum«, ein Ausdruck, der aus drei Kanji besteht: dem für die »Zeit« (時), gefolgt von dem für den »Raum« (空) und am Ende schließlich dem für *ma* (間), das beide beinhaltet und zusammenführt.

16

休む *yasumu*

oder: Vom Sichausruhen

Es gibt im Japanischen eine ganze Reihe von Wörtern, die mit der Bedeutung von »sich ausruhen« verknüpft sind und ein ganzes Spektrum umfassen, das von »schlafen« über »in Gedanken sein«, »träumen«, »abwesend sein« bis hin zu »innehalten« reicht.

Inemuri 居眠り zum Beispiel ist das Nickerchen, das deutlich vom nächtlichen Schlaf unterschieden wird und einer kurzen Erholung am Tage dient. Überall in Japan kann man in Zügen Frauen wie Männer jeden Alters und jeder sozialen Schicht beobachten, die den Kopf zur Seite sinken lassen und die Augen schließen. Es gibt sogar Menschen, die es im Stehen, mit der Hand an den Haltegriffen, schaffen, einzuschlafen.

Die Angewohnheit ist zu einem guten Teil kulturell bedingt, und es liegt auf der Hand, dass man, um außerhalb des eigenen Hauses selig zu schlafen, auch Vertrauen braucht *(shin)*, denn der Schlafende geht davon aus, dass niemand diesen Zustand der Bewusstlosigkeit ausnützt. Ein solches Verhalten kann es nur in einer auf Anstand basierenden Gesellschaft geben, die tendenziell nicht auf Kosten anderer funktioniert, sondern auf Harmonie und ein stetes Miteinander setzt und das Allgemeinwohl über individuelles Glück stellt.

225

Man denke an zwei Menschen, die sich an der Hand nehmen und loslaufen. Vielleicht ist der eine schneller, und der andere bleibt ein wenig zurück, aber wenn man einen Rhythmus findet und Rücksicht auf den anderen nimmt, werden beide ins Ziel kommen. Genau so verhält es sich auch mit all den Nickerchen, zu denen es in Japan unterwegs oder in den Pausen kommt – vor allem in Zügen, aber auch in Parks, Cafés und in den Bars, in denen man seine Mittagszeit verbringt: Sie beruhen darauf, dass man seiner Umgebung vertraut und sicher ist, dass niemand die Situation ausnützt und einen bestiehlt.

Sich auszuruhen, hat also auch damit zu tun, dass man nicht ständig auf der Hut ist und Angst haben muss, ausgeraubt zu werden. Darin steckt viel von der Schönheit des Reisens und Lebens in Japan – der Gedanke nämlich, in Sicherheit zu sein und sich keine Sorgen machen zu müssen.

Oyasuminasai お休みなさい ist der Gruß, der in Japan unserem »Gute Nacht!« entspricht, doch erst wenn man die lange Reihe von Schriftzeichen betrachtet, aus denen er gebildet wird, erschließt sich sein ursprünglicher Sinn. Wörtlich lautet er: »Ruhen Sie sich aus!«, abgeleitet von *yasumu* 休む, »sich ausruhen«. Die Verknüpfung der Kanji für **hito** 人, »Mensch«, und *ki* 木, »Baum«, lässt, neben anderen Interpretationen, an einen Menschen denken, der sich im Schatten eines solchen hinlegt. Wenn man sich im Japanischen also eine gute Ruh wünscht, hat man genau dieses Bild vor Augen.

Yasumu bedeutet auch »fernbleiben«, sprich, sich nicht an einen Ort wie den Arbeitsplatz oder eine Vorlesung zu begeben. Somit entspricht das Nichteinhalten einer Verpflichtung, das Fernbleiben, sprachlich betrachtet dem Sichausruhen.

Hingegen bedeutet *bōtto suru* ぼーっとする »sich in Gedanken verlieren« oder auch »träumen«, »den Kopf in den Wolken haben« oder »geistesabwesend und gedankenverloren sein«. Statt Leistungsbereitschaft um jeden Preis zu zeigen, ist es manchmal hilfreich, zuzugeben, dass man an gar nichts denkt. Es kommt häufig vor, dass ein Japaner diesen Ausdruck verwendet, um einzuräumen, dass er einige Zeit sozusagen in der Schwebe verbracht hat, ob es sich nun um eine sehr kurze Zeitspanne handelt oder um eine längere Erfahrung, eine Art Auszeit, die man wie bewusstlos und losgelöst verbracht hat. Dann sagt man *botto shite ita* ぼーっとして いた, »Ich war mit dem Kopf ganz woanders« oder auch »mit dem Kopf in den Wolken«. Man schämt sich keineswegs, dies zu sagen, ja man tut es mit einer gewissen Selbstironie, als wäre es nur ein harmloses Geständnis ohne große Konsequenzen. Eine andere Redewendung, zugleich eine Hymne auf die Langsamkeit, lautet *aserazu ni* 焦らずに, »ohne Eile«, wobei *aseru* 焦る »laufen, sich beeilen« bedeutet und das gleiche Kanji beinhaltet wie *kogeru* 焦げる, ein Verb, das wiederum beim Kochen einen bedrohlichen Klang annimmt, denn es bedeutet, dass etwas schiefgegangen ist und man zum Beispiel ein Gericht hat anbrennen lassen. *Kogeru* heißt genau das – »anbrennen« –, und wenn man es recht bedenkt, ist es ja das, was im übertragenen Sinne passiert, wenn man immer nur gehetzt und nicht mehr achtsam gegenüber sich selbst ist.

»Man schämt sich jetzt schon der Ruhe«, schreibt Friedrich Nietzsche in *Die fröhliche Wissenschaft*. »Das lange Nachsinnen macht beinahe Gewissensbisse. Man denkt mit der Uhr in der Hand [...], man lebt wie einer, der fortwährend etwas ›versäumen könnte‹. ›Lieber irgendetwas tun als nichts‹ – auch dieser

Grundsatz ist eine Schnur, um aller Bildung und allem höheren Geschmack den Garaus zu machen.«

Wenn es nötig ist, dass wir uns ausruhen, kommt es vor, dass wir uns vor allem verschiedene Spielarten des Verbs *ochitsuku* 落ち着く, »sich beruhigen«, vorsagen. Seine Bedeutung ist eng verknüpft mit *ochiru* 落ちる, »fallen«, und mit *tsuku* 着く, »ankommen« *(yōsu wo mimashō)*. Folglich begreift man im Japanischen das Sichberuhigen als Ergebnis von Handlungen, bei denen man sozusagen »hinabgleitend« ans Ende gelangt. Genau aus diesem Grund vermittelt auch die verneinte Form von *ochitsuku* eine emotionale Instabilität oder Nervosität, so als würde man irgendwo mittendrin schweben, was ein schönes Fallen jedoch unmöglich macht. *Ochitsukanai* 落ち着かない heißt »ruhelos sein«, sozusagen auf glühenden Kohlen sitzen und auf etwas warten – eine Nachricht, ein Ergebnis, etwas, von dem ein Gutteil unserer Laune abhängt. Und tatsächlich geht es auch hier letztlich darum, zu fallen und am tiefsten Punkt eines engen tiefen Ortes zu landen, an dem einem nichts anderes übrigbleibt, als innezuhalten und nach oben zu den Sternen und zum Himmel zu blicken, die einem noch nie so wunderschön und leuchtend erschienen sind.

Das kann zum Beispiel bedeuten, im Zug kurz die Augen zu schließen und ein wenig zu schlafen oder auch die Musik im Kopfhörer auszuschalten, das Handy beiseitezulegen und einfach gar nichts mehr in der Hand zu halten.

Aserazuni, yasunde kudasai, ochitsuite. Fast wird es ein Schlaflied, wenn man sich diese Worte vorsagt. »Keine Eile, ruh dich aus, mach alles mit Bedacht.« Dreh dich zum Fenster hin, lenke den Blick auf etwas jenseits der Scheibe und bereite dich in aller Seelenruhe darauf vor, ganz reglos und ruhig zu werden. Erst dann wirst du sehen, dass der Sommer längst Einzug gehalten hat und bald schon wieder vorüber ist, dass die Verlangsamung deines Schritts deinem Sohn ermöglicht, endlich mit dir mitzuhalten, und dass das Leben erst durch Entschleunigung den richtigen Rhythmus erhält.

17

有終の美 *yūshu no bi*

oder: Von der Schönheit des Endes

Der Anfang von etwas ist entscheidend. Es ist der erste Schritt, der Eingang, an dem man die Schuhe abstreift, um die kleine Treppe zu einem Haus hochzusteigen. Es ist die Verbeugung, die eine Begegnung zwischen zwei Menschen einleitet, der erste Schluck Bier, den Philippe Delerm als eine der kleinen Freuden des Lebens bezeichnet hat.

Ein Anfang schenkt uns das dauerhafte Gefühl, etwas zu kennen, er ist der Moment, in dem die Sinne die Dinge erfassen und ihnen einen Namen geben. Offenbar prägt sich der »erste Eindruck« von einem Menschen in nicht mehr als zehn Sekunden ein: *daiichiinshō* 第一印象, so nennt man das auf Japanisch. Dennoch: So wichtig der Beginn und die Fortdauer von etwas sind – es ist das Ende, das bestimmt, was wir davon in Erinnerung behalten. Unser Zeitgefühl verändert sich, wenn die Minuten gezählt sind und die Zeit abläuft.

Im Japanischen gibt es einen Begriff, der das Ende und seine Schönheit umschreibt, »die Schönheit des Endes«, »das gute Ende«. Er lautet *yūshū no bi* 有終の美, mit den Kanji für »sein« (有) und für »Ende« (終) ganz vorn und dem Kanji für »Schönheit«, *bi* (美), an letzter Stelle. Wenn man zum Beispiel mit einem

Job aufhört, verbindet man damit verschiedene Gefühle: die freudige Erregung und Unruhe angesichts dessen, was die Zukunft bringen wird, manchmal auch Müdigkeit oder Ungeduld. Am liebsten würde man sich ja gleich in den neuen Lebensabschnitt stürzen, doch man muss auch noch dafür sorgen, friedliche und harmonische Beziehungen zu den Menschen, mit denen man zusammengearbeitet hat, sowie einen geordneten Schreibtisch zurückzulassen; oft gilt es, noch letzte Arbeiten zu erledigen.

Sich des *yūshū no bi* bewusst zu sein, heißt auch, das Bett zu machen, bevor man ein Hotelzimmer verlässt, den hoteleigenen Morgenmantel zusammenzufalten, Abfälle im Eimer zu entsorgen und vielleicht sogar den Müllbeutel zu verknoten. Es heißt, in einem Café mit der Hand über den Tisch zu streichen, um die Krümel abzuwischen, und Stuhl und Tisch an die ursprüngliche Position zu rücken.

In Japan ist das Bewusstsein für unsere Mitmenschen und das Wissen um den, der nach uns folgt, stark ausgeprägt. Wir alle sind auf der Durchreise und ständig unterwegs. »Früher oder später widerfährt uns allen alles, wenn genügend Zeit ist«, schrieb George Bernard Shaw, und auch unter einem »Happy End« versteht jeder von uns etwas anderes.

Es ist wichtig, nicht nur geschäftliche Dinge zu einem schönen Ende zu bringen, sondern auch (und vor allem) die kleinen Verrichtungen des Alltags: Dadurch wird es möglich, sich seiner selbst und des eigenen Handelns zu vergewissern, ebenso wie der Zeit, die viel zu schnell vergeht. Es kann hilfreich sein, sich manchmal der eigenen Hände bewusst zu werden, des Körpers, der mit etwas beginnt und es irgendwann abschließt, des Geschmacks von etwas und des Nachgeschmacks, der uns eine Weile im Mund bleibt.

Das japanische Sprichwort *Tatsu tori ato wo nigosazu* 立つ
鳥跡を濁さず lautet auf Deutsch: »Ein auffliegender Vogel hinterlässt kein trübes Wasser«, wobei das Verb *nigoru* »schmutzig
oder trüb machen, Klarheit und Transparenz nehmen« bedeutet. Doch es ist nicht nur das Wasser, das nicht getrübt wird –
es kann auch die Luft oder ein Blatt sein, irgendein Ort. So, wie
der Vogel den Platz, an dem er gesessen hat, sauber hinterlässt,
so sollten auch wir uns von einem Ort oder einer Situation nur
mit Würde und Zuvorkommenheit entfernen, voller Respekt für
den, der nach uns kommt.

Yūshū no bi bedeutet, ein Bad sauber zu hinterlassen, nachdem man es benutzt hat; es bedeutet, das erste Blatt Toiletten-
papier zum Dreieck zu falten, um es dem Nächsten leichter zu
machen; den Müll zu trennen oder nach dem Picknick beim
Kirschblütenfest seine Decke sorgfältig zusammenzulegen; es
bedeutet, Bänke zurechtzurücken und Oberflächen und Böden
zu wischen, bevor man ein Klassenzimmer verlässt, so, wie es
in Japan jedem Schulkind beigebracht wird.

Auch in der Arbeitswelt und im Privatleben gilt der Spruch vom
auffliegenden Vogel; er lehrt uns, dass man nicht bange zurück
in die Vergangenheit blicken soll, nur weil man meint, vielleicht
etwas ungelöst zurückgelassen zu haben. Er steht sprichwörtlich
für das japanische Verständnis von Respekt dem gegenüber, der
nach uns kommt, denn ebenso wie der Vogel ungetrübtes Wasser
hinterlässt, ist es wichtig, respektvoll dem gegenüber zu sein, der
nach uns kommt (einschließlich unserer eigenen Person, wenn
wir an diesen Ort zurückkehren). Das gilt nicht nur bei einem
Jobwechsel, sondern auch bei einer gescheiterten Liebesbeziehung, bei der Abreise aus der Ferienwohnung am Ende eines Ur-
laubs oder beim Verlassen der eigenen Wohnung.

Für Japaner*innen ist es wichtig, einen vereinbarten Arbeitsvertrag bis zum Ende zu erfüllen, auch wenn sie wissen, dass sie in Kürze ganz woanders arbeiten werden; selbst einen Tisch im Fast-Food-Restaurant werden sie sauber hinterlassen und das eigene Geschirr abräumen, und wenn eine Liebesbeziehung zu Ende geht, werden sie sich immer bemühen, nicht rachsüchtig oder gemein zu sein.

Das Prinzip der Gegenseitigkeit, das in der japanischen Gesellschaft deshalb so gut funktioniert, weil es in ein allgemeines Bildungssystem eingebettet ist, fördert diesen Mechanismus. Doch obwohl diese Gegenseitigkeit anstrengend sein kann, weil wir manchmal den Eindruck haben, nur wir allein bemühten uns, ist sie auch auf andere Bereiche anwendbar. Wichtig ist, sich ins Gedächtnis zu rufen, dass Schönheit, mehr noch als beim *Nehmen,* beim *Geben* empfunden wird und dass wir, wenn wir nicht nur unser Kind dazu anhalten, es so zu machen wie der Vogel aus dem Sprichwort, sondern auch unseren Partner oder einen Bruder, die Zahl unserer Verbündeten erhöhen und auch die Umwelt, in der wir leben, nur davon profitieren kann.

Yūshū no bi ist ein Begriff, der sich auf viele Situationen anwenden lässt. Er steht für die ursprüngliche Bedeutungslosigkeit des Lebens, das erst am Ende an Gewicht, an Tragweite und an Schönheit gewinnt.

Herbst

7. August bis 6. November

Heller Herbstmond
über Tatami-Matten
Kiefernschatten

Takarai Kikaku

Der Herbst, *aki* 秋, hat begonnen, und doch ist es noch Sommer.

Der Unterschied zwischen dem neuen und dem alten Kalender liegt vor allem hierin, in den hinterherhinkenden Temperaturen, und wenn, entsprechend der Unterteilung in 72 Jahreszeiten und 24 Perioden, am 7. August – dem Tag, an dem in einigen Regionen Japans Tanabata (das Fest der Sterne) gefeiert wird – der Herbst beginnt, herrscht oft drückende Schwüle, die einen in den heißesten Stunden des Tages auf eine harte Probe stellt.

In jeder Nacht des viertägigen *o-bon* お盆, des Festes der Seelen, machen sich Japaner*innen auf, um ihre Verstorbenen zu grüßen und zu ehren. Papierlaternen erhellen den Friedhof, und auf die Gräber werden Blumensträuße gelegt, die man einst auf den Feldern pflückte, heute jedoch beim Blumenhändler oder in anderen Geschäften kauft. In manchen Regionen wird, nachdem man den Grabstein poliert und besondere Gaben davor niedergelegt hat, gegessen, fast als speiste man in Gesellschaft seiner Vorfahren. In *Über die Einsamkeit der Sterbenden in unseren Tagen* führte Norbert Elias aus, dass der hohe Zivilisationsgrad der heutigen westlichen Gesellschaft eine höhere Lebenserwartung und infolgedessen eine schrittweise Entfremdung vom Gedanken des Todes nach sich ziehe: Indem alle sich darauf konzentrierten, ihn zu verdrängen, hätten die Lebenden die Toten in die Stille ihrer Friedhöfe verbannt. Diese Orte jedoch derart umsorgt und besucht zu sehen, mitanzuschauen, wie »Orte der Ruhe« zu »Orten der Erinnerung« und der Bewirtung werden, ist wundervoll.

Um den Seelen der Ahnen bei ihrem alljährlichen Besuch aus dem Jenseits den Weg zu weisen und ihnen zu helfen, sich nicht zu verirren, werden Laternen, sogenannte *bonchōchin* 盆提灯, an den Traufrinnen der Häuser oder an den Seiten der Hausaltare befestigt und vor den Türen traditionell kleine Feuer entzündet.

Die Opfergaben bestehen aus Obst und Gemüse der Saison, aus kleinen *mochi* und mit Gurken- und Auberginenstückchen vermischtem Reis. In einigen Regionen des Landes werden aus ganzen Gurken und Auberginen mithilfe von Holzstäbchen als Beinen auch Figuren erschaffen, die Pferde (für eine schnelle Ankunft zum Fest) und Rinder (für eine langsame Rückkehr ins Reich der Toten am Ende des Festes) versinnbildlichen sollen. Da es gemäß der buddhistischen Lehre verboten ist, Tiere zu töten, sind unter den traditionellen Speisen des Obon-Fests weder Fleisch noch Fisch zu finden.

Mit Einbruch der Nacht am 16. August, dem letzten Tag der Feierlichkeiten, finden eindrucksvolle Zeremonien statt, zu denen als eine der bekanntesten die *Daimonji-yaki* in Kyōto zählt. Auf den fünf Bergen rings um die Stadt werden Pinienzweige gesammelt und so aufgeschichtet, dass sich insgesamt sechs verschiedene Bilder ergeben: die Silhouette eines Schiffes (idealerweise am höchsten Punkt, um die Seelen ins Jenseits überzusetzen), der Eingang eines Shinto-Schreins und vier aufeinanderfolgende Schriftzeichen, die an ein buddhistisches

Gebot gemahnen (ein großes *dai* 大, ein weiteres, aber kleineres *dai, myō* 妙 und *hō* 法). Nach Sonnenuntergang werden die Feuer entzündet, und die sechs Symbole erstrahlen auf den Bergen.

Sowohl in den Städten als auch in den Dörfern werden an geweihten Orten Bühnen *(yagura)* errichtet, die von einem zeltförmigen Dach aus malerischen Lampiongirlanden überspannt sind. Auf dem Podium steht eine Trommel, und die erfahrensten Mitglieder der Gemeinde tanzen stellvertretend für die übrigen Männer, Frauen und Kinder jeden Alters, die sich, in leichte *yukata* gekleidet, ihren Schritten anpassen und unten im Kreis um die Bühne tanzen.

Im September beginnen die Temperaturen nach und nach zu sinken. Am 15. des Monats ist *o-tsukimi* お月見, der Tag der »Mondschau«, der traditionell der Betrachtung des Herbstvollmonds und dem Darbringen von Opfergaben für die Ernte geweiht ist. Allerdings muss gesagt werden, dass sich das Datum des Feiertags wegen der Unstimmigkeiten zwischen dem neuen gregorianischen Kalender und dem traditionellen japanischen Mondkalender verschoben hat. Unter den Opfergaben, die allesamt an die runde Form des Mondes erinnern, ist vor allem *geppei* 月餅 (wörtlich das »Mond-*Mochi*«) erwähnenswert: Wenn Japaner*innen den Vollmond betrachten, meinen sie darin einen Hasen zu erkennen, der *mochi*-Teig in einem Mörser stampft.

Im September gibt es zahlreiche prächtige *matsuri* 祭 (Feste), wie zum Beispiel *Kishiwada Danjiri matsuri* 岸和田だんじり祭 in Osaka, bei dem große Umzugswagen durch die Stadt fahren, oder *Ecchū-yatsuo Owara kaze no bon* 越中八尾おわら風の盆 in Toyama, wo sich, begleitet von Trommelrhythmen und dem

Klang chinesischer und japanischer Geigen, eine Flut von Tänzern in traditionellen *yukata* und mit typischen Strohhüten auf dem Kopf in die Straßen der Stadt ergießt.

Nun beginnt *shokuyoku no aki* 食欲の秋, der »Herbst des Appetits«, jene Jahreszeit also, in der sich die Tische der Japaner unter der Last der Köstlichkeiten biegen. Es gibt Sommerauberginen, Süßkartoffeln, *sato-imo* (Tarowurzeln), *yama-imo* (japanische Jamswurzeln) sowie die für jene Breiten typischen festen runden Birnen; außerdem Kakis, Kastanien, eine schmackhafte Vielfalt an Pilzen, Äpfeln, Trauben und die unterschiedlichsten Fischarten, von Makrele und Herbstthunfisch über Stöcker bis hin zu Lachs und Makrelenhecht.

Der Herbst ist die Jahreszeit der Ernte, und so reihen sich auch etliche Feste aneinander, um den Göttern zu danken: Am 10. Oktober zum Beispiel werden, einem alten Brauch folgend, den Vogelscheuchen, die über die Felder gewacht haben, Gaben dargebracht.

Aus der tiefen Verbundenheit mit dem Ackerbau erklärt sich auch der Ursprung des Kanji *aki* 秋, »Herbst«: Zur Linken findet sich der Reis (稲) und rechts das Feuer (火). Da im Herbst zur Zeit der Ernte Abertausende von Insekten im Reis umherwimmelten, wurde in der Antike ein Ritual vollzogen, bei dem sie dem Feuer übergeben und verbrannt wurden, um die Gaben der Erde zu schützen. Man glaubt, dass die enge Beziehung zwischen diesem Ritual und dem Herbst der Jahreszeit zu ihrem Ideogramm verholfen hat.

Als Nächstes folgt das Chrysanthemen-Fest, das ursprünglich am neunten Tag des neunten Monats, also am 9.9. eines jeden Jahres gefeiert wurde, da die Neun als Glückszahl galt. Heute indes findet es Mitte Oktober statt, sprich zur Blütezeit jener prachtvollen Blumen, die in Japan seit jeher als Symbol des Adels und als Wahrzeichen der kaiserlichen Familie gelten und denen die Eigenschaft zugeschrieben wird, ein langes Leben zu begünstigen.

1

断捨離 *danshari*

oder: Von der Schönheit
der Leere

In seinen *Betrachtungen aus der Stille* ermahnt uns Kenkō Yoshida (ca. 1283–1352) dazu, sich nicht mit Nutzlosem zu belasten. »Es ist nichts dagegen einzuwenden«, schreibt er, »wenn einer das besitzt, was er Tag für Tag braucht, aber darüber hinaus sollte er nichts sein Eigen nennen.«

Wenn sich jedoch zu viel angesammelt hat, hilft es, wegzuwerfen und sich von allem zu befreien. Leer zu räumen, sorgsam das auszuwählen, was man behalten will, und all die anderen Dinge loszulassen. Die Bedürfnisse auf das Wesentliche zu reduzieren und die Fantasie darum kreisen zu lassen. Von den vielen Bedeutungen des Wortes »Zen« ist ebendie von besonderer Wirkung, die mit dem Gefühl der Leere verknüpft ist – jener Leere, die Bedürfnis des Geistes und Gleichgewicht des Kosmos ist. Den Minimalismus zu pflegen und die Seele nicht mit nutzlosen Gegenständen zu überschatten, darin besteht der Kerngedanke von *danshari* 断捨離.

Drei Kanji nebeneinander, die uns, wie es nur Ideogramme vermögen, visuell deutlich mehr vermitteln als ihr Klang. Angefangen bei *kotowaru* 断る, das »ablehnen, verweigern« bedeutet, dann *suteru* 捨てる, »wegwerfen«, und schließlich *hanareru* 離れる, also »sich entfernen, Abstand nehmen«.

In einer kleinen Wohnung muss man für Freiräume und Lücken sorgen, für Platz nach oben und zur Seite. Ein Zimmer muss vor allem luftig sein, ein Ort, an dem der Körper sich bewegen kann. In den großen japanischen Städten, in denen die Wohnungen nur wenige Quadratmeter umfassen, wird *danshari* zu einer notwendigen Tugend. Jedenfalls bringt eine wohlüberlegte Reduzierung, egal in welchem Kontext, stets das Beste zum Vorschein. In der Literatur, sagte der Schriftsteller Haruo Satō (1892–1964), gipfle das Streben nach Eleganz in der Poesie, da diese der Stille am nächsten komme, ebenso wie in der bildenden Kunst die monochrome Malerei der Leere am nächsten sei.

Ab und an sind wir versucht, jenes Gefühls habhaft zu werden, das uns in Momenten von Stress übermannt: Wir spüren das heftige Verlangen, uns auf das Wesentliche zu reduzieren, Überflüssiges abzustreifen und rank und schlank wie eine Pflanze in die Höhe zu streben. Dank *danshari* verstehen wir endlich, dass wir uns nicht nach einem Reichtum an Dingen, sondern nach einem Reichtum an Zeit sehnen. Und so füllen sich wieder neue Säcke, riesige Müllsäcke. Einer, zwei, drei, dann vier oder auch fünf; ein sechster folgt und gleich schon ein siebter. Und die Freude beginnt sich Bahn zu brechen.

Vom Ballast befreit, können wir uns endlich vom Boden erheben, können schweben in dieser vollgepfropften Welt voller funkelnder Farben, die drängen und flüstern »Schau mich an!«, »Begehre mich!«, »Kauf mich!«.

Dank *danshari* können wir zum Befreiungsschlag ausholen und Schubladen öffnen, jahrelang verschlossen gebliebene

Umzugskartons, Etuis, überquellende Ordner, aus allen Nähten platzende Schränke voller Kleider und Schuhe, die wir allzu lange aufbewahrt haben, ohne sie je anzuziehen.

Dass wir sie geliebt haben, heißt nicht, dass wir sie unser ganzes Leben lang aufbewahren müssen. Ebenso verhält es sich mit unseren Liebesbeziehungen, mit einigen sehr intensiven Bindungen, die ganz natürlich enden und an die wir uns nicht klammern sollten, nur weil wir uns an ihre Gegenwart gewöhnt haben oder weil es schmerzhaft ist, sich aus ihnen zu lösen.

Danshari heißt auswählen, sich für das Beste entscheiden, sich von dem trennen, was für unser heutiges Ich keine Bedeutung mehr hat. Der Sinn geht im Lauf der Monate und Jahre verloren, wie Wasser, das aus einem undichten Hahn tropft, und wir werden uns bewusst, dass der Raum unseres Lebens immer kleiner wird, je mehr der Berg der Dinge anwächst. Die Dinge brauchen Raum, Pflege, sie rauben Zeit, schon allein, wenn man sie inmitten all der anderen Gegenstände sucht, und sie aufzubewahren, wird zum puren Stress.

Um das Leben zu akzeptieren, gilt es, auch den Tod zu akzeptieren. Er ereilt die Menschen, die Tiere, die Pflanzen; ebenso ereilt er die Gegenstände. Verschwenden meint im Übrigen nicht nur, zu viel zu verbrauchen, sondern auch, Dinge zu behalten, ohne etwas mit ihnen anzufangen.

Anfangs verlangt es eine ordentliche Portion Mut, aber ist *danshari* einmal getan, kauft man weniger, man erinnert sich an die Anstrengung und den Schmerz, die man während des Wegwerfens verspürte, ja man spart sogar. Man beginnt, nur noch das zu kaufen, was einem wirklich gefällt, und die von ihrer Last befreite Wohnung bleibt ordentlich und sauber.

Man teilt den Freunden auf behutsame Art mit, dass man

keine symbolischen Geschenke mehr möchte. Dass allein der Gedanke zählt, vielleicht noch eine einzelne Blume, Speisen, die gegessen werden. Schöne, aber unbenutzte Dinge schenkt man dem, der sie will, man schenkt ihnen ein neues Leben, indem man sie auf einen Flohmarkt bringt oder, wie in Japan üblich, auf einem Tablett oder Bänkchen vor der Haustür arrangiert, mit einem Schild, auf dem steht: *gojiyūni o-mochi kudasai* ご自由にお持ちください: »Nehmen Sie mit, was Ihnen gefällt.«

2

節度 *setsudo*

oder: Von der Mäßigung

Setsudo 節度 bedeutet auf Japanisch »Mäßigung, Maß«. Der Begriff ist einer der Grundpfeiler der Kultur Nippons und basiert auf dem Prinzip, nichts an Quantität oder Intensität vorwegzunehmen, sondern einen Weg Stück um Stück zu vollenden. *Setsudo* ist an das Prinzip gebunden, Tag für Tag sein Bestes zu geben, gut und ohne Hast daran zu arbeiten, die eigenen Ziele zu erreichen.

Es handelt sich um einen Wert, der in Japan seit der Antike gepflegt wird und im Ausland oft Unverständnis hervorruft. Etliche fragen sich nämlich, warum Japaner*innen niemals klar ihre Meinung kundtun, warum sie lieber darauf verzichten, Stellung zu beziehen; manch einer wirft ihnen sogar vor, sie seien willensschwach oder würden dem Konflikt ausweichen. Dabei lässt sich dieses Verhalten zu großen Teilen auf *setsudo* zurückführen, das zur Mäßigung, zur Ruhe und zu einer rationalen Analyse der Situation auffordert.

Yakusoku suru 約束する bedeutet »versprechen«, und man kann beobachten, dass Japaner*innen grundsätzlich äußerste Vorsicht walten lassen, bevor sie etwas zusichern. Jedes Versprechen ist das Ergebnis überaus besonnenen Nachdenkens. In gewisser Weise ähnelt es der vorsichtigen Zubereitung einer komplizierten Nachspeise, mit deren Rezept man nicht vertraut ist: Man stellt alle Zutaten bereit, prüft die Temperatur der Umgebung und die des Eiweißes, die Stärke des Rührgeräts, die Bewegung des Teiglöffels, die Zuckermenge, die Feinheit des Mehls, die Dickflüssigkeit der Creme.

Wer sich in Japan angesichts von Wartelisten beziehungsweise Warteschlangen vor Restaurants oder Geschäften bei einer Angestellten oder einem Kellner erkundigt, wie lange es wohl dauern werde, bekommt meist eine recht vage und niemals besonders zuversichtliche Einschätzung zu hören. Diese scheinbar pessimistische Haltung, die Ausländer oft irritiert, ist ein gutes Beispiel dafür, wie man in Japan der Unzufriedenheit vorbeugt.

Dem »Wie lange dauert es?« des Kunden, der seinen Namen in die Liste einträgt, antwortet der zuständige Angestellte routinemäßig: »Schwer zu sagen«, »Wir wissen nicht genau, wie lange wir brauchen werden« oder »Es könnte einige Zeit dauern«. Man bedient sich absichtlich nebulöser Formulierungen, die dem Gegenüber viel Spielraum geben, um eigenverantwortlich und frei zu entscheiden, ob er oder sie warten oder lieber wieder gehen will.

Kurz gesagt, man lässt die Kundschaft mit dem Schlimmsten rechnen, um zu vermeiden, dass sie unzufrieden ist, auch wenn sich die Schlange meist schon nach kurzer Zeit auflöst, die Wartezeit nur wenige Minuten beträgt, die Unannehmlichkeit also kaum der Rede wert ist.

Nichts zu versprechen, was man nicht sicher weiß, zeugt von Ehrlichkeit und Intelligenz. Trotzdem ärgert sich ein Fremder, der aus seiner Heimat vor allem Aussagen wie »Das klappt schon« oder »Es dauert nur fünf Minuten« kennt, anfangs darüber. Oft hat er sich sogar damit abgefunden, dass derjenige, der ihn beruhigt, dies womöglich aus reinem Eigennutz tut: um keine Kunden zu verlieren, damit man nicht andernorts essen geht, damit man genau dieses Kleid kauft, auch wenn es vielleicht schon nach der ersten Wäsche zu Hause kaputt sein wird – oder einfach nur, damit man sich nicht beklagt.

Doch etwas zu versprechen, das man nicht halten kann, birgt zweierlei Gefahren: Kurzfristig betrachtet führt dieses Verhalten zu Enttäuschungen (weil aus den fünf Minuten eine halbe Stunde wird und das Kleid, das einer chemischen Reinigung bedurft hätte, nur noch als Putzlumpen zu gebrauchen ist), und langfristig verwandelt es sich in etwas noch Schwerwiegenderes, nämlich in eine Art generelles Misstrauen aller gegen alle. Der Einzelne wird argwöhnisch, hat keine Skrupel mehr, sich seinerseits egoistisch zu verhalten, davon überzeugt, dass ihn ohnehin irgendwer täuschen wird, ganz egal ob er selbst aufrichtig bleibt oder nicht; er lebt in ständiger Angst, umzingelt zu sein. So gesehen erweist sich die japanische Art, sich nicht durch falsche Versprechen aus dem Gleichgewicht bringen zu lassen und zukünftige Ereignisse lieber pessimistisch einzuschätzen, als wirksames Mittel gegen die Frustration und den eventuellen Misserfolg, als eine aufrichtigere Methode, um nicht für das Unvorhersehbare verantwortlich zu sein und dem anderen die Entscheidung zu überlassen.

Taru wo shiru 足るを知る bedeutet »Kenne dein Maß«. Diese Redewendung ist eine Aufforderung, das eigene Dasein zu beschränken, um ihm zusätzlichen Sinn zu verleihen. Es geht darum, nur das zu wünschen, was nötig ist. Tatsächlich gründet diese Formel auf der Bedeutung des Verbs *tariru* 足りる, »ausreichen«, »genügen«, »sich mit wenigen Dingen begnügen«, und zielt auf einen sowohl emotionalen als auch lebenspraktischen Aspekt, sodass *taru wo shiru* ebenso für die Essensportion auf dem Teller gilt wie für die Lebenszeit, die uns gewährt wird.

Diese Maxime scheint in Gewohnheiten durch, die der Präzision, der Genauigkeit den Vorzug vor der Anhäufung und dem Chaotischen geben, und verbindet sich mit dem Konzept von **danshari** und von *setsuyaku*, dem »Einsparen«, wobei hier weniger der wirtschaftliche oder materielle Aspekt als vielmehr das »Einsparen von Lebensenergie« gemeint ist.

In der Tat ist *setsuyaku* die Schönheit der Enthaltsamkeit, die Vermeidung von Verschwendung und die Freude an wenigen kleinen Dingen, und diese Idee ist eng verknüpft mit der durch *setsudo* 節度 zum Ausdruck gebrachten Aufforderung zur Bescheidenheit. Sie gründet auf bewussten Verzicht und auf der Wertschätzung des alltäglichen Lebens, und sie gilt als echte Kunst: So, wie in den darstellenden Künsten die klare Bewegung ohne unnötiges Beiwerk geschätzt wird, der Sinn für Genauigkeit und Präzision, die ein Körper auf der Bühne oder auch der saubere und reine Ton eines Instruments vermittelt, so zieht auch das Alltägliche seine Stärke aus dem, was essenziell ist, aus der steten und wiederholten Wertschätzung einiger weniger Dinge von Bedeutung. »Es genügt, eine einzige Sache einfacher zu halten«, schrieb Kaoru Watanabe, »damit das ganze Leben einfacher wird.«

Dieses alte japanische Motto kann uns mit Blick auf die Verschwendungssucht der heutigen Gesellschaft – diesen zwanghaften Drang, immer mehr anzuhäufen, obwohl man bereits alles hat – nach wie vor einiges lehren.

Die Dinge wertzuschätzen, heißt also, sie in der komplexen Schlichtheit ihres Gegebenseins und in den darin verborgenen Möglichkeiten wahrzunehmen, es heißt, sich nicht mit unnötigem Tand zu belasten, sondern sich auf *kokoro* zu besinnen, auf das Herz und den Geist der Dinge.

3

型 *kata*

oder: Die Form der Dinge

Ebenso wie man sagt, es gebe für jedes Ding einen Platz, gibt es in Japan auch für jedes Ding eine Form.

Alles beginnt mit der Schrift, mit dem allerersten Eindruck, den die fließenden Zeichenfolgen des *hiragana* hinterlassen, dem gewundenen Pfad, der sich durch die Bücher der Kinder zieht und der als Vorbote der Kanji zugleich als deren Lesehilfe *(furigana)* fungiert; dann gibt es die Kanji, die wie Blitzgeschichten daherkommen, wie Haiku einer Bedeutung, die, müsste man sie in Worte fassen, einer langwierigen Erklärung bedürften. Und schließlich folgt das *katakana*, das als kantige Akzentuierung dessen dient, was nicht japanischen Ursprungs ist, aber auch als Lautmalerei, die das Wort entblößt und zu reinem Klang werden lässt.

Der Verlust der Schreibfertigkeit, das Verlernen der eigenen Sprache ist ein brandaktuelles Problem unserer globalisierten Gesellschaft, das durch die sozialen Netze mit ihren neu eröffneten, riesigen Räumen, in denen eine informelle und kaum reglementierte Kommunikation vorherrscht, noch deutlicher zum Vorschein kommt.

Im Netz wird allzu formlos geschrieben, die Wörter verbreiten sich, als wären sie ihr eigener Abfall und nicht das, was sie in Wirklichkeit sind, nämlich Ausdruck der eigenen Person, eine unumstößliche Manifestation dessen, wer man ist. Geschriebene Wörter sind Felsen und haben, wie schon die Römer sagten, den Vor- und den Nachteil, dass sie bleiben *(verba volant, scripta manent)*: Sie gestalten unsere Form in der Welt.

Japan kämpft aus vielerlei Gründen mit genau diesem Problem, wenngleich im Rahmen seiner speziellen sprachlichen Modalitäten. Oft kehren die jungen Leute der Komplexität der Kanji den Rücken und vertrauen die Laute, nicht aber die Form ihrer Worte dem *hiragana* und vor allem dem *katakana* an. Einige haben bereits die genaue Strichfolge der Kanji vergessen.

Das Auge überspringt das Hindernis des Lautbildes und nimmt sich nur der Bedeutung des Schriftzeichens an, und das Japanische, eine Sprache des Kontexts, bietet sich für dieses Vorgehen hervorragend an. Im Übrigen können sich aus denselben Lauten, einem einzigen Silbenpaar, im Japanischen völlig verschiedene Bedeutungen ergeben: Man muss auf die Augen vertrauen und nicht auf die Ohren, um zu verstehen, dass in bestimmten Kontexten mit *sendan* 船団 die »Flotte« gemeint ist und nicht *sendan* 専断 in der Bedeutung von »willkürliche Entscheidung, Eigenmächtigkeit« oder *sendan* 栴檀 für »Chinesischer Holunder« oder gar *sendan* 剪断 für »Schnitt mit der Schere« beziehungsweise für »die Sichel«. So, wie auch *iji* 維持 »Bewahrung, Erhaltung, Instandhaltung« bedeutet und nicht, wie eines seiner Homonyme, das »Waisenkind« (遺児) oder »Charakter, Gemütsart, Temperament« (意地) oder ein »medizinisches Problem« (医事).

Daher ist das geschriebene Japanisch sehr viel komplexer als das gesprochene, in dem sich die Lautformen oft decken und dem Kontext entscheidendes Gewicht zukommt. Das ungezwungene japanische Gespräch verlangt tatsächlich eine deutlich begrenztere Bandbreite von Ausdrücken, während jemand, der sich eines formellen Registers bedient, in einer anderen Sprache zu sprechen scheint. Es bedarf besonderer Sorgfalt in der Sprache und allgemeiner im Verhalten, um sich gegenseitig zu verstehen. Es gilt, ständig auf die Form zu achten, um sich bestmöglich auszudrücken und versehentliche Missverständnisse zu vermeiden, da *wa* sonst gefährdet wäre.

Die japanische Umsicht kommt auch in diesem Zusammenhang zum Zuge, was sich für gewöhnlich darin äußert, dass jede Begegnung mit *matome* まとめ beendet wird, also damit, das ganze Gespräch nochmals klar zusammenzufassen und nichts, woraus Missverständnisse erwachsen könnten, im Dunkeln zu lassen (*matomeru* まとめる bedeutet »ordnen, sammeln, systematisieren, in Einklang bringen« sowie »abschließen, bereinigen, vollenden«).

Mehr noch als auf die Sprache zielt der japanische Begriff *kata* 型, die »Form«, allerdings auf die Art des Handelns und Empfindens, die Etikette und das Zeremoniell ab. Er steht ganz allgemein für die »Form«, die die Menschen oder die Dinge in einer bestimmten Situation annehmen, für jenes System an Kenntnissen, welches das Verhalten regelt und die Grenzen absteckt, innerhalb derer Gesten und Worte benutzt werden. Die Form gilt in der Kultur Nippons mitnichten als Zeichen für Kälte, sondern allenfalls für besonderen Eifer, ebenso wie eine aufgeräumte Wohnung nicht als unpersönlich, eine Person, die ihre Gefühle erst nach und nach zum Ausdruck bringt, nicht als leidenschaftslos und eine Hochzeitszeremonie nicht als nutzloses Konstrukt, sondern als entschlossene und schrittweise Annäherung an eine neue Lebenskonzeption betrachtet werden. Metaphorisch gesprochen ist *kata* eine Treppe, deren Stufen eine nach der anderen für wichtig erachtet werden, auf der jeder Schritt als elementare Voraussetzung für den nächsten betrachtet wird. In der japanischen Kultur hat jedes *ba* 場, jeder »Ort«, sein *kata* 型, seine »Form«, und jede Lebensphase bringt einen bestimmten Verhaltenskodex mit sich, der einem hilft, keine sinnlosen Irrtümer zu begehen. Dahinter verbirgt sich ein immenser, durch die Vorfahren überlieferter Erfahrungsschatz, der von der Gesellschaft immer wieder aufgegriffen und mit neuer Bedeutung gefüllt wird.

In Japan wird oft betont, dass Improvisation ohne fundiertes Wissen nicht belohnt werde und dass sich hinter planloser Spontaneität mangelndes Einfühlungsvermögen, Ignoranz und Faulheit verstecken. Es hat also keinen Wert, sich Künstler zu nennen, ohne die Technik perfektioniert zu haben, zu schreiben, ohne viel gelesen zu haben, zu reden, ohne zuvor lange zugehört zu haben. »Wir müssen das ganze Stück kennen, um unsere Rolle richtig zu spielen; die Vorstellung des Ganzen darf in der des Einzelnen nie verloren gehen«, schreibt Kakuzō Okakura in *Das Buch vom Tee.*

Ebenso bedeutet *kata* auch, den Regeln des gesellschaftlichen Zusammenlebens ausnahmslos bis ins kleinste Detail zu folgen. Jemanden zu begrüßen, der das eigene Geschäft betritt, und ihm zu danken, wenn er es wieder verlässt, ist eine Selbstverständlichkeit, egal ob der Kunde viel oder wenig gekauft hat; höflich auf einen Brief zu antworten, ist ein Akt, den man jedem schuldig ist, auch demjenigen, den man nicht mag. Eine kleine Willkommenszeremonie für einen Neuankömmling auszurichten, dem anderen zuerst Fragen zu stellen, bevor man von sich erzählt, jemanden zu loben, der ein erzieltes Ergebnis noch zu übertreffen versucht, sind allesamt Handlungen, die sich durch eine »gute Form« auszeichnen und eine harmonische Umgebung schaffen.

Es kann nicht oft genug wiederholt werden, dass man sich aufmerksam mit *kata* auseinandersetzen sollte, sowohl bezüglich des Anfangs als auch des Endes *(yūshū no bi)*, um auf diese Weise die richtigen Entscheidungen zu treffen, denn – und auch das kann nicht oft genug wiederholt werden – die wichtigen Dinge brauchen Zeit und keine Eile.

Auch in den traditionellen Kampfsportdisziplinen und in jedem Zeremoniell ist der Begriff *kata* von elementarer Bedeutung. Genauer gesagt ist das Zeremoniell nichts anderes als ein zur Form gewordenes Unsichtbares. Tatsächlich glaubt man in Japan, dass die Form erst dann gebrochen und zugunsten von etwas Neuem verändert werden darf, wenn man sie wirklich verinnerlicht hat, wenn sie einem in Fleisch und Blut übergegangen ist. Und aus ebendiesem bewussten Brechen mit *kata* wird Originalität geboren, authentische Spontaneität und im Fall der Kunst höchste Kreativität. Genau daraus, aus der allmählichen Entwicklung von *kokoro*, von Herz und Geist, entsteht sowohl Vollendetes als auch das noch höher geschätzte Unvollendete.

4

付喪神 *tsukumogami*

oder: Der den Dingen innewohnende Geist

In Japan erwerben sich die Gegenstände im Lauf der Zeit ein bleibendes Privileg: Sie verwandeln sich in Geister. Einem wundervollen japanischen Volksglauben zufolge, genannt *tsukumogami* 付喪神, werden die Dinge, die ungefähr hundert Jahre überdauern, zu einer Art göttlichem Wesen. Ein Jahrhundert genügt einem Gegenstand, um eine Seele zu erhalten, denn er absorbiert die verstreichende Zeit und die aus ihr erwachsende Weisheit. Es ist das Überdauern allen Umständen zum Trotz, parallel zu den Zeitaltern der launenhaften und wankelmütigen Menschen, das Aufnehmen der Liebe und der Sorge, das Akzeptieren auch der Achtlosigkeit, das Beobachten von Räumen, die sich hektisch wie im Zeitraffer verändern. Dennoch ist die Hundert nur ein Näherungswert, um auszudrücken, dass es »lange Zeit« braucht.

Der Westen hat diese Legende missverstanden und stellt sich *tsukumogami* als einen einzigen Geist vor, der in die Gegenstände eindringt und sich dort häuslich einrichtet. Tatsächlich jedoch ist es der Gegenstand selbst, der sich verändert, und wenn man sich den Glauben genauer ansieht, begreift man, wie die Dinge dem, der sich um sie kümmert, Glück bringen, und

257

dem, der sie ignoriert oder misshandelt, Unglück. Man beginnt zu ahnen, dass auch die von uns als unbelebt betrachtete Materie etwas spürt, dass die Gegenstände vermittels der Seele, die sie im Lauf der Zeit erhalten, dankbar und glücklich sein können oder auch rachsüchtig und verflucht.

Dieser Sichtweise entsprechen auch die *harikuyō* 針供養, jene regelmäßig in den Tempeln abgehaltenen Feiern, die der Trennung, der Beseitigung und zugleich der Würdigung von bestimmten Gegenständen wie Scheren (im Namen der Friseure), Nadeln (im Namen der Schneider), Puppen (im Namen jener, die sich nur mühsam von ihren Schmusetieren aus Kindertagen lossagen können) gewidmet sind.

Doch wie viele Gegenstände überdauern heute noch mehr als eine Generation? Wie viele überdauern den Jahreszeitenwechsel? Wie viele Dinge überleben einen Umzug, eine Beziehung? Wie viele bleiben, nachdem eine Mode vergangen ist?

Es reicht zu wissen, dass es sich lohnt, auf etwas zu achten, dass wir einer Wohnung, einem Möbelstück oder einem Buch zu einer Seele verhelfen können. Dass auch wir davon profitieren, wenn wir ihnen eine solche schenken, und dass wir dabei vielleicht auch lernen, mehr auf uns selbst zu achten.

In dieselbe Kategorie von Gegenständen, die Interpretationsschlüssel liefern und in ihrer Beziehung zu den Menschen deren Laster und Tugenden widerspiegeln, fallen die *wasuremono* 忘れ物, sprich »die vergessenen Dinge«, und die *otoshimono* 落とし物, die »verlorenen« oder wortwörtlich »fallen gelassenen Dinge«.

Wenn die Züge in Tokio an der Endstation eintreffen, bleibt oft etwas von der Fahrt Hunderttausender in ihnen zurück: Es sind die Gegenstände, die die Bahnangestellten und Schaffner nach der letzten Fahrt eines jeden Tages einsammeln. Wie ein Rechen, der den Sand durchkämmt, ein Sieb, das die Mehlklumpen zurückhält, werden jedes Jahr Tausende von Gegenständen vor dem Untergang bewahrt.

Es sind die *wasuremono* 忘れ物, also jene Dinge, die man jetzt oder zu einem früheren Zeitpunkt vergessen hat; es sind die *otoshimono* 落とし物, all das, was man unbemerkt fallen lässt, was einem aus der Hand, aus einer Handtasche, einer offenen Manteltasche gleitet. Es sind, kurz gesagt, jene Gegenstände, die man unbemerkt hinter sich lässt.

An jedem Bahnhof, in jedem großen Geschäft oder Büro, an jeder Universität gibt es ein Sammelzentrum für diese verloren gegangenen Dinge. Manchmal haben sie eindeutige Bezeichnungen wie *otoshimono center* 落し物センター, manchmal sind es Behörden, denen auch andere Aufgaben zukommen.

Wenn es sich um besondere und geliebte Gegenstände handelt, ist jeder Verlust Anlass zur Trauer. Wie uns *tsukumogami* lehrt, hängt die Bedeutung der Dinge nicht so sehr von ihrem wirtschaftlichen Wert ab, sondern vielmehr von jenem gewissen Etwas, das eher damit zu tun hat, wie oft sie benutzt wurden. Aus diesem Grund macht jedes *wasuremono* oder *otoshimono* traurig. So nichtig ein Gegenstand fremden Blicken erscheinen mag, bringen ihn Japaner*innen doch, wenn sie ihn auf der Straße, im Zug oder in einem Geschäft finden, zum dafür zuständigen Fundbüro oder zum *kōban* (dem Polizeihäuschen des Viertels); dort hinterlegen sie nicht nur Geldbeutel oder Prepaid-Fahrkarten, sondern auch Puppen, Schals, Kettenanhänger. Außerdem ist es allgemein üblich, dass man einen Gegenstand, wenn man ihn auf dem Boden entdeckt, aufhebt und an einem Ort deponiert, wo er für alle gut sichtbar ist und nicht mehr Gefahr läuft, zertreten zu werden.

Es ist schön, Dinge wiederzufinden, die man bereits verloren glaubte, beruhigend vor allem zu wissen, dass sich Leute in die Fundbüros begeben, dass sie ihren Verlust bei den *kōban* anzeigen, dass sie also die feste Hoffnung hegen, sie wiederzufinden. Auf diese Weise drücken Japaner*innen ihr Vertrauen in die anderen aus, in der Gewissheit, dass, wer auch immer irgendwelche Dinge findet, sie nicht für sich behält, sondern sie wieder auf Reisen schickt, auf dass sie ihren Weg nach Hause finden mögen.

5

oder: Von der verschwendeten Zeit

Bereits mit zwanzig fühlt man sich alt, dann mit dreißig, mit vierzig, und mit fünfzig schließlich glaubt man, zum alten Eisen zu gehören. Und auch mit sechzig erlischt diese Sorge nicht, obwohl einen das Alter inzwischen eigentlich gelehrt haben sollte, wie nutzlos es ist, sich selbst im Weg zu stehen, sich der Freude zu berauben, etwas Neues auszuprobieren.

Je weiter man voranschreitet, umso mehr schwindet der Mut, als wäre die Vergangenheit stets gewichtiger als die Gegenwart und wöge schwer wie ein Klotz am Bein. Man erwartet von sich selbst, ununterbrochen auf der Höhe der Zeit, jener als normal erachteten, »richtigen« Zeit der anderen, zu bleiben, und wird sich des Irrtums nicht gewahr.

Wir haben es morgens als leises Raunen im Ohr, wenn wir die Jalousien hochziehen, während wir das Teewasser aufsetzen oder die Kaffeemaschine vorbereiten, wenn wir den Blick vom Waschbecken heben und unser Gesicht im Spiegel betrachten. Vielleicht schießt uns der Gedanke durch den Kopf, dass wir unser Leben mit nichtigen, fruchtlosen Dingen vergeudet haben, dass wir die Jahre haben verrinnen lassen, während andere sie besser zu nutzen wussten als wir. Doch die eine richtige Zeit für etwas gibt es nicht, und sosehr wir dem Einzelnen auch seine Besonderheit – die Freiheit, er oder sie selbst zu sein – zugestehen mögen, sehen wir selbst uns doch in Wirklichkeit in ein Raster gezwängt, den Normen einer Mitte verpflichtet. Tatsächlich können wir aber auch »verspätet«, außer Atem oder nur mit letzter Kraft im Ziel ankommen, dafür jedoch im Besitz eines unermesslichen Erfahrungsschatzes, um Prozesse zu beschleunigen, von denen wir einst nicht zu träumen gewagt hätten.

Vor einiger Zeit lief auf verschiedenen japanischen Fernsehkanälen ein vollständig als Anime realisierter Social-Marketing-Spot, der in Zusammenarbeit mit der staatlichen Rundfunkanstalt NHK entwickelt worden war. Auf dem Bildschirm sah man nacheinander müde und entmutigte Jugendliche in Alltagssituationen, während einer Zugfahrt inmitten einer wogenden Menge oder während der Arbeitspause im *kombini* zusammengesunken auf dem Boden kauernd, junge Leute, eingefangen in jenem Moment kurz vor dem Sturz, jenem endlosen Augenblick, in dem man beschließt aufzugeben. Dann leuchtete überraschend ein Funke Hoffnung auf, dank einer einfühlsamen Stimme, die mahnte, sich nicht unterkriegen zu lassen, es sei noch nicht zu spät! Und man sah, wie sich die Erleichterung Bahn brach und zur Triebkraft wurde, man sah mehrfach eingeblendet den Ausdruck *mottainai* もったいない, um den Lebenssinn eines Tages zu vermitteln: »Welche Verschwendung, aufzugeben!«

Eines scheint heutzutage nahezu vollständig in Vergessenheit geraten zu sein: Schon beim ersten Anlauf Erfolg zu haben, ist eher die Ausnahme. Viel häufiger erzielt man Erfolge, welcher Art auch immer, Schritt für Schritt, indem man, kaum merklich, eine Phase nach der anderen überwindet. Manchmal ist man wie gelähmt, als ob alle Anstrengungen einer Woche oder eines Monats zu nichts anderem als Erschöpfung geführt hätten, als ob das Ziel noch immer in unerreichbarer Ferne läge. Doch Ergebnisse können wie ein Feuerwerk plötzlich aus dem Nichts vor uns auftauchen.

Wir vergessen jedes Mal aufs Neue, dass wir, um bei der Zehn anzukommen, die Eins und die Zwei, die Drei und auch die Vier brauchen. Vielleicht können wir die Fünf und die Sechs überspringen, aber dann wird der Weg zur Sieben viel mühsamer, wir brauchen länger, um sie zu erreichen, und noch länger, um uns wirklich sicher zu sein, dass wir es geschafft haben. Das schrittweise Vorangehen gibt Sicherheit, aber seine Langsamkeit zu ertragen, ist nicht immer einfach. Dennoch leistet es gute Dienste, und wir sollten nicht darauf verzichten.

Wichtig ist, sich nicht auf das Alter, auf die Zeiten, auf das, was die anderen machen, zu fixieren, darauf, wie man »sein sollte« und noch nicht ist.

Und falls man es versehentlich doch tut, sollte man sich dieser Maxime entsinnen: *mottainai.*

Die Bedeutungsnuancen dieser Redewendung sind vielfältig. In *Das Graskissenbuch* gebraucht sie Sōseki Natsume, als er sich an den Mönch wendet, der sich, indem er die *shōji* geschlossen hält, der Sicht auf eine wundervolle Landschaft beraubt: »Das ist eine herrliche Aussicht! Herr Abt, welche Verschwendung [*mottainai*], die Schiebefenster zuzulassen.«

Mit der Zeit hat sich die mangelnde Würdigung einer Sache von Wert zu einer neuen Form von *mottainai* entwickelt. Es bedeutet, etwas »nicht genügend zu nutzen«, nicht alles zu essen und das Übriggebliebene wegzuwerfen, Geld für etwas zu verschwenden: »Welche Verschwendung *[mottainai]*, für so ein Gericht Geld auszugeben.«

Es kann auch darauf abzielen, etwas, das noch benutzbar wäre, vor der Zeit wegzuwerfen, es nicht auf bestmögliche Weise zu verwenden, sei es etwas Materielles wie Geld oder etwas Abstraktes wie Zeit. Es scheint gar, als schenkte dieser kurze und einprägsame Ausdruck dem eigentlich Körperlosen eine Körperlichkeit.

Im Jahr 2005 hielt die kenianische Umweltaktivistin Wangari Maathai vor den Vereinten Nationen ein derart flammendes Plädoyer für *mottainai*, dass dieser Ausdruck zu einem Slogan wurde. Er verbreitete sich weltweit, um gegen die Verschwendung natürlicher Ressourcen und den Raubbau an der Natur mobilzumachen.

6

もののあはれ *mono no aware*

oder: Von der Vergänglichkeit der Schönheit

Kulturell betrachtet ist Japan von einem ständigen Wechsel scheinbar widersprüchlicher Phasen geprägt.

Der Philosoph Kitarō Nishida (1870–1945), Vertreter der Kyōto-Schule, nannte dieses Phänomen *hirenzoku no renzoku* 非連続の連続, die »Kontinuität der Diskontinuität« oder »kontinuierliche Diskontinuität«.

Die Evolution des Denkens besteht aus ständigem Aufbruch und ständiger Rückkehr, aus Elementen, die diese Evolution im Lauf der Jahrhunderte begleiten, die das nationale Empfinden stärken und bis in die letzten Bereiche vordringen, an Kraft gewinnen oder sich abschwächen, je nachdem, welchen Weg die Geschichte einschlägt.

Einer der zutiefst im japanischen Denken verwurzelten Begriffe ist *mono no aware* もののあはれ. In der klassischen Dichtung zum Ideal erhoben, in der buddhistischen Lehre eingehend thematisiert, findet der mit *mono no aware* intendierte Zustand der Unbeständigkeit seine Entsprechung in der Morphologie des Landes, durch die Japan einer nicht abreißenden Kette von Naturkatastrophen wie Erdbeben, Tsunamis oder Taifunen unterworfen ist. Es genügt, die bedeutendsten Meisterwerke der japanischen Literatur zu durchkämmen, angefangen bei dem vermutlich ersten Roman der Weltliteratur, *Die Geschichte vom Prinzen Genji* der Hofdame Murasaki Shikibu (ca. 970/978–1019), um sich der Allgegenwärtigkeit von *mono no aware* bewusst zu werden. Der Begriff ist sehr eng mit dem Naturverständnis japanischer Schriftsteller verknüpft und bleibt unverbrüchlicher Bezugspunkt des nationalen Empfindens. So ist etwa gleich zu Beginn des berühmten Samurai-Epos *Heike Monogatari* von der »Unbeständigkeit aller Erscheinungen dieser Welt« die Rede.

Wörtlich übersetzt lautet *aware* »Pathos, ästhetisches Empfinden, Barmherzigkeit, Anteilnahme, Melancholie, Mitleid« und *mono no* »der Dinge«. *Aware* war ursprünglich ein Ausruf des Erstaunens und des Mitgefühls, ein Ausdruck der Verwunderung und der Sehnsucht, der sich auf die emotionale Bedeutung der Dinge bezog, auf den ihnen innewohnenden Wert, der seinerseits die jeweilige Person und in einem weiteren Sinn auch die innere Haltung des Menschen gegenüber der Außenwelt widerspiegelte.

Setzt man die Teile zusammen, wird offensichtlich, wie vielfältig die Definitionen von *mono no aware* sein können, zumal es keine direkte Entsprechung in anderen Sprachen gibt. Am ehesten trifft es vielleicht noch der Ausdruck *lacrimae rerum*, den Ivan Morris aus dem Lateinischen herübergerettet hat und der die Beziehung zwischen Schönheit und Traurigkeit hervorhebt.

Es ist das Staunen über die Dinge, die dunkle Ahnung des Sturzes, die jeder Aufstieg mit sich bringt, der Schatten des Endes, den jeder Anfang in sich birgt. Es ist der Samen des Todes, der sich, in den Schoß der Erde gepflanzt, zusammen mit dem Keim des Lebens entwickelt.

Mono no aware entspricht einem bestimmten Empfinden und bringt zugleich die Fähigkeit mit sich, von der Welt berührt zu werden, sich in die Dinge eingebunden zu fühlen. Allerdings muss diese Fähigkeit fortwährend gefördert und verfeinert werden, um nicht vom viel konkreteren Tun erstickt zu werden, ebenso wie es auch der Versuchung zu widerstehen gilt, all das als nutzlos zu erachten, was keinen Verdienst bringt oder praktische Ergebnisse zeitigt.

Mono no aware drückt den unmerklichen Niedergang der Welt als Ganzes aus. Man spürt es, wenn man ein Baby im Arm hält und seine Gesichtszüge, seine sich ständig fortentwickelnden Bewegungen einem vergegenwärtigen, wie schnell die Zeit vergeht, oder wenn einem bewusst wird, wie viele Jahre die abgegriffenen Seiten eines geliebten und oft gelesenen Buches bereits hinter sich haben; man nimmt es wahr, wenn einen die zarte Schönheit einer aufbrechenden Blütenknospe verzaubert, wenn man mit dem Daumen über eine Keramik mit haarfeinen Rissen streicht, jenem Merkmal des Zerfalls, das eng verknüpft ist mit **wabi-sabi**, einem weiteren typisch japanischen Konzept.

Mono no aware heißt, sich am Flüchtigen und Vergänglichen zu erfreuen, es zu akzeptieren und das Beendete zu lieben, eben weil es zu Ende ist. Es ist jene Mischung aus Freude und Traurigkeit, die man verspürt, wenn man sich der vergänglichen Natur der Dinge bewusst wird, jenes Gefühl wohliger Melancholie angesichts der »Flüchtigkeit«, »Vorläufigkeit« und »Unbeständigkeit« der Welt, die sich hinter dem buddhistischen Begriff *mujō* 無常 versammeln.

Die Kirschblüte symbolisiert in Japan die Erwartung und die Hoffnung auf das Neue, sie verkörpert auf nahezu perfekte Weise die Kurve des Niedergangs eines jeden Lebewesens und somit auch das mit *mono no aware* verknüpfte Gefühl: das langsame Öffnen der Blüten, ihre extreme Verletzlichkeit durch Regen und Wind, die den Frühling beherrschen, die launenhafte Wankelmütigkeit des Himmels im März und April, die wenigen Tage der vollen Blüte, die Schnelligkeit, mit der die Blütenblätter zu Boden fallen, das Bild der herzzerreißenden Schönheit, das sie in den Augen des Betrachters hinterlassen.

Der April ist in Japan der Beginn des kalendarischen Schul- und Steuerjahrs, und das Sammeln neuer Erfahrungen fällt somit zeitlich mit der Kirschblüte zusammen. Aus Sicht der Japaner*innen nimmt alles in diesem Monat seinen Anfang, und das anmutige und überraschende Erblühen der *sakura* 桜 (deren Kanji sich aus dem chinesischen Schriftzeichen für *yusura-ume*, »Nanking-Kirsche«, ableitet), ihre Schönheit und ihr blitzschnelles Verblühen werden im Land der aufgehenden Sonne als die Metapher des Lebens selbst betrachtet. Jeder Anfang birgt eine Wehmut in sich, die bereits das Ende vorwegnimmt. Ebenso symbolisiert die Trichter- oder Zaunwinde, auf Japanisch *hirugao* 昼顔, »Antlitz« (*kao* 顔) »des Tages« (*hiru* 昼) genannt – was sich im Übrigen mit ihrem hierzulande verbreiteten Namen »Belle de jour« oder »Schöne des Tages« deckt –, die Vergänglichkeit des Seins, weil sie ihre Blüten mit den ersten Strahlen der Sonne öffnet, um am Abend zu verwelken.

In *Betrachtungen aus der Stille* bemerkt Kenkō Yoshida, dass unter allen Lebewesen die Lebensdauer des Menschen am längsten sei; im Vergleich zu ihm warte die Eintagsfliege »nur auf den

Abend, um zu sterben, und die Sommerzikade weiß nichts von Frühling und Herbst«. Doch sei es die Intensität des Lebens, die den Unterschied mache, sodass, wenn man seine Existenz mit genug Leidenschaft auskoste, sich auch ein einziges Jahr lange genug anfühle.

Mono no aware steht für die Melancholie, die atemberaubende Schönheit im Hier und Jetzt. Es ist das »Pathos der Dinge«, jener Moment, in dem wir ihr Ende voraussehen, ihren Tod erahnen, während sie noch in voller Blüte stehen. Es ist jener Herzschmerz, der erste Moment einer jeden Beziehung, die als Anfang einer unvermeidlichen Trennung begriffen wird, der Beginn als Auftakt des Endes.

Diese emotionale Melange würde all jene, die im abendländischen Denken verhaftet und somit daran gewöhnt sind, ihre innere Gefühlswelt in klare Gegensätze zu unterteilen, aus dem Gleichgewicht bringen, würde sie entweder in Euphorie oder in Trübsal verfallen lassen, als könnten im Umfeld ein und derselben Emotion nicht mehrere Extreme koexistieren. Japaner*innen sind kulturell daran gewöhnt, die Unbestimmtheit und die Verquickung von Leidenschaften zu akzeptieren, und begreifen die Vorahnung, dass sich die Schönheit dem Ende zuneigt, als Ansporn, sich ihrer noch mehr zu erfreuen. Anders als es vielleicht scheinen mag, steht *mono no aware* nicht für eine erdrückende Traurigkeit, sondern für eine unvollkommene Freude, die einen im Innersten bewegt.

Man schärft das Empfindungsvermögen durch Beobachtung der Natur, man lernt mit einfühlsamer Sanftmut die Anstrengung eines jeden Lebewesens wertzuschätzen, zum Beispiel die der Insekten, die unermüdlich alle ihnen zur Verfügung stehenden Kräfte aufbieten – etwa eine Ameise, die einen Brotkrumen mühsam auf dem Rücken transportiert, oder eine kleine Spinne und ihre hartnäckigen Webkünste.

Wie viel besser vermögen wir unsere Zeit zu nutzen, wenn wir wissen, dass sie endlich ist! Sei es während eines Stelldicheins, von dem wir uns wünschen, es möge niemals vorübergehen, oder während eines einsamen Spaziergangs, bevor wir nach Hause zu unserem wartenden Kind zurückkehren, sei es während der blauen Stunde, wenn die Wohnung den Atem anzuhalten scheint und das Dämmerlicht allmählich der Dunkelheit weicht, oder am frühen Morgen, wenn wir in einer aufgeräumten und stillen Küche stehen, kurz bevor alle aufwachen und der Tag beginnt.

Uitenpen 有為転変 besteht aus vier aufeinanderfolgenden Kanji, die im Japanischen für die »Höhen und Tiefen des Lebens« stehen und dafür, dass sich alles fortwährend wandelt und erneuert. Japaner*innen haben ein feines Gespür für die Veränderlichkeit des Daseins, ihre Philosophie gründet sich ebenso auf den Erfolg wie auf die Niederlage, weil sie sich bewusst sind, dass nichts dazu bestimmt ist, bis in alle Ewigkeit fortzudauern. Der Moment gilt daher als der wichtigste Zeitabschnitt.

Dieses Gefühl, für das es in keiner anderen Sprache einen Namen gibt und das, weil es sich so schwer übersetzen lässt, wortreich umschrieben werden muss, wird gehütet wie ein Schatz. *Mono no aware* bekräftigt abermals, wie wichtig es ist, sich im »Hier« und im »Jetzt« zu verorten, es zeigt, dass das Spüren der Endlichkeit keineswegs traurig, sondern vielmehr glücklich macht und uns dazu verhilft, den Moment zu leben, ihn dank der Tatsache, dass er irgendwann zu Ende ist, auszudehnen und die wenige Zeit, die uns zur Verfügung steht, wirklich mit Sinn zu füllen.

»Der Mond in den Herbstnächten ist unvergleichlich schön. Wie arm ist der Mensch, der da keine Unterschiede kennt und glaubt, dieses Gestirn sei zu allen Jahreszeiten gleich!«, schreibt Kenkō Yoshida. Der Mond ist immer da, doch er ist nie derselbe.

7

信 *shin*

oder: Vom Vertrauen

Shin 信 bedeutet auf Japanisch »Vertrauen«. Es handelt sich um einen Begriff, der sich über die Form seines Kanji erschließt: *hito* 人 (beziehungsweise 亻), also »Mensch«, und *gen/gon* oder *iu* 言, das »Reden«, das »Sprechen«.

Auf genau diese Weise entsteht in den Augen der Japaner*innen eine vertrauensvolle Beziehung, indem sie miteinander sprechen, indem sie eigens Zeit aufwenden und so gegenseitige Vorurteile ausräumen – und das nicht nur einmal, sondern unzählige Male nach immergleichem Muster, scheinbar wieder und wieder bis in alle Ewigkeit.

Es kann Jahre dauern, bis sie zu jemandem Vertrauen fassen, doch sobald man in den Kreis der Lieben aufgenommen ist, in ein ideales *wa* 輪 im Sinne von »Kreis« oder »Ring«, ist man für immer vor Misstrauen oder Scheinheiligkeit geschützt. Hat sich erst einmal erfüllt, was auf Japanisch *wa non naka ni hairu* 輪の中に入る, »Eintritt in den Kreis«, genannt wird, lösen sich die Grenzen zwischen den Menschen auf, bleibt jeder mit jedem verbunden, was sich übrigens auf einer tieferen Ebene abspielt, sich also nicht an der Anzahl der jährlichen Treffen oder der ausgetauschten Nachrichten oder Mails bemessen lässt. Vertrauen wird hauptsächlich dem geschenkt, den man als Teil der Gruppe betrachtet, ganz dem klaren Gegensatz zwischen *uchi* und *soto* **(soto/uchi)** entsprechend, dem »Außen« und dem »Innen«, die für die japanische Gesellschaft eine so wichtige Rolle spielen.

Vertrauen, *shin*, verdient sich, wer seinen Hochmut, seinen Egoismus und den Drang nach Dominanz zügelt, wer ein ruhiges und gemessenes Verhalten frei von Eigennutz und Launenhaftigkeit an den Tag legt. Es gilt Feingefühl, Anstand, Altruismus zu beweisen, an den Nächsten zu denken **(omoiyari)**, sich zu bemühen, auch »die Luft zu lesen« **(kūki wo yomu)**, um sein Gegenüber nicht in Verlegenheit zu bringen, und jede Quelle des Unbehagens unverzüglich zum Versiegen zu bringen. Man muss vorsichtig sein, wem man Vertrauen schenkt, denn es spielt eine elementare Rolle für die Wahrung von *wa* 和, der Harmonie, die für Japaner*innen oberste Priorität hat.

Wie das Schriftzeichen für *shin* veranschaulicht, ist es das Miteinanderreden, auf das sich eine vertrauensvolle Beziehung gründet. Auch das Kanji für *jin* 仁, das »Wohlwollen«, zeigt zur Linken das Element für »Mensch« 人, während rechts jenes für *ni* 二, »zwei«, steht. Es ist also der Kontakt zwischen zwei Personen, es ist der Respekt, der aus der gegenseitigen Beobachtung und der Beachtung einer Reihe von Verhaltensregeln entsteht, die den Nährboden einer jeden Beziehung darstellen, und auf dem jenes viel größere Projekt des Zusammenlebens und der wechselseitigen Zusammenarbeit namens Gesellschaft gedeiht. Dennoch ist es nicht ein Übermaß an Worten, sondern es ist die Zeit, die die Tiefe einer Beziehung bestimmt. Ganz im Sinne von Konfuzius, der uns lehrt, dass falsche Worte und einschmeichelndes Verhalten anderen gegenüber von mangelnder Tugend zeugen.

Die Gefahr, im öffentlichen Raum, in Geschäften, auf der Straße, in Bussen oder Bahnen ausgeraubt zu werden, ist in Japan nahezu ausgeschlossen. Die Leute stellen ihre Taschen als Platzhalter ab und gehen bezahlen, sie lassen ihre Geldbörsen offen liegen, ohne Furcht, jemand könnte sie stehlen, sie kontrollieren niemals das Wechselgeld, weil sie sich absolut sicher sind, die korrekte Summe zurückzubekommen. Etwas zu verlieren oder zu vergessen, bedeutet so gut wie immer, es *wiederzufinden*, sei es auf der Straße, in den Fundbüros oder in den *kōban*. Außerdem hegt man nicht ständig den Verdacht, über den Tisch gezogen zu werden, oder meint, um seine eigenen Rechte kämpfen zu müssen. Das Miteinander und der Respekt, den die Mehrheit der Japaner*innen den Regeln zollen, machen es einfacher, eine vertrauensvolle Beziehung vor allem zu seinem Umfeld aufzubauen. Etliche elementare Verhaltensregeln – sei es, dass man die Toilette nach der Benutzung sauber hinterlässt, dass man sich geordnet anstellt, bevor man in ein öffentliches Verkehrsmittel einsteigt, dass man im Zug keine Handytelefonate führt oder dass man nur an den dafür vorgesehenen Plätzen raucht – sorgen dafür, dass *wa*, die Harmonie, gewahrt bleibt.

Allein zu beobachten, wie sich das Leben an einem x-beliebigen Ort in Japan abspielt, zeigt, wie sehr alles von dem Gedanken durchdrungen wird, dass Öffentliches stets auch privat ist und das »Ich« nur eine Facette des »Wir« – in dem Sinne, dass sich eine Situation, die heute Dritte betrifft, früher oder später auch auf uns auswirken wird. So kann man zum Beispiel häufig auf dem Boden vor Wohnungs- oder Haustüren Schalen oder Töpfe sehen: Kurz zuvor waren sie noch mit Speisen wie *kamameshi, soba, tendon* oder *sushi* gefüllt und stehen nun blitzsauber gespült und abgetrocknet bereit zur Abholung. Denn je nach Art der Gerichte stellt der Lieferdienst in Japan die Behältnisse zur Verfügung, die später wieder zurückgegeben werden. Es gehört sich, sie außerhalb der eigenen vier Wände abzustellen, damit die Angestellten des Restaurants sie dann abholen können, wenn es ihnen am besten passt. Außerdem wird der Kunde so nicht gezwungen, zu Hause warten zu müssen. *Sushi* zum Beispiel wird immer in großen glänzenden Schüsseln geliefert, die den kreisrunden und kunstvoll verzierten traditionellen Lackschalen nachempfunden sind. Nur deshalb, weil niemand auch nur im Traum auf die Idee kommen würde, sie zu unterschlagen, kann dieses System dauerhaft funktionieren.

Ebenso bringen Lieferwagen zu festgelegten Zeiten große Kühlboxen mit Produkten, die von einer oder mehreren Familien online bestellt und bezahlt wurden, an einen Ablageort vor der Haustür. Dieser wöchentliche Einkaufsservice erfreut sich in Japan großer Beliebtheit, da so für sieben Tage im Voraus geplant werden kann und sich die monatlichen Ausgaben für Lebensmittel besser kalkulieren lassen.

Die grundsätzliche Ehrlichkeit erlaubt es, das Leben besser zu planen, sich nur um das Notwendige zu kümmern, keine Zeit und Energie darauf zu verschwenden, sich gegen Betrug zu wappnen. So wächst das Vertrauen von Tag zu Tag, bestärkt sich im Miteinander und führt dazu, dass alle sich denselben Ideen verschreiben und jene Regeln des gemeinschaftlichen Zusammenlebens als selbstverständlich anerkennen, die dennoch einzigartig sind auf der Welt. Man tut es, weil alle es tun, aus Gewohnheit, vor allem aber aufgrund der Erziehung und der kulturellen Prägung.

Ein Modell dieser Art lässt sich jedoch nur realisieren, wenn wirklich alle mitmachen. Doch ebenso wie das Vertrauen in unsere Umgebung jedes Mal, wenn wir Respekt und Integrität erfahren, wächst und an Kraft gewinnt, schleichen sich Zweifel und Missmut ein, wenn es verraten wird. Dies unterstreicht wieder einmal, dass sich das Glück und die Harmonie tatsächlich nur dann realisieren lassen, wenn sie geteilt werden, wenn man bereit ist, einen kleinen Teil des »Ich« zugunsten des »Wir« zu opfern, wenn man sich im öffentlichen Leben ebenso korrekt verhält wie im privaten. Es liegt auf der Hand, wie viel angenehmer sich das Leben gestaltet, wenn man zum Beispiel während eines Spaziergangs den Himmel oder die Gesichter der Menschen betrachten kann, anstatt ständig darauf achten zu müssen, nicht in irgendwelchen Müll zu treten; wenn man sich während einer Zugfahrt auf die Arbeit konzentrieren oder den eigenen Gedanken nachhängen kann, anstatt von lauten Telefonaten und Unterhaltungen beschallt zu werden; wenn man im Wissen, dass die öffentlichen Verkehrsmittel zur angegebenen Zeit eintreffen werden, den persönlichen Alltag sorgenfreier planen kann.

8

失敗 *shippai*

oder: Von der Bedeutung des Scheiterns

Im Leid ist man eingeengt. Die Verzweiflung ist wie ein Engpass, in dem man nur noch den eigenen Schatten berühren kann, oder wie ein Stacheltier, das uns zielsicher dort berührt, wo es am meisten schmerzt.

Es ist eine Abstellkammer, ein dunkles Loch, dem wir am liebsten entkommen würden. Dennoch sagt uns das Leben hin und wieder, dass wir in einem solch engen Raum ausharren müssen, dass es, warum auch immer, notwendig ist.

Das Geheimnis liegt vor allem darin, uns von dem zu befreien, was unseren Aufenthalt dort noch schlimmer macht, das Überflüssige wegzuwerfen und Platz zu schaffen. Das soll nicht heißen, dass wir diesen Raum nie mehr verlassen dürften, aber es ist wichtig, die Zeit des Wartens erträglich zu gestalten. Und es hilft, nicht vollständig in Mutlosigkeit zu versinken, sondern vielmehr eine Art Beziehungsbilanz zu ziehen, zu schauen, wie viel Liebe wir denen, die etwas für uns empfinden, geschenkt haben und wie viel Liebe sie uns zurückgegeben haben. Es hilft, sich auf *ikigai* zurückzubesinnen, auf jenes »Warum« unserer irdischen Existenz, das keine Rationalität von uns fordert, sondern vielmehr ein Staunen über die Schönheit der Schöpfung *(mono no aware)*. Wir sollten uns all die positiven Dinge vergegenwärtigen, die es immer, im Leben eines jeden, gibt und die man im Leid so gern vergisst oder geringschätzt. Wir sollten sie lange betrachten, wir sollten, wie Kurt Vonnegut schreibt, doch bitte merken, wenn wir glücklich sind, sollten erkennen können, wann wir genug haben.

Dies gilt es, sich ständig vor Augen zu halten, auch wenn der Verstand nicht zuhört. Es hilft vor allem dabei, eine Bürde zu akzeptieren, sich daran zu erinnern, dass an erster Stelle wir selbst für unser Glück verantwortlich sind.

Nanakorobi yaoki 七転び八起, »Wenn du siebenmal fällst, stehe achtmal wieder auf«, ist eines der eindrucksvollsten japanischen Sprichwörter. Es könnte nämlich auch zehn, zwanzig, hundert Mal sein, aber es ist jenes elfte, einundzwanzigste, hunderteine Mal, das den Unterschied macht, das zeigt, aus welchem Holz jemand geschnitzt ist, wie entschlossen, wie sehr der Freude zugewandt man ist. Es bräuchte nur ein wenig Weitsicht, gepaart mit einem realistischen Blick auf die Vergangenheit: Wie viele Fehlschläge verbergen sich hinter einem Erfolg? Wie oft sind wir gescheitert, bevor uns etwas gelungen ist? Wie viele verheerende Begegnungen gehen der großen Liebe voraus?

Niemand bringt uns das bei, vielleicht aus Angst, es könnte uns den Mut rauben, noch bevor wir einen Versuch wagen. Und doch gibt es weit mehr Fehlschläge als Erfolge im Leben, und wer so tut, als sähe er diese Fehlschläge nicht, wer sie lieber eiligst unter den Teppich kehrt und weitermacht, weiß, wenn er einmal vom Weg abkommt, oft nicht, wie er zurückfinden soll.

Wer sich hingegen anstrengen musste, findet schnell die Orientierung wieder; stark ist, wer das, was ihm am Herzen lag, nur zum vollen Preis bekommen hat. Wer die Augen nicht vor Rückschlägen verschließt, wer *shippai* 失敗, das »Scheitern«, bis zum Äußersten gekostet hat, ist ebendeshalb unbestreitbar im Vorteil, weil er genau weiß, woher sein Glück rührt, weil er den Weg kennt, den er gehen muss – und den er bereits unzählige Male gegangen ist –, um es ein weiteres Mal zu finden.

Die japanische Literatur räumt dem Verlierer einen besonderen Platz ein, erhebt ihn ebenso oft – wenn nicht gar noch öfter – zum Helden wie den Gewinner. Unabhängig vom erzielten Erfolg *(gambaru),* ist es gerade sein Einsatz, der ihn auszeichnet, sein innerer Wert, gleich einer zum Welken verurteilten Schnittblume. Es sind *gambatta koto* (das Beste, was man geben konnte), *yaruki* (die Entschlossenheit, der Einsatz), *doryoku* (die Mühe, die Anstrengung), die ihn davor schützen, nur nach dem Erfolg beurteilt zu werden. Ivan Morris hat ein großartiges Buch über die tragischen Helden der japanischen Geschichte geschrieben, das den bezeichnenden Titel *Samurai oder Von der Würde des Scheiterns* trägt.

Sprichwörter und Redewendungen sind in Sprache gegossene Volksweisheit. Im Japanischen gibt es unzählige solcher Weisheiten rund um das Thema des Scheiterns.

So zielt etwa das Sprichwort *Ame futte ji katamaru* 雨降って 地固まる, »Nach dem Regen verfestigt sich die Erde«, darauf ab, dass wir – gleich der Erde, die nach einem Wolkenbruch fester und sogar besser wird – aus einem Unheil gestärkt hervorgehen und sich Ereignisse, die uns zuvor als reine Katastrophe erschienen, plötzlich als Chance erweisen können, unser Leben bewusster und unbeirrter zu gestalten.

Ähnlich verhält es sich auch in Beziehungen, die uns etwas

bedeuten, wenn wir nach einem Missverständnis lernen, aufrichtig miteinander zu sprechen, und uns dadurch näherkommen. Das kommt auch mit der Redewendung *Wazawai tenjite fuku to nasu* 災い転じて福となす zum Ausdruck, die empfiehlt, »das Unglück in Glück zu verwandeln«. Es ist möglich, auch deprimierenden Geschehnissen etwas Gutes abzugewinnen, ja oft kann aus einem vermeintlichen Unglück sogar etwas sehr Positives hervorgehen.

Also ist es wichtig und gut, *shippai*, das Scheitern, großmütig, weniger aufgeregt und bewusster zu betrachten. Denn ein Einschnitt, ein Abirren sind oft Ursprung wertvoller Erfahrungen, die man andernfalls vielleicht nie gemacht hätte, und vor allem sind sie der beste Nährboden für zukünftige Erfolge.

Der Ausdruck *ijirashii* いじらしい steht für ein »liebenswürdiges und freundliches« oder »angenehmes und nettes« Wesen, die Unschuld und Reinheit des Herzens, wobei im Kontext von Mühe auch die Bedeutung des bedingungslosen, beharrlichen und fortwährenden Einsatzes mitschwingt. *Ijirashii* ist das Gefühl der Rührung, das einen überkommt, wenn man den unerwarteten Erfolg von jemandem miterlebt, der von Anfang an schlechtere Karten hatte – etwa ein Kleinkind, ein schwaches oder krankes Geschöpf, eine leidende oder furchtsame Person. Es ist die unermüdliche Anstrengung auch ohne jede Aussicht auf ein Gelingen, die Mühe, die dank ebendieser hartnäckigen Hingabe mit einem Erfolg belohnt wird und dadurch auch den emotional berührt, der Zeuge davon wird.

Die bewegendsten Geschichten entspringen stets aus einer Situation der Benachteiligung, aus dem Missverhältnis zwischen den Möglichkeiten des Menschen und seinen Träumen;

die Epik beruht auf ebendiesem Gegensatz zwischen nahezu unüberwindbaren Schwierigkeiten und unvorhersehbaren Siegen.

Ein wunderbares Beispiel für *ijirashii* aus der japanischen Märchentradition ist der kleine Issumbōshi (ein Kind, das nur ein *issun*, das heißt 3,03 cm groß ist), der von seinen Eltern wegen seiner Kleinwüchsigkeit aus dem Haus gejagt wird. Nach einer langen Reise stößt Issumbōshi auf ein prachtvolles vornehmes Haus und schlägt, klein, wie er ist, mithilfe seines Scharfsinns zwei riesige, menschenfressende Ungeheuer in die Flucht. So gelangt er in den Besitz eines magischen Hammers, dank dem sich sein größter Wunsch erfüllt: Er wird groß wie ein Samurai und bekommt in einigen Versionen des Märchens sogar eine Prinzessin zur Frau.

Übertragen auf das Leben im weiteren Sinne, ist *ijirashii* vielleicht die persönliche Befreiung derer, denen im familiären und beruflichen Umfeld immer wieder heftig zugesetzt wurde. Es ist das, was man beim Anblick einer Frau empfindet, die nach einer zermürbenden Kinderwunschtherapie ihr Neugeborenes im Arm hält, oder einer Person, die endlich den heiß ersehnten Studienabschluss erwirbt, der ihr bisher verwehrt blieb, weil sie einen kranken Elternteil pflegen musste oder in finanziellen Schwierigkeiten steckte; es sind zwei mühsame Schritte nach einer kräftezehrenden Reha oder das Bild eines Genesenen, der nach einer Krankheit, die ihn wochenlang ans Bett gefesselt hat, ans Fenster tritt.

Über diesen Ausdruck nachzusinnen, gemahnt uns auch daran, wie wichtig es ist, den Wert unserer Verletzungen anzuerkennen, und führt uns vor Augen, dass sie, in Gold gefasst, zu Schmuckstücken werden *(kintsugi)*, dass uns eine bewusste, aber auch freudige Auseinandersetzung mit ihnen stärken kann.

Das Aufbäumen des Verlierers, die unerwartete Gelegenheit können das Schicksal wenden und uns dazu bewegen, auch den vom Glück weniger Begünstigten neugierig und gespannt zu beobachten, Partei für ihn zu ergreifen. Wie zum Beweis, dass es möglich ist, trotz anfänglicher schlechter Karten großartige Ergebnisse zu erzielen und darüber hinaus den Beobachter dieses Erfolgs emotional anzurühren, indem er teilhat an der großen Freude nach einem Leid, an der Erleichterung nach einem Schmerz.

Ebendas ist Ausdruck jener von Pathos durchdrungenen Schönheit des Gelingens nach unentwegtem, endlosem Scheitern.

9

思いやり *omoiyari*

oder: Vom Gedanken an den Nächsten

Auf der Toilette im Rathaus einen Stockhalter für Senioren vorzufinden oder ein Stühlchen für ein Kleinkind, das man nicht allein draußen warten lassen kann; in der Bank immer Lesebrillen in verschiedenen Stärken angeboten zu bekommen; die Stimme des Schaffners zu hören, die an Regentagen regelmäßig daran erinnert, den Schirm nicht im Zug zu vergessen; beim Überreichen des Wechselgeldes idealerweise die Hand unter den Handrücken seines Gegenübers zu halten – all das sind kleine Gesten, die den japanischen Alltag durchdringen. Oder auch eine Haarspange, ein Püppchen vom Boden aufzuheben, die sonst vermutlich unter den Schritten der Passanten zermalmt würden, und sie an einer erhöhten Stelle abzulegen, damit, wer auch immer sie verloren hat, sie leichter wiederfinden kann; die Warteschlange zu respektieren und sich auf der Rolltreppe nach rechts zu stellen, damit die, die es eilig haben, schneller oben ankommen können; die Sitze, Böden und Fenster der Züge und U-Bahnen zu reinigen, um die Fahrt für die Passagiere angenehm zu gestalten, und die Dinge in gutem Zustand zu erhalten; beim Putzen auch den Handlauf, das Namensschild am Hauseingang abzustauben, die kleinen Dinge im Blick zu haben, die Wohlbehagen und Reinlichkeit signalisieren; die Menschen stets in das Zugabteil zu begleiten und darauf zu achten, dass an jedem Bahnhof Personal bereitsteht, um sofort dem zu helfen, der Schwierigkeiten beim Aus- oder Einsteigen hat.

Die Liste dieser kleinen Gefälligkeiten, der *omoiyari*, ließe sich noch endlos fortsetzen, sie bilden ein Geflecht, das sämtliche Städte Japans, auch die kleineren, durchzieht. Vermutlich ist es genau das, was Besucher aus dem Ausland am meisten beeindruckt: dass sich selbst in einer Stadt wie Tokio, in der sechsunddreißig Millionen Menschen leben, ein Netz aus Freundlichkeiten weben lässt und dass unter der allgemeinen Eile vielleicht zwar der Altruismus leiden mag, nicht aber die Höflichkeit, die notwendig ist, um ein harmonisches Miteinander der Menschen zu gewährleisten, die sich nicht unbedingt kennen müssen, um gute Manieren an den Tag zu legen.

Omoiyari 思いやり ist aufs Engste verknüpft mit **omotenashi** おもてなし, dem »freundlichen Empfang«, und steht für den Gedanken an den Nächsten, die Fürsorge, übertragen auf kleine Gesten der Großmütigkeit und der Achtung vor dem Lebewesen oder der Sache, die wir vor uns haben, einzig und allein, weil sie existieren und Respekt und Schutz verdienen. Man kann diesen Begriff mit »Mitgefühl, Wohlwollen, Verständnis, Zuvorkommenheit« übersetzen, aber auch mit »Zärtlichkeit, Liebenswürdigkeit, Sanftmut«. Das entsprechende Kanji enthält die Verben *omou* 思う, »denken, nachdenken, erkennen«, und *yaru* 遣る, das unzählige Bedeutungen hat, darunter »senden, schicken, geben, schenken, anbieten, machen, erfüllen«.

Das Gedachte, der Gedanke, wird zu den Mitmenschen geschickt, die Fürsorge wird ausgesät wie Samen ins Erdreich. Somit ist *omoiyari* eng mit der Idee von *wa*, der Harmonie, verbunden: Es dient dazu, die Atmosphäre zu verbessern, die Dinge und Menschen positiv zu stärken.

Am Anfang seines berühmten Romans *Das Graskissenbuch* schreibt Sōseki Natsume: »Wir können diesem qualvollen Sein also nicht entfliehen, sondern müssen es uns darin bequem machen, so gut es geht, damit unser Leben erträglicher wird, und sei es nur für einen Augenblick, denn so kurz dauert es.« Es geht also darum, den Ort, an dem wir leben, mit kleinen höflichen Gesten und Gefälligkeiten zu verbessern, ihn eben bequemer zu machen, indem wir etwas verwirklichen, das allen zugutekommt.

Und plötzlich wird das Leben viel leichter. An schlechten Tagen zumindest erträglich.

Entscheidend bei der Höflichkeit ist das Verhalten desjenigen, der sie erweist: Die darbietende Hand muss unsichtbar bleiben, darf keinesfalls in den Mittelpunkt rücken. Wichtig ist, dass die Person, der die Geste gilt, sie als so angenehm wie möglich empfindet. Auf sie hinzuweisen, heißt, sie in jeder Hinsicht wertlos zu machen, ja in etwas Negatives zu verkehren. Zu erwähnen, welche Mühe man auf etwas verwendet habe, wie viel Geld man für ein Geschenk ausgegeben, wie lange man danach gesucht habe, bürdet dem anderen eine kaum wiedergutzumachende Dankesschuld, ein schlechtes Gewissen wegen der verursachten Unannehmlichkeit auf, sodass er oder sie sich vielleicht sogar wünscht, nie etwas bekommen zu haben. Auch nur den Hauch einer solchen Andeutung zu machen, gilt als ebenso vulgär und unangebracht, wie die Güte einer Geste oder eines Gegenstands zu rühmen, denn dadurch fühlt sich der andere noch stärker zu Dank verpflichtet.

Omoiyari hat also weniger damit zu tun, etwas in Worte zu fassen, sondern ist vielmehr das genaue Gegenteil; es ist sozusagen etwas, das völlig unerwartet, wie ein Blitz aus heiterem Himmel kommt. Wir dürfen nicht einmal Dank erwarten, da das Geben selbst, wenn *omoiyari* aufrichtig ist, die ideelle Belohnung darstellt; die Freude des anderen, sprich die Wirkung unserer Tat, zu sehen, ist das Höchste, was wir erhoffen dürfen. Sobald wir etwas vom anderen erwarten, übernimmt der Narzissmus die Hauptrolle und verdrängt *omoiyari*.

Manchmal sind auch kleine Unaufrichtigkeiten mit im Spiel, aber nur, damit niemand belastet wird: eine Großmutter, die den Eltern zuliebe das Treffen verschweigt, das sie abgesagt hat, um auf den kranken Enkel aufzupassen; ein Vater, der eine Flasche öffnet, damit der linkische Sohn vor dem Trinken nicht mit dem Verschluss kämpfen muss.

Omoiyari heißt auch, das Telefon nur vier- oder fünfmal läuten zu lassen, keinesfalls zu drängen, damit der andere sich nicht abmühen muss. Es heißt, von Geschenken abzusehen, die dem anderen womöglich nicht gefallen, weil seine Wohnung klein ist oder weil er vielleicht bald abreist und der Gegenstand sperrig oder schwer ist. Es heißt, ein paar *inarizushi* für jemanden vorzubereiten, von dem man weiß, dass er keine Zeit zum Essen hatte; nicht bei Rot über die Straße zu gehen, selbst wenn sie frei ist, wenn uns ein Kind beobachtet.

Und dennoch ist *omoiyari* untrennbar mit einem Gegenspieler verbunden, nämlich dem Dank. Selbst wenn derjenige, der dem anderen *omoiyari* erweist, weder im Moment des Gebens noch irgendwann später die Großzügigkeit seiner Geste erwähnt – er darf nur an das Wohl des anderen denken und wird eben dadurch automatisch belohnt –, wird sich der Empfänger des *omoiyari* von vornherein in Dankesworten und Floskeln erge- hen, wird sich verpflichtet fühlen und auf jede erdenkliche Art versuchen, dem anderen keine weitere Mühe zu bereiten.

Dieses Verhalten erklärt sich durch das grundsätzlich posi- tive Bild vom Nächsten, durch das Feingefühl der Japaner*innen das sie kulturell bedingt empfänglich macht für diese Art der gegenseitigen Höflichkeitsbekundung, sowie durch die unaus- gesprochenen in *wa* verborgenen Regeln, gemäß derer sich alle bewusst sein sollten, dass sie für immer in der Schuld Abertau- sender Menschen, bekannter wie unbekannter, stehen. So er- klärt sich auch der tiefere Sinn der Ausdrücke **arigatō** und **sumi- masen** (»Danke« und »Entschuldigung«) oder eines Ausdrucks wie *itadakimasu* (»Guten Appetit«, »Ich empfange es dankbar«).

Omoiyari ist also sehr viel mehr als eine einfache und eindeu- tige Geste der Freundlichkeit, denn es fügt sich in ein Netzwerk weitverbreiteter Höflichkeit ein, in dem das Bemühen um den Erhalt der Harmonie, das ständige Bewusstsein der Dankes- schuld und die persönliche Zurückhaltung zugunsten des Wohl- behagens der anderen eine elementare Rolle spielen.

Japaner*innen reiben einem niemals etwas unter die Nase, einfach deshalb, weil jeder, der etwas erhält, um die Mühe des anderen weiß und sich grundsätzlich zu Dank verpflichtet fühlt.

Wieder einmal ist die Gegenseitigkeit, das allgemeine Ganze, die treibende Kraft für das Gelingen.

10

かわいい *kawaii*

oder: Vom Wunder der Kindheit

Kawaii かわいい umfasst alles, was »süß«, »niedlich« ist und leitet sich aus dem Ideogramm von *ka* 可, »Möglichkeit, Erlaubnis«, und von *ai* 愛, »Liebe«, ab. Es steht für eine Lebensphilosophie und gleichzeitig für den Konsumanreiz, Nippes in allen möglichen, die Kindheit heraufbeschwörenden Farben und Formen anzuhäufen. Offenbar ist es die Antwort auf ein Bedürfnis der Erwachsenen nach dem Niedlichen, nach einem Ausgleich zwischen dem ernsten und strengen Teil der menschlichen Existenz einerseits und dem unbekümmerten und lieblichen Teil andererseits, die Antwort auf die Suche nach einem Gleichgewicht, das jedem Aspekt gerecht wird und die Menschen nicht in eine todernste Welt verbannt, nur weil sie »groß« sind. *Kawaii* ist in Japan allgegenwärtig: in den Informationsbroschüren beim Ohren- oder Frauenarzt, auf Infusionsbeuteln, unterschiedlichsten Lebensmittelverpackungen, Postpaketen, Verkehrsschildern. Ein aufmerksamer Blick genügt, um auf den Umlaufsperren der Fußgängerwege, die Autos an der Durchfahrt hindern, kleine Metallspatzen zu entdecken; oder die großen Katzenwelse auf den Hinweistafeln, die anzeigen, in welche Zonen man im Falle eines Erdbebens oder Tsunamis flüchten soll.

Die Polizei hat ein Maskottchen (ein uniformiertes Hünd-chen), jede Präfektur hat ein eigenes, und alle zusammen tre-ten regelmäßig bei Wrestling-Turnieren gegeneinander an, wo sie im sportlichen Wettkampf ihr Lächerlichkeitspotenzial und ihre »knuddelige« Bewegungsunfähigkeit unter Beweis stellen.

Außenstehende sagen oft, Japaner*innen kämen ihnen wie Kinder vor, wie ein Volk, das irgendwie in der Welt der Kind-heit stecken geblieben sei, und *kawaii* sei der Beweis dafür. Das ist wahr, aber im positivsten Sinne. Japaner*innen wissen eben genau, wie wichtig die kleinen Dinge sind, das Süße, die winzi-gen Freuden, die nur ein Kind empfinden kann.

So gesehen lohnt es sich, den Spieß umzudrehen und sich zu fragen, ob es nicht eher der Westen ist, der sich viel zu ernst nimmt, der den Menschen ihre Kindheit raubt – also jenen uns so selten beschiedenen Zustand der Unschuld –, um sie in die Welt der Erwachsenen zu katapultieren, die vermeintlich ein-zige »echte« Welt, die einzige Welt, die Aufmerksamkeit ver-dient. Belastet durch schlechte Nachrichten und ohne Interesse am Gemeinschaftsleben, ist der Erwachsene in seiner Not ge-zwungen, ständig nach dem Sinn seiner irdischen Existenz zu suchen, an jeder aktuellen Debatte teilzunehmen. Doch der an-haltende Notstand droht zu einer emotionalen Falle zu werden, und im permanenten Wettlauf gewöhnt man sich früher oder später daran.

»Das Paradies«, so der Regisseur und Drehbuchautor Hayao Miyazaki, »liegt in unseren Kindheitserinnerungen. Damals wurden wir von unseren Eltern beschützt und ahnten auf un-schuldige Weise nichts von den vielen Problemen, die uns um-gaben.«

Kawaii ist also, wenn nicht eine Medizin, so doch ein Trostpflaster, eine Hand, die uns ein Bonbon reicht, eine geschenkte Blume, ein Lächeln. Eine Pforte zu jenem verlorenen Paradies namens Kindheit.

Riesige Maskottchen, kleine Bildchen, die alles illustrieren. Ein reicher Schatz an Kindheitserinnerungen nützt dem Erwachsenen, zu dem das Kind später einmal wird. Die Psychoanalyse lehrt uns, dass jede Phase entscheidend für die nächste ist, dass Spielen die Intelligenz des Kindes fördert und dass Erwachsene, die positiv auf ihre Vergangenheit zurückblicken, unbeschwerter sind.

Der Markt hat begriffen, welch ungeheures Potenzial der Spieltrieb hat, der für die Menschen von so großer Bedeutung ist, jener Wunsch nach Unbeschwertheit, der in uns allen, gleich welchen Alters, steckt. Ständig unterdrückt wird dieser Spieltrieb nunmehr durch Materielles befriedigt. Doch auch ohne Niedliches zu kaufen, zahlt es sich aus, sich von *kawaii* verzaubern zu lassen. Man kann *kawaii* auch fotografieren, vielleicht genügt es sogar, ihm einfach nur Beachtung zu schenken. Ein Foto von all den süßen Dingen zu machen, die einem begegnen, sie ganz in sich aufzunehmen, sie auf der Rückseite eines Kassenzettels, am Rand einer Buchseite zu notieren, sie in Form einer Nachricht zu verschicken. Oder auch Bilderbücher zu kaufen, sie zu Hause auszupacken, obwohl man keine Kinder oder Enkel hat; im Kalender neben die weniger erfreulichen Termine eine Tasse Kaffee oder ein Kuchenstück zu zeichnen, mit dem man sich am Ende eines anstrengenden Tages belohnen wird: Sich gedanklich von *kawaii* leiten zu lassen, bedeutet vor allem, den Alltag freundlicher zu gestalten.

So streng Japaner*innen bei der Einhaltung der Form und

der unzähligen miteinander verwobenen Regeln sind, die ihr gesellschaftliches Leben bestimmen, so extrem können sie erscheinen, wenn es um die Unterhaltung geht.

Ihre Komik stößt viele Abendländer vor den Kopf, die einerseits die raffinierte Eleganz mancher Wohnungen, die traditionelle architektonische Nüchternheit, die Schönheit, mit der alles vorbereitet und präsentiert wird, sehen und andererseits die Fernsehprogramme mit ihren Manga und Anime sehen, die voller überschäumender kindlicher Vulgarität die Grenzen dessen überschreiten, was gemeinhin als »guter Geschmack« bezeichnet wird.

Doch befriedigen diese perfekt integrierten Formen der Unterhaltungskultur den Spieltrieb, und beim Konsum dieser Produkte, die der Fantasie freien Lauf lassen, löst sich die enorme gesellschaftliche Kontrolle in Nichts auf. Mit anderen Worten, es ist, als übertrage man einer virtuellen Realität die Rolle der Verführerin, um unsoziale und für das gesellschaftliche Miteinander schädliche Triebe auszuleben.

Japaner*innen besitzen viel Humor. Sie lachen gern und haben, was Albernheiten angeht, eine deutlich höhere Schmerzgrenze als wir. Sie bewundern unsere Eleganz, unser sicheres und ungezwungenes Auftreten; wir hingegen sollten von ihnen lernen, dass es kein bisschen falsch ist, sich an Herzerweichendem zu erfreuen.

Kawaii lehrt uns, das Leben nicht in streng voneinander getrennte Abschnitte zu unterteilen. So bedeutet beispielsweise das Verb *asobu* 遊ぶ nicht nur »spielen« im kindlichen Sinn, sondern auch »ausgehen, sich amüsieren, einen Ausflug machen, sich zerstreuen« nach Art der Erwachsenen. Wenn man mit je-

mandem ausgehen möchte, fragt man: *asobini ikanai?* 遊びに
行かない?, und wenn man sich am Abend zuvor oder auf einer
Reise hervorragend amüsiert hat, heißt es *ippai asobimashita!*
いっぱい遊びました！Die Bedeutungsvielfalt dieses Verbs, das
sowohl auf die Welt der Kindheit als auch auf die der Erwachsenen anwendbar ist, geht indes im Deutschen verloren. In
unserer Sprache bezieht sich »spielen« hauptsächlich auf das
Vergnügen der Kinder oder auf bestimmte körperliche oder intellektuelle Aktivitäten wie zum Beispiel ein Kartenspiel oder
eine Sportart. Es ist jedoch von unschätzbarem Wert, wenn man
sich über die gesellschaftlichen und alterstypischen Zwänge hin-
wegsetzen und sich an den kleinen und entzückenden Dingen
erfreuen kann.

Wir wären also gut beraten, nicht mehr mit dem Hochmut
der Erwachsenen, für die alles nur schwarz-weiß zu sein scheint,
auf diese schillernd bunte Welt herabzublicken. Wir brauchen
nicht so zu tun, als würden wir etwas nicht mehr mögen, nur
weil es »kindisch« oder »für Kinder« ist.

Kawaii ist das Amulett der guten Laune. Jeder hat sein
eigenes. Es ist der Vorwand, mit dem sich der Welt noch ein
weiteres Lächeln schenken lässt.

11

節 *setsu*

oder: Die Bambusknoten

節 ist das Kanji für *setsu*, »Übergang«, »Abschnitt«, doch es kann auch – je nachdem, wie man das Ideogramm liest – *fushi*, das »Gelenk«, die »Verbindung«, der »Knoten«, bedeuten. Ergänzt man es mit dem Schriftzeichen für *me* 目, »Auge«, verwandelt es sich in *fushime* 節目, den »Wendepunkt«, in jenen Knotenpunkt, der den Weg *(michi)* bestimmt, das Wachstum eines Baumes oder die Entwicklung der kindlichen Psyche.

Japaner*innen erklären diesen Begriff für gewöhnlich anhand des Bambus, mit dem Bild der Knoten, die er von Abschnitt zu Abschnitt bildet und die dem holzigen und hohlen Rohr dazu verhelfen, stabil und gerade in den Himmel zu wachsen. *Setsu* symbolisiert das Wachstum, das seinen Anfang in einem Knoten nimmt und in einem Knoten endet.

Ebenso verhält es sich mit den Lebensphasen, und an jedem Wendepunkt wiederholt sich die Gelegenheit, stärker zu werden. Deshalb ist in der japanischen Vorstellung jeder Lebensabschnitt unverzichtbar und muss so gut wie möglich gemeistert werden.

Jeder dieser Abschnitte verbindet sich mit dem nächsten, und diese »Verbindung«, *tsunagari* 繋がり, schützt vor dem plötzlichen Ende, verhindert, dass *wa* 和, die Harmonie, einen Sprung bekommt.

Manche Menschen erleben eine solche Umbruchphase mit zwanzig, andere machen von ihrer Jugend an bis ins hohe Alter eine nach der anderen durch. Manche überstehen sie unversehrt und sind sich überhaupt nicht bewusst, wie viel Glück es braucht, um nicht vom Sturm hinweggefegt zu werden. Wobei, handelt es sich tatsächlich um Glück?

»Wenn du heute davonläufst«, warnte der Manga-Künstler Takao Koyano, »brauchst du morgen noch mehr Mut.«

Oft verspürt man eine unsinnige, wenn auch natürliche Angst davor, zu leiden, weil man vergisst, dass auch der Schmerz dazu dient, Bambusknoten zu erschaffen, dass er Teil eines jeden *setsu* ist. Doch man darf sich nicht vom Kummer überwältigen lassen und muss jeden Wegabschnitt unbeirrt zu Ende zu gehen. Es ist sogar gut, sich bewusst mit den Schwierigkeiten einer jeden Phase auseinanderzusetzen: Es spart Kräfte, und man entdeckt die vielschichtige Faszination, die dem Wachsen und dem Versuch, es mit Ausdauer und Begeisterung zu tun, innewohnt.

Der Begriff *setsu* liefert auch die Erklärung für das feste Zeremoniell des japanischen Alltags, all jene winzigen Rituale von der Geburt bis zum Tod, die jeden Lebensbereich berühren, angefangen bei der allmorgendlichen Begrüßung der Angestellten vor Arbeitsbeginn über die gegenseitige Verbeugung voreinander, die festen Begrüßungsfloskeln bei alltäglichen oder besonderen Anlässen, das rituelle Gericht, das man für einen Säugling zur Vollendung seiner ersten hundert Lebenstage zubereitet, die Feierlichkeiten beim Eintritt in die verschiedenen Bildungseinrichtungen, ob Kindergarten, Schule oder Universität, bis hin zu den roten Kleidern, die man seit jeher zum sechzigsten Geburtstag trägt (als Symbol dafür, dass ab diesem Alter ein neues Leben beginnt). Es sind unendlich viele winzige oder auch aufwendige Rituale, und sie beanspruchen – wenngleich oft nur wenig – Zeit, die Menschen aus dem Westen vielleicht für verschwendet halten.

Manchmal werden Japaner*innen wegen ihres extremen Respekts dem Zeremoniell gegenüber belächelt, wegen der Bedeutung, die sie scheinbar oberflächlichen Gesten beimessen. Dennoch werden durch diese eingeschobenen Handlungen, denen sie Zeit und Raum widmen, *setsu* und *fushime* gestärkt, indem nämlich durch sie eine Phase zum Abschluss kommt und ein neuer Knoten entstehen kann, ganz wie beim Bambus. Daher sind die Formen der Begrüßung *(aisatsu)* ebenso präzise festgelegt wie gewisse shintoistische Rituale, etwa das Reinigungsritual *jichinsai* 地鎮祭, das vor Beginn der Bauarbeiten auf Grundstücken durchgeführt wird, oder der Dank an die Lehrer am Ende eines Studienabschnittes. In der japanischen Tradition werden Anfang und Ende einer jeden Sache *(yūshū no bi)* aufmerksam betrachtet, und man nimmt sich des Übergangs an, der von einem Moment zum nächsten führt, von einem *setsu* zum nächsten.

Aus dieser akribischen Haltung erklärt sich auch die Bedeutung, die die Vergangenheit für Japaner*innen hat, der Blick, den sie auf das Zuvor einer jeden Sache werfen. Manchmal hat man Lust, alles hinter sich zu lassen, nur noch nach vorn zu schauen; man denke nur an gewisse Wirtschaftszweige oder an das traurige Erscheinungsbild mancher Städte, die lieber alles Alte zerstören, statt zu versuchen, es der Gegenwart anzupassen. Doch wenn man voranschreiten möchte, sollte man immer mit einem Bein auf der Erde stehen. Nicht anders verhält es sich beim Rennen: ein Bein nach vorn gestreckt und eines hinten auf dem Boden, bereit, in einer neuen Bewegung aufzugehen.

Das Bewusstsein, im »Hier und Jetzt« zu sein, ist Teil des ständigen Bemühens, das Gleichgewicht aufrechtzuerhalten: etwas, das auch in unserem Organismus geschieht, mittels jenes inneren Funktionsmechanismus aller Säugetiere, der sich »Homöostase« nennt (*kōjōsei* 恒常性 auf Japanisch) und der auf den Erhalt des ursprünglichen Zustands abzielt. Etliche Fachdisziplinen von der Biologie über die Psychologie bis hin zur Semiotik beschäftigen sich mit diesem Prinzip, aus dem sich der natürliche Widerstand gegen die Dynamik, die Ausnahme und die Veränderung von Rahmenbedingungen und Strukturen erklärt. Übertragen auf die Psychologie, widersetzt sich die »Homöostase« sowohl dem plötzlichen Mehr an Wohlbehagen als auch an Unbehagen, die beide verantwortlich für kleine oder große Schwankungen sind.

Aus diesem Grund wird das Gleichgewicht nicht nur durch etwas gestört, das wir als schmerzhaft wahrnehmen, sondern auch durch positive Erlebnisse.

Auch dazu dienen die Rituale, selbst die kleinsten, die in Japan an jedem Wendepunkt des Lebens durchgeführt werden: zur Stärkung von *setsu* und *fushime*, dazu, die gemeinsam verbrachte Zeit hervorzuheben und **tanoshimi**, das Gefühl der Freude, zu intensivieren.

Wenn wir nicht wertschätzen, was uns widerfährt, zerrinnt das Leben; wenn wir nicht jede Zwischenphase stärken, schwächen wir die Knoten und somit die ganze innere Struktur.

12

忍耐 *nintai*

oder: Von der Geduld

Ein wunderbares Gedicht von Peter Rosegger lautet: »Was ich aus Trotz verbracht, / wuchs voll Pracht / über Nacht / und ward verregnet. / Was ich aus Liebe gesät, / keimte spät, / reifte spät / und ward gesegnet.«

Eine Sache, die die Menschen aus dem Abendland nach eigenem Bekunden an den Menschen in Japan bewundern, ist *nintai* 忍耐, die Geduld. Sie geht mit einer guten Portion Hartnäckigkeit einher, der stillen Ausdauer desjenigen, der beharrlich bleibt und derweil etwas erbaut. Denn um gewisse Ergebnisse zu erreichen, braucht es nicht nur zielgerichtete Anstrengung, sondern auch Zeit.

In dem Wort *nintai* 忍耐 gehen das Kanji für *shinobu* 忍ぶ, »erdulden«, »verbergen« – beziehungsweise das *nin* aus *ninja* 忍者, »jemand, der sich versteckt« –, und das Kanji für *taeru* 耐える, »ertragen, erdulden«, eine Verbindung ein. Im Japanischen bedeutet Geduld also das Verbergen der Mühe, das stille Erdulden von Schwierigkeiten, das Abwarten und Ertragen der verrinnenden Zeit. Dinge von Wert erhält man kaum je von jetzt auf gleich. Die erträumte Stelle kommt erst, nachdem man lange gelernt und sich hochgearbeitet hat, der Liebe geht oft große

Verwirrung voraus, die Integration in ein kulturell vollkommen fremdes Land gelingt erst nach Jahren.

Nintai 忍耐 bedeutet zu säen und zu warten, bis die Erde Frucht bringt. Es bedeutet auch, Rückschläge einzustecken, die das Leben für jeden von uns zuhauf bereithält. Und je mehr die Bevölkerung wächst, umso größer scheint die Zahl derer zu werden, die ein und demselben Traum hinterherjagen und so die Möglichkeiten des Einzelnen schmälern. Um einen Studienplatz oder eine gute Stelle zu bekommen, ein Buch zu veröffentlichen, Freunde, vielleicht auch einen Partner zu finden, braucht es mehr als nur Glück.

In gewissen Momenten des Lebens hat alles im Zeichen der Geduld zu stehen. Damit ist jedoch keineswegs gemeint, in völliger Untätigkeit zu verweilen, nein, man kann diese Zeit überbrücken, indem man über Projekte nachsinnt. ***Gambaru*** 頑張る, »sein Bestes geben, sich anstrengen«, ist ein Ausdruck, in dem die durch und durch positive Konnotation von »etwas tun, während man wartet« mitschwingt. »Der Zufall bevorzugt den vorbereiteten Geist«, lautet ein Aphorismus. In der Freude steckt auch Beharrlichkeit; der Glückliche, dem die guten Dinge stets in den Schoß gefallen sind, brauchte vielleicht niemals durchzuhalten. Wer sie sich jedoch eines nach dem anderen hart erkämpfen muss, für den ist es essenziell, sich das Ziel am Ende des Weges vorstellen zu können.

Liebe ist ansteckend, Hass ebenfalls. Wir müssen uns entscheiden, in welchem Maß und auf welche Weise wir persönlich Einfluss auf die Welt nehmen möchten, müssen entscheiden, wie klein oder groß unser persönlicher Beitrag zum öffentlichen Diskurs sein soll. Ob wir den Hass, den Tadel, die scharfe Kritik, die oft an Unverschämtheit grenzt, weiterverbreiten oder ob wir besser der alles bereichernden Liebe zur Vielfalt den Vorzug geben, der Schönheit, jenen kleinen Wundern, auf die es stets lohnt zu verweisen.

Die erstgenannte Gruppe von Gefühlen und Verhaltensweisen kann dem, der sie mündlich oder schriftlich äußert, als Ventil dienen, um sich ihrer zu entledigen, oder auch nur, um sich im Sinne des Sprichworts »Geteiltes Leid ist halbes Leid« nicht mehr allein zu fühlen. Doch man kann sich auch in seine negativen Emotionen hineinsteigern, und was werden sie bei denen hervorrufen, die sie hören oder lesen? Ein elementares Gefühl wie der Hass findet mühelos Anhänger, denn es ist denkbar einfach, schlecht über Dinge und Menschen zu reden: Man braucht dafür weder viel Zeit noch Geduld, weder einen klar strukturierten Gedanken noch irgendwelches Wissen. Wie uns jedoch die positive Haltung der Japaner*innen lehrt, wird die befreiende Wirkung von Gefühlsausbrüchen überschätzt, und darauf reagieren zu müssen, führt nur zu Nervosität, verstärkt und verschlimmert alles.

Das Verb *matsu* 待つ steht für das Warten, das Ausharren und geht eng mit der Bedeutung von *nintai* einher. Kombiniert mit anderen Elementen, wird daraus die Erwartung (*kitai* 期待) oder auch die Einladung (*shōtai* 招待), beides Begriffe mit einer zeitlichen Konnotation. Ursprünglich bedeutete dieses Verb wohl »dem Tempel Dinge, Opfer darbringen«, und hinter dieser fürsorglichen Geste den antiken Gottheiten gegenüber verbirgt sich auch die Erwartung. Unabhängig davon, ob es sich um die Erwartung von etwas Schönem oder von Unheil handelt, ist das Wort *matsu* ein treuer Begleiter der Wechselfälle unser aller Leben. In gewisser Weise ist unser ganzes Leben ein einziges Warten, ein endlos langer Zeitraum, unterbrochen von einigen wenigen herausragenden Ereignissen, und die Qualität unserer Existenz hängt eben davon ab, auf welche Art wir diese Wartezeit gestalten.

13

縁 en

oder: Von der Bedeutung der Bindungen

»Die Schüler gehen alle getrennte Wege, und es ist schwierig für sie, in Verbindung zu bleiben. Deshalb sind solche Treffen sehr wichtig. Man sollte alte Freundschaften nicht so schnell vergessen. Und man sollte ab und zu einen Blick zurückwerfen, das hilft, die Dinge im richtigen Verhältnis zu sehen«, schreibt Kazuo Ishiguro in *Damals in Nagasaki*.

En 縁 ist die »Bindung«, die »Beziehung und das Verhältnis zwischen den Menschen«, die »Bande« oder auch die »Verwandtschaft«. Es könnte auch »Bindungen« heißen, weil das Nomen im Japanischen keine Pluralform besitzt.

Den Bindungen, den Beziehungen, in die wir hineingeboren oder die uns durch Schule und Beruf beschert werden, einen hohen Wert beizumessen, ist tief in der japanischen Kultur verankert. Dabei gründen diese Beziehungen nicht zwingend auf der Häufigkeit, sondern eher auf der Intensität der gemeinsam geteilten Erfahrungen. Aufgrund des hektischen Lebensrhythmus der heutigen Gesellschaft kann es sein, dass sich selbst beste Freunde, je nachdem, welchen Lebensstil sie pflegen, nur drei- bis viermal im Jahr treffen, ohne dass sich dies negativ auf ihre Beziehung auswirken würde. Diese Langmut, eine Beziehung nicht danach zu beurteilen, wie oft man sich sieht, ermöglicht es, eine Vielzahl von Bindungen aufrechtzuerhalten.

En hat auch mit dem Schicksal zu tun, damit, dass hinter allem ein höherer Plan existiert. Es bindet das menschliche Verlangen und Handeln in eine größere Struktur buddhistischer Prägung ein, der zufolge alles, was geschieht, bereits geschrieben steht.

Sode furiau mo tashō no en 袖振り合うも他生の縁 lautet eine Redewendung, die wörtlich besagt, dass selbst die Berührung zweier Ärmel Bestimmung sei, und sinngemäß meint, dass es dank jenes übergeordneten Willens, der uns miteinander in Verbindung gebracht hat, wichtig sei, jeder Begegnung höchste Bedeutung beizumessen.

Diese Redewendung ist überaus aufschlussreich für den Ursprung des Schriftzeichens *en* 縁, und sie würde sich bestens als Bordüre auf dem Saum eines Kleidungsstücks eignen. Wird 縁 nicht als *en,* sondern als *fuchi* gelesen, hat es noch heute genau diese Bedeutung. *Fuchikazari* zum Beispiel ist der Saumbesatz, die Franse oder Borte; bezogen auf eine Brille, ist *fuchi* das Gestell, während es bei einem Hut die Krempe bezeichnet.

Wir sind alle eng miteinander verbunden und berühren uns, bildlich gesprochen, ständig gegenseitig am Ärmel – ganz im Sinne des buddhistischen Begriffs *inga* 因果, mit dem ebenjener Zusammenhang von Ursache und Wirkung zum Ausdruck kommt, welcher die Welt bestimmt. *Inga* zufolge birgt jedes Leben unendlich viele Möglichkeiten, richtig oder falsch zu handeln, und im Lauf der Zeit häuft sich ein großes Guthaben (oder eine Schuld) in Bezug auf uns selbst und die Beziehungen an, die von unseren Handlungen profitiert (oder darunter gelitten) haben. Die Rechnung, so erklärt die buddhistische Lehre, wird im Leben nach dem Tod oder auch im Lauf unserer Existenz beglichen. Wer sich um seine Kinder kümmert, um den werden sich die Kinder im Alter kümmern, die sich wiederum später einmal der Liebe der Kindeskinder erfreuen können. Die Liebe und sämtliche andere Gefühle sind miteinander verbunden.

So einschränkend die Vorstellung des vorbestimmten Lebens, aus dem ursprünglichen Kontext gerissen und auf die heutige Zeit angewendet, wirken mag, zeigt *inga* doch auch, dass keine unserer Handlungen ohne Konsequenzen bleibt und es daher wichtig ist, unsere Entscheidungen bestmöglich abzuwägen.

Alljährlich im Dezember findet im Kiyomizudera-Tempel in Kyōto ein kurzes wunderschönes Ritual statt. Ein Bonze zeichnet rasch und präzise jenes Kanji auf einen großen Bogen Papier, das die wichtigsten Eigenschaften des soeben vergangenen Jahres in sich vereint, im Vertrauen darauf, dass es in der Zukunft davon erzählen wird.

Im Jahr 2011, nach dem verheerenden Tsunami in der Region Tōhoku, der Tausende von Opfern forderte, wurde das Kanji für *kizuna* 絆 ausgewählt, das ebenfalls »Bindung«, »Band«, »Knoten« bedeutet. Diese Entscheidung offenbart das ganz besondere Wesen des japanischen Volkes, das angesichts der Verzweiflung über zerstörte Gebiete, über den Tod ganzer Familien, über die Evakuierung radioaktiv verseuchter Städte seine Kraft aus den Bindungen zog.

Ebenfalls den Beziehungen gewidmet, ist der 17. Mai, der auch *kizuna no hi* 絆の日, »Tag der Bindung«, genannt wird, gefolgt vom 18. Mai, auf den der Reis-Tag 米の日 fällt, da sich, wenn man das Ideogramm für Reis 米 zerlegt, die Schriftzeichen für zehn 十 und acht 八 entdecken lassen. *O-musubi no hi* おむすびの日

ist dagegen der »Tag der *o-musubi*« – also jener Reisbällchen, die auch unter der Bezeichnung *onigiri* bekannt sind. Er ist mit dem Erdbeben von Kobe verknüpft und fällt auf den 17. Januar, ein Datum, an dem man sich an jenes tragische Ereignis und an den selbstlosen Einsatz der vielen Freiwilligen erinnert, die unermüdlich *o-musubi* zubereiteten, um den Hunger der evakuierten Bevölkerung zu stillen. Nicht von ungefähr kommt das Wort *o-musubi* von dem Verb *musubu* 結ぶ, das »anbinden, anknüpfen, verbinden« heißt und in Kombination mit *en* (*en wo musubu* 縁を結ぶ) als »eine Beziehung knüpfen, eine Verbindung eingehen« übersetzt werden kann.

Eine Redewendung, die unterstreicht, wie flüchtig die Kontakte zwischen den Lebewesen sind und wie wichtig es ist, jede Begegnung wie einen Schatz zu behandeln, ist *ichi-go ichi-e* 一期一会, »ein einziges Mal, eine einzige Begegnung«. Hierbei handelt es sich um eine ausgesprochen japanische Betrachtungsweise, die nicht nur eng mit den Lehren des berühmten Teemeisters Sen no Rikyū verknüpft ist, sondern vor allem auch mit einer Passage aus dem Werk *Cha no yu ichie shū*, dem »Traktat der einmaligen Teezusammenkunft« von Naosuke Li (1815–1860), in dem der Autor mit Blick auf den Moment, in dem die Gäste nach der Verabschiedung den *chashitsu*, den Teeraum, verlassen haben, die Unwiederbringlichkeit der soeben stattgefundenen Teezeremonie betont und über die niemals identisch wiederkehrende Zeit reflektiert: »Auch wenn die Gäste nicht mehr anwesend sind, beeile man sich nicht, aufzuräumen und die Zusammenkunft abzuschließen. Man kehre mit ruhigem Herzen in den *chashitsu* zurück und setze sich allein vor die Feuerstelle, um zu denken: ›Ich hätte mich heute gern noch ein wenig länger mit ihnen unterhalten. Wo werden sie jetzt wohl sein, auf ihrem Weg nach Hause?‹ und Ähnliches. Man denke über die Tatsache nach, dass sich die einmalige Zusammenkunft von heute nie mehr wiederholen lässt *[ichigo ichie],* und bereite dabei Tee für sich zu. Das ist die wahre Bedeutung einer solchen Sitzung.« Man spürt die Vergänglichkeit, die Flüchtigkeit der Zusammenkünfte und des Lebens selbst heraus. Jede Begegnung, lehren uns Japaner*innen, ist wertvoll und zugleich außerordentlich fragil: Womöglich wiederholt sie sich kein zweites Mal. Daher sollten wir jede solche Gelegenheit nutzen und bewusst wertschätzen.

Kurz gesagt, wir sollten uns sorgfältig um das kümmern, was auf Japanisch *ningen kankei* 人間関係 genannt wird, um die »menschlichen Beziehungen« also. Seit der Antike hat sich in Japan ein komplexes System aus mehrfach im Jahr stattfindenden kleinen Ritualen, Gebräuchen und Sitten entwickelt, um trotz der vielen Verpflichtungen des Einzelnen in Kontakt zu bleiben und so die Beziehungen zu den anderen Menschen zu pflegen und zu festigen.

Nengjao 年賀状 zum Beispiel sind Glückwunschkarten, die man sich gegenseitig zum Jahreswechsel schreibt; heutzutage etwas vernachlässigt sind hingegen die *shochū mimai* 暑中見舞い, die im Sommer zwischen der Regenzeit und Anfang August verschickt werden (und die, wenn sie verspätet eintreffen, weil jemand das Datum überschritten hat, als *zansho mimai* 残暑見舞い bezeichnet werden). Die Post hat in diesen Wochen doppelt so viel zu tun wie sonst, vor allem im Dezember, wenn zusätzliche Schalter in der Nähe der Ämter auf den Straßen eingerichtet werden und die Postkarten zu Dutzenden oder gar zu Hunderten verschickt werden.

Auch Abschiede und Wiederbegegnungen werden oft von bestimmten Ritualen begleitet. So überreicht man jemandem, der seinen Aus- oder Einstand feiert, Kärtchen in unterschiedlichsten Formen (quadratisch, rechteckig, herzförmig etc.), die von mehreren Personen – Arbeitskollegen, Klassenkameradinnen, Studenten eines Professors, Freunden – mit herzlichen Worten, Fotografien und persönlichen Zeichnungen versehen wurden. Dieser Brauch ist nur einer von vielen, die in Japan für gesellschaftlichen Zusammenhalt sorgen. Und dennoch scheinen sich Japaner*innen, wie ein Sprichwort besagt, der Tatsache bewusst, dass »jede Begegnung der Beginn einer Trennung ist« (*au wa wakare no hajime* 会うは別れの始め). Die Schattenseite dieser Bemühungen, das Beziehungsgeflecht zu stärken, ist übrigens die Einsamkeit, die auch in überbevölkerten Städten wie Tokio ein bekanntes Phänomen darstellt. Allein zu sein, gilt als völlig normal und verlangt keine Rechtfertigung. Männer wie Frauen essen allein in Restaurants, gehen allein ins Kino oder machen lange Spaziergänge, verbringen immer wieder einsame halbe Stunden in einem Café, lesen, dösen vor sich hin, verzehren ihren *bentō*-Proviant, fotografieren, nippen an einem Glas Wein oder an einer Schale Tee. Manchmal chatten sie über Line, füttern ihre Profile bei Instagram oder Facebook, doch man sieht sie nie längere Handygespräche führen, weil allein sein eben kein gesellschaftlicher Makel ist und weil es nach wie vor von schlechter Kinderstube zeugt, in der Öffentlichkeit, sei es im Zug oder andernorts, zu telefonieren. Man trifft täglich Familienmitglieder, Arbeitskollegen, pflegt eine Art geteilte Einsamkeit, die in der Regel weder von dem, der sie lebt, noch von dem, der sie beobachtet, als negativ betrachtet wird. Andererseits gibt es natürlich diejenigen, die den idealen Partner zu finden versuchen, unter anderem dank arrangierter Treffen wie den *gōkon* 合コン (die von der heutigen Jugend jedoch kaum noch genutzt werden, um einen Ehepartner zu finden und eine Familie zu gründen, sondern vielmehr dem reinen Vergnügen dienen) oder den *omiai* お見合い, die früher einmal von Eltern oder Freunden, heute jedoch von Agenturen durchgeführt werden, deren Versprechen lautet, gut harmonierende Paare zusammenzustellen und zur Heirat zu bringen.

Das Singleleben bei gleichzeitiger gesellschaftlicher Teilhabe bleibt indes das Modell unserer Zeit. Dennoch muss sich Japan angesichts der unaufhaltsamen Überalterung seiner Gesellschaft und eines praktisch gegen null gehenden Bevölkerungswachstums der Schattenseite dieses Lebensmodells namens *muen* 無縁, des »Lebens ohne Bindungen«, stellen, das für die Kleinstfamilie und vor allem für die kinderlosen Alleinstehenden das größte Risiko darstellt. Die Betreuung der Alten, die allein sind und sich vollkommen in die Einsamkeit zurückziehen, entwickelt sich in den Industrieländern zu einem weitverbreiteten Problem. Im Japanischen gibt es einen sehr traurigen Begriff, *muenshi* 無縁死, »Tod in Einsamkeit«, der die Situation der Alten beschreibt, die an den Rand der Gesellschaft geschoben wurden, vielleicht einer fortgeschrittenen Medikation unterworfen, die den Tod hinauszuzögern vermag, jedoch auf Kosten ihres Wohlbehagens und Glücks. Die wachsende Zahl von Wohnanlagen, in denen sich Senioren in kleinen Hausgemeinschaften gegenseitig umeinander kümmern, ist eines von vielen Rezepten, die sich in Japan zu entwickeln beginnen, um den Herausforderungen einer Gesellschaft zu trotzen, die unwiderruflich zur Schrumpfung bestimmt zu sein scheint.

Ein wesentlicher Faktor innerhalb des Beziehungsgeflechts der Japanerinnen und Japaner ist *jōge* 上下, die Hierarchie. Dieses System birgt Vor- und Nachteile: Vorteile, weil dem Alter im sozialen Miteinander ein besonderer Wert zugesprochen wird und die Menschen dazu angehalten werden, nicht allein ihrem Ehrgeiz zu folgen, sondern den Lauf der Dinge zu respektieren (so gilt zum Beispiel der *senpai* 先輩, der Vorgesetzte oder Kollege mit mehr Erfahrung, als Respektsperson); Nachteile, weil es die Eigeninitiative bremst und somit die Gefahr birgt, die großartigen Talente des Einzelnen, der sich gezwungenermaßen unterordnet, nur um *wa* keinen Schaden zuzufügen, mit Füßen zu treten. Yukio Mishima geißelte am Ende seines zwischen Juni 1968 und Mai 1969 verfassten, nicht auf Deutsch erschienenen Werks *Wakaki samurai no tame ni* (dt. »Lektionen für junge Samurai«) dieses aus seiner Sicht unterdrückerische Stufensystem, dieses Warten auf den richtigen Moment, das dem Genie die Flügel stutzt, diese Gerontokratie, die die Jungen erstickt. Zwar lassen sich seine Gedanken historisch gesehen eindeutig der Studentenbewegung jener Jahre zuordnen, aber sie bringen auch, ganz allgemein betrachtet, die Unzufriedenheit vieler Japaner*innen angesichts der altersbestimmten Hierarchie zum Ausdruck: »[…] die von der Gesellschaft auferlegte Geschwindigkeit schreibt vor, dass Menschen, die in der Lage wären, zu rennen, langsam voranschreiten, und dass andererseits jene, die Schwierigkeiten haben, schnell voranzukommen, gezwungen werden zu rennen. Vielleicht ist das der Hauptgrund für die Widerstreitigkeiten, mit denen die japanische Gesellschaft zu kämpfen hat. Allmählich staut sich die unterdrückte Energie derer an, die lange rennen könnten, ohne zu ermüden; sprich der jungen Leute, die hingegen eben wegen ihres Alters missachtet werden.«

Mishima zufolge waren die heranwachsenden Japaner seit der Meiji-Zeit gezwungen, alles zu geben, ohne jedoch – aufgrund ihrer Jugend und ihrer angeblichen Unreife – Mitspracherechte zu haben. Das Konzept, dass den Alten tiefer Respekt entgegengebracht werden müsse, hat, so Mishima, seinen Ursprung in der bäuerlichen Gesellschaft, da »in der Landwirtschaft vor allem die Erfahrung einen hohen Wert besitzt«, während in der heutigen Gesellschaft der Massenmedien »das angesammelte Wissen der Alten zunehmend überholt und schließlich sogar wertlos sein wird«.

Dennoch ist *jōge*, die Hierarchie, bis heute von elementarer Wichtigkeit, und vor diesem Hintergrund lässt sich auch die häufig wiederkehrende Frage der Japaner*innen nach dem Alter einordnen: Sie liefern ihnen Anhaltspunkte darüber, welches Sprachregister sie verwenden müssen, welchen Grad an Vertraulichkeit sie wagen können, je nachdem, ob sie einem *senpai* gegenüberstehen oder einem *kōhai* 後輩, sprich jemandem mit weniger Erfahrung, der die Führung oder den Schutz der anderen braucht. Japaner*innen pflegen ein enges Verhältnis zu ihren Gefährten, den Zusammenhalt zwischen den *dōki* 同期, den gleichgestellten »Kollegen« der ersten Stunde, den Schülern einer Schule oder den jungen Angestellten einer Firma. So entwickelt sich zwischen den Menschen desselben Jahrgangs, derselben Klasse ein tiefes Zusammengehörigkeitsgefühl, das ihnen hilft, Schwierigkeiten besser zu meistern. Der Austausch von Ideen und Anekdoten ist fester Bestandteil japanischer Gepflogenheiten, um unangenehmen Ereignissen die Spitze zu nehmen, um zu lachen, um vielleicht ab und an die Mittagspause miteinander zu verbringen oder gemeinsam Abendessen zu gehen.

Während *kokoro no jumbi* 心の準備 (wörtlich »Vorbereitung des *kokoro*«) für die Vorsicht des Herzens steht, für jenen Drang, Ereignisse auch negativer Art vorauszusehen, und *enryo* 遠慮 das Sichzügeln, das Vermeiden bedeutet, ist *nemawashi* 根回し ein Ausdruck voller Zwischentöne, der aus der Botanik stammt und entscheidend zum Verständnis japanischer Beziehungen beitragen kann. *Ne* 根 bedeutet wörtlich die »Wurzel« einer Pflanze oder eines Baumes, und *mawashi* leitet sich aus *mawasu* 回す, »kreisen lassen, herumgehen lassen, weitergeben, herumreichen«, ab. Das Wörterbuch übersetzt *nemawashi* zunächst als »aufgraben ringsum die Wurzeln vor dem Verpflanzen« und erklärt erst danach, dass dieses Verb in einem anderen Kontext auch metaphorisch als »das Terrain vorbereiten, erste Schritte einleiten« aufgefasst werden könne. Es geht hier in erster Linie um eine traditionelle japanische Gärtnertechnik, bei der die Wurzeln innerhalb eines bestimmten Zeitraums nach und nach gekappt werden, damit der Baum das Verpflanzen überlebt. Entscheidend ist die Vorsicht beim Versetzen der Wurzeln, die Sorge um den empfindlichsten und wichtigsten Teil eines jeden Organismus, die Vorbereitung, die sich dramatisch auf das zukünftige Ergebnis auswirkt. Im übertragenen Sinne ist mit *nemawashi* also vor allem das Bedürfnis gemeint, sich vor Konflikten zu schützen, Missverständnissen und direkten Konfrontationen aus dem Weg zu gehen.

Dieses unglaublich bildhafte Wort wird oft im Kontext von Zusammenkünften, sei es in der Firma oder in der Nachbarschaft, verwendet, bei denen die Beteiligten eine Entscheidung treffen müssen. *Nemawashi* zu praktizieren, heißt, sich mit den Teilnehmern vorab privat, vielleicht bei einem gemeinsamen Abendessen oder einem Bier in einem Pub, zu treffen, mit dem

Ziel, seine Zuhörer für eine bestimmte Position zu gewinnen, die sie dann öffentlich beziehungsweise bei einer Versammlung vertreten. Mit anderen Worten, man beginnt mit Blick auf die herannahende Schlacht, Allianzen zu schmieden, sich gegen einen Streit zu wappnen, der jedoch gar nicht mehr stattfinden wird, da alle Beteiligten dank eines angemessenen *nemawashi* schon im Vorfeld Stellung bezogen und sich geeinigt haben, ehe sie einander gegenübertreten.

14

空気を読む *kūki wo yomu*

oder: Vom Lesen der Luft

Japaner*innen lesen die Luft. Was wie ein Wortspiel klingt, ist nur eine wörtliche Übersetzung.

Menschen in Japan wachsen in einem Umfeld auf, das sie dazu ermutigt, ebendies zu tun: *kūki wo yomu* 空気を読む, »die Luft zu lesen«, wie man in dieser komplizierten Sprache sagt, sprich zu erkennen, wann man besser schweigen sollte, wann ein Gespräch jemanden verletzen oder beleidigen könnte, wann man stringenter argumentieren sollte oder wann es ratsam ist, sich zurückzuziehen; wann Ehrlichkeit fehl am Platz ist und man etwas besser überspielt.

Man könnte auch sagen, das »Du« triumphiert über das »Ich«, und so formuliert, klingt es fast wie ein Glaubensbekenntnis. Nicht alle vermögen die Luft zu lesen, viele begehen Fehler, aber die Fähigkeit, es zu tun, bleibt in diesem Land ein unabdingbarer Wert.

Japaner*innen erzählen normalerweise nur von sich, wenn es von ihnen verlangt wird, und auch dann nur im geeigneten Rahmen, sie stellen sich nicht in den Mittelpunkt des Gesprächs, sondern fragen eher nach, wobei sie niemals nachbohren, um nicht versehentlich die Gefühle des Gegenübers zu verletzen.

Wir alle haben eine verwundbare Stelle, Unvollkommenheit ist ein fester Bestandteil von uns. Oft schon genügt ein kurzer gegenseitiger Blick, um sie zu entdecken: das Make-up, das die zernarbte Haut kaschiert, der viel zu große Pullover, unter dem sich mehr Kilos verbergen als uns lieb ist, der Tick, den wir aus der Schule mit nach Hause bringen, die kärgliche Wohnungseinrichtung, weil unser Geld für mehr nicht reicht.

Jeder von uns hat Schwächen, die nach Verbesserung rufen, die uns beschäftigen und uns die Zeit rauben, kleine Wunden, die jeder wissende Blick ein wenig mehr aufreißt. Manchmal tut es uns auch weh, sie zu benennen, wir wollen uns lieber nicht damit befassen, zu sehr würde es schmerzen, von der misslungenen Bewerbung für unseren Traumjob erzählen zu müssen, von dem Wunschkind, auf das wir noch immer vergeblich warten.

In diesen Fällen bedeutet »die Luft lesen«, taktvoll über etwas hinwegzugehen, einen wunden Punkt zu erkennen und in einem Gespräch tunlichst nicht anzurühren.

Mit etwas zu prahlen, das man gern im Zentrum des Gesprächs sehen würde, mit dieser einzigartigen Sache, die alle bemerken und für weltbewegend wichtig halten sollen, gilt in der japanischen Kultur als vulgär, als Zeichen eines hochmütigen und beschränkten Charakters.

Während es in den westlichen Gesellschaften meist von Vorteil ist, sich in Szene zu setzen, keinen Zweifel an der eigenen Bedeutung zu lassen, mit einem festen Händedruck Selbstbewusstsein zu vermitteln oder auch durch direkten Blickkontakt Aufmerksamkeit zu signalisieren, werden schon Kinder dazu erzogen, nicht zu prahlen *(kenkyo)*, nicht um des Redens willen zu reden, niemanden anzustarren und Pausen nicht mit Fragen oder Scherzen zu überbrücken. Jemanden zu necken, dient nicht als sozialer Kitt, und der *horror vacui* wird überhaupt nicht als solcher wahrgenommen. In Japan sind die Menschen toleranter, was Stille angeht **(iwanu ga hana)**, sie akzeptieren sie einfach und ziehen es vor, dort, wo es die Situation erfordert, zu schweigen.

Höchst vorsichtig bei der Wortwahl, streben Japaner*innen nach dem Gleichgewicht zwischen der Fülle und der Leere, sie fallen sich niemals ins Wort, ziehen sich, wenn ihr Gegenüber zu sprechen beginnt, sofort in die Stille zurück und drücken ihre Aufmerksamkeit lieber über das breite Spektrum an Interjektionen aus, die unter dem Begriff *aizuchi* 相槌 zusammengefasst werden.

Manch einer jedoch, der dieses Schweigen, diese Angewohnheit, dem Gesprächspartner sofort das Wort zu überlassen, falsch interpretiert, versteigt sich in der Behauptung, Japaner*innen besäßen keine eigenen Ideen und Meinungen. Doch Ideen haben sie sehr wohl, nur hält ihre kulturelle Prägung sie davon ab, sie den anderen aufzudrängen. Genau hierin, in der zeitlichen Abfolge zwischen dem Besitzen und dem Zeigen, liegt der Unterschied.

Aus westlicher Sicht ist im »Besitzen« implizit das »Zeigen«, der Austausch, das unmittelbare und oft hitzige Teilen von Ideen, enthalten: Eine Meinung wird sofort im Feldversuch erprobt, wie ein Prototyp, den es zu testen gilt. Grundsätzlich ist es der Einzelne, der sein Gegenüber vom Wert einer Idee überzeugen muss.

Zweifelsohne hat jede Gesellschaft ihre Art des Miteinanders, und man sollte beim Lesen eines japanischen Textes nicht versuchen, die italienische oder deutsche Grammatik darin zu finden, denn man läuft Gefahr, eine bittere Enttäuschung zu erleben, eine jener Enttäuschungen, aus denen Vorurteile gegenüber einem Land erwachsen. Die Luft lesen bedeutet daher nicht, zu schweigen, weil man nichts zu sagen hätte, sondern seine Umwelt aufmerksam zu beobachten, Gesten einzuschätzen, vorausschauend zu sein. Die Luft lesen bedeutet auch, keine Fragen zu stellen, wenn das Gegenüber schweigt, oder gar zu drängen, sondern ihm Raum zu geben, der ihm bestätigt, dass eine Antwort überhaupt nicht notwendig ist; es bedeutet, geduldig abzuwarten, bis der andere einen Satz formuliert, und daraus *kimochi* (die Gefühlslage) abzuleiten, um abzuwägen, ob es gut oder weniger gut ist, eine weitere Frage zu stellen. Es ist also wichtig, bei einer Unterhaltung stets im Kopf zu behalten, dass einem Japaner vorzugreifen, ihm ins Wort zu fallen – vielleicht nur, um einen Teil dessen, was er gesagt hat, zu unterstreichen –, gleichbedeutend damit ist, ihm einen Finger auf die Lippen zu legen.

Die Fähigkeit, durch Voraussicht und Einschätzung des Gegenübers einen möglichen Interaktionsraum zu schaffen, basiert unter anderem auf der Tatsache, dass die japanische Kultur äußerst homogen ist, während in Ländern mit einer hohen Einwanderungsrate und einer stärkeren Vermischung unterschiedlicher ethnischer und kultureller Modelle präzisere Formulierungen notwendig werden. Das Selbstverständliche, sprich die eingeübten Verhaltensmuster, büßt umso mehr an Greifbarkeit und Sinn ein, je stärker jemand, der sich innerhalb einer Kultur bewegt, von einer weiteren Kultur geprägt ist.

Kritikern zufolge gibt es allerdings auch eine Kehrseite, wonach der Imperativ »Lies die Luft!«, der wie eine Rüge klingt, dem anderen einen Maulkorb verpasst, eine Flut von Andeutungen nach sich zieht und so die Gefahr von Missverständnissen und emotionalem Chaos erhöht.

In *Damals in Nagasaki* zeichnet Kazuo Ishiguro diese Art der empathischen Verständigung, wie sie so oft zwischen Japaner*innen stattfindet, anhand eines Wortwechsels zwischen Schwiegervater und Schwiegertochter beispielhaft nach: »›Dann hättest du doch fragen sollen‹, sagte ich und stand auf. ›Du bekommst nicht immer, was du möchtest, indem du es nur andeutest, Vater.‹ ›Aber ich wusste, dass du mich richtig verstehen würdest, Etsuko. Ich habe Vertrauen zu dir.‹« Trotz der Kritik besteht kein Zweifel, dass es, wenn man diese Fähigkeit, ins Herz des anderen zu blicken, klug austariert, möglich wird, die Beziehung mit den anderen zu verbessern und ein nicht nur ichbezogenes Kommunikationsmodell zu fördern, das auch auf die Gefühle der anderen achtet. Die Harmonie zu erhalten, bedeutet auch dies: dass uns die Worte des anderen wichtig sind, dass unser Reden nicht über das Zuhören triumphiert, dass die geteilte Luft eine Art Partitur ist, nach der sich die Unterhaltung gestaltet.

Japan ist nicht das Land des »Alles, und zwar sofort«, man braucht Zeit, aber wer bereit ist, zu warten und sich umzuschauen, dem wird es eines Tages sogar gelingen, *die Luft zu lesen*.

15

一日一生 *ichinichi isshō,*

»Ein Tag, ein ganzes Leben«

Ichinichi isshō 一日一生 ist eine Redensart, die sich als »Ein Tag, ein ganzes Leben« übersetzen lässt.

Jeder Tag sollte wie ein neu beginnendes Leben betrachtet werden. Aber ist es wirklich möglich, ihn so zu empfinden? Sich selbst zu überzeugen, dass die Zeit nicht nur ausgedehnt werden *kann*, sondern ausgedehnt werden *muss*, damit man nicht irgendwann am Ende eines Lebens steht und in all dem, was man getan hat, nur die Dauer eines einzigen Tages erkennt, jener vierundzwanzig Stunden, an denen der Schlaf nagt und die von der Ungeduld, der Sorge, die Zeit könnte nicht reichen, verzehrt werden?

Eine Methode wäre demnach vielleicht, ihn zu gliedern, kein Festgelage aus ihm zu machen, sondern ihn in halbe Portionen zu unterteilen, einige davon im Kühlschrank aufzubewahren, sie als kleine Köstlichkeiten in einem *bentō* anzurichten. Man sollte häufiger und bewusster das Verstreichen einer Stunde auskosten, die Freude, die einem das Durchschreiten einer Tür, die angekündigte Heimkehr bereitet, wenn einem die Kinder entgegenstürmen; einfache Handlungen wie das Schneiden einer Zucchini, aus der Dusche steigen, sich an den Tisch setzen, um allein oder in Gesellschaft zu essen. Die Bedeutung von *ichinichi isshō* ist wortwörtlich zu verstehen, denn das Kanji 一 bedeutet »ein, eins«, das Kanji 日 (das sich von der Sonne herleitet) bedeutet der »Tag«, und das Kanji 生 steht für alles, was geboren wird und existiert (wie z. B. auch in *seikatsu* 生活, einer weiteren Bezeichnung für »Leben«). Diese Redewendung gemahnt daran, wie wichtig es ist, sich stets der verrinnenden Zeit, des vergehenden Tages und des Lebens, das er hinter sich zurücklässt, bewusst zu bleiben. Sie hilft, die Mühe und Schönheit eines jeden Abschnitts festzuhalten.

Unabhängig von dem, was uns gelungen ist, was wir machen mussten oder gern gemacht hätten, ist *ichinichi isshō* eine Aufforderung an uns selbst, uns nicht zu vergessen, uns nicht im Strudel des »ich muss« und »ich sollte« zu verlieren.

In jedem Fall ist es wichtig, sich selbst gegenüber auch Milde walten zu lassen, insbesondere am Ende eines Tages. Sich Fehler und Mängel verzeihen zu können.

Es gibt Tage, die wie im Flug vergehen und am Abend etliche Irrtümer offenbaren. Tage, die auch von winzigen, oft unbemerkten Freuden, von unbedeutenden, aber schönen Dingen durchzogen sind.

Es ist wichtig, sich daran zu gewöhnen, am Ende eines jeden Tages Bilanz zu ziehen. In Japan ist es üblich, vor dem Schlafen ein Bad im *o-furo* zu nehmen, den Körper, den noch immer die Stunden des Tages im Griff haben, im wohlig warmen Wasser zu entspannen. Der Dampf lässt alles verschwimmen, die Gedanken vermischen sich mit den Thermalsalzen, die sich im Wasser auflösen und mit ihren Farben – ihrem Grasgrün, Senfgelb, Korallenrot – eine mentale Reise nach Beppu, Hakodate, Gunma, zu den berühmtesten *onsen,* den heißen Quellen Japans, versprechen.

Eingetaucht ins warme Nass die Fäden zu entwirren und den Verlauf des Tages und somit auch des Lebens, das am Morgen begonnen hat, zu reflektieren, ist eine großartige Gewohnheit. Sie beschert uns eine Zeit des Wohlbehagens, frei von dem Zwang, etwas tun, etwas schaffen zu müssen.

Jawohl, denn *ichinichi isshō* bedeutet nicht, dass wir Erfolg haben oder arbeiten müssen, als gäbe es kein Morgen mehr. Es bedeutet im Gegenteil, eine umsichtige und liebevolle Einteilung vorzunehmen, sich mit derselben Aufmerksamkeit auch auf jene Dinge zu konzentrieren, die keinen bestimmten Zweck, kein quantifizierbares Ziel haben: Es zeigt, dass die Heiterkeit weder Zahlen noch Skalen hat.

Ichinichi wo furikaeru 一日を振り返る bedeutet wörtlich »auf den Tag zurückschauen«, auf die soeben erst vergangene Zeit zurückzublicken. Eine Handlung, die oft mit Ausdrücken des Bedauerns (ach, wenn ich nur dieses nicht getan, jenes nicht gesagt hätte), mit unerfüllten Wünschen oder einem nagenden Gewissen einhergeht.

Es ist schwierig, gut von sich selbst zu sprechen, viel leichter ist es, sich zu kritisieren. Und doch ist es richtig, sich am Ende eines Tages nicht vorschnell zu verurteilen und nachsichtig mit den eigenen Schwächen zu sein.

Wie ist dieser Tag verlaufen? Was hast du getan? Hast du genug getan? Hast du alles getan, was du musstest?

Am Ende eines Tages braucht es mehr Milde als üblich, braucht es etwas Ruhe.

Und dort im *o-furo,* umhüllt vom Wasser, während hinter der transparenten Tür die Stimmen des Hauses raunen, spüren wir den Gedanken nach, die ihre ganz eigenen Bahnen ziehen, lassen uns erobern vom Ende der Dinge – und von ihrem Anfang. Von dem Gedanken, dass wieder einmal ein Leben abgeschlossen ist, dass es morgen auch besser laufen kann, dass ein neues Leben seinen Anfang nehmen wird.

Ichinichi isshō. Morgen ist nur eine weitere Nacht entfernt. Und in der Früh, wenn sie vorüber ist, flüstern wir uns zu: »Willkommen! Willkommen im ersten Tag deines neuen Lebens!«

16

気丈 *kijō*

oder: Von der Gefasstheit
und Erhabenheit des Schmerzes

Er offenbart sich immer: in den zerrauften Haaren, den dunklen Augenringen, den zuckenden Augenbrauen, der geschürzten Oberlippe.

Der Schmerz hat eine Form, genau wie eine Flasche Oolong-Tee, der Wohnzimmertisch oder ein Stück Käse sie haben. Und so, wie diese Gegenstände unterschiedliche Gestalt annehmen können, kann dies auch der Schmerz. Er passt sich an wie das Wasser an seinen Behälter, er ändert sein Gewicht und sein Volumen.

Im Fall des Schmerzes spielt auch die Kultur eine wichtige Rolle. Es gibt Völker, in denen er offen zur Schau getragen wird: Man rauft sich die Haare, schreit sich die Kehle wund, weint sich die Augen aus.

Und dann gibt es Japan, das den Schmerz unterdrückt.

Auf Japanisch sagt man, je stärker sich jemand gebe, desto mehr Mitleid verdiene er: Denn so jemand ist keineswegs abgestumpft gegenüber den Geschehnissen, sondern leidet im Gegenteil zutiefst. Er hält sich nur zurück, um jene nicht zu quälen, die dasselbe Drama durchleben.

Genau das ist mit dem Begriff *kijō* 気丈 gemeint: Er setzt sich zusammen aus dem Kanji für *ki* 気, das »der Geist, das Wesen, der Charakter, das Gefühl« beinhaltet, und aus *jō* 丈, was sowohl »die Länge der Dinge und des Lebens« als auch »die Stärke, die Beständigkeit« bedeuten kann – Letzteres eine Konnotation, die zum Beispiel in einem Substantiv wie *ganjō* 頑丈 oder in dem Adjektiv *jōbu-na* 丈夫な mitschwingt, das die Widerstandskraft, die Robustheit von etwas oder jemandem bezeichnet.

Der Begriff *kijō* 気丈 drückt die Fähigkeit aus, sich stark zu zeigen, der Verzweiflung niemals ganz nachzugeben. Wenn Japaner*innen dazu neigen, keine Gefühle zu zeigen, dann gewiss nicht, weil sie herzlos sind, sondern weil ihre Kultur sie lehrt, den Mitmenschen Vorrang einzuräumen, den Schmerz eines anderen nicht durch den eigenen herabzuwürdigen. Selbst in einer kollektiven Krisensituation muss das Gefühl des Einzelnen noch das der anderen respektieren.

So war es im März 2011, als Japan in der Region Tōhoku von dem verheerenden Erdbeben und dem darauf folgenden Tsunami heimgesucht wurde, einem verhängnisvollen Ereignis, das die Nuklearkatastrophe von Fukushima auslöste. In jenen Tagen kamen Bilder von einer Gefasstheit aus dem Land der aufgehenden Sonne, die Außenstehende nur noch staunen ließen: Wie war es möglich, in einer Katastrophe dieses Ausmaßes eine solche Selbstbeherrschung zu bewahren? Unter den Überlebenden waren die, die Mutter, Vater, ein Kind, Bruder oder Schwester, beste Freunde, das eigene Heim verloren hatten, die ihre Lebensträume, die Früchte ihrer Arbeit vernichtet sahen. Und doch hörte man keine Schreie, kein Schluchzen, niemand zeigte den Schmerz, den er verspürte; alle halfen sich gegenseitig, kümmerten sich um die Bedürftigsten, übernahmen alte und neue Funktionen, die der Gemeinschaft dienlich waren.

Ebendies war *kijō*: das Leid, das unermesslich war und bleibt, das Japaner*innen aber nicht auf laute Art zeigten. Das lehrt uns, dass der Schmerz des einen so viel gilt wie der des anderen, dass, wer heftiger weint, nicht mehr Trauer empfindet und dass auch das nicht zur Schau gestellte Leid Anteilnahme verdient.

Mit der Zeit lernt man, dass Tränen eine äußerst heikle Angelegenheit sind. Es braucht nur wenig, damit sie sich abnutzen und bedeutungslos werden. Wenn wir leiden und weinen und die Person, die uns zuhört, ebenfalls in Tränen ausbricht, versiegen die unseren prompt. Mitleid zu haben, also »mitzuleiden« ist, als würde man einen »Diebstahl« begehen, weil die Tränen nicht mehr uns allein gehören und wir uns paradoxerweise in der Situation wiederfinden, den Zuhörer trösten zu müssen: Jemand anders bemächtigt sich des Schmerzes, der unsere Sache war, und uns wird somit der Raum genommen, ihm Ausdruck zu verleihen.

Interessanterweise sind die beiden Kanji, aus denen sich *kijō* zusammensetzt, nämlich das Kanji für *ki* und das für *jō*, in zwei der gebräuchlichsten Ausdrücke des Japanischen enthalten. Zum einen *ki* in **genki** 元気, das sich mit »Wie geht's?« übersetzen lässt, und zum andern *jō* in *daijōbu* 大丈夫, einer Wendung, die im Alltag mantraartig wiederholt wird: »Alles gut! Alles wird gut, du wirst sehen.«

Japaner*innen sind sehr auf den eigenen Stil bedacht, sie sind sich des Blickes der anderen bewusst und achten sorgfältig auf ihr Äußeres. Die jungen Leute folgen der Mode, versuchen, sich anhand von Details *(kodawari)* wie Kleiderschnitten und Accessoires eine eigene Note zu geben, um sich abzugrenzen und sich gleichzeitig anzupassen. Nicht nur die jungen Leute aus den angesagten Stadtteilen Shibuya und Harajuku in Tokio, sondern auch der *salaryman* und die *office lady*, Mütter mit Babys im Tragetuch, Hausfrauen und Unternehmerinnen, Männer mittleren Alters und Teenies: Sie alle wollen möglichst gut aussehen, auch in der ihnen eigenen Schlichtheit.

In Japan muss das Äußere *(soto)* das Innere *(naka/uchi)* widerspiegeln und die Harmonie der Person zum Ausdruck bringen. Das äußere Erscheinungsbild wird von Japaner*innen in der Regel nicht als Nebensache wahrgenommen *(soto/uchi)*.

Es ist gut, sich bestmöglich auf eine Prüfung vorzubereiten und einer Sache, die uns verunsichert, mit ermutigenden Gedanken zu begegnen; dennoch bleiben stets einige Faktoren, die sich unserer Kontrolle entziehen.

Dagegen gibt es ein Mittel: Man kann der Angst mit einer Prise Eleganz entgegentreten und so, indem man sich darauf konzentriert, den äußeren Schein zu wahren, vielleicht auch die Angst verbergen – vor allem vor sich selbst.

Ein elegantes Kleid, die Schuhe, in denen wir uns attraktiver fühlen, ein schmeichelhaftes Make-up können dabei helfen.

Die Angst zu ignorieren, ist trügerisch, zieht sie nur in die Länge. Stattdessen sollten wir ihr mit aller Kraft die Stirn bieten. Entscheiden wir uns also für unseren besten Mantel, für den ebenso bequemen wie hübschen Absatz. Für die Eitelkeit, die der Angst Grenzen aufzeigt. Das ist die richtige Art, mit dem Herzrasen, mit Versagensängsten und dem krankhaften Streben nach Erfolg umzugehen.

Wir sollten den eigenen Schwächen mit gutem Aussehen, mit einer Prise Eitelkeit entgegentreten und uns nicht von dem Impuls überwältigen lassen, einfach davonzurennen. Weder mit den Beinen noch mit unseren Gefühlen, denn Angst gebiert

Angst, Schmerz gebiert Schmerz; und wenn wir in den Spiegel schauen, wird alles nur noch schlimmer. Greifen wir also zum besten Rock, der besten Hose, der perfekt gebügelten Bluse, dem Aftershave, bevor wir uns auf den Weg machen. Der Unruhe tritt man am besten erhobenen Hauptes entgegen, elegant und mit Haltung. Der Rest entzieht sich, wie wir bereits wissen, unserer Kontrolle.

17

序破急 johakyū

oder: Die ausgewogene Abfolge der Dinge

Johakyū ist ein theoretischer Begriff, der ursprünglich aus der Musik am japanischen Kaiserhof (*gagaku* 雅楽) stammt und später auch auf andere traditionelle japanischen Künste übertragen wurde: Gemeint ist damit das Gliedern in einzelne Phasen und Tempi, die den Verlauf eines Musikstücks oder die Abfolge einzelner Bewegungen bestimmen. Dieser Begriff hebt hervor, wie wichtig es ist, innerhalb der Musik, in einem Theaterstück, in einer Kampfsportart, in der Dichtung und jeder anderen Literaturform eine Unterteilung in einzelne Sequenzen oder Mikrosequenzen vorzunehmen.

Ist ein Begriff wirklich gut und schlüssig, so findet er auch außerhalb seines ursprünglichen Geltungsbereichs Anwendung. Dinge, wie auch Menschen, von Wert zeigen in jeder Situation, was in ihnen steckt.

Und so steckt in dem Begriff *johakyū* 序破急 – der sich zusammensetzt aus *jo* 序, »Beginn«, »Eröffnung«, aus *ha* 破, »Bruch«, aber auch »Weiterentwicklung«, und aus *kyū* 急, das »Unvorhersehbare«, »die Schnelligkeit« – unendlich viel mehr. Er lässt sich als die Modulation der Bewegung deuten, die umso präziser wird, je mehr sie sich in jede Richtung – vor allem in die des eigenen Willens – lenken lässt. Es scheint ein Paradoxon, dem man in der japanischen Philosophie häufig begegnet, aber je akribischer man die Regel *(kata)* verinnerlicht, desto freier und wirksamer wird man sie durchbrechen können.

Der Beginn, *jo*, muss langsam sein, ein ruhiges Erlernen des Weges *(michi)*, man muss sich zunächst einmal umschauen. Erst nachdem man das Notwendige erlernt hat, löst sich *jo* in *ha* auf, das wiederum explosionsartig wie ein Feuerwerk in *kyū* aufgehen wird, in einer überraschenden Zunahme an Tempo, die dennoch alles andere als fehl am Platz ist. Um der Wirkung willen wird *kyū* nämlich gleichermaßen fulminant wie gemessen sein. Die Geschwindigkeit der Ausführung, die erstaunliche Energie der gesamten Abfolge werden eben erst dadurch möglich, dass man den Weg des Lernens – *jo* – bereits perfekt kennt.

Dieses Konzept unterstreicht, wie man dank eines disziplinierten, vorsichtigen und gut durchdachten Beginns leicht entdecken wird, was man tun oder auch nicht tun sollte, wo und unter welchen Umständen *(ba)* und wann der richtige Zeitpunkt einer Handlung gekommen ist *(ma)*: Nur wenn man diese sukzessive Abfolge der Dinge einhält, wird man keine Fehler machen. Nach einem ruhigen Anfang, einer gewissenhaften und geduldigen Aneignung (序), einem bewussten und gefassten Unterbrechen (破), einer abschließenden Beschleunigung kann das Ende sogar süß sein.

Wo Mühe war, wird Ruhe einkehren, nach der Saat kommt die Ernte.

Die durch *johakyū* zum Ausdruck gebrachte Regel lässt sich hervorragend auf alles übertragen. Auf die Teezeremonie, auf den Butho-Tanz, auf das Nō-Theater (dessen Meister, Zeami Motokiyo, in seinen Traktaten oft auf diesen Begriff Bezug nimmt); auf eine noch junge Freundschaft, wenn man ruhig und respektvoll lernt, wer der oder die andere tatsächlich ist, was er oder sie sich vom Leben erhofft; auf den Beginn einer Liebe, einer Partnerschaft; auf eine neue Stelle, für die wir zwar auf dem Papier alle Voraussetzungen mitbringen, deren geschriebene und ungeschriebene Gesetze wir aber erst langsam lernen müssen.

Alles ist nach dem Prinzip von *johakyū* untergliedert: Jede Phase ist im Zusammenhang wichtig und eng mit dem verbunden, was vorhergeht und folgt. Die Energie ist in jedem Teil gegenwärtig, auch wenn sie in unterschiedlicher Intensität verteilt ist.

Winter

7. November bis 3. Februar

Bergtempel
auf dem Tuschreibstein schon
das erste Eis

Yosa Buson

Shichi-go-san 七五三, wörtlich »sieben fünf drei«, ist eine Feier, die in den Wochen um den 15. November in den Shintō-Schreinen abgehalten wird und in deren Mittelpunkt die Kinder im Alter von drei, fünf und sieben und ihre Familien stehen. Diese alte Tradition, deren Wurzeln bis in die Muromachi-Zeit zurückreichen, feiert das Heranwachsen der Kinder und symbolisiert spirituell ihren schrittweisen Eintritt in die Gesellschaft. Früher wurde dieser Übergang durch einen anderen Haarschnitt oder die Ärmellänge der Kimonos kenntlich gemacht; heute beschränkt man sich allein auf den Tag des Schrein-Besuchs, an dem sich die gesamte Familie versammelt. Jedes Detail der farbenprächtigen Kimonos der Kinder und jedes Accessoire hat einen eigenen Namen und eine bestimmte Bedeutung, wie zum Beispiel der *kaiken* 懐剣, ein kleiner Dolch, der die Selbstverteidigung versinnbildlicht. Es ist schön, die Kleinen zu sehen, wie sie angesichts der feierlichen Atmosphäre, aber auch wegen der engen Kleider und der traditionellen Sandalen mit vorsichtigem Schritt in der Umfriedung des Schreins umhergehen.

Langsam beginnt die Kälte die Farben der Landschaft zu verändern. Die fingerförmigen Blätter des Japanischen Ahorns färben sich leuchtend rot. Obwohl man eigentlich sagt, der Herbst sei die Jahreszeit des bunten Laubs, scheint Japan zwischen November und Dezember förmlich in Flammen zu stehen, sodass es vielleicht korrekter wäre, dem Winter (*fuyu* 冬) dieses Verdienst zuzuerkennen, der mit seiner beißenden Kälte die Landschaft erst in ein neues Kleid hüllt und sie dann nackt zurücklässt, um sie schließlich mit Schnee zu bedecken.

In dieser Jahreszeit folgt ein Fest aufs andere. Vom 22. bis 23. November findet im Sukunahikona-Schrein in Osaka das Shinnō-Fest (*shinnōsai* 神農際祭) statt, bei dem Miniaturtiger aus Pappmaschee verkauft werden, die dem Volksglauben zufolge Unheil fernhalten; zur gleichen Zeit wird im Yatsushiro-Schrein in der Präfektur Kumamoto das Myōken-Fest (*myōkensai* 妙見祭) begangen, bei dem eine ungefähr ein Kilometer lange Prozession aus Wagen durch die Stadt zieht, um einem Wesen namens *kida* zu huldigen, einer Art Schildkröten-Schlange, die angeblich aus China kam und auf deren Rücken der Gott Myōken saß. Etwas später, am letzten Tag im Dezember, ziehen die Männer aus Oga, einer Stadt der Präfektur Akita, in furchterregenden Kostümen mit Dämonenmasken von Haus zu Haus, wo sie Warnungen und Segenssprüche rufen.

Ab Mitte Dezember wächst die freudige Erwartung auf das wichtigste Ereignis des Jahres, das Neujahrsfest. Weihnachten, dem am 23. Dezember der Geburtstag des gegenwärtigen Kaisers und somit ein Nationalfeiertag vorangeht, hat keinerlei Einfluss auf den japanischen Kalender, ist inzwischen jedoch Bestandteil der japanischen Gedankenwelt, vor allem bei denjenigen, die Kinder im Haus haben, und bei Paaren, denen der 24. und 25. Dezember gelegen kommen, um ein paar gemeinsame Stunden miteinander verbringen zu können. *Kurisumasu*

クリスマス (abgeleitet vom englischen »Christmas«) zählt zu jenen neuen Festen, die eine ständige Umdeutung erfahren: Ursprünglich diente das nordamerikanische Weihnachtsfest als Vorbild, aber neuerdings werden immer mehr Weihnachtsmärkte veranstaltet sowie Speisen und Dekorationen aus der europäischen, insbesondere der deutschen und italienischen Tradition entlehnt.

Zu den Vorbereitungen für *shōgatsu* 正月, sprich »Neujahr«, gehört, dass man die Wohnung bis in den letzten Winkel putzt und danach mit Schriftrollen, Gestecken aus Blumen und Blättern, mit *bonsai* und kunstvoll bemalten Schlägern, den sogenannten *hagoita* 羽子板, dekoriert, die jeweils eine charakteristische glückbringende Symbolik besitzen. Die Speisen werden in den Tagen vor dem ersten Januar sorgfältig vorbereitet, und jede Köstlichkeit hat einen speziellen Namen und eine ganz spezielle Bedeutung, um mit all der notwendigen Energie und Freude vom alten ins neue Jahr überzuleiten. *O-sechi-ryōri* お節料理 ist ein Gericht, das man ursprünglich den Göttern als Opfer darbrachte und das die Familien erst später zu Neujahr aßen. Im Lauf der Zeit wurde es immer raffinierter und unterscheidet sich je nach Region und Familientradition. Serviert in speziellen quadratischen Lackboxen, ist es ein wahrer Augenschmaus und bietet eine bemerkenswerte Geschmacksvielfalt.

Der erste Besuch des Schreins, *hatsumōde* 初詣, ist eine beliebte Tradition der Japaner*innen, die sich unmittelbar nach Anbruch des neuen Jahres dorthin begeben, um ein Gebet zu sprechen und glückbringende Amulette zu kaufen. Darüber hinaus gibt es unzählige große und kleine Bräuche rund um dieses überaus bedeutende Fest, zu dem die Menschen, und sei es auch nur für wenige Stunden, in ihr Elternhaus zurückkehren, um sich mit der Familie zu treffen: Sie reichen von Spielen für Erwachsene und Kinder über rituelle Tänze, bestimmte Glaubensvorstellungen, die mit den erstmaligen Handlungen im neuen Jahr verbunden sind (der erste Traum, das Niederschreiben der guten Vorsätze auf eine Rolle *washi*-Papier, der neue Arbeitsbeginn, die erste Teezeremonie etc.), bis zu *koshōgatsu* 小正月, sprich dem »kleinen Neujahr«, das um den 15. Januar herum gefeiert wird.

In den Regionen Japans, in denen es ausreichend schneit, wie in den Präfekturen von Akita und Niigata, baut man *kamakura* かまくら, kleine runde Häuser aus Schnee, ähnlich den Iglus, in denen man ein Feuer entzündet und einen Altar errichtet, um dem Gott des Wassers zu huldigen. In diesen Schneehäuschen trinkt man *amazake* und isst *mochi*, während man zu Hause den *kotatsu* 炬燵, sprich einen niedrigen, elektrisch beheizten Tisch, hervorholt. Kiefern und einige andere Pflanzen wie die Winter-Pfingstrosen werden mithilfe eines Systems aus Seilnetzen oder kleinen, kegelförmigen Strohdächern vor dem Gewicht des Schnees geschützt.

Januar und Februar sind die kältesten Monate des Jahres, und Anfang Februar findet in Hokkaidō eines der beeindruckendsten Feste statt, das *Sapporo yuki-matsuri* 札幌雪祭り, bei dem im Stadtpark riesige Statuen aus Eis und Schnee erschaffen werden, echte Kunstwerke, die Zehntausende von Touristen aus aller Welt anziehen. In der Präfektur Yamagata wird am ersten und zweiten Februar im Kasuga-Schrein ein typischer Tanz des Nō-Theaters aufgeführt, der auf eine über fünfhundert Jahre alte Tradition zurückblicken kann.

Der 3. Februar ist *setsubun* 節分, was wörtlich »der Punkt, der die Jahreszeiten teilt« bedeutet. Diese Bezeichnung geht auf die früher übliche Unterteilung *(bun)* der Jahreszeiten *(setsu)* zurück und markierte jeweils die Ankunft der vier Hauptjahreszeiten, die wiederum, dem Mondkalender folgend, in 24 Phasen und insgesamt 72 Zeitabschnitte unterteilt wurden. Man führt ein lustiges Ritual durch, bei dem heutzutage vor allem die Kinder mitmachen: In die verschiedenen Zimmer des Hauses werden Sojabohnen geworfen, um die bösen Geister zu vertreiben, und ein Erwachsener mit der Maske eines Dämons wird zur Zielscheibe der kindlichen Aufregung. Daher auch der Name *mame-maki* 豆撒き, wörtlich »Wurf der Bohnen«, und der rituelle Spruch *Oni wa soto, fuku wa uchi* 鬼は外、福は内, »Hinaus mit dem Dämon, herein mit dem Glück!«. Danach werden die Bohnen gekocht und von allen Familienmitgliedern gegessen, wobei jeder die Anzahl an Bohnen bekommt, die seinem Alter entspricht. Daneben werden *ehōmaki* 恵方巻 zubereitet, zylinderförmige, mit Algen umwickelte Reisrollen, gefüllt mit unterschiedlichen Zutaten wie *kanpyō*, Rührei, Pilzen und Aal, die man mit Blick in die glückbringende Himmelsrichtung des laufenden Jahres essen muss.

1

美 *bi*

oder: Von den tausend Übersetzungen von Schönheit

Bi 美 heißt auf Japanisch »die Schönheit«, während *kirei* 綺麗 das Adjektiv ist, das man zur Bezeichnung all dessen benutzt, was schön aussieht, sei es der Himmel oder eine Person. In Japan geht es in erster Linie um genau das, die Schönheit, ob bei der Betrachtung einer Landschaft, beim Geschmack der Speisen, der Anordnung der Gegenstände auf einem Tisch oder auch bei den zwischenmenschlichen Beziehungen, die Zeit brauchen, bei der Konzentration auf jede noch so kleine alltägliche Geste, bei den Bezeichnungen für Menschen und Dinge.

Dennoch handelt es sich nicht um eine oberflächliche Eigenschaft, die aus den Dingen nur einen Augenschmaus macht, sondern eher um eine Reihe von Voraussetzungen, die dazu führen, dass man sich wohlfühlt, etwas, das mal mehr, mal weniger alle Sinne berührt und diese durch Fülle oder auch Leere stimuliert. Das Nichts, *mu* 無, ist die Voraussetzung für das indirekte tiefe Begreifen der Existenz und ist eng mit dem Konzept der Schönheit verknüpft.

Die japanische Küche genießt man zuerst mit den Augen und erst danach mit dem Gaumen. Von allen Sinnen ist der des Sehens der unmittelbarste: Er offenbart uns die jahreszeitlichen

Elemente, lässt sich von der Formenvielfalt der Speisen fesseln, schweift von einem Detail zum nächsten. Danach folgen abwechselnd die anderen Sinne, die jeder für sich dazu beitragen, die Erfahrung zu bereichern: das Riechen, das Schmecken, aber auch das Tasten, die Konsistenz im Mund, das Wahrnehmen der Geräusche, die entstehen, wenn man an den Tisch tritt, sich setzt, die Stäbchen, die Schale in die Hand nimmt, die Speise greift, sie kaut, sie hinunterschluckt. Man beginnt zu ahnen, dass die Bequemlichkeit überbewertet wird, dass ein einziges Gericht zuzubereiten und damit schnell den Hunger zu stillen, nur auf den ersten Blick eine Erleichterung darstellt, aber den Akt des Essens selbst und den Genuss abwertet. Nicht umsonst kommt die in Italien entstandene Slow-Food-Bewegung, ein Paradebeispiel für gutes Essen, bei Japaner*innen so gut an. Neben dem Geschmack und der Qualität der Speisen schenken sie seit jeher der kunstvollen Darbietung, der wunderbaren Verquickung von Formen und Farben besondere Aufmerksamkeit.

In Japan herrscht eine ausgesprochene Vorliebe für alles ästhetisch Ansprechende, das meist Hand in Hand mit Sauberkeit und Ordnung geht, Eigenschaften, die wiederum von zentraler Bedeutung für die Harmonie sind. Man sieht es bei den *bentō*, bei der raffiniert-schlichten Mode der Menschen, der Sorgfalt bezüglich des Äußeren und der Gestik, bei den meisterhaften Handarbeiten, bei der *tsutsumu* genannten Verpackungskunst, bei den *origami*, bei den Dekorationen in Schulen, Kindergärten, sogar in Büros und Krankenhäusern, bei der Gestaltung der Schaufenster und der saisonalen Deko. In Japan scheint die Schönheit eine Kategorie der Seele zu sein, etwas, das das Herz belebt und ihm Nahrung zuführt.

Bigaku 美学, wörtlich »das Studium des Schönen«, ist ein Begriff, der erst 1883 geprägt wurde, um das deutsche Wort »Ästhetik« zu übersetzen. Die japanische Vorstellung von Schönheit, die aufs Engste mit der Idee von Eleganz und Nüchternheit verbunden ist, bestimmt die ästhetische Sicht des Landes seit der Antike. Wenn auch viele über eine Erosion der Tradition bis in ihre Grundfesten klagen, lassen sich in Japan doch zwei unterschiedliche Tendenzen beobachten, die ein Nebeneinander von buntem Nippes und lärmenden elektronischen Geräten einerseits und kleinen, auf absolute Schlichtheit setzenden Teestuben andererseits erlauben und in der Koexistenz von immer mehr nutzlosen Konsumartikeln und einer gleichzeitig traditionell nüchternen Gestaltung der eigenen Wohnräume keinen Widerspruch sehen.

Der Exzess und das Essenzielle sind offenbar die beiden Kehrseiten des japanischen Geistes, zwei Tendenzen, in denen sich teilweise die historische Spaltung zwischen der exquisiten Kultur des Hofes und der Bodenständigkeit des Volkes widerspiegelt, die Trennung zwischen der Aristokratie der Oberstadt (*yama no te* 山の手) und den einfachen Leuten der Unterstadt (*shitamachi* 下町).

Die Schönheit gründet auf der wesenseigenen Natur von *wa*, mit anderen Worten auf der letztendlich immer harmonischen Vermischung von Elementen, auf dem Nebeneinander und dem Zusammenspiel verschiedenartiger Dinge. Sie ist, wie Donald Richie, einer der bedeutendsten Gelehrten und Verbreiter der japanischen Denkweise im Westen, dargelegt hat, ein fließender Begriff. Während der Philosoph David Hume im 18. Jahrhundert die Schönheit direkt an die Anerkennung durch eine feinsinnige und intellektuell geschulte Klasse gekoppelt sah – ihm zufolge konnte nur das als schön definiert werden, dem eine kultivierte Person Wert beimaß –, wurde diese These von seinem Zeitgenossen Immanuel Kant widerlegt. Kant behauptet das exakte Gegenteil, nämlich dass das Schöne in der Kunst selbst und nicht in der Bewertung derselben liege. In Japan wiederum setzte sich die erste dieser beiden Strömungen durch. Der persönliche Geschmack und die Fähigkeit, Schönheit wahrzunehmen, scheinen in der Tat Eigenschaften zu sein, die sich über die gesamte Lebensspanne verfeinern und viel Übung und Erfahrung benötigen. Und dennoch, je großartiger das Objekt der Bewunderung und der Betrachtung ist, umso weniger lässt es sich beschreiben und in ein Korsett aus Zeichen oder Worten zwängen.

Wie alle Bereiche des japanischen Denkens, das die Strenge zur Grundbedingung jeder Freiheit macht, sind die Kunst und im weiteren Sinne auch die Schönheit mit der Beobachtung, der Meditation, der intellektuellen Verdichtung, der Ausbildung des Geschmacks, der Verfeinerung des Fühlens verknüpft. Erst nachdem Form *(kata)* und Denkmuster perfekt verinnerlicht worden sind, nachdem man bewiesen hat, eine Reihe von Automatismen perfekt zu beherrschen, erst dann bieten diese Gelegenheit, sich von ihnen zu befreien, die Regeln zu brechen, eine authentische Originalität und Spontaneität zu erlangen. Die Freude des Ankleidens, so hat es Yukio Mishima einmal formuliert, werde, ebenso wie die Schönheit, aus dem Zwang geboren, mit anderen Worten, auch für das Schöne braucht es Disziplin.

Im Japanischen gibt es viele Wörter, um die Schönheit zu beschreiben. Jedes besitzt eine andere Nuance und erinnert daran, wie veränderlich unsere Wahrnehmung ist. Die eigene Sprache auszubauen, den Wortschatz um verschiedene Begriffe zu bereichern, sich mithilfe bisher unbekannter Wörter etwas zu sagen und zu erzählen, heißt auch, die Gefühlswelt zu erweitern.

Womit wir wieder bei **mono no aware** もののあはれ wären, dem Bewusstsein für die Schönheit des Augenblicks, jenem Gefühl, das uns staunen lässt und uns zugleich traurig macht, jener Melancholie, die das Erstaunen begleitet und uns an die Vergänglichkeit alles Schönen gemahnt. *Yūgen* 幽玄 indes ist die ausgeklügelte subtile Eleganz, die Komplexität einer Schönheit, die sich nur schwer entschlüsseln und benennen lässt, das Rätselhafte, das uns immer wieder aufs Neue fasziniert; *hade* 派手 ist das exzessiv Zur-Schau-Gestellte, die grelle und lärmende Schönheit, das auffällige, protzige, lebhafte Gebaren (ein Grund, warum Fosco Maraini die Stadt Nikkō nicht mochte, die er der visuellen Übergriffigkeit bezichtigte).

Nicht zu vergessen *iki* 粋, die sinnliche Aura von Menschen und Dingen; *reien* 冷艶, ein Ausdruck, der den kalten Glanz, den kühlen Schimmer von etwas beschreibt und in seiner Bedeutung eng mit *hie* 冷え verknüpft ist, einem Wort, in dem ebenfalls das Kanji für »kalt« enthalten ist und das auf eine unterkühlte, distanzierte und kontrollierte Schönheit verweist. *Kiyora* 清ら hingegen ist die frische, reine, makellose Schönheit; *enya* 艶冶 zielt auf den eleganten und verführerischen Aspekt von Schönheit ab, auf die Anziehungskraft der Dinge; *kotan* 枯淡 ist die vornehme Nüchternheit, die raffinierte Schlichtheit, etwa von Gemälden, literarischen und kalligrafischen Werken, von Menschen und allem, was kostbar und inhaltsreich, aber in keiner Weise mondän ist; *karei* 華麗 ist das Großartige, das Prunkvolle; **wabi-sabi** ist die Pracht der verrinnenden Zeit, dieses Etwas, das einen leicht verwirrt zurücklässt, schlichten und elementaren Geschehnissen gleich, die unser Empfinden bereichern.

Im Japanischen gibt es noch etliche andere Begriffe für Schönheit, und einige von ihnen sind an ganz bestimmte Kontexte gebunden: So findet zum Beispiel *enzen* 婉然, sprich »das geschmeidige, sanfte, anmutige und zarte Erscheinungsbild«, vor allem in Bezug auf das Weibliche Anwendung. *Gyokumon* 玉文 bedeutet »die schöne Schrift« und besteht aus dem Kanji 玉, *tama*, womit eine atemberaubend schöne, seidenglatte Kugel aus edlem Material gemeint ist, und aus 文 *bun*, was »der Satz«, »die Literatur« bedeutet. Mit *karumi* かるみ ist eine einfache und leise Schönheit gemeint, die Nüchternheit eines Ausdrucks, der einen tiefen Sinn zu übermitteln vermag, es ist ein Begriff, der gern in der Welt der Haiku verwendet wird. *Fūryū* 風流 steht für die Eleganz und den guten Geschmack, die sich in auserlesenen Handlungen oder Dingen widerspiegeln, und *miyabi* 雅 – auch in Wörtern wie *fūga* 風雅 (Zartheit, Vornehmheit) und *yūga* 優雅 (elegante Anmut) enthalten – ist laut der Definition von Donald Richie ein Begriff der Heian-Zeit, durch den die große Wertschätzung von Schönheit, Kultiviertheit und Eleganz zum Ausdruck komme.

Einige Begriffe finden sich inzwischen einzig in der Literatur wieder, gehören der untergegangenen höfischen Welt an und, allgemeiner betrachtet, einer längst vergangenen, von der Tradition der Künste bestimmten Zeit. Und dennoch hallt ihr Echo im Heute wider, um uns unermüdlich etwas zu lehren.

Die gegenseitige Durchdringung des Schönheits- und Naturverständnisses ist allgegenwärtig: Der Mensch ist in dieser Vorstellung nichts weiter als ein Vermittler. Sich von der Schönheit verzaubern zu lassen, ist für Japaner*innen deckungsgleich mit der Betrachtung der Natur. *Hanami* ist die Kirschblütenschau, *kōyō* steht für das rote Herbstlaub und *momiji* für jenes prächtige Farbenspiel, das in Parks und Tempelanlagen so viele Menschen erfreut. Die Jahreszeiten in ihrem paradoxen Chiasmus aus stetig veränderter Wiederkehr und wiederkehrender Veränderung sind ein Fundus unendlicher Inspiration. Während Jun'ichirō Tanizaki, die Worte des Dichters Bashō zitierend, darauf beharrt, der Mond am Himmel sei stets derselbe, attestiert Kenkō Yoshida ebendiesem Himmelskörper die Fähigkeit, stets anders zu erscheinen.

Angesichts der Unbeständigkeit des Daseins ist jeder Besitz bloß eine Leihgabe. Das kommt auch in einem wunderbaren Sprichwort der indigenen Bevölkerung Nordamerikas zum Ausdruck, das den Lauf der Zeit umkehrt: »Wir haben die Erde nicht von unseren Eltern geerbt – sondern von unseren Kindern geliehen.«

Den Dingen, Menschen, Räumen, die uns empfangen, Sorge angedeihen zu lassen, ist im japanischen Denken Grundvoraussetzung für Harmonie, *wa*, und somit auch für das Wohlbefinden. Je mehr wir teilen, umso schöner ist es – und ebenso wächst das Glück, wenn viele daran teilhaben. Und wie das Glück, gedeiht auch die Schönheit, indem sie geteilt wird. Die Kunst des Teilens kommt überall da zum Tragen, wo man etwas mehren und sich in der Wiederholung daran erfreuen will. Das gesamte Leben lässt sich als ein großes Ganzes aus winzigen Teilen begreifen, Muschelsplittern gleich, an denen wir uns trotz allem erfreuen, obwohl wir ihre ursprüngliche Form nicht immer erkennen können.

Was zählt, ist die innige, geradezu berauschende Harmonie von *kakera* 欠片, dem Wort für »Fragment, Splitter, Bruchstück«, das, wenn man die Linienführung seiner Kanji entwirrt, an Georges Batailles Aussage erinnert, wonach die Menschen auf der beständigen Suche nach dem fehlenden Teil seien. Obwohl der Begriff häufig in *hiragana* transkribiert wird, offenbaren die beiden Ideogramme von *kakera* die Faszination dieses für die Unvollständigkeit stehenden Begriffs und seine Anwendung auf die Idee des Glücks und der Schönheit.

Das erste Kanji findet sich auch in *kaku* 欠く, einem transitiven Verb, das »zerbrechen, einen Sprung verursachen, anschlagen« bedeutet, oder in dem intransitiven Verb *kakeru* 欠ける, übersetzbar mit »zerbrechen, zersplittern, unvollständig sein, einer Sache beraubt sein«. Es lässt sich jedoch auch allgemeiner als *ketsu* 欠 lesen, das Bestandteil einer Reihe von Wörtern ist, die den Mangel, die Abwesenheit, den Zerfall zum Ausdruck bringen wie in *kekkaku* 欠格, »Mangel, Fehler, Unvollkommenheit«, in *ketsujo* 欠如, »Abwesenheit, Mangel«, oder *kesseki* 欠席, das dem Nichterscheinen an einem Ort, dem Fernbleiben vom Unterricht, von der Arbeit etc. entspricht.

Das zweite Kanji 片 kann als *hen, kata, kire, kake* gelesen werden, und dementsprechend bedeutet es mal »Bruchstück«, mal »etwas Dünnes und Flaches wie eine Scherbe«, mal steht es für eine kleinere Menge eines Ganzen oder für einen Teil von etwas, das sich ausbreitet und ausdehnt (wie die Zeit 片時, der Regen 片雨 oder der Sand 一片沙), für die Anzahl von Dingen, die ursprünglich Teil einer Einheit waren, oder auch für den Zustand der Trennung eines Elements von seinem Zentrum; in alten Texten wird 片 wie *pensu* ausgesprochen, weil es dazu diente, die Währungseinheit des englischen Penny im japanischen Wortschatz einzuführen.

Eine der Interpretationen des Kanji sieht darin übrigens das zweigeteilte Zeichen für Baum 木.

Kurzum, die Schönheit verbirgt sich dort, in den Teilen, im Detail, in den unzähligen Nuancen, die jedes Ding auf seine Weise zu einem Wunder machen.

2

甘え *amae*

oder: Von dem vollständigen Vertrauen in die Liebe

»Im Abendland birgt die Liebe immer auch eine Spur von Macht. Im Morgenland umarmt die Liebe alles, ist offen. Von jeder Seite. Man kann aus allen Richtungen in sie hineingelangen«, schrieb Daisetz T. Suzuki im Dezember 1958 in einem in der Tageszeitung *Asahi Shimbun* erschienenen Artikel. Eben weil sie strengen Regeln unterliegt und in gewisser Hinsicht auch starrer definiert ist, besitzt die Liebe in Japan Facetten reiner Hingabe. Das uneingeschränkte Wohlwollen einer anderen Person zu genießen, schließt übrigens das Bewusstsein mit ein, dass man dieser anderen Person Unannehmlichkeiten bereitet. Nur indem man diesen anderen mit offener Freude liebt, kann man erreichen, dass sich der Empfänger der *amae*, der vorbehaltlosen Zuneigung, nicht verpflichtet fühlt und nicht von der Sorge abgelenkt wird, ihm Umstände zu machen; und nur so wird man sich mit vollem Vertrauen *(shin)* hingeben können.

Die japanische Gesellschaft lässt Dankbarkeit nicht nur zu, sondern setzt sie als selbstverständlich voraus. Danke zu sagen, ist in Japan ebenso natürlich, wie sich zu entschuldigen *(arigatō/sumimasem),* und beide Handlungen werden im Lauf eines Tages unzählige Male wiederholt. Zutiefst in der Alltagssprache verankert, sind sie Teil eines engmaschigen Netzes aus Formeln und Verhaltensweisen, die sich auf die Etikette und allgemeiner auf die Gesellschaftsform zurückführen lassen.

Im Abendland hingegen ist die *passive Liebe*, die in gewisser Weise eine erste Definition von *amae* darstellt, an eine Dankbarkeit gebunden, die Scham mit sich bringt und paradoxerweise dem Gefühl dankbarer Anerkennung im Weg steht. Zum Subjekt eines derart ungleich gewichteten Gefühls zu werden, ist daher eine komplexe Angelegenheit. Auch der Essay von Marcel Mauss über die Gabe bestätigt es: Nehmen ist mindestens ebenso, wenn nicht gar komplexer als Geben.

Obwohl sie im Ausland häufig Stirnrunzeln ernten, weil sie der Gruppe Vorrang einräumen, legen Japaner*innen bei der Erfüllung ihrer eigenen Aufgaben eine große Autonomie an den Tag und treffen ihre Entscheidungen ganz individuell. Sie versuchen stets, alles nach Kräften selbst zu erledigen und bitten erst, wenn es nicht mehr anders geht, deutlich verlegen um Hilfe, sodass Ausdrücke wie »Erinnern Sie mich später daran …« im Japanischen praktisch nicht zu finden sind, weil es eben dem Einzelnen und niemandem sonst obliegt, sich an seine Verpflichtungen zu erinnern. Man versucht grundsätzlich, niemandem zur Last zu fallen und andere nicht zu zwingen, sich dem eigenen Willen zu beugen. Aus diesem Grund kommt der völligen Hingabe in der Liebe, für die *amae* steht, in Japan auch ein so hoher Stellenwert und großer Raum zu.

Amae ist ein Gefühl, mit dem man geboren wird. Es wächst innerhalb der Familie aus dem menschlichen Grundbedürfnis heraus, trotz der eigenen Unvollkommenheit ohne Wenn und Aber akzeptiert zu werden. Es ist ein Gefühl, das man nicht nur erlernt, indem man es selbst erfährt, sondern auch dadurch, dass man es weitergibt im Umgang mit den Eltern, mit Freunden, Geliebten, aber auch mit Kolleginnen und Kollegen, oder allgemeiner mit allen Personen, die einem vertrauen und denen man vertrauen kann. *O-kotoba ni amaete* お言葉に甘えて erwidert man als Antwort auf eine besondere Liebenswürdigkeit, eine ausgesprochen freundliche Einladung: »Ich nehme Ihr/dein *amae* an.« Diese einzigartige und bedingungslose Art, geliebt zu werden, ebenjenes *amae*, setzt offenbar die Existenz eines Ortes voraus, an dem jeder egoistisch sein und sich dennoch vollkommen akzeptiert fühlen kann, frei, sich den Blicken der anderen preiszugeben und die eigene Verletzlichkeit zu zeigen, im Wissen, dass man *trotzdem* respektiert und geliebt wird.

Amae klingt also wie eine Entscheidung zur liebevollen Hingabe, allerdings ohne die negative Konnotation von »Verwöhnen«. Dabei spielt auch die Anpassung an die verschiedenen Lebensalter eine wichtige Rolle, denn in einem Land wie Japan beschränkt sich die Kindheit nicht auf ein bestimmtes Alter *(kawaii)*, sondern es wird generell davon ausgegangen, dass kindliche Züge bis ins hohe Alter überdauern.

Amae ist einer jener Begriffe, die im Westen durch einen Essay bekannt wurden, der innerhalb der Psychologie breite Beachtung fand und unter Japanologen als wertvoller Text für das Verständnis der japanischen Gesellschaft gilt. Bezeichnungen wie *hikikomori* (Jugendliche, die sich zu Hause einschließen, unfähig, am gesellschaftlichen Leben teilzunehmen) oder *karōshi* (Tod wegen Arbeitsüberlastung) zeugen von Problemen, die zwar vielleicht nicht unbedingt im Land der aufgehenden Sonne entstanden sind, dort aber ihren Namen erhalten haben. Es sind Begriffe, die bis dato undefinierte Zustände ans Licht brachten, wie etwa die Situation jener Jugendlichen, von denen man einfach kaum sprach, weil sie sich in ihren Zimmern verschanzten, anstatt zur Schule oder zur Arbeit zu gehen, oder jene Todesfälle durch Herzinfarkte oder andere Krankheiten, die zuvor nicht direkt mit Erschöpfung in Zusammenhang gebracht worden waren.

Im Jahr 1971 veröffentlichte der japanische Psychoanalytiker Takeo Doi die Studie *Amae no kōzō,* die später in überarbeiteter Form unter dem Titel *Amae. Freiheit in Geborgenheit* auch auf Deutsch erschien und weltweit auf große Resonanz stieß, sei es, weil ein derart zentraler Begriff wie *amae* keine Entsprechung in anderen Sprachen zu besitzen scheint, sei es wegen der Allgegenwärtigkeit dieses Phänomens, das Doi auch in anderen Kulturen ausmacht. Sein Buch analysiert das Verhältnis zwischen dem Pflichtbewusstsein und jener Hingabe in der Liebe, für die *amae* steht. Der Autor erkennt darin einen Schlüssel zum Verständnis des japanischen Verhaltens, das er mit einem ganzen Netzwerk von Begriffen in Verbindung bringt, die ebenjenes Denken bestimmen.

Das Verb *amaeru* geht auf das spätaltjapanische *amayu* zurück, das verschiedene Bedeutungsnuancen besaß: »mit jemandem intim werden«, »schüchtern, zurückhaltend sein«, aber auch »verlegen, verwirrt sein« (was im heutigen Japanisch *tereru* 照れる entsprechen würde) oder »sich schüchtern, verlegen zeigen« (heute *hazukashigaru* 恥ずかしがる). *Amae* ist somit ein zentraler Begriff für die Gruppenpsychologie, denn seine Etymologie offenbart, wie viel dieser Begriff mit dem Individuum und seiner Fremd- und Eigenwahrnehmung zu tun hat. Damit sei gezeigt, so Doi, wie fest die individuelle, wenngleich auch nicht immer von außen erkennbare Selbstwahrnehmung der Japaner*innen verankert ist. Der Gruppengeist bedeutet also keineswegs die Achtlosigkeit dem oder der Einzelnen gegenüber. Der Westen hat den in Japan herrschenden Gegensatz Individuum/Gruppe, Einzelperson/Gesellschaft vielmehr verflacht und missverstanden.

Amae, schreibt Doi, sei so wichtig, weil das unerfüllte Verlangen danach leicht in Groll umschlagen könne. Man könnte sogar sagen, dass der Groll von Anfang an ein treuer Begleiter von *amae* ist. Ein solches Verhalten, das auch Erwachsenen keineswegs fremd ist, lässt sich insbesondere in der Welt der Kindheit finden, in der Eltern-Kind-Beziehung. Japanische Väter und Mütter greifen oft auf das Wort *amaeru* zurück. Wenn ein Kind launisch ist, benutzt man dieses Verb, um das Gefühl zu unterstreichen, das seinem Verhalten zugrunde liegt. Ein Kind, das zu quengeln beginnt, sobald die Mutter ins Zimmer kommt, heischt nach ihrer Aufmerksamkeit, weil es gehätschelt werden will: *amaete iru* 甘えている, »Es macht gerade *amae*«, rechtfertigt man milde sein Verhalten. Durch die Verwendung dieses Wortes lenkt man den Blick weg von dem negativen und irrationalen Aspekt der kindlichen Forderung und hin zu dem Bedürfnis des Kindes, von seinen Eltern angenommen und ohne Wenn und Aber akzeptiert zu werden, etwas, das das Kleine, wie es weiß, nur in dieser Beziehung erhalten kann.

Das Verwöhnen hat hier keine negative Bedeutung, sondern ist im Gegenteil genau das, was das Verb *amaeru* so besonders macht.

Amaeru ist ein Verb für Zärtlichkeit, in dessen Stamm sich übrigens das Adjektiv *amai* 甘い, »zart« beziehungsweise »süß«, verbirgt, das jedoch nicht immer als Kompliment zu verstehen ist. Es ist das Süße, aber auch das Süßliche, die Substanzlosigkeit und mangelnde Ernsthaftigkeit eines Projekts. Auch ein Standpunkt, ein Zukunftsplan kann *amai* sein; ebenso die oberflächliche Reaktion von jemandem oder eine allzu rosige Erwartung von etwas. Dann verwandelt sich *amai* mit einem Mal in Naivität, in Einfältigkeit, in eine unstrukturierte und irrationale Sicht der Dinge. Und während *amai* auf ein Dessert bezogen ein Zuviel an Süße im negativen Sinn ausdrückt, hat es bezogen auf Früchte oder bestimmte Gemüse einen eindeutig positiven Klang.

Das Zuviel ist in der japanischen Kultur immer eine Verunstaltung. Das Übermaß wird nie geschätzt, die Zurschaustellung erst recht nicht. Leidenschaftliche Liebesbekundungen gelten als ebenso vulgär wie Wutausbrüche oder das Hinausposaunen der Großzügigkeit, der Reinheit des eigenen Herzens. Alles ist Teil jenes Grundgedankens, dem zufolge alles, was existiert, spontan seine bestmögliche und richtige Ausdrucksform finden wird; alles wird ganz natürlich zum Vorschein kommen und für jeden sichtbar werden und muss nicht lauthals verkündet werden.

Das Verb *amaeru*, das komplexer ist, als man auf den ersten Blick vermutet, scheint also zu besagen, dass die Zärtlichkeit mit Vorsicht zu verteilen und mit Vorsicht zu empfangen ist. Und vor allem, dass es Orte gibt, verkörpert in anderen Menschen, an denen man sich zu Recht gehen lassen, sich hingeben, sich ohne Angst lieben lassen kann.

3

ゆっくり *yukkuri*

oder: Davon, sich zur Langsamkeit zu zwingen

Tenpo テンポ ist ein aus dem Italienischen übernommenes Lehnwort und bedeutet so viel wie das »Tempo einhalten« oder »im Takt bleiben«. *Tenpo* kann schnell oder langsam heißen, es betrifft die Musik, die Arbeit, ein Gespräch.

Es hat weder Anfang noch Ende, so wie unser Präteritum, das eine unbestimmte Vergangenheit ausdrückt, gleich einer im Zentrum klaren Linie, die sich an den Enden in Pünktchen verliert. Wird *tenpo* vom Adjektiv *hayai* 速い, »schnell«, begleitet, bedeutet es »Schnelligkeit«, alles, was sich beeilt.

Wenn man sieht, dass die Ampel blinkt, will man unwillkürlich anfangen zu rennen. Die Stadt ist ein Marathon: Jede Ecke hat ihren eigenen Rhythmus, bestimmt von Licht und Schatten, von Leuchtreklamen, handtuchgroßen Grünstreifen und endlosen Reihen von Betonpollern.

Wenn man keine Zeit hat, wird alles in eine Art Rangliste eingeordnet: erst die vordringlichsten Dinge, die es zu erledigen gilt, dann die zweit- und vielleicht drittwichtigsten. Trotzdem bekommen nur die beiden ersten unsere volle Aufmerksamkeit, bereits begleitet von der Angst, dass wir es nicht schaffen könnten, sie in die Tat umzusetzen.

Doch wie viel verliert man im Spiel der Prioritäten? Sind die »essenziellen Dinge« wirklich wichtig? Ist es möglich, in der Gesamtbilanz eines Lebens und nicht eines Tages, zu sagen, was wirklich zählt?

In manchen Phasen ist man fortwährend außer Atem, gönnt sich keine Pausen, nur um Aktivitäten nachzugehen, für die man noch vor Sonnenaufgang aufstehen, im Licht der Sterne aus dem Haus gehen, auf die Menschen verzichten muss. Phasen, in denen man nur noch hektisch durch den Tag eilt und rennt, so schnell rennt, dass man noch vor den Jahren, vor den Dingen anzukommen scheint. Und da sind wir, unerwartete Gäste eines Festes, dessen Gastgeber noch die Vorspeisen herrichten, während wir schon bereit für den Nachtisch und den heißen Tee zum Abschluss eines Mittag- oder Abendessens sind.

Aber wenn die Pflicht erledigt ist, wenn wir alles erledigt haben, was zu erledigen war, heißt es, innezuhalten, langsamer zu werden.

Dann heißt es, eine Pause einzulegen, um nachzudenken und abzuwarten, *yukkuri* ゆっくり.

Yukkuri bedeutet »langsam«, »immer mit der Ruhe« und verträgt sich kaum mit dem Leben derer, die es gewohnt sind zu rennen. Doch wenn wir eine große Aufgabe abgeschlossen haben – sei es ein Studium, eine Prüfung, die Organisation einer Hochzeit oder das Ende einer Schwangerschaft –, müssen wir uns selbst dazu zwingen, uns auf diesen neuen Rhythmus einzulassen, und Langsamkeit mit Beschaulichkeit verbinden.

Wenn die Beine daran gewöhnt sind zu rennen, kann es schwierig sein, wieder langsamer zu gehen, sich auf jeden Schritt zu konzentrieren, und auch *yukkuri* kann zu Beginn Mühe kosten.

Die Ampel blinkt, und du willst eigentlich rennen, um noch

bei Grün über die Straße zu kommen, doch dann stemmst du dich plötzlich dagegen und sagst: »Nein!« Dass jetzt Rot ist, gibt dir die Möglichkeit, die Speisekarte des Restaurants hinter dir zu überfliegen, einen kurzen Blick auf den Gewürzstand neben dir zu werfen, einfach nur einmal tief durchzuatmen und dir zu sagen: »Bravo, du hast es geschafft!«

Du willst gerade den Wecker stellen, doch dann überlegst du und lässt ihn jetzt auch an Werktagen später klingeln. An Feiertagen stellst du ihn erst gar nicht mehr. Du musst schlafen, musst dich ausruhen.

An einer Stelle von Yoko Ogawas Roman *Das Geheimnis der Eulerschen Formel* heißt es, die Erwachsenen dürften den Kindern nicht den Schlaf rauben, da schon seit Anbeginn der Menschheit Kinder besonders gut wüchsen, wenn sie schliefen. Nicht anders verhält es sich mit den Erwachsenen, die im Schlaf ihre Träume verankern, die Erinnerung nähren und die Freude, mit jedem Tag neu zu beginnen, stärken.

Yukkuri kommt nicht aus heiterem Himmel. *Go-yukkuri* ごゆっくり～ sagt man als Aufforderung, etwas mit mehr Ruhe anzugehen, einem langsameren Takt zu folgen.

Es mag paradox klingen, aber uns auszuruhen, bedeutet, uns richtig anzustrengen, bedeutet, uns selbst davon zu überzeugen, dass etwas tatsächlich vorbei ist, dass es besser ist, einen Gang herunterzuschalten.

Yukkuri-to, yukkuri-to ゆっくりと、ゆっくりと, wenn du zu schnell rennst, werde langsamer! Dies ist der Moment, um anzuhalten! Du musst etwas nachholen. Du solltest dich daran gewöhnen, so wie dein Körper *tenpo*, den Rhythmus zu wechseln.

Du hast das Recht und die Pflicht, dich *yukkuri* zu beugen.

4

気持ち *kimochi*

oder: Vom Gefühl

Kimochi 気持ち heißt wörtlich »Gefühl, Empfindung, Gemütszustand« und besitzt ein breites Spektrum an Bedeutungsnuancen. Für gewöhnlich zeigen Japaner*innen ihre innersten
Gefühle nicht in der Öffentlichkeit und geben aus kulturellen
Gründen dem *kimochi* der anderen den Vorzug. Die eigenen
Emotionen dürfen niemals die Hauptrolle spielen und haben im
Gegenteil hinter denen des Gegenübers zurückzustehen, sodass
dank des Erahnens der Gedanken des anderen *(kūki wo yomu)*
und einer generellen Zurückhaltung *(enryo)* die Harmonie gefördert wird. Dies spiegelt sich in einer Lebensführung wider,
die eher davon geprägt ist, die Gefühle zu zügeln, als ihnen un-
kontrolliert freien Lauf zu lassen.

Es ist eine Art Kunst, gleichermaßen Fluch und Segen des japanischen Miteinanders, aus den Worten und Gesten des anderen
schon vorab seine mögliche Bitte herauszulesen, den Wunsch
des Gastes oder der Gesprächspartnerin zu erfüllen, ohne dass
er oder sie auch nur den Mund öffnen musste. Es ist eine leise
Kunst, eher beheimatet in der Beobachtung, im Schweigen als in
der Diskussion, eine Kunst, in der sich nur üben und die nur wür-
digen kann, wer dem anderen ohne Überheblichkeit begegnet.

Sie äußert sich zum Beispiel darin, einem wartenden Gast in einem Café seinen Tisch zu überlassen, nachdem man gegessen hat, einen Gegenstand, der jemand anderem zu Boden gefallen ist, nicht anzurühren, da ihn der Besitzer vermutlich selbst aufheben wird (dies geschieht nicht aus mangelnder Höflichkeit, sondern aus Übervorsicht, um die andere Person nicht in Verlegenheit zu bringen). Es kann auch heißen, einen Fehler geflissentlich zu übersehen, geduldig und ohne Murren darauf zu warten, dass uns ein Glas Wasser angeboten wird, unseren Geburtstag nicht zu erwähnen, wenn unser Gegenüber ihn offenbar vergessen hat, oder auch die Schuhe mit der Schuhspitze zur Tür hinzustellen, damit, wer aus dem Haus geht, direkt bequem hineinschlüpfen kann. Diese Kunst ist ein sanfter Regen aus Freundlichkeiten, der demjenigen, der dem *ki* Rechnung trägt, hilft, die Atmosphäre um sich herum zu verbessern und seinem Umfeld Wohlbehagen zu bringen.

Wörtlich setzt sich *kimochi* nämlich aus dem Schriftzeichen *ki* 気, »Energie«, (auch in Wörtern wie *genki, yaruki* zu finden) und dem Verb *motsu* 持つ, »tragen, bringen«, zusammen.

In seinem Roman *Das Graskissenbuch* stellt Sōseki Natsume wichtige Betrachtungen darüber an, wie gut es tut, sich von der Bürde der Welt zu befreien, sich von jener obsessiven Suche nach Gefühlen zu lösen, über die auch Yukio Mishima in seinem bereits erwähnten Werk (dt. »Lektionen für junge Samurai«) schreibt, wobei er diese Suche auf westlichen Einfluss zurückführt. Es heißt dort an einer Stelle: »Nur wenn es uns glückt, mit Objektivität zu schauen, unser reales Ich vollkommen vergessend, können wir, wie Figuren in einem Gemälde, eine harmonische Verbindung zur natürlichen Landschaft bewahren. Doch in dem Moment, in dem wir uns wegen der Beschwerlichkeiten sorgen, die uns der prasselnde Regen und die Müdigkeit unserer Beine bereiten, sind wir nicht länger Figuren eines Kunstwerks. Wir werden wieder zu stumpfen, gewöhnlichen Menschen. Wir erkennen nicht die Faszination der wallenden Nebel und Wolken. In unserer Seele erwacht keinerlei Gefühl für die Blumen, die welken, und für die Vögel, die singen. Und mehr noch ahnen wir nicht, wie schön wir sind, während wir im Frühling einsam und melancholisch die Berge hinaufwandern.«

Das Ich an den Rand zu schieben, hat im japanischen Denken stets positive Effekte. Gefühle außen vor zu lassen, entpuppt sich in der Kommunikation als Vorteil, die Gedanken werden klar, und man baut nicht mit Worten etwas auf, das es eigentlich gar nicht gibt.

Ein anderer Begriff, der mit dem Empfinden zu tun hat, ist *jō* 情, sprich die »persönlichen Gefühle«. Er ist vor allem in seiner Gegensätzlichkeit zu *giri* 義理, der Pflicht und Schuldigkeit, den gesellschaftlichen Zwängen, von Bedeutung. Während *giri* die Dankesschuld ist, jenes Etwas, das uns geschenkt wurde und das wir auf irgendeine Weise zurückgeben müssen, ist *jō* das Fühlen, das sich seinen Weg aus unserem tiefsten Inneren nach außen bahnt: jener Fundus an Gesichtsausdrücken, Tränen und Bewegungen, die in der Kunst stark übertrieben dargestellt werden, um diese Gefühle über die Körpersprache statt über Worte zu transportieren. So wird in Fernsehserien, teils auch im japanischen Kino, das Nonverbale stark betont, während die Dialoge eher dürftig sind. Die dürren Worte werden durch eine exzessive Körpersprache kompensiert, deren Aufgabe vor allem darin besteht, jenes für einen japanischen Gesprächspartner so typische schrittweise und ziemlich indirekte Herantasten auszufüllen.

Selbst wenn einem das Herz zerspringen will, selbst wenn die Liebe *(ai)* so stark ist, dass sie sogar die Konventionen zu durchbrechen vermag, wird sie sich doch immer voller Schamhaftigkeit ausdrücken, wird sie sich niemals vor aller Augen offenbaren.

Das aufrichtigste Gefühl wird immer ein wenig im Abseits stehen, wird Verstecken spielen und wie ein Geheimnis gehütet werden.

5

ポジティブ *pojitibu*

oder: Davon, sich immer das Beste vorzustellen

Es gibt kein Wort, um diesen Aspekt der japanischen Wesensart zu beschreiben, diese explizit auf das Positive gerichtete Einstellung, die im Land der aufgehenden Sonne als derart selbstverständlich gilt, dass man sich ihrer offenbar nicht einmal bewusst ist. Sie wird nicht als besondere Charaktereigenschaft, sondern eher als eine zufällige Nebenerscheinung betrachtet, als etwas, das teils in der äußeren Form *(tatemae)* zum Ausdruck kommt, teils in der Tiefe *(honne)* verschwindet – wobei sie angesichts ihrer Bedeutung für die japanische Psyche selbst dann von extremer Wichtigkeit wäre, wenn sie nur auf das Äußere beschränkt bliebe.

Sie entsteht an dem Punkt, an dem verschiedene Verhaltensweisen und Gefühle – wie die Einstellung zum Lächeln *(egao)*, die Freundlichkeit *(yasashisa)*, das Engagement, das die Gesellschaftsstruktur Japans stützt *(gambaru)*, das instinktive Bestreben nach Harmonie *(wa)* – zusammentreffen.

Sie macht sich zum Beispiel bemerkbar, wenn jemand für längere Zeit nichts von sich hören lässt. Wenn keine Nachrichten, keine E-Mails eintreffen, kein Kontakt besteht, pflegen Japaner*innen nämlich die Vermutung anzustellen: *isogashiin-*

darōne 忙しいんだろうね～, also »Er oder sie wird wohl beschäftigt sein«. Meist macht man dem anderen weder Vorwürfe, noch ist man beleidigt oder unterstellt ihm gar Dinge wie »Er ruft nur an, wenn es ihm in den Kram passt«, »Sie meldet sich nie, ich bin ihr wohl egal« oder »Der wartet doch nur darauf, dass ich ihn anrufe«. Ebenso wenig schickt man Nachrichten, um sich danach zu erkundigen, ob man den anderen vielleicht versehentlich beleidigt oder verletzt habe.

Aus westlicher Sicht würde dieser Verzicht wohl sofort als mangelndes Interesse gedeutet werden, wobei dem überhaupt nicht so sein muss.

Diese wohlwollende Haltung, dass der andere von seinem Leben völlig in Beschlag genommen sein wird, gründet vielmehr darauf, dass man um den Zeitdruck bei der Arbeit, um die Anforderungen im Studium, um die komplexen Familienverhältnisse weiß und sich bewusst ist, dass die Zeit für jeden anders vergeht und jeder seine Beziehungen anders pflegt. Japaner*innen ziehen lieber keine voreiligen Schlüsse; solange sie sich nicht sicher sind, fällen sie für gewöhnlich kein Urteil. Im Grunde warten sie darauf, dass ihnen das Leben die Antworten liefert.

Im Westen führt Schweigen dazu, dass man sich besonders einsam fühlt, die Funkstille interpretiert man als Zeichen mangelnder Wertschätzung und Liebe und neigt dazu, den abgerissenen Kontakt als fehlendes Interesse zu deuten, sodass man, wenn man nach einer langen Pause eine Nachricht erhält, sie als scheinheilig auffasst, ja beleidigt und verärgert ist und glaubt, vom anderen wenigstens eine Entschuldigung erwarten zu dürfen.

Dennoch kann es in bestimmten Phasen tatsächlich vorkommen, dass man nicht mehr weiß, wo einem der Kopf steht, und selbst eine E-Mail größte Mühe kostet. Davon auszugehen, dass der andere einfach beschäftigt ist, ist daher eine kluge Haltung. Es gilt, sich nicht zum Mittelpunkt des Geschehens zu machen, nicht dem Gedanken zu erliegen, dass die Handlungen einer Person direkt mit uns in Verbindung stehen, dass sich alles, um es mit einem beredten Ausdruck zu sagen, »nur um uns dreht«.

Wenn die Rede auf einen abgerissenen Kontakt kommt, neigt man in Japan dazu, dem anderen Raum zu lassen, man denkt lieber positiv und stellt sich vor, dass er oder sie mit anderen Dingen beschäftigt ist. Doch oft hört man auch Sätze, in denen Besorgnis mitschwingt (»Hoffentlich geht es ihr gut«, »Seine Mutter hat vermutlich Hilfe gebraucht«, »Sie erstickt bestimmt in Arbeit, so klein, wie die Kinder noch sind«, »In ihrer Firma werden viele Überstunden verlangt«), oder solche der Unterstützung, die für einen Ausweg aus diesem Gewirr aus Pflichten plädieren (»Hoffentlich findet sie Zeit, sich auszuruhen«, »Ich hoffe nur, dass er die gemeinsame Zeit mit seiner Mutter genießt«, »Diese Kinder sind gut umsorgt, wie schön, dass sie so viel Zeit mit ihren Eltern verbringen können«, »Sie ist so fleißig, sie hat eine glänzende Karriere vor sich«).

Diese wunderbare Haltung, für die es kein Wort gibt, regt dazu an, darüber nachzudenken, wie viel Ungeduld oft in Beziehungen herrscht. Und sie führt zur Erkenntnis, dass die wichtigen Menschen so oder so in unserem Leben bleiben und jene, die sich daraus verabschieden, vermutlich niemals wirklich wichtig waren.

Pojitibu ポジティブ ist die Übertragung des englischen Wortes »positive« in *katakana,* und sofort kommt einem dabei das Begriffspaar *positive thinking,* das positive Denken, in den Sinn.

In japanischen Gesprächen misst man dem Positiven großen Wert bei, um die Harmonie zu wahren: Man tratscht kaum und lästert so gut wie nie mit Unbekannten oder in Situationen, in denen die Gesprächspartner nicht vollständig Teil des eigenen *uchi* (»Innen«) sind, sondern eher zum *soto* (»Außen«) gehören, weil man weiß, dass üble Nachrede die Harmonie aus dem Gleichgewicht bringt und beschädigt. Trotzdem wird kein Ausländer jemals erleben, dass man ihn wegen eines gehässigen Kommentars, eines deplatzierten Lachens zurechtweist. Es genügt jedoch, den verlegenen Gesichtsausdruck des japanischen Gesprächspartners zu bemerken, die alarmierende Häufigkeit jener unterschiedlichsten Lautäußerungen während des Zuhörens, die unter dem Namen *aizuchi* 相槌 subsumiert werden. Es genügt, ihren düsteren Klang, das Ausbleiben einer Reaktion auf die Respektlosigkeit oder auch nur den Versuch des anderen zu erkennen, in scherzhaftem Ton die Situation zu entschärfen und sich nicht in etwas hineinziehen zu lassen. Mit anderen Worten, es genügt, auf eine Reihe von Signalen zu achten, um zu begreifen, wie fehl am Platz die Kommentare waren, die man in jenes *ma* hat fließen lassen, in diesen trennenden und gleichzeitig verbindenden Zwischenraum, der ein Gespräch konstituiert.

Diese typisch japanische Vorsicht, dieses Rechtfertigen, bevor man beurteilt und verurteilt, dieses Zurückhalten der eigenen unangenehmen Gedanken dem anderen gegenüber tun dem Gesamtklima ungemein gut. Man zieht es in der Regel vor, sparsam mit Worten zu sein, eher zu loben, als zu kritisieren, schöne Aspekte hervorzuheben, über die man sich gern gemeinsam unterhält *(homeru)*.

Dass es in der japanischen Sprache keine Unhöflichkeiten

gäbe, ist fraglos eine Mär, aber die Grobheit beschränkt sich auf einige wenige Wörter, die ihre Kraft eher aus dem Tonfall als aus ihrer ursprünglichen Bedeutung schöpfen. Im Japanischen gibt es keine Flüche, und auch Schimpfwörter sind im Vergleich zu anderen Sprachen, wie dem Italienischen oder dem Deutschen, so gut wie inexistent. Doch gerade weil Japaner*innen ihre Gefühlsausbrüche meist unterdrücken *(gaman)*, weil sie ihren Unmut eher ignorieren *(mushi suru)*, als ihn öffentlich zu zeigen, und sie daher rasch zu einem gegenseitigen Einverständnis kommen, kann sich ein Ausdruck wie *urusai!* うるさい！, wörtlich »laut« und somit »störend«, sehr schnell in ein »Sei still!« oder »Halt den Mund!« verwandeln und lässt sich in westlichen Sprachen auch mit sehr viel stärkeren und wütenderen Kraftausdrücken übersetzen, eben weil er die Grenze des Erträglichen markiert.

Der Platz, den die Freude einnimmt, die Vorstellung, dass das Glück sowohl in der Tat als auch im Wort *(tanoshikattane)* liegt, ist eng verknüpft mit dem Gedanken, dass man durch das Sprechen über Unerfreuliches ebendies heraufbeschwört, dass man Gefahr läuft, sich an das Hässliche und das Negative zu gewöhnen, die sodann auch das Vertrauen in den Nächsten und in letzter Konsequenz unausweichlich auch das Vertrauen in sich selbst untergraben.

Glück ist eine Gewohnheit des Körpers, Wohlbefinden eine Frage der Wortwahl, und zwar so sehr, dass in der Gesellschaft eine konkrete Spracherziehung wünschenswert wäre, da Sprache den Menschen doch derart zu verändern vermag. Es ist stets ratsamer, sich am Positiven auszurichten, sich um Freundlichkeit *(yasashisa)* zu bemühen, vielleicht auch Fehler zu machen, aber sich immer auf das Beste zu fokussieren. Ein berühmtes, Albert

Einstein zugeschriebenes Bonmot lautet: »Ich wäre lieber ein Optimist und im Unrecht, als ein Pessimist und im Recht«, um daran zu erinnern, dass das Wohlbefinden vor allem eine Entscheidung ist, so wie die Freude eine Richtschnur.

Dieses besondere Merkmal japanischer Unterhaltungen, das seine eigene Definition verdient, auch wenn es sich leicht unter *wa* subsumieren ließe, ist im Übrigen eine der wertvollsten Waffen, um den Leuten entgegenzuwirken, die uns überzeugen wollen, dass die Welt abscheulich sei und jeder nur darauf erpicht, den anderen zu täuschen, dass der Mensch einzig zur Niedertracht fähig sei. Jenen Leuten, die voller Übereifer und – offen gestanden befremdlicher – Erregung all die »sakrosankten« Gründe aufzählen, warum das Leben aus einem Haufen Lügen bestehe. Jenen Leuten, die sich auf den stürzen und ihn als naiv beschimpfen, der in der Welt auch das Gute sieht. Es empfiehlt sich also, jenen zu misstrauen, die ihre Mitmenschen der Schönfärberei bezichtigen, und zwar im Namen einer angeblichen »Realität«, die nichts anderes als Schwarzmalerei ist.

Schlecht über etwas zu denken, ist erschreckend einfach, es verstehen zu wollen, verlangt hingegen Demut, Kraft, Zeit und eine ordentliche Portion Liebe. Es ist genauso wie mit den Menschen: Wenn du sie liebst, versuchst du, sie zu verstehen, suchst das Gespräch mit ihnen.

Eine weitverbreitete Unsitte des Westens besteht darin, immer alles beurteilen zu wollen und auch diejenigen heftig (und oft unbegründet) zu kritisieren, die etwas Gutes getan haben, immer das Haar in der Suppe zu suchen, zu glauben, dass Aufrichtigkeit stets mit Unhöflichkeit einhergehe, der Freundlichkeit jedoch immer Falschheit innewohne. Besonders schädlich ist dabei die Überzeugung, dass es geradezu zwingend notwendig sei, an einer Sache etwas zu beanstanden, um zu beweisen, dass man sich damit auskennt.

Im Westen werden Gruppen durch Ausschluss eines fremden Elements und Freundschaften zweier Individuen durch die scharfe Verurteilung eines Dritten gestärkt: Nicht nur Positives festigt die Beziehung, sondern auch das Gefühl der Missbilligung auf Kosten anderer. In Japan hingegen dominiert in den Gesprächen innerhalb einer Gruppe, trotz Neckereien und Scherzen, die Anerkennung des Schönen; im Allgemeinen versucht man das Positive überschwänglich zu loben und das Negative zu bagatellisieren. Das hilft zweifellos, die Harmonie aufrechtzuerhalten, die Unterhaltung nicht mit Spannungen und Gerede zu belasten; geht es um eine Person, werden deren Vorzüge und gute Taten ins rechte Licht gerückt. Manchmal ist auch Ironie mit im Spiel, aber sie ist niemals vergiftet.

Ein weiterer Grund für diese positive Haltung besteht in der für selbstverständlich erachteten Annahme, dass der andere sein Bestes gibt *(gambaru)*, was einen zur Nachsicht bewegt, wenn ihm ein Irrtum unterläuft. Sei es, dass jemand zu spät zu einer Verabredung kommt oder bei der Arbeit kleine Fehler macht, die Japaner*innen neigen dazu, zu verzeihen. Wiederholt sich ein solcher Fauxpas jedoch mehrfach, werden sie sich letztendlich, ohne dass es jemals zu einer Konfrontation kommt, zurückziehen und die Beziehung abbrechen.

Um diese zutiefst positive Eigenschaft des »Gut-über-jemanden-Denken« in die Tat umzusetzen, braucht es die Einsicht, dass sich nicht alles nur um uns dreht, die Bescheidenheit, nicht alles persönlich zu nehmen, die Klugheit, uns nicht für etwas Besseres zu halten, die Großmut, der Welt wohlwollend und unvoreingenommen zu begegnen, den Willen, die Sprache zu zügeln, und das Bewusstsein, durch sie unser Glück weitergeben zu können. Kurzum, wir brauchen ein positives Bild des anderen, um die Harmonie nicht zu stören, um großmütiger zu sein, auch uns selbst gegenüber, und um nicht in das zu verfallen, was Sei Shōnagon als unbedachte Geringschätzung beschrieb.

6

音 *oto*

oder: Die Stimme der Dinge

Im Japanischen ist 音 das Kanji für »Klang«. Je nach Wort oder Kombination wird es *oto*, *on* oder *in* gelesen und bezeichnet das Geräusch; man kann es jedoch auch als *ne* lesen, und in diesem Fall bezeichnet es die »Stimme« des Menschen, jenen Klang, der so eng mit den Gefühlen einhergeht.

So bedeutet das Wort **honne** 本音 die »Wahrheit«, die Aufrichtigkeit der eigenen Gefühle. Es ist das Kanji von *hontō* 本当, »wahr«, *honmono* 本物 »ursprünglich, authentisch«, gepaart mit dem Kanji für den Klang *oto* 音 in der Bedeutung von *ne*, der inneren Stimme des Menschen.

Und eben damit, mit dem Klang, vermischt sich das Gefühl: So bedeutet *honne wo haku* 本音を吐く »das eigene Fühlen, die eigenen Absichten enthüllen« oder *yowane wo haku* 弱音を吐く »sich beklagen, betrübt sein, aufgeben«. Doch auch der Gesang einer Nachtigall kann *ne* sein, weil er Erinnerungen weckt und einen tiefen Zauber ausübt.

Oto birgt also die Art, wie das Leben seine Gefühle offenbart, es ist seine Stimme.

Wie klingt ein Eismeer, das in abertausend Stücke zerbirst? Man muss sich nur zwischen Mitte Januar und Mitte März in den Osten von Hokkaidō begeben, um das kristallene Klirren zu vernehmen, das Knirschen und Zerbröckeln des Packeises, das von Sibirien ins Ochotskische Meer treibt. Es ist das wimmelnde Leben des Planktons, das den Geschöpfen dieser gewaltigen Wassermassen schier endlose Mengen an Nahrung beschert.

Wie klingt die Stimme der Schwarzschwanzmöwen, die auf der Insel Kabushima in der Präfektur Aomori nisten, jenem Eiland, das Jahr für Jahr im Mai im leuchtenden Gelb der Rapsblüten erstrahlt? In der Landessprache werden sie *umineko* ウミネコ (wörtlich: »Katzen des Meeres«) genannt, weil ihr Schrei einem Miauen ähnelt, wobei der lautmalerische Ausdruck für dieses Miauen, *myaao myaao* ミャーオ、ミャーオ, der deutschen Bezeichnung erstaunlich ähnelt. Und wenn im Juni der Nachwuchs schlüpft, bevölkert sich die gesamte Insel bis hin zur Treppe hinter den scharlachroten *torii*, den zum Kabushima-Schrein führenden Toren, mit unbeholfen watschelnden Küken.

Riiin riiin riiin リイーン zirpt die in Japan beheimatete Zikade namens *suzumushi*, deren Gesang an das leise Klingeln eines Glöckchens erinnert. Seit jeher schützen die Bewohner von Miyagino in der Präfektur Miyagi dieses Insekt, das in der japanischen Gedankenwelt seit der Heian-Zeit einen wichtigen Platz einnimmt und sogar in der *Geschichte vom Prinzen Genji* der Hofdame Murasaki Shikibu unter dem Namen *suzumushi* 鈴虫, wörtlich »Glöckchenzikade«, Erwähnung findet. Man muss nur in den Herbstnächten die Ohren spitzen, um die leise Melodie ihrer Stimme zu vernehmen.

Und wie zauberhaft klingt erst der Wind, der vor dem einfahrenden Zug am Bahnhof von Mizusawa in der Präfektur Iwate über den Bahnsteig weht, unter dessen Überdachung vom 1. Juni bis zum 31. August eintausendfünfhundert *fūrin* 風鈴, Windglöckchen, aufgehängt werden. Ihrem Spiel lauschend, wird man sich im zarten Rhythmus jenes *riin, riin, chiririin* リーン、リーン、チリリーン, das seit dreiundfünfzig Jahren andauert, der Vergänglichkeit des Sommers bewusst, der seltenen Erholungspause, die uns der Wind in der schwülen Hitze gewährt.

1996 rief das japanische Umweltministerium in einem landesweiten Wettbewerb dazu auf, Klanglandschaften zu sammeln. Es war die Zeit unmittelbar nach dem Erdbeben von Kōbe, das Tausende von Opfern gefordert hatte, und nach dem Giftgasanschlag mit Sarin in Tokio, der Millionen von Menschen in ihrem Alltag erschütterte; eine Zeit der tiefen Verunsicherung eines Landes, das eine Krise bewältigen musste und das dennoch fest entschlossen war, die Erinnerung an bestimmte Orte und damit verbundene Gefühle zu bewahren. Unter sämtlichen Vorschlägen wurden hundert ausgewählt, und seither besitzt Japan hundert *otofūkē* 音風景, sprich hundert »Klanglandschaften«.

Wenn sich alles in seiner Vergänglichkeit offenbart, in der völligen Zufälligkeit des Daseins, in der Brüchigkeit der urbanen und natürlichen Landschaft, der Häuser, die gebaut wurden, um uns zu schützen, und uns schließlich während eines Erdbebens unter sich begraben, ist der, der zurückbleibt, entschlossen, den Geist jener Orte wiederzuerwecken, will sich verzweifelt in den Räumen wiederfinden, die er liebte und die ihn durch ihr Verschwinden in gewisser Weise verraten haben. Alles, was »nach« einer Katastrophe oder einem großen kollektiven Verlust kommt, ist allzu stark von der Vergangenheit durchtränkt, sodass die Erinnerung an das, was war und nicht mehr ist, sich in dauerhaften Schmerz verwandelt.

Es ist Balsam für die Seele, zu entdecken, wie fest verwurzelt und wie beharrlich wir in der Liebe zu jenen Landschaften sind, die wir zwar bewohnen, die aber, sosehr wir Menschen uns das auch einbilden mögen, niemand von uns wirklich besitzt. Die Erde ist eine beständige Leihgabe, wie auch die Städte und Dörfer, die wir erbaut haben.

Wir sind wie Kieselsteine im Bett eines Flusses, wir werden mitgerissen von der Strömung, von den Strudeln, die die Ordnung der Dinge durcheinanderbringen, und sind auf Gedeih und Verderb den alles verändernden Umbrüchen des Schicksals ausgeliefert. Ein heftiges Gewitter reicht aus, um das Wasser über die Ufer treten zu lassen und den Tod zu bringen. Und so sammelt man nach jedem Unglück zusammen, was übrig geblieben ist, wohl wissend, dass die Natur keine Schuld trifft.

Doch trotz all dieser Unsicherheit des Lebens kann man sich im Klang wiederfinden. In besagter Liste mit den hundert Klanglandschaften Japans, die katalogisiert und in drei Kategorien eingeteilt sind – *ikimono no oto* 生き物の音, »Klänge von Lebewesen«, *shizen no oto* 自然の音, »Klänge der Natur«, *seikatsubunka no oto* 生活文化の音, »Klänge des kulturellen Lebens« –, finden sich zum Beispiel auch die Klänge bestimmter Glocken, das Stampfen der Räder eines kleinen Zuges, der sich Meter für Meter durch ein Tal kämpft, oder die Brandung der Wellen an der Küste des Enshu-Meeres in der Präfektur Shizuoka.

Kotsu kotsu コツコツ säuselt das Holz in den geschickten Händen der Schnitzer aus Inami in der Präfektur Fukuyama, die Schnitt um Schnitt Skulpturen erschaffen und deren Kunst auf eine mehr als sechshundert Jahre alte Tradition zurückblickt. Für die Menschen, die am Ufer des Yoshidagawa bei Gujō in der Präfektur Gifu leben, ist der Klang dieses Flusses weniger der des Wassers als vielmehr der von unzähligen Jugendlichen, die sich mit kühnen Sprüngen in die Wellen stürzen und dabei laut *Ei!* えいっ! rufen.

Es wäre schön, wenn jede Region der Welt ihre eigene Liste von Klanglandschaften erstellen würde, wenn auch in Italien, Frankreich oder Deutschland, die ebenso viel Staunenswertes zu bieten haben, mithilfe der Menschen Einblicke in kleine Winkel und ihre lautlichen Besonderheiten gewährt würden, etwa den Vicolo dei Baci, das »Gässchen der Küsse« in Taormina, durch das der Wind pfeift, das Wiederkäuen der Kühe auf sonnenbeschienenen Weiden, das Klatschen der Gondeln in Venedig, den Wind zwischen den Lavendelfeldern in der Provence, einen unbekannten kleinen Hügel mit hüpfenden Heuschrecken, Brombeersträuchern und Heidelbeeren, deren Früchte die Vögel anlocken, die Sonntagsglocken eines Dorfes mitten im Nirgendwo, den Regen, der irgendwo im Piemont oder in Ligurien von den Dächern tropft, die vorsichtigen Schritte hinab zum Meer auf den steilen Straßen Lissabons, den Sopran oder Tenor des Echos in manchen Tälern. Vielleicht böte sich all das eher in kleineren Gemeinden an, da Öffentliches und Privates dort wohl näher beieinanderliegt als in den großen Städten, die das Manko haben, »allen« und damit offenbar allzu oft »niemandem« zu gehören.

Nach jedem Erdbeben, nach jedem Feuer oder jeder Überschwemmung, nach jeder naturbedingten oder vorsätzlich verübten Katastrophe, die ein Land trifft, tauchen Stimmen, die zum Schweigen gebracht wurden, wie aus dem Nichts wieder auf; man hört im Geist erneut das Geräusch von Schritten auf nunmehr unter Trümmern begrabenen Straßen, Kindergeschnatter hinter einem geöffneten Fenster, das Geflüster eines Liebespaares oder das Geschrei während einer leidenschaftlichen Auseinandersetzung. In L'Aquila meint man in einer Kaffeebar die Frau zu sehen, wie sie die randvoll mit Cappuccino gefüllten Tassen auf die Marmortheke knallt, in manchen Dörfern der Marken hat man noch die Verkäufer vor sich, wie sie die Schaufenster ihrer Geschäfte mit einem Lappen blank putzen, während ihnen die Sonne auf den Rücken brennt und sie und die Passanten mit ihren Reflexen blendet.

Und plötzlich stellt man sich vor, wie all das zusammenbricht und nur kärgliche Reste zurückbleiben von dem, was einst war, Brotkrumen, anhand derer man vergeblich versucht, einen verwitterten Weg zu finden, der nach Hause führt, wie Hänsel und Gretel, die im Grunde nichts als verängstigte Kinder waren und die sich nur wünschten, in die Arme des Vaters zurückzukehren.

Indem wir Klanglandschaften erschaffen, indem wir dem Beispiel der Japaner*innen folgen und die Stimmen der Dinge sammeln, kann es uns vielleicht gelingen, die Erinnerung an manche kleine Besonderheiten zu bewahren, können wir dazu beitragen, dass sie die Zeit überdauern.

Denn will man ein gebrochenes Herz wieder nach Hause bringen und Stück für Stück zusammenflicken, hilft Zuhören vielleicht mehr als Reden.

7

侘び寂び *wabi-sabi*

oder: Von der Schönheit, zu altern und nicht perfekt zu sein

»Bei allen Dingen«, schreibt Kenkō Yoshida, »schätzt man das, was aus alten Zeiten stammt, besonders hoch.« Die Literatur, ja das gesamte ästhetische Empfinden Japans würdigt in besonderem Maße den zeitlichen Werdegang der Dinge und bevorzugt all das, was mehr als nur das Offensichtliche heraufbeschwört. Der staunende Blick wird nicht etwa durch die Ebenmäßigkeit und scheinbare Perfektion der Dinge gebannt, sondern vielmehr durch ihre Fähigkeit, etwas mitzuteilen, durch ihr Vermögen, demjenigen, der sie betrachtet, das Gefühl zu schenken, in einen viel weiteren Raum eingetreten zu sein als den, in dem er sich befindet, in eine Zeit, die über die Grenzen der eigenen Existenz hinausgeht. Der Blick öffnet sich dem Unbekannten und bemerkt Details, die vorher von der Gesamtsicht erdrückt wurden.

Winzige und herrliche Dinge wie – im Sommer – ein mit Tee gefülltes Glas, das zarte Klingeln eines *fūrin* 風鈴, das von einem Windhauch angestoßen wird, sein heller Ton, der allein schon erfrischt, die Wassertröpfchen, die sich am Unterrand sammeln, die Fingerkuppe eines Kindes, das sie zu zerdrücken versucht. Oder auch die frischen Blumen in der Nische rechts oder links neben dem Eingang eines ansonsten schmucklos eingerichteten Hauses, frische Blumen, in deren Umarmung der gebeugte Kopf einer Pfingstrose das herannahende Ende des Sommers heraufbeschwört. Einen der fünf Klassiker der chinesischen Literatur, nämlich *Yijing*, »Das Buch der Wandlungen«, zitierend, schreibt Kenkō Yoshida: »Der Mond schwindet dahin, wenn er seine größte Fülle erreicht hat, und was aufblüht, muss verdorren. So ist es bei allem: Was keinen freien Raum mehr vor sich hat, ist seinem Zusammenbruch nahe.« Des Weiteren gibt er eine Anekdote von jemandem zum Besten, der meinte, es sei eine Schande, dass sich die dünne Außenhülle der Bilderrollen so schnell abnütze, woraufhin der berühmte Mönch Ton'a (Sadamune Nikaidō), auch bekannt als einer der Vier Wächterkönige der klassischen Dichtung, erwiderte: »Gerade wenn die Seide oben und unten eingerissen und das eingelegte Perlmutt der Achse abgegriffen ist, wirkt das besonders fein!« Schließlich erinnert Yoshida, den Bischof Kōyū zitierend, an die Schönheit des Unvollkommenen und des Unvollendeten. Der Drang, allem eine unpersönliche und feste Ordnung zu geben, sei sogar vulgär und primitiv. »Das noch nicht Vollendete liegen lassen, wie es ist, hat besonderen Reiz und gibt ein frohes und entspanntes Gefühl. Auch bei den Bauten im Kaiserpalast lässt man, so hat mir jemand erzählt, irgendwo etwas unfertig.« Offenbar fehlten in den buddhistischen und konfuzianischen Schriften der alten Weisen sogar Kapitel und Absätze, um so die Bedeutung des Unvollendeten hervorzuheben.

Shōtetsu (1381–1459), ein Dichter der Muromachi-Zeit, schrieb, ein gutes Gedicht müsse immer etwas unausgesprochen lassen, etwas, das es noch zu sagen gelte. Ebenso sei in der Malerei der ein guter Künstler, der innerhalb des Bildes genügend Raum für das Unausgesprochene lasse. Der Künstler muss

»voller Inspiration, aber nüchtern in der Darstellung« sein, wie es Mitsuoki Tosa (1617–1691), ein geschätzter Maler in der Tradition des *Yamato-e*-Stils, definierte. Ungefähr ein Drittel des Gemäldes blieb offen für weitere Ergänzungen, als käme ebenjenem Mehr an Gefühlen, das aus der Suche nach den verschiedenen möglichen Bedeutungen entspringt, eine größere Aussagekraft zu.

»Wir haben in Japan ein altes Sprichwort, dass eine Frau keinen Mann lieben kann, der wirklich eitel ist, denn sein Herz hat keinen Spalt, in den die Liebe eindringen und den sie ausfüllen könnte«, schreibt Kakuzō Okakura in *Das Buch vom Tee* und benutzt dieses Argument des Spalts und des Ausfüllens, um gegen die Eitelkeit in der Kunst zu wettern, die in seinen Augen in jedem Fall eine Wertminderung darstellt. Desselben Arguments bedient sich der berühmte Gelehrte auch bei den Kampfsportarten, insbesondere dem *Ju-Jutsu*, das darauf basiere, der Kraft des Feindes ein »Vakuum« entgegenzusetzen, um so die eigenen Kräfte für den Sieg im Endkampf aufzusparen. Auch in der Kunst, so Okakura weiter, mache sich dieses Prinzip bemerkbar, sodass das Angedeutete, das Begonnene, aber nicht vollständig Ausgeführte oder allgemeiner das Unausgesprochene von elementarer Wichtigkeit sei: In jedem Meisterwerk gebe es »ein Vakuum […], in das du hineingehen und das du mit deinem ästhetischen Gefühl bis an den Rand füllen musst«.

Der Begriff *wabi* entstand im 15. Jahrhundert im Zusammenhang mit der sich entwickelnden Teezeremonie *chanoyu* 茶の湯 und allgemeiner mit der Zen-Philosophie, an deren Grundgedanken er anknüpft. Er steht für gewisse ästhetische Werte, die zunächst auf einen bestimmten Bereich beschränkt waren, aber bereits im allgemeinen Empfinden Einzug hielten, für Ideen, die, ausgehend von der Teezeremonie, in die Sprache aufgenommen wurden, zum Zeichen einer bestimmten Sichtweise, die jenen Teil der Welt bevorzugt, der eher im Schatten liegt. Bei diesem ästhetischen Konzept scheint permanent die Frage mitzuschwingen: Was ist wirklich schön? Warum?

Dabei geht es nicht um die Immanenz eines Zustands von Schönheit, sondern um deren Flüchtigkeit und Vergänglichkeit und vor allem darum, begrifflich zu erfassen, was uns dazu führt, etwas als »schön« zu betrachten: *Wabi* bevorzugt die weniger exakten und weniger vollendeten Dinge, die dennoch zu einer spirituellen Übung bewegen.

Es handelt sich um eine Schönheit, die sich der Schlichtheit und einer bestimmten Form der Traurigkeit verschrieben hat. Gefühle treten in den Hintergrund und geben den Raum frei für Reflexionen. Diese Schönheit manifestiert sich in der Tasse mit dem welligen Rand, in dem ungleichmäßigen Muster eines Stoffes; in der Kalligrafie ist sie die von einem Strich durchbrochene Ordnung, die Energie einer unbedachten Geste; im Menschen ist sie eine Wahrnehmung des Herzens, ein Moment tief empfundener Einsamkeit, während der Versenkung in die Vergänglichkeit der Dinge. Nicht mehr das Auge sieht nun, sondern der Geist. *Wabi* will eine Leerstelle lassen, den Blick nicht überfrachten, sondern beweglich halten, ihm die Möglichkeit geben, sich auf einen Weg, auf eine Reise zu begeben. Die Opulenz der Formen, der perfektionistische Übereifer werden hingegen nicht geschätzt, sondern als aufdringlich empfunden, und ein barockes Gebilde erscheint rettungslos vulgär, da es keinen Raum *(ma)* lässt, weder für Gedanken noch für die Tat.

»Eigentlich bedeutet Wabi ›Armut‹ oder, negativ, ›nicht zur gerade tonangebenden Gesellschaft gehörend‹. Arm sein, das heißt unabhängig sein von weltlichen Dingen wie Reichtum, Macht und Ruhm und dabei innerlich das Vorhandensein von etwas zu empfinden, das von höchstem Wert ist – jenseits von Zeit und gesellschaftlicher Stellung –, und das ist es, was im Wesentlichen Wabi ausmacht. Auf die praktischen Dinge des Lebens bezogen, bedeutet Wabi: mit einer kleinen Hütte, einem Zimmer mit zwei oder drei *Tatami* (Reisstrohmatten) – ähnlich der Blockhütte Thoreaus – zufrieden zu sein, es sich mit einem Mahl selbst gesammelter Kräuter und Wurzeln genügen zu lassen und dabei vielleicht dem Rieseln eines sanften Frühlingsregens zu lauschen«, schreibt Daisetz T. Suzuki in seinem Werk *Zen und die Kultur Japans*. Der Autor hebt hier auf die Bedeutung einer dauerhaften Harmonie zwischen Mensch und Natur ab, auf das Vertrauen der Japaner*innen in die Fähigkeit, das Leben »von innen« und weniger von außen zu erfassen, und auf die zentrale Rolle des Mangels und der Unvollkommenheit für das Erfassen der Schönheit als solcher. Ja, dank des mit *wabi* gemeinten Empfindens wird – in einem begrifflichen Paradoxon – das Unvollkommene zur höchsten Form der Vollkommenheit erhoben, um somit alle belebten und (scheinbar) unbelebten Geschöpfe am Glanz des Universums teilhaben zu lassen.

Wabi geht fast immer mit dem Begriff *sabi* einher. Letzterer zielt auf eine bestimmte ästhetische Sichtweise, die dem Abgenutzten den Vorzug gibt: Mehr als der Glanz zählt der Schatten, mehr als das Neue zählen die Spuren der Zeit. Für die Konzeption von *sabi* spielt auch das Alter eine Rolle, der körperliche Verfall, die unaufhaltsame Vergänglichkeit der Welt, in der wir leben und die in uns lebt. Ein derartiges Empfinden wird durch die Abnutzung der Dinge geweckt, durch die Schönheit des nicht mehr Neuen.

In dem Raum, in dem die Teezeremonie stattfinden wird, schreibt Kakuzō Okakura in *Das Buch vom Tee,* liegt die »Aus geglichenheit des Alters […] über allem. Alles, was an ein neu Angeschafftes erinnern könnte, ist verbannt, im Gegensatz dazu zeigen sich allein die Bambuskelle und das Leinenmundtuch, beide makellos weiß und neu.« Alle Gäste betreten ihn laut los, tauchen in das gedämpfte Licht ein, das dort selbst am Tag herrscht, während das materielle Umfeld von der Zeitlichkeit und zugleich von Sorgfalt zeugt, denn einer der Vorzüge des Teemeisters ist die Reinlichkeit, die Fähigkeit, den Gästen eine sinnliche und spirituelle Erfahrung zu schenken.

Auch *sabi* adelt das Unvollkommene, macht aus etwas, das man instinktiv gern verbergen würde, etwas Wertvolles. Die Fal ten, die sich wie Flusstäler nach und nach ins Gesicht graben, das Haar, das unaufhaltsam weiß, die Haut, die runzelig wird, die Flecken, die mehr und mehr auf Armen und Händen er scheinen: All das nimmt vorweg, was sein wird, jedes Ding ge mahnt uns an die ihm innewohnende Zerbrechlichkeit, der alles erliegen wird.

In *Zen und die Kultur Japans* vertraut Daisetz T. Suzuki auf ein von Fujiwara Iyetaka (1158–1237) komponiertes Gedicht, um zu erklären, was *sabi* ist: »Die nur sehnlichst die Kirschblüte er warten, / wie gern zeige ich denen den Frühling, / wie er leuchtet aus einem Flecken Grün / mitten im tief verschneiten Bergdorf.«

In den *Betrachtungen aus der Stille* wie auch im *Kopfkissen buch* kommen die Autoren immer wieder auf abgenutzte Dinge zurück, darauf, dass etwas nicht mehr völlig neu ist und gerade auf diese Weise eine Aufwertung erfährt. In einer ihrer Notizen widmet sich Sei Shōnagon dem, »was einst großartig war, heute aber nutzlos ist«, und stellt der Nützlichkeit so die Schönheit der vergangenen Zeiten entgegen. Schön ist demnach eine »abgenutzte Ugenbahi-Tatami«, »ein Maler, der nicht mehr gut sieht« oder »ein leidenschaftlicher Frauenheld, der senil geworden ist«, »violette Gewebe, deren Farbe zu Grau verblichen ist […] Ein stilvolles Anwesen, dessen Garten einem Feuer zum Opfer gefallen ist. Der Gartenteich mag noch vorhanden sein, aber die Wasserpflanzen und Teichrosen wuchern ungepflegt vor sich hin.«

Die Nützlichkeit ist in gewisser Weise das Gegenteil des Begriffs »Existenz«. Tatsächlich existiert Nützlichkeit gar nicht erst, und zwar in dem Sinne, als kein Leben per se nützlich ist und das, was uns im Innersten ausmacht und essenziell für unser tiefes Wohlbefinden ist, über die Kategorien von nützlich und nutzlos hinausgeht.

In den Augen des französischen Philosophen Georges Bataille sind die Menschen auf der ewigen Suche nach dem, was ihnen fehlt, und jagen diesem Etwas das ganze Leben lang hinterher. Dem Anhäufen, so Bataille, wohne bereits die Zerstörung inne: Ohne Zerstörung scheine es nicht möglich, neues Leben zu erschaffen, so, wie der Sinn des Lebens im Verlust liege, da dieser die Rechtfertigung liefere, fruchtbar zu sein und so neue Verluste zu ermöglichen.

In allen Bereichen des japanischen Denkens wird immer wieder betont, dass Perfektion ein Prozess ist und kein Ergebnis und dass gerade die Dinge, die von einem Moment zum nächsten in Rauch aufgehen können, von besonderer Schönheit sind. Nichts währt für immer, und indem wir die vergängliche Natur all dessen akzeptieren, was wir lieben, wird uns der Umgang mit diesen Dingen noch wertvoller, und wir spüren, dass, wer auf das Hier und Jetzt konzentriert bleibt, nicht mehr dazu neigen wird, das Leben als selbstverständlich hinzunehmen.

Wabi-sabi beruft sich am Rande auch auf jene Grundhaltung, die Friedrich Nietzsche in *Menschliches, Allzumenschliches* mit »die Welt aus Nichts schaffen« beschreibt, wobei er denen, die zu viel zur Verfügung haben, es aber nicht zu schätzen wissen, jene entgegenstellt, die aus dem Wenigen und Banalen, das sie zusammensammeln konnten, dennoch etwas von Wert und Substanz schaffen: »Sieht man zu, wie Einzelne mit ihren Erlebnissen – ihren unbedeutenden alltäglichen Erlebnissen – umzugehen wissen, so dass diese zu einem Ackerland werden, das dreimal des Jahres Frucht trägt; während Andere – und wie Viele! – durch den Wogenschlag der aufregendsten Schicksale, der mannigfaltigsten Zeit- und Volksströmungen hindurchgetrieben werden und doch immer leicht, immer obenauf, wie Kork, bleiben: so ist man endlich versucht, die Menschheit in eine Minorität (Minimalität) solcher einzuteilen, welche aus Wenigem viel zu machen verstehen: und in eine Majorität derer, welche aus Vielem wenig zu machen verstehen; ja man trifft auf jene umgekehrten Hexenmeister, welche, anstatt die Welt aus Nichts, aus der Welt ein Nichts schaffen.«

Alles und jedes im Leben ist übrigens banal, dazu bestimmt, sich unzählige Male zu wiederholen und dann zu enden. Wir scheinen allesamt eine schöne oder hässliche Kopie der anderen zu sein, und wir alle stellen uns in unseren Träumen jeden Tag schöner vor, als er dann wirklich ist. Wir tun es während der Ferien und an den Wochenenden, an denen wir uns allem gewachsen fühlen, oder an den Abenden, an denen wir vor Erschöpfung fast umfallen; wir tun es nach jenen unangenehmen Ereignissen, die in uns die Lust wecken, dem »Immer« den Rücken zu kehren, oder auch nur an jenen Wochenendnachmittagen, an denen wir den Drang nach »etwas mehr« verspüren. An solchen Tagen träumen wir davon, einen Schleier anzulegen, durch die Wüste zu wandern, über ferne Märkte zu schlendern, durch das luftige und weite Land von Hokkaidō zu streifen, zwischen Hirschen und Walen durch den Shiretoko-Nationalpark oder durch die winterliche Pracht von Hakodate zu ziehen, vielleicht auch nach London zu gehen, um auf der Themse Fähnchen zu schwingen; wir überlegen uns, Spanisch zu lernen und bis nach Gibraltar zu gelangen, uns in einen der Tempel von Kōyasan zurückzuziehen und dort unseren Tod zu simulieren: All das sind Erfahrungen, die wir mit Sicherheit niemals machen werden, bevor wir sterben, wenn wir uns nicht entschlossen auf sie einlassen und sie mutig planen.

»Bevor wir sterben«: ein Ausdruck, der Angst macht, zugleich aber den Wunsch weckt, sich einen Ruck zu geben, denn der Gedanke, dass wir bestimmte Orte gewiss niemals besuchen werden, bringt uns dem Tod näher, präsentiert ihn uns gar auf dem silbernen Tablett, genau jetzt, während wir es sagen.

»Die Welt aus Nichts schaffen« hat etwas Tröstliches, denn es bedeutet, dass man sich im eigenen Leben nicht immer und immer wieder auf andere Leben berufen muss; es bedeutet, dass die Sahara für uns zwar weit weg ist, für andere aber die alltägliche Banalität darstellt; es bedeutet, dass es nicht nötig ist, spätabends auszugehen und sich in die verkommene und gesetzlose Nacht von Shinjuku oder Roppongi zu stürzen, um die dunkle Seite der Existenz kennenzulernen. Das Leben wird in ameisengroßen Portionen verteilt, wie in den Kindermärchen, in denen ein Brotkrümel oder ein Flaschenkorken zu Protagonisten der unglaublichsten Abenteuer werden können. Es genügt, die Augen zu öffnen, die Gier zu bändigen, in deren Fängen alles eintönig wird, und mit höchster Aufmerksamkeit zu beobachten. An den Nachmittagen Raum für Gedanken zu schaffen, mit den Händen im Spülbecken oder während man das Abendessen zubereitet, sich tagsüber Momente zu gönnen, in denen man darüber nachdenkt, was vor dieser Zeit war und was auf sie folgen wird. Sich die Frage zu stellen, woraus die Freude *(tanoshimi)* besteht. Es genügt wirklich, nur über das eigene Leben nachzudenken, es wie einen Lappen auszuwringen und das Wasser aufzufangen.

Um ein erfülltes Leben zu haben, fühlt man sich manchmal genötigt, mehr zu tun, als man eigentlich möchte. Frustration macht sich breit, dass man nicht genügend gesehen hat, nicht genug gereist ist, keine Erfahrungen gemacht hat, die der Rede wert wären. Aber ist es wirklich notwendig »alles« zu machen, um »etwas« in den Händen zu halten?

Die japanische Denkweise, die Philosophie des *wabi-sabi*, die das Unvollkommene, das Unabgeschlossene bevorzugt, das, was die Bürde der Zeit auf den Schultern trägt, empfiehlt uns, unsere Umgebung wie durch eine Art Vergrößerungsglas zu betrachten und sie auf diese Weise wertzuschätzen, gerade weil sie alles andere als perfekt und ebendeshalb einzigartig auf der Welt ist.

Das Glück kommt nicht durch Hinzufügen, sondern durch Wegnehmen. So besagt es das Konzept des *danshari*, das eng mit dem Zen verbunden ist: Man sollte stets nach Vereinfachung, nach der Beseitigung von Überflüssigem streben, das Übermaß und den *horror vacui* meiden. Zen, so lautet eine seiner Definitionen, führe dazu, sich aller Dinge zu entledigen, die man glaubt zu besitzen, einschließlich des eigenen Lebens, um zur höchsten Form des Daseins zu gelangen. Es führt uns dazu, uns von jedem Hemmnis zu befreien, von jeder Mauer, die das Leben zwischen uns und unserem eigenen Empfinden errichtet, die Bürde einer Welt abzuschütteln, in der wir stets bereitstehen und Erwartungen erfüllen müssen, einer Welt überreich an Erfahrungen, die uns nicht weiterbringen, an Gegenständen, die in kürzester Zeit zu Abfall werden.

Das Konzept des *wabi-sabi* zu übernehmen, kann also dem **kokoro** guttun, dem Herzen und dem Geist, und es kann überdies helfen, das in die Tat umzusetzen, was Marcel Proust in einem berühmten Absatz seiner *Suche nach der verlorenen Zeit* unter einer wahren Entdeckungsreise verstand. Eine Reise, bei der es nicht darum geht, sich zu neuen Orten oder Landschaften aufzumachen, sondern vielmehr darum, mit anderen Augen zu sehen, den Blick der anderen zu übernehmen, sich in all den Welten zu verlieren, die die Sicht und das Dasein der anderen bestimmen.

8

ありがとう・すみません *arigatō/sumimasen*

oder: Vom »Danke«, das sich entschuldigt

Jede Sprache hält eine Vielzahl an festen Redewendungen bereit, und deren Wandel zu verfolgen, ist so spannend, als würde man ein Lebewesen beobachten, das sich über Jahrzehnte hinweg durch Anpassung fortentwickelt, um in einer unbekannten Umwelt zu überleben. Erst Flossen und Schwanz, dann Beine und Greifgliedmaßen, aufrechter Gang und eine komplexere Sprache.

Erinnern wir uns allein an die vielen Bedeutungsnuancen von *mottainai* もったいない, einer im gesprochenen Japanisch häufig zu findenden Wendung, die manchmal mit einer Geste der Ehrerbietung einhergeht, ein andermal zur Nüchternheit ermahnt, dann wieder voller Milde empfiehlt, sich des Ungleichgewichts zwischen Gegenständen oder Gefühlen gewahr zu werden, oder nachdrücklich auffordert, einen Fehler zu beheben.

Ursprünglich geht dieser Ausdruck auf ein Gefühl dankbarer Anerkennung zurück, dem der Sprecher Nachdruck verleiht, indem er sich selbst kleinmacht, ähnlich der Bedeutung von *moushiwakenai kurai* 申し訳ないくらい, wörtlich: »So muss ich mich wohl entschuldigen.«

Oder auch: *mottainai o-kotoba wo itadaku* もったいないお言

葉をいただく, sprich »mit Worten bedacht werden, derer man sich nicht würdig fühlt«, mit großartigen, schmeichelhaften Worten.

Es ist ein Danke, das sich, wie es fast immer in der japanischen Sprache geschieht, mit der Bitte um Verzeihung vermischt: Man ist sich bewusst, dass das, was man bekommt, demjenigen etwas nimmt, der es gibt.

»Danke« und »Entschuldigung« sind zwei Ausdrücke, die im Land der aufgehenden Sonne Hand in Hand gehen.

Geben heißt verzichten, und auf richtige Weise zu geben, bedeutet, den anderen die mögliche Entbehrung nicht spüren zu lassen. Die Pflicht des Empfängers hingegen ist es, das Erhaltene nicht als selbstverständlich hinzunehmen: Wer sich in die Lage des Gebenden versetzt, wird erkennen, dass diese Person, so geschickt sie es auch verbergen mag, wirklich auf etwas verzichtet hat.

Abgesehen von der Freude, die es uns bereiten kann, einer anderen Person Gutes zu tun, verzichten wir doch auf ein Vergnügen oder eine Annehmlichkeit, sobald wir jemandem eine Gefälligkeit erweisen, sei es, dass wir anderen auf einem schmalen Weg den Vortritt lassen oder für einen Fahrradfahrer zur Seite gehen, sei es, dass wir Geld für ein Geschenk ausgeben, dass wir unsere knappe Zeit opfern, um den Sorgen eines Freundes Gehör zu schenken, oder dass wir eigenhändig eine Mahlzeit zubereiten.

Ebendarin liegt die Schönheit eines »Danke«, das in Japan stets einer Verneigung gleichkommt.

Ein so wichtiges Wort wie »Danke« sollte eigentlich nicht nur durch das Hinzufügen eines »wirklich«, »viel« oder »tausend-

fach« verstärkt werden, sondern auch seine vielfältigen Gefühls-
nuancen in der äußeren Form offenbaren.

Genau das tut das Kanji von *arigatō*, 有難う. In ihm enthalten sind *aru* 有る, »sein, existieren«, und *katai* 難い, »schwierig«.
Man bedankt sich also unter Berücksichtigung der »Schwierigkeit, dass etwas existiert« für eine gewährte Freundlichkeit, die
aus Prinzip niemals als selbstverständlich angenommen werden darf.

9

謙虚 *kenkyo*

oder: Von der Bescheidenheit

Für den Westen ist Bescheidenheit oft ein Drama. Nicht so sehr die Bescheidenheit der Gefühle als vielmehr die der Worte.

»Ich kann, ich weiß, ich habe studiert, ich bin dieses, ich bin jenes, ich habe, ich werde haben«, unzählige »Ichs«, die zusammengefasst erklären, wer wir sind, was zu uns gehört oder gehören sollte. Für Menschen aus dem Abendland ist es selbstverständlich, ja beinahe fester Bestandteil des persönlichen Pflichtprogramms, dem anderen den eigenen Wert kundzutun. Dies geschieht im Grunde, weil man sich unterschätzt, weil man glaubt, nur dann etwas sein zu können, wenn man es eindeutig benennt.

Und doch behauptet die japanische Kultur etwas anderes, nämlich: »Du bist ein wertvoller Mensch? Je lauter du es rufst, umso weniger wirst du es sein.«

Im Westen wäre dieses Verhalten von Nachteil. Das Nichtsagen wäre unhöflich, denn es würde dem Gegenüber die Verantwortung aufbürden, selbst herausfinden zu müssen, wer wir sind. Doch Japaner*innen haben eine andere Art, sich zu erklären, für sie entspricht das Nichtsagen in gewisser Hinsicht dem wirklichen, dem authentischen Sein.

»Wenn du es mir nicht sagst, weiß ich es nicht. Dein Reden ist der Beginn meines Zuhörens und Verstehens. Wenn du überzeugend sprichst, werde ich dir glauben«, scheinen die Europäer zu erwidern.

»Du brauchst es mir nicht zu sagen, ich verstehe es auch so. Wenn du es sagst, und zwar laut, werde ich es vor allem als Eitelkeit deuten. Sein und Zeigen haben nichts miteinander zu tun«, empfehlen hingegen Japaner*innen.

Kenkyo 謙虚, »die Bescheidenheit«, bedeutet vor allem, sich auf den authentischsten und beständigsten Teil seiner selbst zu konzentrieren, auf jenen Teil, der mit leiser Stimme erzählt, wer wir wirklich sind und wer wir sein können. Es bedeutet, keine Eile zu haben, sich zu öffnen, sondern sich am Zustand des Knospens zu erfreuen, weil das Entscheidende der Zeitpunkt ist, egal ob in der Botanik, in der Küche, in der Liebe oder überhaupt im Kontakt mit der Welt.

Ken 謙 ist die Demut, die Herabsetzung der eigenen Person (was auch dem Respekt dem anderen gegenüber entspricht), während *kyo* 虚 das Nichts, die Abwesenheit von Leidenschaften ist. Es handelt sich um einen schwer fassbaren Begriff, der jedoch nicht nur helfen kann, sich besser zu verständigen, sondern auch, selbstsicherer zu werden: Wenn unser Wert daran gebunden ist, kundgetan zu werden, wird er immer auf die Reaktion eines Zuhörers, auf die Aufmerksamkeit anderer angewiesen sein, und es besteht die Gefahr, dass wir nicht mehr in der Lage sind, zu erkennen, wo das Mitteilungsbedürfnis endet und stattdessen der Geltungsdrang beginnt. Es wird schwierig, das, was wir an uns selbst lieben, von dem zu unterscheiden, was die anderen an uns lieben (und was wir wiederum reproduzieren, nur um ihnen zu gefallen).

Kenkyo hilft zudem, den Hochmut gewisser Dritter zu entzaubern, die in unser Leben eindringen und uns ein Gefühl der Unterlegenheit zu vermitteln versuchen. Zu begreifen, dass Geltungssucht keinen dauerhaften Wert hat, kann uns von ihren Fesseln befreien.

In *Das Buch vom Tee* führt Kakuzō Okakura aus, dass alle Gäste der Teezeremonie beim Betreten des Teeraums, egal welchem Stand sie angehörten, tief gebeugt durch eine niedrige Tür schlüpfen müssen. Diese sei absichtlich nicht höher als drei Fuß, um alle »zur Demut zu erziehen«, die Einlass in die Welt der *chanoyu* begehren, in jene Dimension der hochverfeinerten Sinne, für die man sich zuerst kleinmachen und sich ins Bewusstsein rufen muss, dass das Ich fehl am Platz ist, wenn es darum geht, die tief greifende Erfahrung der Teezeremonie auszukosten. Es gilt, sämtliche irdische Fesseln abzustreifen, sich von sich selbst zu lösen und stattdessen der Schönheit Raum zu geben, der stillen Kontemplation, der Erweiterung der sinnlichen Erfahrung, die dieses Ritual bietet. Den Hochmut, die übersteigerte Selbstwahrnehmung abzuschütteln, ist eine unerlässliche Voraussetzung: »In der Kunst«, schreibt Kakuzō Okakura, »ist die Eitelkeit für das aufrichtige Mitgefühl gleichermaßen verhängnisvoll aufseiten des Künstlers wie aufseiten des Publikums.«

Manchmal ist es hilfreich, am Rand einer Unterhaltung und nicht in ihrem Mittelpunkt zu stehen. So können wir verschiedenste Perspektiven einnehmen, die uns verwehrt blieben, wenn wir im Rampenlicht stünden, auf der Bühne, mitten im Geschehen, wo sich alle Aufmerksamkeit auf uns richten und jede unserer Regungen beobachtet würde. Die Anspannung könnte uns vom Wichtigsten abhalten, von der einzigen Sache, die von dauerhaftem Wert sein wird, nachdem wir die Stufen hinabgestiegen sind, alle Lichter gelöscht haben und in die Stille unseres Heims zurückgekehrt sind.

Denn das Wichtigste ist, dass wir selbst entdecken, wer wir sind, dass wir uns selbst erforschen und so gut wie möglich kennenlernen. Auf diese Weise bekommen die anderen ein besseres Bild von uns, als wir es ihnen jemals in Worten vermitteln könnten. Es nützt nichts, über sich zu reden, sich in Szene zu setzen und im tiefsten Inneren womöglich weitere Zweifel zu nähren. Das Wichtigste ist, so zu sein, wie man ist, und sich damit zufriedenzugeben.

10

作法 *sahō*

oder: Von der japanischen Etikette

Eines der ersten Dinge, die ins Auge stechen, wenn man nach Japan blickt, ist jenes formale Regelwerk, welches das Land aus fremder Sicht so außergewöhnlich, aber scheinbar auch so einengend macht, ein vielschichtiger Verhaltenskodex, der sich jeder Situation anzupassen scheint, ein umfangreiches System, das nichts dem Zufall überlässt und den Ereignissen lieber vorauseilt, als ihnen hinterherzuhinken.

Die strenge japanische Etikette macht das Leben tatsächlich vorhersehbarer. Unzählige Schriften konzentrieren sich allein auf die präzise Durchführung bestimmter Tätigkeiten (wie man Blumen gießt, Erdbeeren wäscht etc.), auf die guten Manieren und ihren tieferen Sinn, auf den Wert der sprachlichen Genauigkeit, auf eine geduldige und geregelte Art des weltlichen Daseins.

Viele Praktiken des *sahō* stammen, wie es heißt, noch aus der Feudalzeit, wenngleich mit unvermeidbaren Anpassungen. Die Neigung, alles in Regeln und Rituale zu fassen, ist jedenfalls fest in der japanischen Tradition verwurzelt. Man muss nur *Die Geschichte vom Prinzen Genji* lesen, das ungefähr um das Jahr 1008 geschriebene Meisterwerk der Hofdame Murasaki Shikibu, um sich der manischen Präzision der Rituale, des allgegenwärtigen und hochkultivierten Zeremoniells gewahr zu werden, die das höfische Leben der Heian-Zeit bestimmten.

Freiheit und Improvisation können für Japaner*innen nur aus einer aufmerksamen Betrachtung des *kata*, der Form, erwachsen.

Ebenso wie *sahō* 作法 bedeutet auch das weniger förmliche *yarikata* やり方 (bei dem gleichwohl unterschwellig die Exaktheit, die Richtigkeit von *sahō* mitschwingt) so viel wie »die Art und Weise oder die Methode, etwas zu tun«. Ob winzig klein oder riesengroß, ob verborgen oder gänzlich offensichtlich, allem wohnt eine exakte Methode inne.

So besitzen Plastikverpackungen zum Beispiel immer eine kleine Einkerbung oder, wie bei *onigiri* und Tramezzini, eine Lasche. Im Gegensatz zu den Europäern, die sich verzweifelt abmühen, die Verpackung aufzureißen, sucht der japanische Kunde automatisch nach dem günstigsten Punkt, um sie zu öffnen.

Gewissenhaftigkeit und absolute Sorgfalt beherrschen alle Bereiche. Es mutet wie eine gewaltige Choreografie auf einer riesigen Bühne an, auf der sich gleichwohl ein Leben im Kleinformat abspielt.

Es ist keineswegs übertrieben zu sagen, dass es in Japan für alles eine richtige Art der Durchführung gibt, eine Methode, deren Beherrschung jeder, der gut in sein Umfeld integriert ist, unter Beweis stellen muss. Wichtig ist, die Form zu wahren, die eigenen Fähigkeiten zu optimieren, damit alles bestmöglich und vor allem im Einklang mit den Erwartungen funktioniert. Anhand dieser planenden Voraussicht lässt sich erkennen, ob ein Prozess richtig verläuft.

Jede Tätigkeit verlangt nach *sahō*: die Zubereitung einer Speise, das Falten des Stoffes beim Anziehen eines Kimonos, der ausgeklügelte Abstand zwischen den Blumen in einer *ikebana*-Komposition, das Einfügen eines Jahreszeitwortes *(kigo)* in den strengen Rahmen eines Haiku.

In jedem Krankenhaus muss der Patient, bevor er mit dem Arzt spricht, auf einem doppelseitig bedruckten Blatt grundsätzliche Angaben zu seinem Gesundheitszustand machen. Beim Zahnarzt bekommt man ein Blatt mit dem Bild des Gebisses, auf dem man genau die Stelle markieren muss, an der es wehtut. Diese Vorgaben sind Teil des allgemeinen Bestrebens, einen Rahmen zu schaffen, innerhalb dessen man sich schon vorab darauf vorbereiten kann, was voraussichtlich geschehen wird.

Der Arzt verschreibt ein Rezept, auf dem auf den Tag genau die exakte Dosierung eines Medikaments für die gesamte Behandlungsdauer angegeben ist, und die Apotheke wird dem Patienten genau diese für die Behandlung notwendige Menge der Arznei geben, keine Tablette mehr, keinen Milliliter Hustensaft weniger. Dies verhindert im Übrigen, dass Medikamente gehortet werden, und reduziert die Gefahr einer riskanten Selbstbehandlung. Ebenso gibt es eindeutige Regeln, wie die Stäbchen bei Tisch zu verwenden sind, wohingegen andere Kontexte weitaus größere Freiheiten erlauben. Auch das Essen, die Anordnung der Speisen in der *washoku* (der japanischen Küche), die geschmacklichen Kompositionen etc. haben jeweils ihr *sahō*.

Allerdings gibt es eine enorme Diskrepanz zwischen dem, was Japaner*innen sich selbst abverlangen, und dem, was sie von Ausländern erwarten: Fremden pflegt man Fehler mit einer manchmal fast schon übertrieben wirkenden Nachsicht zu verzeihen. Da Japaner*innen wissen, wie schwierig ihr kultureller

Hintergrund und die Komplexität der eigenen Sprache zu vermitteln sind (weil im Grunde das »Nichtgesagte« mehr wert ist als das »Gesagte«), verzichten sie für gewöhnlich darauf, sich zu erklären, und nehmen geduldig hin, dass sie nicht verstanden werden.

Ein Großteil der unter den Begriff *sahō* fallenden Regeln und Normen gilt in Japan als derart selbstverständlich, dass einem vermutlich gesagt wird, es gebe keine »richtige« Art, eine bestimmte Aufgabe zu verrichten; doch kaum unterläuft einem ein Fehler, sticht er hervor und beweist, wie sehr diese Regeln verinnerlicht wurden.

Bemerkbar macht sich dies vor allem in der Geschäftswelt, die von einer hochkomplexen Sprache reglementiert wird, in der die jungen *salarymen* und *office ladies* erst trainiert werden, bevor man sie endgültig in das Räderwerk der Firma entlässt. Sie erlernen die Formeln, mit denen sie sich an zukünftige Vorgesetzte und Kollegen in verschiedenen Altersstufen zu wenden haben. Auch die Neigung des Rückens bei der Verbeugung zeugt von der Art der Beziehung, dem Respekt dem anderen gegenüber. Es sind winzige Details, die in ihrer Gesamtheit die Atmosphäre einer Unterhaltung bestimmen, den Grad an Intimität anzeigen und die Voraussetzungen für eine Verhandlung erkennen lassen.

Schon Kinder lernen den Unterschied zwischen der Umgangssprache und der sogenannten Höflichkeitssprache (*teineigo* 丁寧語), mit der man sich an Fremde oder ältere Personen wendet. Später, in der Mittelschule, lernen sie das gehobene Japanisch, ein System aus Wendungen und Wörtern, das den anderen erhöht (*sonkeigo* 尊敬語) oder die eigene Person he-

rabsetzt (*itadaku* 頂く). So hat zum Beispiel das Verb »essen«
im Japanischen verschiedene Entsprechungen, je nachdem, ob es sich um einen neutralen Kontext handelt (*taberu*
食べる), ob dem anderen Respekt gezollt werden soll (*meshia-
garu* 召し上がる) oder ob man sich selbst kleinmachen will (*itadaku* 頂). Dasselbe gilt für das Verb »sprechen«, das mal *iu* 言う,
mal *ossharu* 仰る und mal *mōsu* 申す lauten kann.

»Die Sprache ist, in all ihren Schattierungen, der tragende
Pfeiler der Etikette, und eine korrekte und genau auf den Zuhörer zugeschnittene Sprache übernimmt, wenn man sich die
Etikette wie eine Tür vorstellt, die Funktion des Öls, mit dem
man die Scharniere schmiert.« So formuliert es Yukio Mishima
in seinen *Lektionen für junge Samurai*, wobei er die Vorstellung
vertritt, dass das gesamte menschliche Wesen nichts anderes als
Etikette sei. Er definiert diese als »Rüstung zur Verteidigung des
Menschen« und führt aus, wie nützlich es sei, sich regelkonform
zu verhalten, und welchen Vorteil es bringe, sich in eine eindeutige Rolle zu fügen. Allerdings, so Mishima weiter, »bedeuten gute Manieren nicht […], dass man sich dem Willen eines
anderen unterwirft«, sie sind keineswegs Zeichen von Schwäche oder Nachgiebigkeit. Das geregelte Leben besteht vielmehr
aus Konventionen, die alle zusammen den gleichmäßigen Atem
einer Gesellschaft ausmachen. Daraus erwächst die Freude, die
Dinge gut zu machen, es stärkt die Würde und allgemein den
Charakter des Menschen, der sich, indem er die Regeln verinnerlicht, dafür rüstet, sie nach seinem Gutdünken zu brechen:
»Vor allem der Ehrgeizige«, so schreibt Mishima, »ist mehr als
jeder andere gehalten, die Etikette zu achten; wenn er dies tut,
wird er sogar nackt auftreten und tanzen können, während er
Sake trinkt, da er sich bereits das Vertrauen des Gesprächspart-

ners erworben hat, der seinen Tanz als einen höchst spontanen und beflügelnden Akt beurteilen wird. Diese Taktik würde niemals funktionieren, wenn er auch ansonsten gegen die Regeln verstoßen würde. Deshalb, um die Würde des Menschen zu schützen, existiert eine Etikette, und nur, indem man die Ursprünglichkeit, die unmittelbare Spontaneität der menschlichen Natur in ihr durchscheinen lässt, stärkt man die Macht über den Nächsten.« Diesen Worten lässt sich entnehmen, welch zentrale Bedeutung der Autor dem Begriff *kata*, der Form, beimisst, die aufs Engste mit *sahō* verknüpft ist; wer eine Regel kennt, kann es sich erlauben, sie zu ignorieren, gleich dem Schüler, der normalerweise lernt und vernünftig ist, bei der Prüfung jedoch ein leeres Blatt abgibt mit der Begründung, die vom Lehrer vorgegebene Frage könne nur durch Schweigen erschöpfend beantwortet werden. Originalität muss also, kurz gesagt, Tiefgang beweisen. Zur Sprache als dem wichtigsten Baustein eines geregelten Miteinanders zurückkehrend, wird Yukio Mishima nicht müde, an die Bedeutung der Wörter zu erinnern, die als Einzige jene immense Unergründbarkeit, die jedem von uns eigen ist, wenn schon nicht tilgen, so wenigstens eindämmen könnten: »Es ist absolut irrig, anzunehmen, die anderen könnten unsere tiefsten Gefühle verstehen. Der menschliche Geist verschließt sich zum Teil selbst dem engsten und ältesten Freund. Wörter sind die Brücke, die uns mit den anderen Menschen verbindet, aber es muss eine vollständige Brücke sein, mit Geländer und *gibōshu*. All dies leistet die Etikette.«

11

元気 genki

oder: Davon, sich niemals selbst zu bemitleiden

Genki 元気 bedeutet »wohlauf sein«, und es enthält *ki* 気, eines der wichtigsten Kanji, die das Japanische aus dem Chinesischen übernommen und weiterentwickelt hat. *Ki* steht für die der Welt innewohnende Energie, für jenen unsichtbaren Stoff, der das Universum bewegt und Zeit und Raum, zwei in der japanischen Denkweise eng miteinander verbundene Begriffe, maßgeblich beeinflusst. *Ki* findet sich in zahllosen alltäglichen Ausdrücken und beschreibt je nach seiner Tonalität den Gemütszustand einer Person oder die Stimmung eines Ortes. Es ist Bestandteil des Wortes für die Luft, die wir atmen *kūki* 空気, für die Atmosphäre *fun'iki* 雰囲気, für die Stimmung *kimochi* 気持ち (wörtlich: »das *ki*, das man bei sich hat«), für das Fühlen und die seelische Verfassung *kibun* 気分, für das Temperament *kishō* 気性 und den guten Willen *yaruki* やる気 (wörtlich: »das *ki*, das man gibt«).

Im negativen Sinn stellt *ki* den Zustand der Dinge bloß, wie im Adjektiv *kimazui* 気まずい, das »unangenehm, peinlich« bedeutet (*mazui* steht für »schlecht, hässlich«) und im Fall eines Problems oft als Ausruf verwendet wird. Ist das *ki* einer Person *arai* 荒い, also »grob, barsch, ungestüm«, so hat sie einen hitzigen und streitsüchtigen Charakter; ist es hingegen *yowai* 弱い, »schwach«, ist der Betreffende eher von instabilem oder wankelmütigem Charakter. Jemand, dessen *ki* als *mijikai* 短い, »kurz«, definiert wird, ist wiederum »ungeduldig und reizbar«, während jene, deren *ki omoi* 重い, also »schwer«, ist, sich »entmutigt und bedrückt« fühlen. Wenn sich das *ki* verändert (*ki ga kawaru*), bedeutet dies einen Meinungsumschwung, klingt es aus und endet (*ki ga sumu*), fühlt man sich erfüllt und zufrieden. Schwankt es hingegen (*ki ga chigau*), ist man am Durchdrehen, und wenn es sich zerstreut (*ki ga chiru*), vermag man sich nicht mehr zu konzentrieren. Verschwindet es (*ki ga nukeru*), verliert man den Mut, und so weiter.

Ki kann sich also mit dem Wunsch, dem Willen, der Vorahnung, dem Geist, der Absicht, der Beschaffenheit, dem Aroma, dem Charakter, dem Gefühl, der Wahrnehmung decken, und wegen dieses breiten Spektrums an Nebenbedeutungen und Verwendungen zählt es zu jenen Begrifflichkeiten, die sich einem immer wieder entziehen.

Dennoch lohnt es sich, nochmals zu jenem einleitendenden *genki* zurückzukehren, mit dem man auf Japanisch ein Gespräch unter Freunden oder guten Bekannten eröffnet und das zugleich als Antwort herhält:

Genki? »Geht es dir gut?«

Genki! »Mir geht es gut!«

Es ist immer wieder erstaunlich zu sehen, dass die Antwort des Gegenübers, auch wenn er oder sie von Sorgen geplagt sein mag, stets halb automatisch *genki* lautet, sprich alles bestens. In anderen Kulturkreisen erzählt man dem anderen, um sich sein Wohlwollen zu sichern, von den eigenen Problemen, ja bauscht sie manchmal sogar auf. Japaner*innen hingegen vertreiben sämtliche dunklen Wolken mit einem oft überraschenden Lächeln. Wie üblich kümmert sich jeder um sich selbst, belastet den Nächsten nicht und löst seine Probleme, soweit möglich, ohne fremde Hilfe.

Man beklagt sich nicht, heischt nicht nach Mitleid, indem man Negatives hervorkehrt. Den anderen zeigt man gemeinhin nur seine beste Seite, da es als vollkommen sinnlos erachtet wird, sich über die eigenen Unannehmlichkeiten auszulassen, solange die anderen wenig oder gar nichts für einen tun können. Etwas anderes ist es, Trost bei einem Freund, Rat bei einer nahestehenden, vertrauten Person *(uchi)* zu suchen. Doch selbst in diesem Fall hält man sich mit Klagen zurück. Anstatt sich lange bei seinem Kummer aufzuhalten, erfreut man sich lieber des guten Gefühls, das ein gemeinsamer Restaurantbesuch mit einem Freund, ein Spaziergang mit einem geliebten Menschen, ein in Gesellschaft genossener Tee, eine gemeinsame Aktivität bereiten können. Aus ebendieser bewussten Ablenkung und Konzentration auf andere Dinge ergibt sich der *kibun tenkan*, der Stimmungsumschwung des *ki*, der uns erlaubt, wieder wie neugeboren in unser Leben zurückzukehren.

Eng damit verbunden ist auch die Frage der Verantwortung, die Frage nach dem seit jeher in der Kultur Nippons bestehenden Widerstreit zwischen *giri* 義理, der »Verpflichtung« – im Sinne einer gesellschaftlichen Verpflichtung und Dankesschuld –, und *ninjō* 人情, sprich den menschlichen Gefühlen.

Es ist interessant zu beobachten, dass weder die Verantwortung leichtfertig auf andere abgewälzt noch allzu sehr auf die Hilfe Dritter vertraut wird, was Japaner*innen als *tayori-sugiru* 頼りすぎる, »sich zu sehr auf andere verlassen«, bezeichnen würden. Diese Wendung, die besagt, dass man jemand anderem etwas aufbürdet, für das man eigentlich selbst die Verantwortung trägt, hat keinerlei positive Konnotation.

Überhaupt bietet man in Japan eher Hilfe an, als sie zu erbitten, was letzten Endes, wenn man sensibel genug ist und die Sorge des anderen *(omoiyari)* wahrnimmt, durchaus seine Vorteile hat: Man gibt sein Bestes, lernt aus Fehlern und belastet die Beziehung nicht. Die Harmonie zu wahren, steht wieder einmal an erster Stelle, und sie zu schützen, kommt allen Beteiligten zugute.

12

おもてなし *omotenashi*

oder: Vom freundlichen Empfang

Omotenashi おもてなし ist die Kultur des freundlichen Empfangs, der Gastfreundschaft, des Lächelns. Es ist der tadellose
japanische Service, der mit seiner maßgeschneiderten, aber auf
das Wesentliche beschränkten und allen gleichermaßen entge-
gengebrachten Höflichkeit darauf abzielt, dass sich jeder, seinen
Bedürfnissen entsprechend, wohlfühlt. Es ist die zuverlässige
Freundlichkeit des Personals in einem Geschäft, die Offenher-
zigkeit der Passanten, die uns ein Stück begleiten, wenn wir nach
dem Weg fragen, es sind die sorgfältig verpackten Dinge, die
servierten Speisen, bei denen nicht nur auf den Geschmack,
sondern auch auf die Präsentation, auf die Komposition aus Farben und Formen, Wert gelegt wird. *Omotenashi* sind die unzähligen Kleinigkeiten, die das Leben in Japan zu einem ständigen Geben und Nehmen von Gefälligkeiten machen, es ist die
grundsätzliche Rücksichtnahme auf die Bedürfnisse des Einzelnen und die Harmonisierung mit den unseren.

In Tokio scheint alles schnell zu sein, wie etwa die Züge, die im
Minutentakt im Bahnhof einfahren und automatisch die Türen
öffnen, damit man sofort einsteigen und weiterfahren kann.

Konvois, in denen sich die Pendler allmorgendlich zu Objekten wandeln, gleich den geblümten Kleidern, Bürsten, Schuhen, Schminkutensilien und all jenen anderen Gegenständen, die man unbedingt auf einer Reise dabeihaben will und die daher – koste es, was es wolle – in den Koffer passen müssen. Und so quetschen sich die Pendler, das Gesicht zum Bahnsteig, die Hand über der Tür abgestützt, in die bereits überfüllten Wagen. Ein Schritt nach hinten, und noch einer und noch einer: Man kann keinen freien Raum mehr erkennen, und doch gibt es ihn, scheinbar unbegrenzt. An einigen Bahnhöfen mit besonders großem Andrang helfen die Bahnangestellten den Wartenden einzusteigen, indem sie sie mit Gewalt in die Abteile schieben. Während man ihnen zusieht, kommen einem unwillkürlich jene Filmszenen in den Sinn, in denen sich junge unternehmungslustige Frauen mit Unmengen von Kleidern kurz vor der Abreise auf ihren vermaledeiten Koffer setzen, der nicht zugehen will, um ihm mit ihrem gesamten Gewicht und akrobatischen Verrenkungen diesen letzten Kubikzentimeter Stauraum abzuringen. Immerhin wird in besagten Waggons jeder nur erdenkliche Komfort gewährleistet: vollklimatisierte Abteile im Sommer, wohlige Wärme im Winter dank einer Heizung unter den Sitzen, weniger klimatisierte Wagen für diejenigen, die sich keinen allzu großen Unterschied zur Außentemperatur wünschen, reservierte Sitze für Ältere, für Menschen mit Behinderungen, Schwangere und Personen mit Kindern sowie Abstellplätze für Kinderwagen und Koffer, damit sie niemanden stören. Außerdem stets blitzsaubere Stoffsitze, an den Endstationen vor jeder Abfahrt beziehungsweise nach jeder Ankunft spiegelblank geputzte Züge, pünktliche, systematische, aus Sicht eines Außenstehenden fast schon zwanghafte Kontrollen, die höchstmögliche Sicherheit garantieren, dazu die Uniformen und ritualisierten Gesten der Bahnhofsvorsteher. Wer im Rollstuhl sitzt, kann sich auf die Hilfe eines Angestellten verlassen, der die betreffende Person bis zum Bahnsteig begleitet, ihr mittels einer faltbaren Rollstuhlrampe das Einsteigen ermöglicht, für ihre Bequemlichkeit in den eigens hierfür vorgesehenen geräumigeren Bereichen ohne Sitze sorgt und den Zielbahnhof von ihrer Ankunft benachrichtigt, sodass dort bereits ein weiterer informierter Angestellter wartet, um abermals Hilfe zu leisten.

Auch das ist Ausdruck des freundlichen Empfangs, *omotenashi*, auf den das Land trotz der ständigen Anstrengung und der persönlichen Opfer ungemein stolz ist. Die geteilte Freude, das aus der kollektiven Freundlichkeit geborene Wohlbehagen sind die Früchte dieses fortwährenden (und zum großen Teil unbewussten) Kraftakts.

Japanische Dienstleistungen sind schnell. Sie werden förmlich mit der Stoppuhr gemessen, damit die Kunden nicht warten müssen. Alle haben es eilig, und es gilt die Regel, dass die eigene Arbeit die der anderen nicht behindern darf. Oder, allgemeiner gesprochen, dass wegen der Prioritäten des einen nicht die der anderen auf der Strecke bleiben dürfen.

Wenn wir bei Regen ein Geschäft betreten, werden wir am Eingang ein Gerät vorfinden, in das man den Schirm stecken und, mit einer Art Plastikmantel versehen, wieder herausziehen kann. So wird verhindert, dass Wasser auf den Boden tropft und ihn schlüpfrig macht. Sobald wir ein Kleidungsstück gefunden haben und uns zur Anprobe in die Umkleidekabine begeben, reicht uns die Verkäuferin das sogenannte »Face Cover«, das wir überziehen, um den Stoff nicht mit Make-up zu verschmutzen.

Wir gehen zur Kasse, mit dem geschmeidigen Kleidungsstück

über dem Arm, bezahlen, und das Restgeld wandert über gepflegte Hände mit lackierten Fingernägeln an uns zurück, doch erst nachdem die Kassiererin es vor unseren Augen langsam gezählt hat, als würde sie ein Wort buchstabieren – nicht weil wir Ausländer sind, sie macht es bei allen so. Das ist *omotenashi*, es ist der freundliche Empfang. Sie lächelt uns höflich an, und ihre gesamte Erscheinung strahlt Sorgfalt und Schönheit aus.

Wenn wir dann unseren Einkauf in Empfang nehmen, bemerken wir, dass die Verkäuferin die Papiertüte mit einem Klebeband des Geschäfts verschlossen hat (und zwar so, dass sie nicht aus Versehen aufgeht und etwas herausfällt, wir sie aber immer noch leicht öffnen können) und obendrein eine Plastikhülle darübergestülpt ist, damit sie nicht vom Regen nass wird, der draußen noch immer prasselt.

Vom Shoppen haben wir etwas Hunger bekommen, einen leichten Appetit, den *nikuman* und ein kühles Getränk stillen können. Der *kombini* コンビニ, der »Convenience Store«, ist das Paradies der flüchtigen Gelüste, und schon nach wenigen Metern entdecken wir einen an der Straßenecke. Wir bezahlen und erhalten nicht eine, sondern zwei winzige Tüten: eine für die eisgekühlte Flasche Wasser, die andere für das heiße *nikuman*. In Japan werden heiße und kalte Speisen nämlich getrennt überreicht, um sie nicht zu verderben, es sei denn, der Kunde wünscht etwas anderes.

In den großen Kaufhäusern stehen für Kleinkinder saubere und zweckmäßige Buggys zur Verfügung, die nach jedem Gebrauch sorgfältig gesäubert werden. Am Bahnhof kratzen Reinigungskräfte mit einer kleinen Spachtel selbst die hartnäckigsten Verschmutzungen vom Boden, wischen die Wartebänke mit Lappen ab, polieren sogar die Wände auf Hochglanz: alles

Details, die andernorts einer unausweichlichen Vernachlässigung preisgegeben wären.

Es ist also ein breites Spektrum an Dienstleistungen, die auf sehr dezente Weise ausgeführt werden, selbst dort, wo wir erahnen können, dass sich viel Arbeit dahinter verbirgt. *Omotenashi*, der freundliche Empfang, gründet wie **omoiyari** darauf, sich keinerlei Mühe anmerken zu lassen und etwa eine strahlend saubere Umgebung zu präsentieren, ohne darauf zu insistieren, was genau diesen Eindruck von allgemeiner Reinheit vermittelt.

Das japanische Dienstleistungswesen, heißt es, sei das beste der Welt, und der Begriff *omotenashi* hat bei der Bewerbung Tokios für die Durchführung der Olympischen Sommerspiele 2020 (die dann ja auch tatsächlich dort stattfanden) eine entscheidende Rolle gespielt. In den Reden der verschiedenen Repräsentanten, die für die Kandidatur der japanischen Hauptstadt eintraten, tauchte dieser Begriff immer wieder auf, sodass im kollektiven Gedächtnis vor allem das Bild der Athleten zurückbleibt, die den großzügigen Empfang mit zusammengelegten Händen und einer Verbeugung demonstrierten – eine Geste, die in der japanischen Kultur nicht nur als Form, sondern auch als Konzept gilt.

Wieder einmal zeigt sich, wie wichtig Höflichkeit im Umgang mit den anderen ist, um die Harmonie zu wahren. Die Gastfreundschaft, die wir jemandem erweisen, bildet den Grundstein für das Verhalten, das andere uns gegenüber an den Tag legen werden, und vor allem erwächst aus ihr unsere persönliche Freude – die einzige, die wir wirklich selbst bestimmen können –, bestmöglich gehandelt zu haben. Oft ist es mehr das Schenken als das Beschenktwerden, das unsere Stimmung hebt und unser Glücksgefühl *(shiawase)* stärkt.

13

道 *michi*

oder: Vom Weg

Michi 道 bedeutet »Weg, Straße, Pfad« und ist eng verwandt mit dem Begriff des »Werdegangs«, also einer nicht nur praktischen, sondern auch intellektuellen Weiterentwicklung. Gemeint ist ein Werden, das zum Vorschein bringt, wie viel es braucht, um irgendeine Fähigkeit zu erlangen.

Unter *chadō* oder *sadō* 茶道 versteht man im Japanischen den »Weg des Tees«, sprich die Ritualisierung einer jeden Geste während der Teezeremonie, was zu äußerster Beherrschtheit führt, die sich wiederum im fortwährenden Bewusstsein von Körper und Geist manifestiert, darin, voll und ganz im Jetzt zu leben.

Aus der Teezeremonie entwickelte sich eine Betrachtungsweise, die sich später in unzähligen traditionellen Künsten und Disziplinen niederschlug. Die Kunst ist in jeder Hinsicht *michi*, ein Weg. Ein Weg, dessen Ende sich unserem Blick entzieht und der immer drei Schritte beinhaltet: einen nach vorn in die Zukunft, einen in der Gegenwart und einen weiteren, dessen Spur wir hinter uns lassen, als Zeichen des Voranschreitens.

So setzt sich der Begriff für die meditative Form des *ikebana*, der Kunst des Blumensteckens, *kadō* 華道, aus dem Kanji für Blume und dem für *michi*, Weg, zusammen; *kendō* 剣道 und *jūdō* 柔道 sind Disziplinen, die ihren Schriftzeichen zufolge »Weg des Schwerts« sowie »Weg der Flexibilität« bedeuten. *Jū* 柔 ist unter anderem das Schriftzeichen für sanft, weich, biegsam, elastisch, leicht. Es taucht in einem schönen japanischen Sprichwort auf, das in genau dieser Flexibilität, in dieser Anpassungsfähigkeit die Stärke sieht, um den Widrigkeiten der Welt zu trotzen: *Jū yoku gō wo seisu* 柔よく剛を制す lässt sich ein wenig blumig mit »Das Schilfrohr wiegt sich im Sturm, während die aufrechte Eiche fällt« übersetzen und meint wortwörtlich: »Das Weiche siegt über das Harte.«

Die zweite Variante erinnert bei genauerem Hinsehen an die Werte, auf die sich *bushidō* 武士道, der »Weg des Kriegers«, beruft, ein moralischer Verhaltenskodex, der den Geist in seiner reinsten Form betrifft. Wobei es hier nicht nur um den Geist der *samurai* geht, die sich während des Feudalismus tapfer der Verteidigung ihres Herrn verpflichteten (und für die *bushidō* ursprünglich entwickelt wurde), sondern auch um den des japanischen Volkes allgemein, das von der Geistesdisziplin jener Männer, von ihrem unermüdlichen Beispiel und von den über die Jahrhunderte hinweg überlieferten Geschichten ihrer Heldentaten beeinflusst ist. In seinem berühmten Buch *Bushidō. Die Seele Japans* führt der Denker Inazō Nitobe (1862–1933) aus, dass ebenso wie das Christentum im Westen, in Japan der Weg des Kriegers entscheidend für die Herausbildung eines Verhaltenskodexes sei, mit dem sich das Richtige vom Falschen unterscheiden lasse und Triebe moralisch reglementiert würden, was wiederum die Grundlage einer Gesellschaft bilde. Besonderes Lob zollt der Autor dabei Verhaltensweisen wie der Besonnenheit auch in extremen Stresssituationen, der Duldsamkeit, Widerstandskraft, der Treue und moralischen Integrität, er betont die Bedeutung des gesprochenen

Wortes und vor allem die des Schweigens, der genauen und effizienten Situationsanalyse und der Bereitschaft zum Handeln. Viele dieser Eigenschaften, die augenscheinlich von der konfuzianischen Lehre und der Zen-Lehre beeinflusst sind, lassen sich noch heute in den Wesenszügen der japanischen Gesellschaft erkennen. Eine Gesellschaft, für die Disziplin eine der erfolgreichsten Methoden der sozialen Kontrolle darstellt, eine Gesellschaft, die dem Vertrauen zwischen Individuen den allerhöchsten Wert beimisst und die sich als unbeugsam entpuppt, wenn dieses Vertrauen verraten oder teilweise enttäuscht wird.

Um eine Kunst zu erlernen, gleich welcher Art, braucht es Ausdauer und Disziplin. In Kenkō Yoshidas *Betrachtungen aus der Stille* heißt es:

»Man scheint allgemein der Auffassung zu sein, diejenigen, die eine Wissenschaft oder Kunst erlernen, sollten sich vor anderen, solange sie noch ungeschickt sind, nicht allzu sehr zeigen, sondern erst dann hervortreten, wenn sie es nach langer Arbeit in aller Stille zu einiger Vollkommenheit gebracht haben, denn dann würden sie einen viel stärkeren Eindruck machen. Aber wer so denkt, wird nur schwerlich etwas gut erlernen können. Selbst noch ungelenk und unfertig sich unter Meister begeben, nicht verlegen werden, wenn man verspottet und verlacht wird, sondern unbekümmert und mit aller Kraft weiterarbeiten – dies allein ist der Weg, auch ohne angeborenes Talent dem Misserfolg zu entgehen. Wer so vorgeht, wird, wenn er nicht erlahmt, bald die Begabten übertreffen, die sich um nichts mehr bemühen. Man bringt ihm hohe Achtung entgegen, er genießt öffentliche Anerkennung und erlangt unvergleichlichen Ruhm. […] Dies gilt für alle Künste und Fertigkeiten in gleichem Maße.«

Dieser Passus unterstreicht, welch elementare Rolle auf unserem Weg, *michi,* die Bescheidenheit *(kenkyo),* der volle Einsatz *(gambaru),* die Geduld *(nintai),* die Duldsamkeit *(gaman)* spielen, welch zentrale Bedeutung der Form *(kata),* dem ständig drohenden Versagen *(shippai)* und der Akzeptanz eines möglichen Irrtums zukommen.

Auf diese Weise, erklärt Kenkō Yoshida, hätten sich die großen Meister herausgebildet, und an ihnen solle man sich ein Beispiel nehmen: »Diejenigen, die man jetzt als berühmt preist, sind früher oft Stümper genannt worden, und ihre Schwächen waren zahllos. Wer unter steter Beachtung aller Vorschriften in seiner Wissenschaft oder Kunst sorgfältig und fleißig weiter fortschreitet, wird also schließlich, wenn er nicht plötzlich leichtsinnig wird, ein hochgelehrter Mann und der Lehrer von vielen Tausenden sein.«

Es gibt zahlreiche weitere Begriffe, die das Kanji für »Weg« enthalten: So etwa *dōri* 道理, das zusammengesetzt ist aus dem Kanji für *michi* – welches jedoch hier nach der chinesischen Leseart *(on-yomi)* als *do* gelesen wird – und dem Kanji für *ri,* »Vernunft«. *Dōri ni kanatta* 道理にかなった bedeutete ursprünglich eigentlich, eine ganze Reihe von Loyalitätsbeweisen erbracht zu haben, also einen »Weg der Vernunft« gegangen zu sein. Im heutigen Japanisch wird diese Wendung jedoch nur noch im Sinn von »vernunftgemäß«, »richtig«, »verständig« verwendet. Mit *gudō* 求道 hingegen ist die »Suche nach Wahrheit« gemeint, und dieser Begriff ist zutiefst in der Kultur Nippons verankert. *Gyō* 業 bedeutet die Entwicklung, die jeder Mensch durchlaufen muss, um *michi,* seinen eigenen Weg, zu finden, wobei die Suche wertvoller ist als das Ergebnis. Auch wenn die erhofften Früchte ausbleiben, zählen am Ende doch der Einsatz *(yaruki)* und der Weg *(michi)*, denn wer sein Bestes gibt, so die unumstößliche Überzeugung des *bushidō*, wer seinen Geist Tag für Tag und Schritt um Schritt erweitert, für den werden die Erfolge nicht auf sich warten lassen: Ein Wettstreit gilt somit lediglich als ein kleiner Baustein auf dem Weg des permanenten Lernens.

In unseren erfolgsorientierten Gesellschaften kann es hilfreich sein, *michi* und die damit verknüpften Begriffe genauer in den Blick zu nehmen: *Michi* lehrt uns, dass erfolgreich sein nicht bedeutet, schnell das Ende des Weges zu erreichen, sondern sich, wie ein Spieler beim *sugoroku,* für die Züge zu entscheiden, dank derer sich eine Niederlage, und sei es auch nur für kurze Zeit, hinauszögern lässt. »Man darf die Würfel nicht in der Absicht werfen, zu gewinnen«, zitiert Kenkō Yoshida in seinen *Betrachtungen aus der Stille* einen kundigen Spieler, »sondern man muss mit dem Vorsatz spielen, nicht zu verlieren. Man denke nach, welcher Zug wohl schneller zum Verlieren führen würde, unterlasse ihn dann und tue den, mit dem man voraussichtlich am spätesten verliert.«

14

挨拶 *aisatsu*

oder: Vom Grüßen

Aisatsu 挨拶 ist das japanische Wort für Gruß.

Das kann die Verbeugung sein, die respektvolle Kontaktsuche, die den Weg für ein Gespräch ebnet, oder auch etwas, das auf einen bestimmten Moment beschränkt bleibt, ein »Guten Morgen« oder »Guten Abend«, ein einleitendes »Wie geht es dir?« oder ein abschließendes »Bis bald«. Manchmal dient *aisatsu*, der Gruß, auch dazu, dass wir uns an einem Ort liebenswürdig und aufmerksam empfangen fühlen, wie zum Beispiel durch ein »Willkommen« am Eingang eines Geschäfts oder auf einer Anzeigetafel am Flughafen.

Er begegnet einem an den Eingängen von Schulen und Universitäten, wo die Pförtner an den Toren mit durchdringender Stimme immer wieder ihr *ohayou gozaimasu*, ihr »Guten Morgen!«, rufen, das wie ein Echo aus den Mündern der Kinder, Jugendlichen, Angestellten und Lehrenden zurückhallt, die in ihre Klassenräume und Büros eilen. Und ebenso in vielen großen Kaufhäusern kurz nach der Öffnung, wenn sich das Personal vor den vorbeigehenden Kunden verbeugt; in jedem Geschäft, das man betritt, wird man mit einem »Willkommen« (*irasshaimase* いらっしゃいませ) begrüßt, und egal ob man etwas gekauft hat oder nicht, wird man beim Verlassen stets ein »Danke« (*arigatō gozaimashita* ありがとうございました) oder ein »Bitte kommen Sie bald wieder«, »Bitte kommen Sie wieder einmal vorbei« zu hören bekommen.

Das Grüßen ist eines der wichtigsten Rituale Japans und bringt immer wieder die gesamte Bandbreite an Formeln zum Vorschein, mit denen das tägliche Leben durchsetzt ist und die, je nach dem Grad an Förmlichkeit, mal Nähe, mal Distanz betonen.

Der Schriftsteller und Mitbegründer des russischen Formalismus Viktor Schklowski schrieb einst, der Mensch fange an dem Tag an zu lieben, an dem er »ich liebe« gesagt habe, als würde er im Wort endlich den Sinn der Dinge erfassen, auch jener unbegreiflichen Dinge wie der Liebe. So, wie es Kleinkindern geht, die einen manchmal rufen, um dann nichts zu sagen. Allein dich zu rufen, macht sie glücklich, zu wissen, dass du da bist, dass du auf ihren Kontaktversuch reagierst. Dass du immer (falls es »immer« überhaupt gibt) da sein wirst. Sprache ist für die Jüngsten eine solche Neuentdeckung, dass sie sich die Wörter förmlich auf der Zunge zergehen lassen; und während sie genießerisch Laut um Laut produzieren, stellen sie zufrieden fest, welch reale Wirkung sie damit in einer Welt erzielen, die bis zu diesem Moment ein einziges Nehmen und kaum ein Geben war.

Im Japanischen gibt es zahlreiche Grußformeln, deren Sinn in der Übersetzung verloren geht, weil sie in anderen Sprachen nichtssagend und überflüssig erscheinen. Dazu gehören Wendungen wie *yoroshiku onegaishimasu* よろしくお願いします (im zwangloseren Rahmen verkürzt zu *yoroshiku* よろしく oder formeller erweitert zu *yoroshiku onegai itashimasu* 宜しくお願い致します), die dazu dienen, sich das Wohlwollen des Gegenübers zu sichern, eine Beziehung zu knüpfen, jemanden förmlich zu verabschieden, einen weiteren Kontakt in Aussicht zu stellen oder etwas aufzugreifen, worüber gesprochen wurde. Ein weiteres Beispiel liefert der Ausdruck *gochisōsama deshita* ごちそうさまでした, mit dem man sich bei jemandem für eine zubereitete oder angebotene Mahlzeit bedankt oder sich beim Verlassen eines Cafés oder Restaurants von den Besitzern oder dem Servicepersonal verabschiedet.

Schnell lernt man auf Japanisch die vier Grußformeln, die tagsüber wieder und wieder ausgetauscht werden, jene paarweise als Begrüßung beziehungsweise Verabschiedung und Antwort benutzten Wendungen, wenn man das Haus oder einen Ort verlässt, zu dem man zurückkehren wird, oder wenn man jemanden, der sich von seinem Ausgangsort entfernt hatte, nach einer Trennung wiedertrifft:

Ittekimasu いってきます～, was sich als »Ich gehe jetzt« oder »Tschüss« übersetzen lässt;

Itterasshai いってらっしゃい, in etwa »Mögest du gehen«, »Schönen Tag« oder auch »Alles Gute bei dem, was du tun wirst«;

Tadaima ただいま～, »Da bin ich wieder«, »Hallo, ich bin wieder zu Hause«;

Okaerinasai/okaeri おかえり～, おかえりなさい, »Willkommen zu Hause«.

Es ruft immer wieder Erstaunen hervor, dass die Anzeigetafel am Flughafen die gelandeten Passagiere mit einem »Willkommen« in mehreren Sprachen empfängt, auf Japanisch jedoch mit ebenjenem *okaerinasai*, also »Willkommen zu Hause«, anstelle des schlichten *yōkoso* ようこそ, »Willkommen«.

In den beiden Grußpaaren *ittekimasu itterasshai und tadaima okaerinasai* schwingt auch ein gewisses Maß an liebevoller Zuneigung mit.

Solche Formeln sind übrigens extrem wichtig für den Zusammenhalt einer Beziehung, für die Stärkung des Wirgefühls. Der Psychoanalytiker Takeo Doi betont in seinen Studien, dass ebendiese »banalen Ausdrücke«, die in den Ohren Fremder unbedeutend klingen mögen, für die Gesprächspartner von immenser Bedeutung seien, dass genau sie den Grad der Verbundenheit bestimmten.

So inhaltsleer das Gesagte auch erscheinen mag, kann es dennoch auf emotionaler Ebene von großem Belang sein. Die Vertrautheit lässt sich in Japan Zeit, zu wachsen, aber je häufiger man diese Begrüßungen tauscht, desto besser kann sie sich entwickeln.

Schon im frühen Kindesalter wird uns beigebracht, zu grüßen und dabei zu lächeln, um eine Bindung zu der Gemeinschaft aufzubauen, in der wir leben. Und die Kleinen finden einen solche Gefallen daran, diese Worte zu wiederholen, erkennen intuitiv eine solch verbindende Kraft in ihnen, dass sie schließlich sogar die Sonne, vorbeilaufende Tiere, die Flugzeuge am Himmel, Menschen in Autos und Zügen oder, wenn sie selbst darin unterwegs sind, Passanten auf der Straße mit einem »Hallo« grüßen. Bald jedoch werden sie älter, und das Misstrauen ersetzt das gesprochene Wort durch Schweigen und Blicke; die Vertrautheit erstreckt sich nur noch auf die Familie.

Egao 笑顔 ist das lächelnde Gesicht und gilt in Japan als die ideale Begleitung eines jeden Grußes: Es kann eine Situation schon im ersten Moment entschärfen und eine lockere und behagliche Atmosphäre schaffen. Seine Unaufdringlichkeit spiegelt sich auch in seinen beiden Kanji wider: dem Zeichen für »Gesicht« (顔), dem einfach das Zeichen für »lachen« (笑) vorangestellt ist.

Das Kanji des Verbs *warau* 笑う, »lächeln, lachen«, scheint sich aus dem Tanz einer Schamanin in Trance abzuleiten, und seine obere Komponente 竹 erinnert an ekstatisch zum Himmel erhobene Hände. Man erkennt förmlich den Körper, der sich in wildem Rhythmus bewegt, und das schwingende, gleichsam vom Wind geschüttelte Becken.

Unwillkürlich kommt einem einer der berühmtesten Gründungsmythen des Landes in den Sinn, der durch die beiden ältesten Zeugnisse der japanischen Literatur, das *Kojiki* (»Aufzeichnung alter Begebenheiten«, 712 n. Chr.) und das *Nihonshoki* (»Berichte über Japan«, 720 n. Chr.) überliefert ist. Der Legende zufolge hatte sich die Sonnengöttin Amaterasu Ōmikami, von der das japanische Kaisergeschlecht abstammt, gekränkt durch das ausschweifende und gewalttätige Gebaren ihres Bruders Susanowo, in einer Höhle eingeschlossen, woraufhin Himmel und Erde in Finsternis und Chaos stürzten. Um sie aus ihrem Versteck herauszulocken, führte die Göttin Ame no Uzume einen ekstatischen, grotesk-obszönen Tanz auf, woraufhin die acht Millionen Götter, die sich außerhalb der Höhle versammelt hatten, in schallendes Gelächter ausbrachen. Durch den Lärm neugierig geworden, trat Amaterasu vor die Höhle, um sich vorsichtig nach der Ursache für diese Heiterkeit zu erkundigen. So wurde die Welt durch die Freude gerettet.

15

我慢 *gaman*

oder: Von der Duldsamkeit

Gaman 我慢 ist die Duldsamkeit.

Gemeint ist damit, sich zurückzuhalten, alles zu unterlassen, weder zu essen noch sonst etwas zu konsumieren. *Gaman* äußert sich zum Beispiel darin, sich zu zügeln und den eigenen Verdruss nicht zu zeigen, der Versuchung zu widerstehen, seinem Unmut freien Lauf zu lassen. Ein solches Verhalten wird Kindern von klein auf beigebracht, um sie Schritt für Schritt in die Gesellschaft und ihre Regeln einzuführen.

Während man im Westen dem Gefühlsausbruch, dem Abbau von Spannungen, einen hohen Stellenwert einräumt und es für gefährlich hält, dem Negativen, das sich in unserem Inneren aufstaut, kein Ventil zu bieten, scheint man in Japan die Gefahr im Gegenteil eher darin zu sehen, dass Gefühlsausbrüche das Negative noch verstärken könnten und im Grunde keinerlei Problem lösen würden. So, wie wir bestimmte Gegenstände oder Bücher in der Erwartung aufheben, sie irgendwann im idealen Moment zu benutzen, glaubt man in Japan, gewisse Probleme erst lösen zu können, nachdem andere Ereignisse eingetroffen sind, nachdem bestimmte Worte in einem gereift sind. In gewisser Weise vertraut man auf die Zeit, auf eine innere Lösung, die – genau wie der westliche Ansatz – manchmal funktioniert, manchmal auch nicht. Während der Westen ein Problem direkt angeht, es in den Mittelpunkt rückt und auf diese Weise verkleinern will, verstecken Japaner*innen es in einer Art Spalt ihrer Seele und hungern es aus, indem sie die Erinnerung daran ausdünnen.

Für viele Dinge, so auch für *gaman*, gilt jener Gedanke, der oft auch auf das Reisen zutrifft: Wenn wir nur das Ziel im Blick haben, laufen wir Gefahr, überhaupt nicht zu leben. Für Kenkō Yoshida besteht die Liebe in jenem Derweil, das zwischen den Begegnungen liegt, dem **ma**, das in den Pausen herrscht. Das Leben selbst ist erdgeschichtlich betrachtet nichts als ein Wimpernschlag, und das Missverhältnis zwischen der Lebenszeit und der Dauer des Todes ist augenfällig. Wir sind viel länger tot oder »nicht geboren« als lebendig, ein Gedanke, der uns mitnichten erschrecken, sondern vielmehr heiter stimmen und uns jener – für manche religiösen, für andere begrifflichen – Dimension näherbringen sollte, die der Tod ist.

In einer überbevölkerten Welt wie der unseren ist es nicht angemessen, nur an sich zu denken und dem Egoismus zu frönen. Es gilt also, der Versuchung zu widerstehen, die eigene Unzufriedenheit offen zu zeigen oder dem anderen zu sagen, was es uns gekostet hat, ihm einen Gefallen zu tun. Mit anderen Worten, wir sollten uns ständig in *gaman*, in Duldsamkeit und Selbstbeherrschung, üben, was auch bedeutet, all das wertzuschätzen, was man hat, ohne sich vom Ehrgeiz mitreißen zu lassen, vom Wunsch nach immer mehr, einem Trieb, den Kenkō Yoshida als Indiz für Unbeständigkeit deutete, für ein gestörtes Verhältnis zu Zeit und Leben.

Auch die Entscheidung, erst in eine Diskussion einzugreifen, wenn sie etwas an Schwung verloren hat, darauf zu verzichten, ihre Richtung zu bestimmen, kann Dinge verändern. So ist es zum Beispiel ratsamer, die vielen Kommentare auf einer Webseite erst nach ein paar Stunden zu lesen, wenn sich die Aufregung um eine Nachricht etwas gelegt hat, anstatt sich direkt einzumischen und sich von der Flut der Worte mitreißen zu lassen. Auf diese Art kann man aus unterschiedlichsten Standpunkten Lehren ziehen und ihnen dank der Ruhe, die nach einiger Zeit von allein wieder einkehrt, eine Botschaft entnehmen, sich eine Meinung bilden.

Wir können zu unserem Wohlbefinden und dem der Gesellschaft beitragen, indem wir darauf verzichten, jemandem schroff zu antworten, der uns – ob zu Recht oder Unrecht – einer Sache beschuldigt *(gomennasai)*, indem wir davon absehen, unseren ganzen Schmerz bei jemand anderem abzuladen *(kijō)*, indem wir die Form wahren *(sahō)* und die Realität so für alle berechenbarer machen, indem wir dem Gedanken widerstehen, es sei in Ordnung, die Regeln zu brechen, indem wir uns in Geduld *(nintai)* üben und so weiter.

Die gesamte japanische Gesellschaft kreist um *gaman*. Es ist der teilweise Selbstverzicht, die Abkehr vom Unmut.

Die Veränderung beginnt auch hier, bei jener Resilienz, die in jeder Hinsicht hilft, die eigene Mitte zu finden.

Ein anderes eng mit *gaman* verbundenes Wort ist *enryo* 遠慮, sprich »die Rücksicht, die Zurückhaltung, die Bescheidenheit, die Diskretion«. Es findet in zahlreichen öffentlichen Verhaltensanweisungen Verwendung, wie etwa der Bitte, in bestimmten Bereichen nicht zu rauchen, in einigen Gebäuden keine Speisen zu verzehren, während einer Filmvorführung nicht zu sprechen.

In verneinter Form dient es auch dazu, dem anderen maximale Entspannung zu gewähren, etwa wenn man darum bittet, sich keinen Zwang anzutun, es sich bequem zu machen, sich nicht aus Scham zurückzuhalten oder gar aus der Sorge, man könne dem anderen Unannehmlichkeiten bereiten: *enryo naku* 遠慮なく, bedeutet, »sich keinen Zwang antun«, »nicht zögern, etwas zu tun«, »sich keine Sorgen machen, etwas zu tun«. Der Ausdruck setzt sich aus dem Kanji für »fern, entfernt« 遠 und dem Kanji für »gründliches Nachdenken«, »Rücksicht« 慮 zusammen und verweist darauf, wie wichtig es ist, alles nach besten Kräften allein in Ordnung zu bringen *(katazukeru)* und erst danach den Stab weiterzureichen. Zu versuchen, die Gedanken des anderen vorwegzunehmen, um die Harmonie, *wa*, zu erhalten.

Es erübrigt sich zu fragen, ob man etwas tun darf oder nicht, das sich mit einem Funken gesundem Menschenverstand als falsch erkennen lässt. Wenn die Benimmregel zum Beispiel besagt, dass man in öffentlichen Verkehrsmitteln nicht essen soll (weil der Geruch des Essens vielleicht die anderen Fahrgäste belästigt, weil es spritzen oder aus der Hand rutschen und die Umgebung verschmutzen könnte, weil es nicht jedermanns Sache ist, einer anderen Person aus nächster Nähe beim Essen zuzusehen etc.), ist es richtig, davon abzusehen: Man wird die Verpackung erst öffnen, nachdem man ausgestiegen ist und eine Bank entdeckt hat. Ebenso überflüssig ist es, den Besitzer eines Cafés zu fragen, ob wir unsere leere Plastikflasche dort stehen lassen können, wenn wir doch wissen, dass es dafür eigens Sammelbehälter gibt, in die wir sie werfen können.

Kurz gesagt, es ist von essenzieller Bedeutung, keine Ausnahme, keine Bevorzugung zu verlangen, niemals darum zu bitten, anders als der Rest behandelt zu werden.

Alles ist Übungssache, auch *gaman*. Die Veränderung geht niemals schnell vonstatten, erst recht nicht für den Ungeduldigen. Aber auf lange Sicht verhilft es uns zum Glück, und den Versuch lohnt es allemal. Bei Laotse heißt es: »Auch eine Reise von tausend Meilen beginnt mit einem kleinen Schritt.« So bereitet jeder Tag auf einen ganz besonderen Tag vor, jeder Schritt auf eine große Reise, jedes Wort auf die Beherrschung einer Sprache. Das sollten wir verinnerlichen und uns dabei immer wieder folgenden Satz vor Augen führen: *Narau yori nareyo* 習うより慣れよ.

Narau 習う heißt »lernen« und *nareru* 慣れる bedeutet »sich gewöhnen«. Wörtlich übersetzt lautet diese Lebensweisheit also: »Mache dir etwas zur Gewohnheit, statt es zu lernen!«

Tatsächlich ist es oft hilfreich, sich etwas anzugewöhnen, indem man winzige Handlungen in das eigene Leben einbaut, die etwas verbessern, die keine Mühe mehr kosten, weil sie Teil unseres Alltags geworden sind. Wie zum Beispiel das Handy zu bestimmten Zeiten auszuschalten, den eigenen Kindern jeden Abend eine Gutenachtgeschichte vorzulesen, sich feste Essenszeiten zu geben, aufrecht zu gehen und andere mit einem Lächeln zu grüßen, eine Zigarettenpause ausfallen zu lassen, die Treppe anstelle des Fahrstuhls zu nehmen.

An manchen Tagen gleicht das Leben einem Strohfeuer, es lodert kurz auf, bevor es wieder in sich zusammenfällt und erlischt. Als würde sich das, was wir machen, unausweichlich auflösen und keine Widerstandskraft besitzen. Wir fangen guten Mutes an, hören jedoch schon bald auf. Wir fangen abermals an, und wieder hören wir auf.

Dabei bräuchten wir uns nur ins Gedächtnis zu rufen, dass schon fünf Minuten das Leben verändern können. Ein-, zweimal am Tag sechzig Sekunden am Stück durchzuhalten, ist anfangs mühsam und erfordert unvorstellbare Kraft. Dennoch lohnt sich dieser erste winzige Akt des Widerstands und Mutes auf lange Sicht: Er gleicht der Suche nach dem Riss in der Mauer, jenem geduldigen Abtasten der gesamten Oberfläche einer Wand, um die eine Stelle zu finden, an der man zum ersten Schlag ansetzen kann, den man daraufhin so oft wiederholt, bis sie einstürzt, bis ein ganzes Haus in Trümmern liegt.

Fünf Minuten verändern das Leben. Denn zu Beginn sind es nur fünf, aber wenn wir uns *narau yori nareyo* zu Herzen nehmen, werden es durch die Gewohnheit allmählich mehr, wird die Beharrlichkeit sich Bahn brechen und schließlich alles verändern.

Man nimmt ein schwieriges Buch zur Hand, liest zwei Seiten, klappt es wieder zu, am nächsten Tag werden es drei, dann zehn, und schließlich ist man auf der letzten Seite angelangt. Man schreibt drei weitere Zeilen der Masterarbeit, der Absatz wird fertig, dann ein Kapitel und irgendwann die gesamte Arbeit. Man beginnt damit, ein Kanji pro Tag zu lernen, dann zwei, dann drei, man lernt, Japanisch zu lesen. Man beginnt ein bisschen mehr Obst zu essen, verzichtet auf ein Eis, und plötzlich gelingt es einem, Schritt für Schritt abzunehmen. Man setzt einer schroffen Äußerung ein erstes *Nein* entgegen, dann, nach einer Ohrfeige, wagt man es, mit dem zu brechen, der einem Gewalt angetan hat und dies fälschlicherweise Liebe nennt.

In diesem Rhythmus wiederholt sich das Sprichwort im Kopf und tritt in dein Leben: *Narau yori nareyo* 習うより慣れよ, »Mache dir etwas zur Gewohnheit, statt es zu lernen!«

Und wenn alles ganz anders kommt, wenn also nach der ersten Begeisterung wieder weniger Zeit investiert wird, braucht man nur die anfänglichen fünf Minuten beizubehalten, sie wieder als Basis zu nehmen und auf die Rückkehr der Motivation, *yaruki*, zu warten.

Während der ersten Tage wird man häufig versucht sein, alles hinzuwerfen, die natürliche Abneigung des Körpers allem Neuen gegenüber wird einen dazu drängen, wieder zum alten Zustand zurückzukehren. Man muss also *gaman* zum Zug kommen lassen, muss Geduld aufbringen, durchhalten und akzeptieren, dass es zwar lästig, aber gut ist. Dieses Gefühl des Unbehagens, die Zeit der Gewöhnung werden nur von kurzer Dauer sein, und sobald man sich einmal häuslich in der neuen, löblichen Gewohnheit eingerichtet hat, wird es sogar schwierig werden, zum alten Zustand zurückzukehren.

Der Grund liegt auf der Hand: Alles, was zur Gewohnheit wird, wird schließlich zu etwas von uns, wurzelt so tief in uns, dass niemand es uns nehmen kann.

Veränderung findet nicht auf einen Schlag statt, sie ist eine kontinuierliche Gewöhnung. Und sie verlangt *gaman*, Opferbereitschaft und Resilienz.

16

無視する *mushi suru*

oder: Vom Wert des Ignorierens

Die Qualität der uns verfügbaren Zeit hängt von der Fähigkeit ab, uns nur auf das Wesentliche zu konzentrieren.

Man muss sich mit dem arrangieren können, was im Japanischen, entlehnt aus dem Englischen, *noizu* ノイズ, also »störendes Geräusch, Lärm« bedeutet, mit jenem Basso continuo, der unser aller Leben als Soundtrack begleitet. Wenn wir uns zu lange mit Details aufhalten, über alles nachgrübeln, was uns widerfährt, und jeder Sache höchste Bedeutung beimessen, laufen wir Gefahr, die Orientierung zu verlieren.

Das Erlernen einer Fremdsprache zum Beispiel beruht auf der Fähigkeit, die bekannten Elemente zu bestimmen und auf diese Weise den Sinn eines Satzes oder eines größeren Aussagenbündels herauszufiltern. Es ist, als würde man in einem dunklen Irrgarten Wörter erkennen, die einem als Anhalt dienen. Dem Erkennen geht das Auswählen voraus und diesem wiederum das Ausschließen. Etwas ausschließen, es ignorieren zu können, ist also unentbehrlich für das Erlernen einer Fremdsprache. Tatsächlich ist es das auch für alle anderen Dinge: Wesentlich ist etwas eben insofern, als es von einer Unmenge an Überflüssigem umgeben ist.

Oft wird Japaner*innen eine gewisse Gefühlskälte unterstellt, man glaubt, sie seien immun gegen Liebe, Schmerz oder welche Empfindung auch immer, man hält sie für kleine emotionslose »Roboter«. Doch kommt gerade in jener scheinbaren Kälte die Mäßigung des Herzens *(kokoro)* zum Tragen, die Fähigkeit, das Fühlen vom Zeigen zu unterscheiden, etwas, das sich manchmal exakt mit der Fähigkeit des Ignorierens deckt.

Japaner*innen ignorieren etwas lieber, als mit jemandem in Streit zu geraten: Wer eher unbedeutende gesellschaftliche Regeln bricht (zum Beispiel etwas auf den Boden wirft, in einem Zug oder Bus telefoniert, dort raucht, wo es verboten ist etc.), wird kurz angeschaut und gleich darauf wieder vom Blick seines Gegenübers erlöst. Als Signal genügt in diesem Fall also allein schon das Anschauen, doch man muss sagen, dass die Leute nur selten Gebrauch von dieser sanften Art des Tadels machen.

Die beiden Ideogramme für »Ignorieren«, *mushi* 無視, bedeuten im Übrigen genau das: »die Abwesenheit von Blicken«. Das rechte Schriftzeichen steht für das Schauen, *miru* 見る, eine Art »Auge, das umherwandert«.

Grundsätzlich wird nämlich angenommen, dass eine Person, die einen Fehler macht:

a. nicht weiß, dass das, was sie tut, falsch ist (weshalb es sinnlos und grausam wäre, es hervorzuheben), oder

b. den Irrtum einfach nicht bemerkt hat, weil sie mit den Gedanken vielleicht gerade woanders war (dann genügt es, abzuwarten, bis sie ihn von selbst bemerkt), oder aber

c. sich ihres Regelverstoßes wohl bewusst ist, sich aber keinen Deut darum schert (was wiederum eine solche Flegelhaftigkeit offenbart, dass jeder Streit nutzlos wäre).

Man zieht es vor, mit gutem Beispiel voranzugehen, dem Fehler eines Einzelnen das richtige Verhalten vieler entgegenzusetzen. In solchen Fällen ist Schweigen ausreichend und hat den Vorteil, dass Aggressionen vermieden werden.

Mushi suru, etwas zu ignorieren, ist in so mancher Hinsicht eine Tugend.

Allem und jedem Bedeutung beizumessen, ruft häufig eine Flut von Reaktionen hervor: Zorn, Empörung, Rachegelüste der Person gegenüber, die uns unrecht getan hat – sei es der junge Mann mit den Kopfhörern, der zu laut Musik hört und uns stört, das Mädchen, das sich unbeholfen durch die Menge drängelt, oder der ältere Herr, der auf der Rolltreppe nicht links, sondern rechts, auf der Seite für die Eiligen stehen bleibt. Oft lässt die Aggressivität am Ende nur den verärgert zurück, der meinte, den anderen in seine Schranken verweisen zu müssen.

Manchmal fragen sich Ausländer frustriert, warum einem Japaner*innen nicht einfach die Wahrheit ins Gesicht sagen, warum sie nicht direkt aussprechen, was ihnen durch den Kopf geht, warum sie jemanden, der einen Fehler macht, nicht öffentlich rügen. Vieles hiervon erklärt sich jedoch aus der hochentwickelten Fähigkeit der Japaner*innen, »die Luft zu lesen« *(kūki wo yomu)* und ein Netzwerk an Beziehungen aufzubauen, dank derer man nicht alles konkretisieren muss, sondern auf die Empathie des Gegenübers zählen darf, aus dem vorrangigen und kollektiven Ziel, die Harmonie *(wa)* zu wahren. Die Fähigkeit des Ignorierens *(mushi suru)* spielt für all das eine entscheidende Rolle.

Auch im Gespräch mit Freunden und Bekannten lässt man einen unglücklichen Ausdruck oder Satz lieber im Sande verlaufen. Ist die Verfehlung nur unbedeutend, gerät sie sofort in

Vergessenheit; wiegt sie hingegen schwerer, wird sie zwar nicht vergessen, ruft als Reaktion jedoch eher eine gewisse Indifferenz, die emotionale Distanzierung von dem hervor, was an Unangenehmem geschehen ist.

Gefühlsbeherrschung ist eine Kunst, die sich als unerlässlich für das Wohlbefinden des Einzelnen und einer Gemeinschaft erweist. Etwas zu ignorieren, das uns nicht behagt, kein vorschnelles Urteil über etwas zu fällen, das wir nicht ausreichend kennen, sind Zeichen großer und wacher Intelligenz. In die Falle eines provokanten Kommentars im Internet zu tappen, im gleichen Ton auf einen ruppigen Satz aus dem Mund eines vielleicht müden Elternteils oder geliebten Partners zu antworten, sich auf einen fruchtlosen Streit mit einem bockigen Kind einzulassen, sind Beispiele für Verhaltensweisen, die allesamt in einem Teufelskreis aus Missmut und Kränkung enden, während sich diese Lappalien, hätte man sie mit einem gleichgültigen Schulterzucken ins Leere laufen lassen, vermutlich von allein gelöst hätten.

Im Leben, so heißt es in Tolstois *Anna Karenina*, finde man nicht auf alles eine Antwort, vielmehr gelte es, sich mit der einzigen Antwort zufriedenzugeben, die das Leben für alles bereithalte, nämlich: gemäß »den Erfordernissen des Tages leben, also vergessen«. Und sollte es nicht möglich sein, zu vergessen, müsse man wenigstens über gewisse Dinge hinwegsehen.

Die im Westen hochgepriesene und doch kaum praktizierte Gleichgültigkeit ist eine Tugend. »Ignorier es einfach!«, rät man sich gegenseitig, »Pfeif drauf!«, befiehlt man sich, »Mir doch egal!«, beschließt man trotzig. Trotzdem macht man seinem Zorn Luft, in dem irrigen Glauben, das könne befreiend wirken, und verstärkt das unangenehme Ereignis so letztendlich nur: Indem man es immer wieder Revue passieren lässt, misst man ihm Worte und Gefühle bei, die es schließlich fest in der Erinnerung verankern, anstatt uns davon zu erlösen. Manchmal verändert der Unmut unsere Wahrnehmung so sehr, dass eine unerfreuliche Begebenheit von nur wenigen Minuten uns den gesamten Tag verderben kann.

Das Ignorieren ist ein Prozess, der mit einer ersten Selektion beginnt, nämlich der Entscheidung, welche Ereignisse aussortiert und welche im Gedächtnis behalten werden sollen. Auch dieses Vorgehen wirkt ansteckend, genau wie die Freude und die Geduld *(nintai)*, wie die Freundlichkeit *(yasashisa)* oder der Gedanke an den anderen *(omoiyari)*.

Etwas mit Stillschweigen zu übergehen, hilft, in Stresssituationen entspannt zu bleiben, es lehrt, sparsam mit Gefühlen umzugehen, sich emotional nicht völlig zu verausgaben. Anders als Japaner*innen verfügen die Menschen im Abendland über Emotionen im Überfluss und fühlen sich im Namen der Freiheit im Recht und in der Pflicht, sie großzügig zu verteilen: Es scheint beinahe, als müssten sie sich von ihnen befreien, als müssten sie der Welt jenen Gefühlsüberschuss zurückgeben, der in ihren Augen gleichbedeutend mit Identität ist. Alles kommt ihnen wie eine Einschränkung der persönlichen Freiheit vor: In einer Menge nicht vor Freude tanzen zu dürfen, weil man jemandem auf die Füße treten könnte; sich am Bahnhof nicht bis zur Abfahrt inmitten seiner Koffer irgendwo auf den Boden setzen zu dürfen, weil man die Passanten behindert; seinen Ärger unterdrücken zu müssen, den man normalerweise wutschnaubend mit schmalen Lippen und zusammengebissenen Zähnen zum Ausdruck bringen würde; nicht auf offener Straße und vor unbekanntem Publikum seine Streitereien austragen oder an

427

einem überfüllten Ort lautstark die eigenen Erfolge zum Besten geben zu können.

Die Begeisterung hält sich allerdings in Grenzen, wenn man als Außenstehender Aktionen und Gefühlsausbrüche dieser Art erlebt, wenn man auf dem Bahnsteig über fremde Koffer stolpert, plötzlich als Unbeteiligter in einen Hagel von Beleidigungen gerät oder im Zug die aufdringliche Wichtigtuerei eines telefonierenden Mitreisenden erdulden muss.

Während das Umfeld im Westen zwar wichtig, aber im Hinblick auf das Individuum mit seinem nahezu unverbrüchlichen Recht auf Entfaltung eher zweitrangig ist, gilt es in Japan als der Ort, der uns alle aufnimmt und der ebendeshalb besonders geschützt werden muss. Die japanische Zurückhaltung bedeutet im Grunde nichts anderes, als jene unsichtbare Grenze nicht zu übertreten, die uns voneinander trennt, uns nicht über die Gefühle der anderen hinwegzusetzen. Und sie bedeutet, falls nötig, zu ignorieren.

17

優しさ *yasashisa*

oder: Vom Mut zur Freundlichkeit

Yasashisa 優しさ steht im Japanischen für die Freundlichkeit, die Sanftheit. Das entsprechende Kanji zeigt eine Person, die sorgenvoll seitlich vom Rand herüberschaut: Es ist die Person, die sich um jemand anderen sorgt, an seinem Schicksal Anteil nimmt. Ebendarin besteht Freundlichkeit, mit einem anderen Menschen mitzufühlen, die singuläre Freude angesichts einer pluralen Trauer als unvollkommen zu empfinden. »Das Kriterium, das uns erlaubt, zu erkennen, ob die Bedürfnisse der menschlichen Wesen irgendwo befriedigt sind, ist eine Entfaltung der Brüderlichkeit, der Freude, der Schönheit, des Glücks. Da, wo Verschlossenheit, Trauer, Hässlichkeit herrschen, liegen Beraubungen vor, die nach Heilung verlangen«, schrieb Simone Weil in ihrer *Studie für eine Erklärung der Pflichten gegen das menschliche Wesen*. Aus internationaler Sicht wirken Japaner*innen im ersten Moment meist einfach nur »nett« oder »freundlich«. Der Westen bewundert ihre Geschliffenheit – allerdings ohne ihnen auch nur im Geringsten nacheifern zu wollen –, diese extreme Höflichkeit, die sie in seinen Augen oft herabsetzt. Es sind vor allem die Zurückhaltung und die Bescheidenheit *(kenkyo)*, die Japaner*innen anfangs zum Nachteil gereichen, ihre Auffassung, sie dürften niemals mit ihren Kenntnissen prahlen, um nicht versehentlich hochmütig zu erscheinen. Tatsächlich funktioniert dieser Mechanismus in Japan hervorragend, da jeder, der sein Gegenüber hört, implizit annimmt, der andere wisse mehr, als er sagt. Dies löst automatisch Bewunderung im Zuhörer aus, und daraus folgt jene »Über-Bewertung«, die angesichts dessen, dass der Sprecher sich zuvor selbst herabgesetzt hat, nichts anderes als ein zwingend notwendiges »Ins-rechte-Licht-Rücken« ist.

Außerhalb von Japan funktioniert dieser Mechanismus allerdings nicht. Im Westen ist es vielmehr die Demonstration von Stärke, die beeindruckt. Auf ausländische Touristen wirken Japaner*innen manchmal wie kleine Kinder, die sich voller Staunen von irgendwelchem albernem Nippes verzaubern lassen. Wer sich nicht mit ihrer Kultur auskennt, bezeichnet sie dann gern als »infantil«, wegen ihrer Wertschätzung von *kawaii*, wegen ihres umfassenden Schweigens, wegen der weitverbreiteten Höflichkeit, wegen ihrer scheinbaren Scheu vor einer Konfrontation, wegen ihrer Regeltreue, die oft mit »Naivität« verwechselt wird. Man kann es ständig beobachten: Jemand aus dem Westen spricht mit jemandem aus Japan und versteht ihn nicht, jemand aus Japan spricht mit jemandem aus dem Westen und verzichtet darauf, sich verständlich zu machen.

Im Westen wird Zynismus eindeutig überbewertet und fälschlicherweise als Synonym für Scharfsinn verstanden; am höchsten im Kurs steht die Intelligenz, die sich mit voller Wucht durchsetzt, und die Ironie ist beißend, als käme die Schärfe der Gedanken am besten in der Verachtung eines Dritten zum Ausdruck. Die Sanftmut bleibt dem häuslichen Umfeld, der Familie, jenem Geflecht aus intensiven, aber gesellschaftlich machtlosen

Beziehungen vorbehalten, bei denen Verdienste und Verstandeskraft keine Rolle spielen.

Daher kann ein Land wie Japan, das bei Beziehungen zur Gelassenheit neigt und wo der Ton in der Gesellschaft generell ruhig und höflich ist, leicht fehlinterpretiert werden. Die japanische Sprache kennt übrigens, trotz ihrer zahlreichen Wortspiele und der oft mitschwingenden feinen Ironie, so gut wie keine Beleidigungen und Flüche. Versucht man, sein japanisches Gegenüber mit der Frage »Und mit wem hast du noch eine Rechnung offen? Da gibt's doch bestimmt jemanden, oder?« aus der Reserve zu locken, wird er oder sie lächelnd erwidern, es gebe schließlich acht Millionen Götter. In Sprachen wie dem Italienischen oder Deutschen hingegen sind die Grenzen zwischen Beleidigung und Scherz weitaus fließender, sie prägen das soziale Miteinander und das kulturelle Leben. In solchen Fällen gilt es, Japaner*innen zu erklären, dass eine vermeintliche Beleidigung nicht immer wörtlich gemeint ist und dass hinter der Derbheit oft keine böse Absicht steckt. Für einen Europäer ist Fopperei völlig normal, in Beziehungen dient sie sogar dem Zusammenhalt. Doch es ist auch wahr, dass im Westen der Stärkere gewinnt und der, der lauter schreit, mehr Gehör findet, dass Diskussionen oft in einem Wettstreit darum gipfeln, wer den anderen übertönen oder gar niederwalzen kann. Kurz gesagt, jedem Sieg geht eine Kraftprobe voraus.

In der japanischen Gesellschaft hingegen überantwortet man die Wut dem Schweigen, deutet seine Gefühle nur vage an. Hitzige Debatten, bei denen sich die Leute gegenseitig ins Wort fallen oder sich beleidigen, sind verpönt, und wer sich nicht im Zaum halten kann, gilt als vulgär und büßt an Ansehen ein. Rededuelle wie im amerikanischen Fernsehen zum Beispiel, bei denen sich die Politiker anschreien, sind im Land der aufgehenden Sonne unvorstellbar, denn hier hat die Wahrung der Form höchste Priorität. Tatsächlich werden Japaner*innen nie laut, in ihren Städten wird nicht gehupt, kein Mädchen wird je durch ordinäre Bemerkungen belästigt, kein Mensch streitet sich auf offener Straße. Das Gefühl äußert sich, aber fast immer mit leiser Stimme, selbst in Situationen voller Anspannung und Verärgerung. Andererseits gilt eine unbeugsame Strenge: Wird eine bestimmte Form missachtet, ein Ehrenkodex verletzt, ist kein Pardon zu erwarten, es heißt, diesbezüglich also äußerst vorsichtig zu sein. Was gewisse Fehler angeht, gibt es kein Zurück mehr, und die Regeln und Vorschriften, denen die Gesellschaft und somit »alle« unterworfen sind, werden stets über das »Ich« siegen.

Auch aus diesem Grund ist es ein Fehler, die Sanftmut der Japaner*innen mit Einfältigkeit, ihre Zurückhaltung mit Charakterschwäche zu verwechseln. In einer Kultur, in der alle mit leiser Stimme sprechen, braucht man einfach nicht laut zu werden, um sich Gehör zu verschaffen, während in einem Umfeld, in dem jeder meint, schreien zu dürfen oder gar zu müssen, all jene, die ihren Ton auf ein normales Maß senken, kein Gehör finden werden.

Gerade wegen des Missverständnisses, dem man begegnen kann, verlangt es also Mut, sich freundlich zu zeigen, sich nicht hinter Aggressivität zu verschanzen.

Nach dem gleichen Prinzip, nach dem Japaner*innen im Westen wegen ihrer Höflichkeit und »zeremoniellen« Art verkannt werden, kommt es im familiären Kontext vor, dass einen die Nachgiebigkeit des eigenen Kindes, seine mangelnde Durchsetzungskraft im Umgang mit Gleichaltrigen ängstigt. Man wünscht sich, es wäre ein bisschen rechthaberischer und weniger fügsam. Man macht sich Sorgen, fürchtet um seine Chancen, wenn es zu sanftmütig und nett ist.

Doch wenn wir uns eine Gesellschaft wünschen, die ihre Stärke aus dem Guten zieht, ist es vielleicht klüger, mit Sanftmut als mit Arroganz zu ihrem Gelingen beizutragen. »Woher nehmen wir die Gewissheit, dass ein starker Charakter, wenn er heranwächst, nicht zerbricht, dass ein aggressiver Charakter größere Wertschätzung erfahren wird als ein höflicher und nachdenklicher?«, fragte sich eine japanische Psychologin in einer Fernsehsendung des NHK zum Thema frühkindliche Erziehung.

Vielleicht also erweist sich das Zartgefühl als die bessere Wahl, da es flexibler auf die ständigen Veränderungen des Daseins einzugehen vermag. Wir leben in einer Welt, die sich wandelt, die unterschiedlichste Kulturen umfasst, die sich trotz aller Widerstände vermischt, die zwar Ausgrenzung propagiert, in der aber trotz allem die Basis der gesamten Menschheit das Miteinander bleibt. Daher sollte das Streben nach *yasashisha*, nach Sanftmut und Freundlichkeit, ein gemeinschaftliches Projekt sein, sollte sich nicht nur auf die eigenen Kinder, sondern auf alle erstrecken. »Die Zivilgesellschaft sollte sich heute über ein in jedem Fall gebotenes Solidaritätsgefühl hinaus bewusst machen, dass sie, um die eigenen Kinder zu retten, die der anderen retten muss, und sei es auch nur, um die ›Gefahr einer Ansteckung‹ zu verhindern«, schrieb die Richterin Melita Cavallo.

Was wir in puncto Umgangsformen von Japan lernen können, ist also elementar. Wir sollten darauf vertrauen, dass wir, wenn alle die Stimme senken, nur noch zu flüstern brauchen, um uns gegenseitig zu hören. Dass wir gut daran tun, Freundlichkeit zu säen, ohne eine Gegenleistung zu erwarten, denn einmal in die Welt gepflanzt, wird sie sich dort vermehren. Und das sollte uns genügen.

All das erfordert Mut und Ausdauer, wir sollten auf der Höflichkeit beharren, auch wenn wir sie nirgendwo um uns herum entdecken. Dabei hilft es, zu akzeptieren, dass das, was wir geben, und das, was uns gegeben wird, sich niemals exakt die Waage halten wird, dass die perfekte Gleichung nicht existiert. Wir müssen einfach von uns aus *yasashisa* in Umlauf bringen, müssen bereit sein, es auch von anderen zu empfangen, von Menschen, denen wir vielleicht noch nie etwas gegeben haben, von Menschen, die wir nicht einmal kennen.

Wir sollten eine freundliche Gesellschaft anstreben, in der auch ein Flüstern Gehör findet. Oder um es mit den Worten von Mahatma Gandhi zu sagen: »Lasst uns selbst die Veränderung sein, die wir für diese Welt wünschen.«

Schlussgedanken

Anfang Mai kann man Karpfenflaggen im Wind flattern sehen, den rhythmischen Ruf der Trommeln vernehmen und Männer und Frauen von jung bis alt beim Tanz während eines der sommerlichen *matsuri* beobachten; im Winter kann man in warme Kimonos gehüllte Männer und Frauen erblicken, die in gebeugter Haltung das erste Gebet des Jahres verrichten, und im Frühjahr junge Schülerinnen, die sich unter den bereits verwelkenden Kirschblüten für ein Erinnerungsfoto umarmen.

Japan wirkt wie ein Ensemble aus exquisiten und durch Menschenhand veredelten Orten, wie eine durch Natur und Mensch geprägte Landschaft, die in jeder Hinsicht Sorgfalt ausstrahlt. Man spürt, dass sich die Liebe der Japaner*innen für das eigene Land vor allem über die Gemeinschaft definiert, über jenes »Miteinander«, dem sich alle verpflichtet fühlen.

Wir sollten uns um uns selbst kümmern, und zwar in dem Sinn, dass wir den Dingen, die uns persönlich betreffen, die richtige Bedeutung beimessen, aber auch indem wir den anderen nicht eine Verantwortung aufbürden, die eigentlich uns selbst obliegt. Das eigene Leben liegt, abgesehen von gewissen Ausnahmen, vor allem in der Verantwortung des Einzelnen, und oft erweisen sich gerade jene Menschen, die eine tragische Erfahrung machen mussten, als besonders stark. In ihrem Buch *Ikigai ni tsuite*, in dem Mieko Kamiya, wie wir gesehen haben, Ende der 1960er-Jahre den Begriff ***ikigai*** in die Vorstellungswelt der Japaner*innen einführte, erklärt die Psychiaterin auch, dass echtes Glück aus Gefühlen wie Anerkennung oder Unterstützung des Nächsten entspringt und dass sich um sich selbst zu kümmern bedeutet, sich um die anderen zu kümmern, und umgekehrt.

Wa nachspürend, haben wir zudem entdeckt, dass das Herz und der Geist in ein und demselben Wort ***(kokoro)*** enthalten sind, dass sie sich in jenen drei Silben des *hiragana* sowie dem entsprechenden Kanji verbinden und in ebendieser Verknüpfung von fundamentaler Bedeutung sind. Daraus folgt, dass wir stets »Sorgfalt walten lassen« sollten – *daiji ni suru* 大事にする –, um einer Sache Bedeutung zu verleihen, um buchstäblich eine »große« (大) »Begebenheit« (事) aus ihr zu machen. Es ist verblüffend, wie unterschiedlich die beiden Ideogramme gelesen werden, je nachdem, ob sie positiv oder negativ konnotiert sind: entweder als *daijini suru* (大事にする), »sorgfältig mit etwas umgehen«, oder als *oogoto ni suru* (大事にする), »einer Sache übertriebene Bedeutung beimessen«. Es geht also auch darum, genau zu bestimmen, was im eigenen Leben wirklich wichtig ist ***(danshari)***, und sich nicht die Last der Welt aufzubürden; zu akzeptieren, dass die eigene Zeit und die eigenen Fähigkeiten begrenzt sind, das Beste aus dem zu machen, was man hat ***(setsuyaku)***, selbst wenn es nur wenig zu sein scheint.

»So sollten wir also sorgfältig erwägen«, schreibt Kenkō Yoshida in *Betrachtungen aus der Stille*, »welche unserer Betätigungen uns als die wichtigste erscheint, und wir müssen, haben wir uns einmal für eine entschieden, alle Gedanken an anderes von uns abtun und mit ganzer Hingabe nur dies eine betreiben. Ebenso sollten wir unter den vielen Dingen, die sich innerhalb eines Tages, ja einer Stunde ergeben, immer nur das tun, was die anderen auch nur ein wenig an Wert übertrifft, und sollten es sorgsam und mit ernstem Eifer besorgen. Wer sich dazu nicht entschließen kann und alles, woran sein Herz hängt, mit gleicher Liebe pflegt, wird es niemals zu etwas bringen.«

Wa bedeutet also auch, sich inmitten der unerschöpflichen Materie der Welt für eine Sache zu entscheiden, sich nur auf sie zu konzentrieren. Ihr alle Aufmerksamkeit zu schenken. Ihr den höchsten Wert beizumessen und sie sich anzueignen.

Sich in Einklang mit der Welt zu fühlen, gilt in Japan als vorrangiges Ziel und ist eine fest im Unterbewusstsein verwurzelte Leitidee. Japaner*innen haben generell eine Abneigung dagegen, sich mit Worten zu ergründen. Dies erklärt neben einem gewissen Widerwillen gegen die Psychotherapie nach westlichem Verständnis auch die Schwierigkeit, sich zu öffnen, sowie die Meinung, dass bestimme Bereiche des Ichs nicht angerührt werden sollten. Die Studien des Psychoanalytikers Takeo Doi enthüllen in diesem Sinn, welch hoher Stellenwert innerhalb der japanischen Kultur der Wahrung eines Geheimnisses zukommt (***kokoro, soto/uchi*** und ***tatemae/honne***). Japaner*innen sprechen weder gern über sich selbst noch (schlecht) über die anderen ***(pojitibu)***. Und dennoch offenbart sich ihre Kultur dem, der sich ihr mit Demut nähert, Schritt um Schritt mit immer größerer Klarheit. Die japanische Denkweise führt uns vor Augen, welch wichtige Rolle manche Begriffe auch für die Erziehung zu gesellschaftlicher Verantwortung spielen, wie wir unseren Kindern, den zukünftigen Erwachsenen, damit einige

Interpretationsschlüssel zur Deutung der Welt mit auf den Weg geben können. Wir sollten unsere Kinder zu Sammlern von Schönheit und somit Freude machen *(tanoshimi, tanoshikattane, shiawase)*, sollten ihnen Zeit lassen, »groß« zu werden, damit sie sich als Erwachsene einen Teil ihrer Kindheit bewahren, der sie glücklich gemacht hat *(kawaii)*, wir sollten sie dazu bringen, alles zu geben und unabhängig vom erzielten Ergebnis stolz auf die erbrachte Leistung zu sein *(gambaru)*. Unsere Kinder sollten den Wert der Geduld *(nintai)* kennen, sie sollten keine Angst vor der Stille *(iwanu ga hana)*, der Leere oder der Niederlage *(shippai)* haben, und sie sollten die Unvollkommenheit *(wabi-sabi)* und den Umgang mit Kummer oder einer Verletzung *(kintsugi)* als Chance und nicht als Scheitern betrachten. Oder allgemeiner gesprochen, sie sollten nicht gezwungen werden, in einer per se inkohärenten Welt ständig nach Kohärenz zu suchen; sie sollten vielmehr lernen, die einzelnen Elemente zu vermischen, sie wertzuschätzen, in Einklang zu bringen und sich, gestärkt im Miteinander, im Kontakt mit den anderen *(wa)*, an ihnen zu erfreuen.

Die eingehende Auseinandersetzung mit der japanischen Denkweise regt zu einem bewussten und unvoreingenommenen Gedankenaustausch über Gefühle *(kimochi)* an, etwas, das in Japan zwar geschätzt wird, aber nur in abgeschwächter Form in Erscheinung tritt. Man sieht darin die Gefahr, die Emotionen nicht ausreichend kontrollieren und einordnen zu können, man ist sich gewahr, dass sie zum Fallstrick für den Seelenfrieden und die Ausgeglichenheit werden könnten. Besser erst einmal abwarten, scheint das Motto zu lauten, besser man teilt seine innersten Gefühle erst mit, nachdem man »in sich« und »von sich aus« Ordnung geschaffen hat.

Hin und wieder nehmen westliche Japanexperten wegen ihres reichen landeskundlichen Wissens, wegen ihrer vielen im Land verbrachten Jahre oder ihrer unzähligen Studien für sich in Anspruch, die eigene Meinung sei die einzig wahre. Doch dort gelebt zu haben, ist noch lange kein Garant für Objektivität, und die eingehende Beschäftigung mit der Kultur führt manchmal sogar dazu, das Gespür für ein allgemeines Lebensgefühl zu verlieren. Wer sich einzig in die Welt der Bücher vergräbt und hartnäckig jedes vermeintlich minderwertige kulturelle Phänomen ablehnt (wie die Popkultur, gewisse Fernsehprogramme, *kawaii*-Gadgets etc.), dem wird genau das widerfahren.

Wissen ist eher Gemeingut als persönlicher Besitz, und niemand hat die Wahrheit allein für sich gepachtet, oder besser gesagt, jeder hat seine eigene Auffassung davon. Oft versucht man mühevoll zu definieren, was ursprünglich und unverfälscht japanisch ist und was nicht, und vergisst dabei eine der beeindruckendsten und authentischsten Lehren der japanischen Kultur. Diese hat nämlich im Lauf der Jahrhunderte bewiesen, dass sich die kulturelle und wirtschaftliche Blüte eines Landes zum großen Teil dem Gleichgewicht zwischen seiner ursprünglichen Kultur und der bewussten und systematischen Übernahme von Elementen fremder Kulturen verdankt, die durchaus auch sehr weit von der eigenen Welt entfernt sein können und dennoch aus vielfältigen Gründen als äußerst wertvoll gelten müssen.

Wa bedeutet also wieder einmal die Verquickung verschiedener Standpunkte, die auch die Möglichkeit einräumen (und sogar dazu ermutigen), dass in einem Menschen scheinbar widersprüchliche Ideen nebeneinander bestehen, dass etwa unterschiedlichste Feiertage mit derselben Freude begangen werden, dass Zutaten, die aus aller Herren Länder stammen, in einer einzigen Speise zusammengefügt werden. Daher ist das überstrapazierte Etikett der »Gesellschaft voller Widersprüche«, das Japan in unzähligen einschlägigen Zeitungsartikeln und Publikationen angeheftet wird, äußerst vereinfachend und unpassend. Die Seele des Landes, *wa*, sagt es deutlich: Die Kultur Nippons beruht gerade auf dieser Vereinigung von Verschiedenem, auf dem langsamen und steten Bemühen, all jene Elemente in Einklang zu bringen, die eine Würdigung verdienen, auch wenn sie anscheinend nichts miteinander zu tun haben.

Zusammenfassend lässt sich sagen, dass dieses Buch drei verschiedenen Wegen nachgespürt hat.

Zum einen ging es mir um die Erklärung, was genau unter *wa* zu verstehen sei (nicht um die materiellen Dinge, mit denen es im Ausland wie auch in der Heimat oft verwechselt wird, sondern um das Prinzip der Demut und des Staunens, dank derer man in Einklang mit den Dingen dieser Welt treten und sie in den eigenen Mikrokosmos einfügen kann), verbunden mit der Hoffnung, dies möge als Anregung dafür dienen, die eigene Kultur neu zu entdecken.

Zweitens habe ich mich von dem Gedanken leiten lassen, dass es Geist und Intellekt schult, den eigenen Wortschatz zu erweitern, dass das Erlernen von mehr als 72 neuen Wörtern, die eine von der unseren weit entfernte Lebenseinstellung beschreiben, vielleicht den ein oder anderen Schlüssel zum besseren Verständnis der Mitmenschen und der eigenen Person liefern kann. »Die Grenzen meiner Sprache bedeuten die Grenzen meiner Welt«, schrieb der österreichische Philosoph Ludwig Wittgenstein, und das Erlernen neuer Begriffe, die allesamt von einer anderen Denkweise künden, kann den Weg zur Vielfalt bahnen.

Um der westlichen Polarisierung und dem damit einhergehenden Schema zu entrinnen, stets umgehend die gegenteilige Meinung von etwas vertreten, vielleicht sogar einen Feind ausmachen zu müssen, auf den man losgehen kann, nur um sich klar zu positionieren, hilft ein Blick über den Tellerrand und danach in die Tiefe. 72 Wörter, 72 Gedankenkeimen gleich. Kategorien wie Richtig oder Falsch sind hier vollkommen fehl am Platz. Jeder Fleck der Erde erklärt die Dinge auf seine Weise. Wer bereit ist, kulturelle Unterschiede zu akzeptieren, wird – dessen bin ich mir sicher – auch Menschen offen begegnen, die eine andere Persönlichkeit haben als man selbst: einem Freund mit einem grundverschiedenen Charakter, einem Elternteil, einem Sohn oder einer Tochter, die unsere Auffassungen nicht teilen, Menschen mit einer politischen Meinung, einer sexuellen Orientierung, einer Ernährungsweise oder sportlichen Neigung, die uns fremd sind.

Ein dritter in diesem Buch beschrittener Weg zielt darauf ab, den Begriff des Positiven nicht im Sinne von Leichtfertigkeit oder Naivität und die kleinen Freuden nicht als alleiniges Vorrecht der Kindheit zu missdeuten, wobei auch hier den Ausgangspunkt der Gedanke bildet, dass *wa* vor allem ein changierender, dynamischer Begriff ist, der sich auf jeden Ort der Welt übertragen lässt.

Im Grunde sind all diese Begriffe im Fluss und zeigen, auf welch kluge Weise Wörter von einer Sprache in die andere wandern. Die ständige gedankliche Erneuerung, die Offenheit und Neugier, dank derer die eigene Kultur in ihrem Innersten dem Wandel der Geschichte unterworfen ist und sich ihm anpasst, garantieren paradoxerweise ihre Beständigkeit und Langlebigkeit.

Viele der Wörter, denen wir unsere Aufmerksamkeit gewidmet haben, sind übrigens das Ergebnis einer Rückbesinnung, einer japanischen Lesart des Gedankenguts anderer Länder. Neologismen und sprachlicher Reichtum sind, wie wir gesehen haben, das Resultat kultureller Überlagerungen und Verzahnungen, einer zweifachen Entlehnung, erst einer »chinesischen« und später einer »westlichen«, wobei unter Letzterer eine übernationale Entität ohne klar definierte Grenzen zu verstehen ist, die Amerika und Europa umfasst.

Öffnen wir uns daher, öffnen wir uns voller Staunen dem Andersartigen. Entdecken wir in allem eine Möglichkeit der Bereicherung und Freude.

Dank

Danke an Pina, die für so vieles steht, was dieses Buch ausmacht, und die so oft das Unmögliche möglich macht. Ich kann kaum in Worte fassen, wie glücklich ich bin, dass du, die perfekte Verbindung aus Italien und Japan, in mein Leben getreten bist.

Danke an Maria Cristina Guerra, die immer genau dort gewesen ist, wo ich sie mir gewünscht habe, nämlich ganz in meiner Nähe. Danke an Marcella und Viola di Vallardi. Danke für euer Vertrauen und eure Arbeit; unsere vielen nächtlichen Skype-Unterhaltungen, ich auf dem Badewannenrand sitzend, um die Kinder nicht aufzuwecken, werden mir unvergesslich bleiben. Ein aufrichtiges Dankeschön an Antonella Palumbo für die eifrige, fantastische und einvernehmliche Arbeit Seite an Seite, auch wenn wir geografisch endlos weit voneinander entfernt waren, in jenem glühend heißen Sommer.

Danke an Laura Sammartino, die beste Freundin, die es gibt (ich kann es kaum erwarten, dass du hier bist!), und an Cristina Banella, die ich von Herzen mag. Danke an euch beide, dass ihr mich nicht nur vor den anderen, sondern auch vor mir selbst geschützt habt.

Ein großes Dankeschön auch Stefania Da Pont dafür, dass

sie die Entwicklung dieses Buches und vieler anderer Dinge, die waren und noch sein werden, begleitet hat. Wie schön, dich gefunden zu haben – was haben wir gelacht in diesem wundervollen Haus in Zushi mit Gianpiero und Buson. Miwa hingegen verdanke ich die wichtige Einsicht, dass es richtig ist, zu einer Sache zurückzukehren, wenn sie es wert ist.

Ich danke meinen Schwiegereltern für all die Zeit, die sie mir geschenkt haben, und Ōtsuka-san, die es mir ermöglicht hat, auch mit einem Neugeborenen, das zu Hause auf mich wartete, in Ruhe arbeiten zu können. Danke an Yuka-san und ihr Mill Coffee & Stand dafür, einen Ort zum Schreiben und für zahlreiche Offenbarungen bereitgestellt zu haben.

Danke an meine Eltern, die es mir ermöglicht haben, mein Studium bis zum Doktortitel fortzuführen, nach Japan zu reisen, als es noch ein rätselhaftes und *weit entferntes* Land war, mir Vertrauen geschenkt haben. Danke an meine Schwester und ihre großartige Familie dafür, dass sie die ist, die sie ist.

Mein ganz besonderer Dank gilt darüber hinaus all den großartigen Übersetzer*innen, die das Japanische ins Italienische übertragen haben und weiterhin übertragen. Besonders erwähnen möchte ich an dieser Stelle Antonietta Pastore (die nicht nur Übersetzerin, sondern auch eine wundervolle Schriftstellerin ist), Adriana Boscaro, Andrea Maurizi, Lydia Origlia, Maria Teresa Orsi und Laura Testaverde. Ein herzliches Dankeschön auch an all die Verleger, die nicht versucht haben, den einfacheren Weg über englische Übersetzungen oder solche aus anderen westlichen Sprachen zu gehen, sondern fest entschlossen waren, jenem Denken treu zu bleiben, das, wie es in jeder Kultur der Fall ist, aus der jeweiligen Sprache erwächst.

Jedes Kapitel dieses Buches ruft in mir die Erinnerung an ein Gespräch, an die Begegnung mit einer Person wach, die sich Zeit genommen hat, mir zu erklären, worin der japanische Geist, die Natur dieses Landes, das mich so liebevoll aufgenommen hat, denn *tatsächlich* besteht.

Einmal war es Frau Kusama, die mir in einem Gässchen in Kichijōji das Kanji für *isogashii* auf die Handfläche schrieb und mir erklärte, was es bedeutet, im Strudel der Verpflichtungen zu verzagen; ein andermal war es die Hebamme, die unserem Sohn Sōsuke, als er im Alter von zwei Monaten aus dem Krankenhaus nach Hause kam, einen Besuch abstattete und uns dabei das Schriftzeichen für *oya* erläuterte. Wieder ein andermal war es die Wohnungsnachbarin, die mir ganz unbeabsichtigt den Sinn des Wortes *arigatameiwaku* klar werden ließ, als sie während meiner Schwangerschaft an der Tür klingelte, um mir Speisen zu bringen, die ich nicht essen wollte; schließlich war es jene Frau, die an einer Kreuzung in Kamakura ihren Schirm über mich und Sōsuke hielt, um uns vor dem Regen zu schützen, und mich so dazu brachte, über den Begriff *arigatō* nachzudenken.

Ich musste mich niemals von Japan trennen, aber ich bin mir sicher, dass ich, wäre es dazu gekommen, zutiefst gelitten hätte. Ich habe noch immer meine Fehler, und doch spüre ich, wie sehr mich dieses Land verbessert hat. Vor allem hat es mir mein Glück zutiefst bewusst gemacht, und dafür bin ich unglaublich dankbar, denn allein wegen der Landschaften, in die ich eintauche, sobald ich meine Wohnung verlasse, wegen der Menschen, denen ich zufällig auf dem Weg zur Arbeit oder zum Einkaufen begegne, geht es mir gut. Ich werde nie aufhören, für die Zufälle und Irrtümer dankbar zu sein, die mich an diesen Ort geführt haben. An diesen Ort zu Ryōsuke, zu Emilio und Sōsuke und dem ganzen Leben, das ich mir in meinen kühnsten Träumen nicht derart schön vorzustellen gewagt hätte.

Glossar

Bentō: Eine Art Lunchpaket in einer Box, das entweder zu Hause zubereitet oder fertig gekauft und in der Schule, bei der Arbeit oder auf Reisen verzehrt wird.

Butō: Zeitgenössischer japanischer Tanz, entstanden in den Sechzigerjahren des 20. Jahrhunderts.

Chanoyu: »Das heiße Wasser des Tees«; die Teezeremonie.

Fūrin: Glöckchen, das im Windhauch bimmelt; ein typisches Geräusch des Sommers, das die Vorstellung einer angenehmen Brise heraufbeschwört.

Furoshiki: Quadratisches Stück Stoff, das traditionell zum Einwickeln von Objekten und Gerichten sowie deren Transport verwendet wird.

Gibōshu: Zwiebelförmiges Schmuckelement, das traditionelle Brücken ziert.

Hagoita: Schläger aus Holz, der ursprünglich zum Spielen von *hanetsuki*, einem Spiel ähnlich dem Badminton, verwendet wurde.

Hato-sabure: Mürbeteigkekse in Taubenform aus der Stadt Kamakura, deren schlichter Geschmack an hausgemachtes Gebäck aus alten Zeiten erinnert.

Hiragana: Silbenschrift, die zusammen mit den Kanji und dem *katakana* das japanische Schriftsystem bildet und durch weiche und abgerundete Schriftzeichen gekennzeichnet ist.

Inarizushi: Reisröllchen, die mit mildem Essig besprenkelt, in dünne Tofutaschen gehüllt und frittiert werden.

Izakaya: Lokal, das Japaner*innen hauptsächlich am späten Nachmittag oder nach Feierabend besuchen, um in geselliger Runde alkoholische Getränke sowie kleine Gerichte zu konsumieren.

Kamameshi: Wörtlich »Kesselreis«; ein Gericht, das in einem Eisenkessel, dem sogenannten *kama,* zubereitet wird. Es besteht aus Reis, Gemüse, Fisch, Tintenfisch oder Fleisch, abgeschmeckt mit Sojasauce, Sake und anderen Zutaten, und wird direkt in diesem Gefäß serviert.

Kanji: Schriftzeichen chinesischen Ursprungs, die zusammen mit dem *hiragana* und dem *katakana* das japanische Schriftsystem bilden.

Kanpyō: Getrocknete Streifen des Flaschenkürbisses *(Lagenaria siceraria var. hispida),* einer traditionellen Zutat der japanischen Küche.

Katakana: Siehe *hiragana* und Kanji. Die entsprechenden Schriftzeichen wirken streng und kantig und werden vor allem für ausländische Lehnwörter oder lautmalerische Ausdrücke benutzt.

Kōban: Kleine Polizeistation im Viertel.

Kun (Lesart): Japanische Aussprache von Ideogrammen.

Kurabu: Lokal, das in den Abendstunden besucht wird; in Tokio vor allem in den Vierteln Roppongi, Ginza und Akasaka.

Kusa-mochi: Kuchen aus Reispaste mit gedämpftem Beifuß, der insbesondere anlässlich des Festes zum 3. März gegessen wird.

Maccha (oder *Matcha*): Pulverisierter Grüntee.

Maneki-neko: »Winkekatze«. Glücksbringer in verschiedenen Materialien und Größen, der vor Geschäften oder in Schaufenstern steht und die Kunden zum Eintreten einlädt.

Matsuri: Traditionelle japanische Feste und Festivals.

Mochi: Kuchen aus Reispaste, die in Dampf gegart und so lange gestampft wird, bis sie elastisch ist. Die Reispaste dient auch als Beilage und Grundzutat für viele Gerichte der japanischen Küche und traditionelle Süßspeisen.

Nanohana: Rapsblüten von leuchtend gelber Farbe, deren Blätter und Stängel auch als Gemüse verwendet werden.

NHK: Abkürzung für Nippon Hōsō Kyōkai, Japans größte Rundfunkgesellschaft.

Nori: Algen, häufig in getrockneter Form, in die z. B. *onigiri* und *o-musubi* eingewickelt werden.

O-bon: Sommerliches Fest in buddhistischer Tradition, bei dem der Verstorbenen gedacht wird.

Ochazuke: einfaches Reisgericht, das mit Tee aufgegossen wird.

Office lady: Weibliche Angestellte; das Pendant zu *salaryman*.

O-furo: Entspannendes Baderitual, bei dem man in eine mit heißem Wasser gefüllte Badewanne steigt, nachdem man sich gewaschen hat.

Ohayō gozaimasu: Gruß am Morgen oder bei einer Begegnung zu Beginn des Tages, informell zu *ohayō* abgekürzt.

On (Lesart): Chinesische Aussprache von Ideogrammen.

Onigiri: Reisbällchen aus weißem Reis, in Kugel- oder Dreiecksform, oft mit Nori-Blättern umwickelt und mit salzigen Pflaumen, süßem oder eingelegtem Fisch oder Gemüse gefüllt.

O-sechi-ryōri: Typisches japanisches Neujahrsgericht. Es besteht aus Einzelgerichten verschiedenster Formen, Farben und Bedeutungen, wie zum Beispiel *chirashizushi* ちらし寿司 oder *hishimochi* 菱餅.

Otsukaresama deshita: Wörtlich: »Du hast hart gearbeitet.« Redewendung, mit der man jemandem am Ende eines Arbeitstages für eine individuell oder gemeinsam vollbrachte Arbeit dankt oder die Anstrengungen würdigt, denen sich jemand unterzogen hat.

Rakugo: Form der Unterhaltung, bei der ein Geschichtenerzähler, nur mit Fächer und Tüchlein ausgestattet, in der Mitte der Bühne sitzt und das Publikum mit langen und komplexen Geschichten zum Lachen bringt.

Ramen: Nudeln aus Weizenmehl, die in Brühe serviert werden. Ursprünglich aus China stammend, ist diese Suppe in Japan sehr weit verbreitet.

Sakura-mochi: Rosafarbene *mochi*, von einem in Salzlake eingelegten Kirschblatt umhüllt und besonders im Frühling genossen.

Salaryman: Büroangestellter. Abgeleitet vom englischen »salaried man«.

Shōji: Schiebetür, die aus einem leichten Holzrahmen und einer Bespannung aus durchscheinendem weißlichem Papier besteht; man findet sie in traditionell eingerichteten Häusern, wo sie der Unterteilung von Räumen dient.

Sugoroku: Traditionelles japanisches Brettspiel.

Tendon: In einer Schüssel angerichteter Reis, der mit frittiertem Fisch und Gemüse *(tempura)* bedeckt und mit einer bestimmten Sauce *(tare)* gewürzt wird.

Torii: Großes Portal aus rot bemaltem Holz am Eingang von Shintō-Schreinen. Es besteht aus zwei leicht nach innen geneigten Torpfosten, auf denen zwei Querbalken liegen, von denen einer etwas länger ist als der andere, wobei der obere oft leicht aufwärts gebogene Enden hat.

Washi: Traditionell geschöpftes japanisches Reispapier.

Yakitori: Kleine Fleischspieße, meist aus Huhn oder Schwein, manchmal mit Gemüsebeilage.

Bibliografie

Augé, Marc, *Le dieu objet*, Editions Flammarion, Paris 1988.

Yoshimoto, Banana, *Erinnerungen aus der Sackgasse. Fünf Erzählungen*, Diogenes, Zürich 2018.

Bataille, Georges, *La limite de l'utile*, Nouvelles Editions Lignes, Paris 2016.

Benedetti, Mario, *Vivir adrede*, Alfaguara, Madrid 2008.

Cavallo, Melita, *Si fa presto a dire madre*, Laterza, Rom-Bari 2016.

De La Bruyère, Jean, *Die Charaktere oder Die Sitten des Jahrhunderts*, Dieterich'sche Verlagsbuchhandlung, Leipzig 1962.

Doi, Takeo, *Amae. Freiheit in Geborgenheit*, Suhrkamp, Frankfurt am Main ⁴1993.

Doi, Takeo, *Omote to Ura*, Kōbun-dō, Tokio 1985.

Elias, Norbert, *Über die Einsamkeit der Sterbenden in unseren Tagen,* Suhrkamp, Frankfurt am Main 1982.

Ernaux, Annie, *Die Jahre,* Suhrkamp, Berlin 2017.

Galliano, Luciana (Hrsg.), *MA. La sensibilità estetica giapponese*, Edizioni Angolo Manzoni, Turin 2004.

Geuss, Raymond, *Privatheit. Eine Genealogie*, Suhrkamp, Berlin 2013.

Ghilardi, Marcello, *Arte e pensiero in Giappone. Corpo, immagine, gesto*, Mimesis, Udine und Mailand 2011.

Gualtieri, Mariangela, *Tutte le poesie*, Mondadori, Mailand 1990.

Guanzini, Isabella, *Zärtlichkeit. Eine Philosophie der sanften Macht*, C.H. Beck, München 2019.

Hasegawa, Kai, *Wa no Shisō: I-shitsu no mono wo kyōzon saseru chikara*, Chūō Kōron Shin-sha, Tokio 2009.

Hasegawa, Mariko / Yamagishi, Toshio, *Kizuna to Omoiyari Ga Nippon Wo Dame Ni Suru Saishin Shinka Gaku Ga »Shin to Shakai«*, Shūei-sha International, Tokio 2016.

Heisig, James W., *Philosophers of Nothingness*, University of Hawaii Press, Honolulu 2001.

Heisig, James W. / Raud, Rein (Hrsg.), *Classical Japanese Philosophy*, Nanzan Institute for Religion and Culture, Nagoya 2014.

Hirota, Chieko, *Hontō no »Wa« no hanashi*, Bungei Shunjū, Tokio 2013.

Holthus, Barbara (Hrsg.), *Life course, Happiness and Well-being in Japan*, Routledge, New York 2017.

Īkura, Harutake (Hrsg.), *Nihon-jin: Reigi Sahō no shikitari*, Seishun Shuppan-sha, Tokio 2017.

Ishiguro, Kazuo, *Damals in Nagasaki,* München, Blessing 2021.

Jodorowsky, Alejandro, *Der Finger und der Mond. Zen-Geschichten und schlagkräftige Worte dazu*, Windpferd, Aitrang 2006.

Kamiya, Mieko, *Ikigai ni tsuite*, Misuzu Shobō, Tokio 1966.

Kankyō-sho (Japanisches Umweltministerium, Hrsg.), *Isshō ni ichi-do wa ikitai »Nihon no Oto- Fūkei« 100: Tsugi no tabi wa kono oto to keshiki ni ai ni ikimasu*, Shōgaku-kan, Tokio 2014.

Katō, Shūichi, *Geheimnis Japan. Begegnung der Kulturen,* VGS, Köln 1992.

Kojiki. Aufzeichnung alter Begebenheiten, Insel, Berlin 2012.

Kondo, Marie, *Magic Cleaning – wie richtiges Aufräumen Ihr Leben verändert*, Rowohlt, Reinbek bei Hamburg 2013.

Koyama, Tetsurō, *Shirakawa Shizuka-san to asobu Kanji 100 jukugo*, PHP Kenkyū-jo, Tokio 2010.

Kuki, Shūzō, *Die Struktur von »Iki«. Eine Einführung in die japanische Ästhetik und Phänomenologie*, Hänsel-Hohenhausen, Egelsbach, Frankfurt am Main und München 1999.

Lec, Stanislaw Jerzy, *Sämtliche unfrisierte Gedanken*, Carl Hanser, München 2014.

Lévi-Strauss, Claude, *Die andere Seite des Mondes. Schriften über Japan,* Suhrkamp, Berlin 2017.

Maeno, Takashi, *Shiawase no mekanizumu: Jissen Kōfuku-gaku nyūmon*, Kōdan-sha, Tokio 2013.

Manganelli, Giorgio, *Cina e altri Orienti*, Adelphi, Mailand 2014.

Maraini, Fosco, *Nippon. Welten und Menschen in Japan*, Atlantis, Zürich 1958.

Marra, Michele, *A History of Modern Japanese Aesthetics*, University of Hawaii Press, Honolulu 2001.

Maruyama, Masao, *Denken in Japan,* Suhrkamp, Frankfurt am Main 1988.

Mauss, Marcel, *Die Gabe. Form und Funktion des Austauschs in archaischen Gesellschaften*, Suhrkamp, Frankfurt am Main 1990.

Meister Seami (Zeami Motokiyo), *Die geheime Überlieferung des Nô,* Insel, Frankfurt am Main 1961.

Minimaru / Blockbuster, *Irasuto de yoku wakaru Utsukushī Nihon no kotoba*, Saizu-sha, Tokio 2014.

Mishima, Yukio, *Wakaki Samurai no tame ni,* Nihon Kyōbunsha, Tokio 1969.

Mishima, Yukio, *Bekenntnisse einer Maske,* Kein & Aber, Zürich 2018.

Heike Monogatari. Die Erzählungen von den Heike, Reclam, Ditzingen 2022.

Morris, Ivan, *Der leuchtende Prinz. Höfisches Leben im alten Japan,* Insel, Frankfurt am Main 1988.

Morris, Ivan, *Samurai oder von der Würde des Scheiterns. Tragische Helden in der Geschichte Japans,* Insel, Frankfurt am Main 1999.

Murakami, Haruki, *Naokos Lächeln,* Dumont, Köln 2001.

Murakami, Ryū, *In der Misosuppe,* Kiepenheuer und Witsch, Köln 2006.

Nagasawa, Yōko, *Nihon no dentō-shoku wo tanoshimu: Kisetsu no irodori wo kurashi ni,* Tōhō Shuppan, Tokio 2014.

Nakagawa, Hisayasu, *Introduzione alla cultura giapponese. Saggio di antropologia reciproca,* Mondadori, Mailand 2006.

Nakamura, Akira, *Nihon-go go-kan no jiten,* Iwanami Shoten, Tokio 2010.

Natsume, Sōseki, *Das Graskissenbuch,* be.bra verlag, Berlin 2020.

Natsume, Sōseki, *Kokoro,* Manesse, Zürich 2016.

Nietzsche, Friedrich W., *Die fröhliche Wissenschaft,* De Gruyter, Berlin 2015.

Nietzsche, Friedrich W., *Menschliches, Allzumenschliches,* De Gruyter, Berlin 2020.

Nishida, Kitarō, *Über das Gute. Eine Philosophie der reinen Erfahrung,* Insel, Frankfurt am Main, Leipzig 2001.

Nitobe, Inazō, *Bushidō. Die Seele Japans,* Angkor, Frankfurt am Main 2003.

Ogawa, Yōko, *Das Geheimnis der Eulerschen Formel,* Aufbau Taschenbuch, Berlin 2020.

Ogawa, Yōko, *Monogatari no yakuwari*, Chikuma Shobō, Tokio 2007.

Ōhashi, Ryōsuke, *Kire. Das Schöne in Japan*, Wilhelm Fink, Paderborn 2014.

Okakura, Kakuzō, *Das Buch vom Tee*, Insel, Frankfurt am Main 1981.

Orsi, Maria Teresa (Hrsg.), *Fiabe giapponesi*, Einaudi, Turin 1997.

Pasqualotto, Giangiorgio, *Estetica del vuoto. Arte e meditazione nelle culture d'Oriente*, Marsilio, Venedig 2001.

Pasqualotto, Giangiorgio, *Taccuino giapponese*, Lindau und Turin 2018.

Pastore, Antonietta, *Nel Giappone delle donne*, Einaudi, Turin 2012.

Pessoa, Fernando, *Das Buch der Unruhe des Hilfsbuchhalters Bernardo Soares*, Ammann, Zürich 2003.

Raveri, Massimo, *Itinerari del sacro. L'esperienza religiosa giapponese*, Cafoscarina, Venedig 2006.

Richie, Donald, *Versuch über die japanische Ästhetik*, Matthes & Seitz, Berlin 2020.

Schklowski, Viktor, *Zoo. Briefe nicht über die Liebe*, Suhrkamp, Frankfurt am Main 1980.

Sei Shōnagon, *Kopfkissenbuch*, Manesse, Zürich 2015.

Shikibu, Murasaki, *Die Geschichte vom Prinzen Genji*, Manesse, Zürich 2014.

Shimmura, Izuru, *Kō-jien*, Iwanami Shoten, Tokio ⁵1989.

Shirai, Akehiro, *Nihon no nanajū-ni kō wo tanoshimu: Kyū-reki no aru kurashi*, Tōhō Shuppan, Tokio 2012.

Shirakawa, Shizuka, *Jōyō ji-kai*, Heibon-sha, Tokio 2012.

Takahashi, Yūetsu / Wada, Shūichi (Hrsg.), *Ikigai no Shakaigaku:*

Kōrei shakai ni okeru Kōfuku towa nanika, Kōbun-dō, Tokio 2001.

Suzuki, Daisetz T., *Zen und die Kultur Japans*, O. W. Barth, München 1994.

Tanizaki, Jun'ichirō, *Liebe und Sinnlichkeit*, Manesse, Zürich 2011.

Tanizaki, Jun'ichirō, *Lob des Schattens*, Manesse, Zürich 2010.

Tezuka, Tomio *Eine Stunde bei Heidegger*, in: May, Reinhard, *Heideggers verborgene Quellen. Sein Werk unter chinesischem und japanischem Einfluss*, Harrassowitz, Wiesbaden 2015.

Tocqueville, Alexis de, *Über die Demokratie in Amerika*, Reclam, Stuttgart 1985.

Tollini, Aldo, *La cultura del Tè in Giappone e la ricerca della perfezione*, Einaudi, Turin 2014.

Tolstoi, Lew, *Anna Karenina*, dtv, München 2011.

Toyama, Shigehiko, *Nihongo no kosei*, Chūō Kōron Shin-sha, Tokio 1976.

Trampus, Antonio, *Il diritto alla felicità. Storia di un'idea*, Laterza, Bari 2008.

Tsuzuki, Kyōichi, *Tokyo. A certain Style*, Chikuma Shobō, Tokio 2003.

Uchida, Tatsuru, *Nihon henkyō ron*, Shinchō-sha, Tokio 2009.

Vonnegut, Kurt, *Mann ohne Land*, Pendo, München 2006.

Wakamatsu, Eisuke, *100-pun de meicho: Kamiya Mieko »Ikigai ni tsuite«*, NHK Shuppan, Tokio 2018.

Watanabe, Kaoru, *Zurui kurai shiawasena hito ga yatte iru: jinsei ga omoi doori ni naru*, Magajin House, Tokio 2015.

Watanabe, Kazuko, *Okareta basho de saki-nasai*, Gentō-sha, Tokio 2012.

Weil, Simone, *Die Person und das Heilige*, Karolinger Verlag, Wien 2018.

Weil, Simone, »Studie für eine Erklärung der Pflichten gegen das menschliche Wesen«, in: dies., *Zeugnis für das Gute*, Benziger Verlag, Zürich und Düsseldorf 1998.

Yamakuse, Yoji, *Nihonjin no kokoro: Heart & Soul of the Japanese*, IBC Publishing, Tokio 2011.

Yamamoto, Shichihei, *Nihon-jin towa nanika: Shinwa no sekai kara kindai made sono kōdō genri wo saguru*, PHP Kenkyū-jo, Tokio 2001.

Yamashita, Hideko, *Dan-Sha-Ri: Überflüssiges loswerden, das Leben aufräumen. Die japanische Erfolgsmethode*, Heyne, München 2020.

Yomoda, Inuhiko, »*Kawaii« ron*, Chikuma Shobō, Tokio 2006.

Yoshida, Kenkō, *Tsurezuregusa. Betrachtungen aus der Stille*, Insel, Frankfurt am Main 1963.

Stichwortverzeichnis

Laura Imai Messina

Die Telefonzelle am Ende der Welt

Roman

352 Seiten, Übersetzt von Judith Schwaab
ISBN 978-3-442-77268-1

Eine Tagesfahrt von Tokio entfernt steht in einem Garten
am Meer einsam eine Telefonzelle. Nimmt man den Hörer
ab, kann man dem Wind lauschen – und den Stimmen
der Vergangenheit. Viele Menschen reisen zu dem Telefon
des Windes, um mit ihren verstorbenen Angehörigen zu
sprechen und um ihnen die Dinge zu sagen, die zu Lebzeiten
unausgesprochen blieben. So kommt eines Tages auch
Radiomoderatorin Yui an den magischen Ort. Im Tsunami von
2011 verlor sie ihre Mutter und ihre kleine Tochter. Yui lernt
in dem Garten den Arzt Takeshi kennen, auch er muss ein
Trauma verarbeiten. Die beiden nähern sich an, gemeinsam
schöpfen sie neuen Mut. Und erlauben sich zum ersten Mal,
dem Leben einfach seinen Lauf zu lassen. Ganz gleich,
was es für sie vorgesehen hat …

»Messina tauscht die westliche Schnelligkeit und rosagefärbte
Liebesszenen gegen bedeutungsvollen Minimalismus:
ein Blick, ein Atemzug, eine Handbewegung.«

The Times

btb